Gewerbe- und Berufsrecht im Spannungsfeld zum Insolvenzverfahren

Schriften zum Zivilverfahrensrecht
und Insolvenzrecht

Herausgegeben von Martin Ahrens

Band 8

PL ACADEMIC RESEARCH

Hanno Koerfer

Gewerbe- und Berufsrecht im Spannungsfeld zum Insolvenzverfahren

PL ACADEMIC RESEARCH

Bibliografische Information der Deutschen Nationalbibliothek
Die Deutsche Nationalbibliothek verzeichnet diese Publikation in der Deutschen Nationalbibliografie; detaillierte bibliografische Daten sind im Internet über http://dnb.d-nb.de abrufbar.

Zugl.: Göttingen, Univ., Diss., 2016

D 7
ISSN 2192-4953
ISBN 978-3-631-67290-7 (Print)
E-ISBN 978-3-653-06908-2 (E-PDF)
E-ISBN 978-3-631-70438-7 (EPUB)
E-ISBN 978-3-631-70439-4 (MOBI)
DOI 10.3726/978-3-653-06908-2

PL Academic Research ist ein Imprint der Peter Lang GmbH.

Peter Lang – Frankfurt am Main · Bern · Bruxelles · New York · Oxford · Warszawa · Wien

Diese Publikation wurde begutachtet.

www.peterlang.com

Meinen Eltern und meiner Verlobten

Vorwort

Die vorliegende Arbeit wurde im Wintersemester 2015/2016 von der Rechtswissenschaftlichen Fakultät der Georg-August-Universität Göttingen als Dissertation angenommen. Das Manuskript ist auf dem Stand Juni 2016.

Mein besonderer Dank gilt meinem hoch geschätzten Doktorvater, Herrn Prof. Dr. *Martin Ahrens*, der mich bei diesem Vorhaben unterstützt und mir für meine Arbeit wertvolle Anregungen gegeben hat. Außerdem gebührt ihm der Dank für die Aufnahme in diese Schriftenreihe. Herrn Prof. Dr. *Thomas Mann* danke ich für die sorgfältige und zügige Erstellung des Zweitgutachtens. Bei Herrn *Michael Dahl* bedanke ich mich für den ersten Hinweis auf dieses praktisch relevante Dissertationsthema. Herzlich danken möchte ich auch Herrn Dr. *Christoph Niemeyer* für seine Hilfestellung zu Beginn meiner wissenschaftlichen Arbeit.

Zu besonderem Dank bin ich auch Herrn Dr. *Yorick M. Ruland* verpflichtet, der mich während meiner Zeit als wissenschaftlicher Mitarbeiter und Referendar der GÖRG Partnerschaft von Rechtsanwälten mbB stets gefördert und ausgebildet hat.

Widmen möchte ich diese Arbeit meinen Eltern und meiner Verlobten *Petra Mürtz*, die mich während der gesamten Zeit meiner Ausbildung und dieses Vorhabens unterstützt haben.

Köln, im Juli 2016 *Hanno Koerfer*

Inhaltsübersicht

Einleitung
Das Gewerbe- und Berufsrecht im Konflikt zur Zielsetzung des Insolvenzverfahrens

Erster Teil
Die Insolvenz des Gewerbetreibenden

Zweiter Teil
Die Insolvenz des Freiberuflers

Dritter Teil
Anwendbarkeit des § 12 GewO auf die Berufsgruppe der Freiberufler

Vierter Teil
Verfassungsrechtliche Bewertung der geltenden Rechtslage bei Freiberuflern und Vorschlag zur Harmonisierung von Insolvenz- und Berufsrecht

Fünfter Teil
Gesamtergebnis

Inhaltsverzeichnis

Einleitung
Das Gewerbe- und Berufsrecht im Konflikt zur Zielsetzung des Insolvenzverfahrens

Erster Teil
Die Insolvenz des Gewerbetreibenden

Zweiter Teil
Die Insolvenz des Freiberuflers

Dritter Teil Anwendbarkeit des § 12 GewO auf die Berufsgruppe der Freiberufler

Fünfter Teil
Gesamtergebnis

Abkürzungsverzeichnis

a.A.	andere Ansicht
a.a.O.	am angegeben Ort
Abs.	Absatz
a.F.	alte Fassung
AG	Amtsgericht
AGH	Anwaltsgerichtshof
A/G/R	Ahrens/Gehrlein/Ringstmeier
Alt.	Alternative
ArchG BW	Architektengesetz Baden-Württemberg
ARGE	Arbeitsgemeinschaft
Art.	Artikel
ÄndG	Änderungsgesetz
Anm.	Anmerkung
AnwBl	Anwaltsblatt
AO	Abgabenordnung
BadWürttBauO	Bauordnung Baden-Württemberg
BÄO	Bundesärzteordnung
BauKaG NRW	Baukammerngesetz Nordrhein-Westfalen
BauKaG Bay	Baukammerngesetz Bayern
BauO	Bauordnung
BayOblG	Bayerisches Oberstes Landgericht
BayVBL	Bayerische Verwaltungsblätter
BeckRS	Beck Rechtssache
BegrRegE	Begründung Regierungsentwurf
BFH	Bundesfinanzhof
BGB	Bürgerliches Gesetzbuch
BGBl.	Bundesgesetzblatt
BGH	Bundesgerichtshof
BGHZ	Entscheidungen des Bundegerichtshofes in Zivilsachen
BK-InsO	Berliner Kommentar zur Insolvenzordnung
BNotO	Bundesnotarordnung
BRAO	Bundesrechtsanwaltsordnung
BRAK-Mitt.	Bundesrechtsanwaltskammer-Mitteilungen
BR-Drucks.	Drucksache des Deutschen Bundesrates
BT-Drucks.	Drucksache des Deutschen Bundestags
BVerfG	Bundesverfassungsgericht
BVerfGE	Entscheidungen des Bundesverfassungsgerichts
BVerwG	Bundesverwaltungsgericht
bzw.	beziehungsweise
ders.	derselbe

d.h.	das heißt
dies.	dieselbe(n)
DNotZ	Deutsche Notar-Zeitschrift
DRiZ	Deutsche Richterzeitung
DStR	Deutsches Steuerrecht
DStRE	Deutsches Steuerrecht Entscheidungsdienst
EStG	Einkommenssteuergesetz
EWiR	Entscheidungen zum Wirtschaftsrecht
FG	Finanzgericht
FGO	Finanzgerichtsordnung
FK-InsO	Frankfurter Kommentar zur Insolvenzordnung
Fn.	Fußnote
GastG	Gaststättengesetz
GbR	Gesellschaft bürgerlichen Rechts
GewArch	Gewerbearchiv
GewO	Gewerbeordnung
GewStG	Gewerbesteuergesetz
GG	Grundgesetz
GmbH	Gesellschaft mit beschränkter Haftung
GÜKG	Güterkraftverkehrsgesetz
HeimG	Heimgesetz
HGB	Handelsgesetzbuch
HK-InsO	Heidelberger Kommentar zur Insolvenzordnung
h.L.	herrschende Lehre
h.M.	herrschende Meinung
Hmb-Komm	Hamburger Kommentar
HS.	Halbsatz
HwO	Handwerksordnung
IBR	Immobilien & Baurecht
InsO	Insolvenzordnung
i.S.d.	in Sache des/der
i.Ü.	im Übrigen
JA	Juristische Arbeitsblätter
JR	Juristische Rundschau
jurisPR-InsR	juris Praxis Report Insolvenzrecht
JuS	Juristische Schulung
KG	Kommanditgesellschaft
KO	Konkursordnung
KSzW	Kölner Schrift zum Wirtschaftsrecht
KTS	Konkurs-, Treuhand-, und Schiedsgerichtswesen
KWG	Kreditwesengesetz
LBauO	Landesbauordnung
MDR	Monatsschrift für Deutsches Recht
MüKo	Münchener Kommentar

m.w.N.	mit weiteren Nachweisen
NArchG	Niedersächsisches Architektengesetz
n.F.	neue Fassung
NJOZ	Neue Juristische Online-Zeitschrift
NJW	Neue Juristische Wochenschrift
NJW-RR	NJW-Rechtsprechungsreport
Nr.	Nummer
NVwZ	Neue Zeitschrift für Verwaltungsrecht
NVwZ-RR	NVwZ Rechtsprechungsreport
NZG	Neue Zeitschrift für Gesellschaftsrecht
NZI	Neue Zeitschrift für das Recht der Insolvenz und Sanierung
OHG	Offene Handelsgesellschaft
OLG	Oberlandesgericht
OVG	Oberverwaltungsgericht
PartGG	Partnerschaftsgesellschaftsgesetz
PBefG	Personenbeförderungsgesetz
RAK	Rechtsanwaltskammer
RDG	Rechtsdienstleistungsgesetz
RegE	Regierungsentwurf
Rn.	Randnummer
RNotZ	Rheinische Notar-Zeitschrift
Rspr.	Rechtsprechung
S.	Satz, Seite
SAIG	Saarländisches Architekten- und Ingenieurkammergesetz
StBerG	Steuerberatungsgesetz
u.a.	unter anderem
u.ä.	und ähnlich
v.	vom
VerwArch	Verwaltungsarchiv
VG	Verwaltungsgericht
VGH	Verwaltungsgerichtshof, Verfassungsgerichtshof
Vgl.	Vergleiche
VIA	Verbraucherinsolvenz aktuell
VwGO	Verwaltungsgerichtsordnung
VwVfG	Verwaltungsverfahrensgesetz
WaffG	Waffengesetz
WiVerw	Wirtschaft und Verwaltung
WM	Wertpapier-Mitteilungen
WP	Wirtschaftsprüfer
WPO	Wirtschaftsprüferordnung
z.B.	zum Beispiel
ZInsO	Zeitschrift für das gesamte Insolvenzrecht
ZIP	Zeitschrift für Wirtschaftsrecht
zit.	Zitiert

ZNotP	Zeitschrift für die Notarpraxis
ZPO	Zivilprozessordnung
ZVI	Zeitschrift für Verbraucher und Privatinsolvenzrecht
ZZP	Zeitschrift für Zivilprozess

Im Übrigen wird verwiesen auf:

Kirchner, Hildebert, Abkürzungsverzeichnis der Rechtssprache, 7. Auflage, Berlin 2012.

Einleitung
Das Gewerbe- und Berufsrecht im Konflikt zur Zielsetzung des Insolvenzverfahrens

A. Problemstellung

Infolge der angespannten Wirtschaftslage und privater Fehlinvestitionen geraten zusehends mehr Unternehmen und Privatpersonen in wirtschaftliche Schwierigkeiten. Bei einem Teil der Betroffenen wird hierdurch die Eröffnung eines Insolvenzverfahrens erforderlich. Anders als zur Zeit des Konkursverfahrens erschöpft sich dessen Zielsetzung nicht alleine in der effektiven Befriedigung der Gläubiger, sondern verfolgt ebenso das Ziel, insolvente Unternehmen zu sanieren und redliche Schuldner von ihren Verbindlichkeiten zu befreien[1]. Die Entscheidung über Fortführung oder Zerschlagung des schuldnerischen Unternehmens obliegt den Verfahrensbeteiligten. Ihrem Interesse kann es entsprechen, sanierungsfähige Unternehmen fortzuführen und durch deren Verkauf oder den erwirtschafteten Neuerwerb die Insolvenzmasse zu mehren.

Um dieser Zielsetzung auch im Gewerberecht Geltung zu verschaffen, hat der Gesetzgeber durch das Einführungsgesetz zur Insolvenzordnung[2] die Gewerbeordnung geändert und durch § 12 GewO dem Insolvenzrecht Vorrang vor dem Gewerberecht eingeräumt. Gemäß § 12 Satz 1 GewO sind die zuständigen Gewerbeüberwachungsbehörden während des Insolvenzverfahrens sowie während der Zeit, in der Sicherungsmaßnahmen nach § 21 InsO angeordnet sind oder während der Zeit, in der ein Insolvenzplan überwacht wird nicht berechtigt, das Gewerbe zu untersagen oder die erforderlichen Erlaubnisse für dessen Betrieb zu widerrufen bzw. zurückzunehmen. Damit kann – obgleich die wirtschaftliche Leistungsfähigkeit des Gewerbetreibenden ein wesentliches Zuverlässigkeitsmerkmal darstellt und insoweit Voraussetzung für den Betrieb eines Gewerbes ist[3] – das schuldnerische Unternehmen auch in der Insolvenz fortgeführt werden. Der Gesetzgeber ist einem drohenden Konflikt zwischen *„gefahrenabwehrrechtlichem Allgemeininteresse und*

---

1 Vgl. zu den Zielen des Insolvenzverfahrens § 1 InsO sowie die Allgemeine Begründung des Regierungsentwurfs BT-Drucks. 12/2443 S.108; *Ganter/Lohmann*, in: MüKo, InsO, § 1 Rn. 20–134; *Pape*, in: Uhlenbruck, InsO, § 1 Rn. 5 ff.

2 BGBl I S. 2911.

3 Vgl. hierzu *BVerwG*, Urteil v. 05.08.1965 – I C 69.62, GewArch 1966, 9; Beschluss v. 19.01.1994 – 1 B 5.94, BeckRS 1994, 312; *OVG Münster*, Urteil v. 12.04.2011 – 4 A 1449/08, NVwZ-RR 2011, 553; *Marcks*, in: Landmann/Rohmer, GewO, § 35 Rn. 46; *Ennuschat*, in: Tettinger/Wank/Ennuschat, GewO, § 35 Rn. 63 ff.; vgl. auch eingehend auf S. 12 ff.

insolvenzrechtlichem Sonderinteresse“[4] insoweit präventiv im Wege einer Gesetzesänderung begegnet. Dadurch wird eine Sanierung des Unternehmens offengehalten und die Entscheidungskompetenz der Insolvenzgläubiger bezüglich der Betriebsfortführung gewahrt. Der ursprünglich dem Gewerberecht obliegende Schutz der Allgemeinheit vor den Gefahren, die mit der Fortführung eines insolventen Gewerbebetriebs einhergehen, wird fortan durch die Schutzmechanismen des Insolvenzverfahrens gewährleistet. Besondere Bedeutung kommt dabei dem Übergang der Verwaltungs- und Verfügungsbefugnis auf den Insolvenzverwalter, dem Vorrang der Masseverbindlichkeiten und der Aufsicht des Insolvenzgerichts zu[5].

Obgleich die Regelung des § 12 Satz 1 GewO seit dem 1. Januar 1999 existiert, bereitet sie in der Praxis nach wie vor eine ganz Reihe von Problemen, die Rechtsprechung und Literatur bis heute beschäftigen. Hierbei geht es maßgeblich um Fragen des personellen und sachlichen Anwendungsbereiches, verfahrens- und prozessrechtliche Probleme sowie bestehende Schutzdefizite. Unklar ist etwa, inwieweit § 12 Satz 1 GewO auf die Personengesellschaft ohne Rechtspersönlichkeit oder den Geschäftsführer einer juristischen Person Anwendung findet. In zeitlicher Hinsicht stellt sich die Frage, ob § 12 Satz 1 GewO über seinen Wortlaut hinaus auch auf andere Zeiträume, wie etwa den Zeitraum der Treuhandperiode, der Eigenverwaltung oder des neu eingeführte Schutzschirmverfahrens angewendet werden kann. Dabei kommt auch der Frage, ob § 12 Satz 1 GewO auf den maßgeblichen Zeitpunkt für die Beurteilung der Rechtmäßigkeit einer Gewerbeuntersagung Auswirkungen hat, maßgebliche Bedeutung zu. Durch die zum Teil ungeklärten oder umstrittenen Problemfelder werden nicht nur Unsicherheiten auf Seiten des insolventen Gewerbetreibenden ausgelöst. Schwierigkeiten bereitet die Vorschrift auch im Rahmen der Gefahrenabwehr[6] und Insolvenzverwaltung.

Anders als bei Gewerbetreibenden sieht die Situation für zulassungsbeschränkte Freiberufler aus. Im Gegensatz zur Gewerbeordnung fehlt in den Berufsordnungen eine mit § 12 GewO vergleichbare Regelung. Die Eröffnung des Insolvenzverfahrens ist vielmehr in einer Reihe von Vorschriften, den Widerruf berufsrechtlicher Zulassungen betreffend, als Vermutung für einen Vermögensverfall angeführt[7]. Die Zielsetzung des Insolvenzverfahrens hat in den einschlägigen Berufsordnungen insoweit keine Berücksichtigung gefunden. Konsequenz dessen ist, dass mit der Eröffnung eines Insolvenzverfahrens regelmäßig der Verlust der Zulassung

---

4 So bezeichnet *Krumm*, GewArch 2010, 465 treffend die unterschiedlichen Zielsetzungen von Insolvenzverfahren und Gefahrenabwehr.

5 BT-Drucks. 12/3803 S. 103 f.

6 Vgl. hierzu die Anfragen verschiedener Beamter des Gewerbeamtes unter www.forum-gewerberecht.de. So etwa zur Frage der Anwendbarkeit des § 12 GewO auf den Geschäftsführer einer GmbH, http://www.forum-gewerberecht.de/thread,threadid-734,hilight-Insolvenz+%A7+12+GewO.html (abgerufen am 21.03.2012).

7 So etwa für den Rechtsanwalt: § 14 Abs. 2 Nr. 7 BRAO; für den Steuerberater: § 46 Abs. 2 Nr. 4 StBerG; für den Notar: § 50 Abs. 1 Nr. 6 BNotO; für den Wirtschaftsprüfer: § 20 Abs. 2 Nr. 5 WPO.

einhergeht. Der Insolvenzverwalter ist in diesem Fall gezwungen, die Praxis trotz günstiger Fortführungsprognose zu liquidieren oder an einen anderen Berufsträger zu veräußern. Es erscheint evident, dass hierdurch eine effektive Befriedigung der Gläubiger, insbesondere vor dem Hintergrund des bei freiberuflichen Praxen nur schwer zu veräußernden Goodwills, nicht unerheblich beeinträchtigt ist. Der Zulassungswiderruf in der Insolvenz des Freiberuflers verhält sich insoweit diametral zur Zielsetzung des Insolvenzverfahrens. Damit stellt sich die Frage nach einer Harmonisierung von Insolvenz- und Berufsrecht.

B. Gang der Untersuchung

Die Arbeit ist insgesamt in fünf Teile gegliedert. Im ***ersten Teil*** werden die Auswirkungen der Eröffnung eines Insolvenzverfahrens im Gewerberecht untersucht. Hierbei gilt es zunächst darzustellen, unter welchen Voraussetzungen einem Gewerbetreibenden die Ausübung seines Gewerbes untersagt werden kann. Dabei wird insbesondere erörtert, inwieweit die Vermögenssituation für die Beurteilung der Zuverlässigkeit des Gewerbetreibenden von Bedeutung ist, und wer die gewerberechtliche Verantwortung für die wirtschaftliche Leistungsfähigkeit des Gewerbebetriebs trägt. In diesem Zusammenhang gilt es auch zu klären, welche Rechtsgüter die Gewerbeordnung zu schützen beabsichtigt. Im Anschluss hieran wird § 12 GewO untersucht. Um ein grundlegendes Verständnis für die Vorschrift zu vermitteln, wird zu Beginn die Erforderlichkeit einer gesetzlichen Regelung als notwendiger Schritt zur Harmonisierung des Gewerbe- und Insolvenzrechts behandelt. In diesem Zusammenhang soll überprüft werden, ob eine Fortführung des Gewerbebetriebs nicht auch anderweitig, etwa durch einen Austausch von Organmitgliedern, Gesellschaftern oder durch den Insolvenzverwalter selbst gewährleistet werden kann. Hiernach wird der persönliche und sachliche Anwendungsbereich des § 12 Satz 1 GewO untersucht. Dabei gilt insbesondere zu klären, ob auch Vertretungsorgane der juristischen Person oder Personengesellschaften der Sperrwirkung des § 12 Satz 1 GewO unterfallen. Das insolvenzrechtliche Interesse an einer Fortführung des Gewerbebetriebs könnte dazu führen, dass auch Personen, die keine Identität mit dem Gewerbetreibenden aufweisen, von dem Anwendungsbereich der Vorschrift erfasst sind. Insoweit wird untersucht, inwieweit die insolvenzrechtlichen Sicherungsmechanismen über den Insolvenzschuldner hinaus auch Zuverlässigkeitsdefizite von Gesellschaftern und Organmitgliedern kompensieren. Anschließend wird dargestellt, unter welchen Voraussetzungen eine Gewerbeuntersagung durch § 12 Satz 1 GewO gesperrt ist. Gegenstand der Untersuchung ist hier sowohl der Begriff der ungeordneten Vermögensverhältnisse, als auch die Frage nach einer Anwendbarkeit des § 12 Satz 1GewO auf den Neubeginn einer gewerblichen Tätigkeit während des Insolvenzverfahrens. Zu überprüfen ist in diesem Zusammenhang, ob eine Fortführung des Gewerbebetriebs auch dann möglich ist, wenn neben dem eigentlichen Unzuverlässigkeitsgrund der ungeordneten Vermögensverhältnisse weitere Untersagungsgründe durch den Gewerbetreibenden verwirklicht werden. Die insolvenzrechtliche Zielsetzung könnte auch hier eine Suspendierung gewerberechtlicher Untersagungs- und Widerrufsvorschriften bedingen. Im Hinblick auf den zeitlichen Rahmen der Vorschrift gilt es zu klären, ob § 12 Satz 1 GewO über die ausdrücklich benannten Zeitabschnitte hinaus auch auf andere Zeiträume, wie etwa den der Treuhandperiode, der Eigenverwaltung oder des Schutzschirmverfahrens ausgeweitet werden muss. Unabhängig vom Wortlaut der Vorschrift, könnte dies aufgrund des gesetzgeberisch angeordneten Vorrangs des Insolvenzrechts geboten sein. Im Anschluss an die Voraussetzungen des § 12 Satz 1 GewO wird die Neuregelung des Satz 2 untersucht und die Vorschrift anhand des vor der Novelle geführten Meinungsstreits bewertet. Die letzten zwei Abschnitte befassen sich mit den verfahrens- und prozessrechtlichen Auswirkungen der Vorschrift. Schwierigkeiten bereiten hierbei u.a. bestandskräftige Untersagungsverfügungen und die Bestimmung des maßgeblichen Zeitpunktes für die Beurteilung der Rechtmäßigkeit einer Gewerbeuntersagung im Verwaltungsprozess. In diesem Zusammenhang soll insbesondere überprüft werden, ob der maßgebliche Zeitpunkt für die Beurteilung der Rechtmäßigkeit eines Verwaltungsaktes durch § 12 Satz 1 GewO auf den Zeitpunkt der letzten mündlichen Verhandlung im Gerichtsprozess verschoben wird.

Im ***zweiten Teil*** der Arbeit werden die Auswirkungen eines Insolvenzverfahrens auf die Berufszulassungen der Freiberufler untersucht. Zu diesem Zwecke wurden exemplarisch sechs verschiedene Berufsträger ausgewählt. Hierbei handelt es sich um den Rechtsanwalt, den Steuerberater, den Notar, den Wirtschaftsprüfer, den Architekten und den Arzt. Damit ist gewährleistet, dass Personen mit den unterschiedlichsten Tätigkeitsschwerpunkten von der Untersuchung erfasst sind.

Zu Beginn werden die insolvenzrelevanten Widerrufsvorschriften in den verschiedenen Berufsordnungen behandelt. Ziel ist es, Gemeinsamkeiten und Unterschiede aufzuzeigen und den Gang eines Widerrufsverfahrens zu erläutern. Im Anschluss hieran wird untersucht, welche Auswirkungen der Zulassungswiderruf auf die Erfolgsaussichten des Insolvenzverfahrens hat. Hierbei kommt deutlich zum Ausdruck, dass insbesondere im Rahmen einer Insolvenz selbstständiger Freiberufler eine effektive Gläubigerbefriedigung nicht durch Liquidation der freiberuflichen Praxis bewerkstelligt werden kann. Vor diesem Hintergrund soll überprüft werden, welche Möglichkeiten für eine Fortführung der freiberuflichen Praxis während des Insolvenzverfahrens bestehen. In Betracht kommt hierbei zunächst einmal die Fortführung durch den Insolvenzverwalter oder einen entsprechend qualifizierten Vertreter. Im Rahmen der Untersuchung wird aber deutlich, dass ausschließlich eine Fortführung durch den Berufsträger selbst dem Erfolg des Insolvenzverfahrens dienlich ist. Der Schwerpunkt der Untersuchung widmet sich daher der Frage, welche Maßnahmen der insolvente Freiberufler für den Erhalt seiner Zulassung ergreifen muss. Dabei kommen sowohl insolvenzrechtliche Institute zur Konsolidierung der Vermögensverhältnisse – wie das Insolvenzplan- oder Restschuldbefreiungsverfahren – als auch Maßnahmen zum Ausschluss der bestehenden Gefährdungssituation – wie etwa die Eingehung eines Anstellungsverhältnisses oder der Übergang der Verwaltungs- und Verfügungsbefugnis auf den Insolvenzverwalter – in Betracht. In diesem Zusammenhang soll nicht nur aufgezeigt werden, welche Möglichkeiten nach geltender Rechtslage bestehen, sondern auch, ob diese Möglichkeiten in der Praxis tatsächlich realisiert werden können. Eine große Bedeutung kommt hierbei der Frage nach dem maßgeblichen Zeitpunkt für die Beurteilung der Rechtmäßigkeit des Widerrufs zu. Knüpft dieser entsprechend der verwaltungsgerichtlichen Rechtsprechung an den Zeitpunkt der letzten Verwaltungsentscheidung an, so könnte dies zeitbedingt zu einem Scheitern der den Erhalt der Zulassung sichernden Maßnahmen führen. Überprüft werden soll insoweit, ob die Maßnahmen zum Erhalt der Zulassung bis zu den für die Freiberufler jeweils maßgeblichen Zeitpunkten verwirklicht werden können.

Im ***dritten Teil*** der Arbeit wird untersucht, ob § 12 GewO auch auf den Freiberufler anzuwenden ist. Diskutiert wird sowohl eine direkte als auch eine analoge Anwendbarkeit der Vorschrift. Im Kern dieses Abschnitts gilt es die Frage zu beantworten, inwieweit zwischen einem Gewerbetreibenden und einem Freiberufler typusmäßig – nicht zuletzt aufgrund der seit Jahren zu beobachtenden Annäherung – Unterschiede bestehen, die eine unterschiedliche Einordnung bis heute rechtfertigen.

Im ***vierten Teil*** der Arbeit wird die geltende Rechtslage bei Freiberuflern einer verfassungsrechtlichen Bewertung unterzogen. Zunächst soll untersucht werden, inwieweit der Zulassungswiderruf mit dem Grundrecht der Berufsfreiheit aus Art. 12 Abs. 1 GG in Einklang steht. Dabei wird zwischen einem Widerruf der Berufszulassung aufgrund eines Vermögensverfalls und einem Widerruf nach Eröffnung des Insolvenzverfahrens differenziert. Die verfassungsrechtliche Rechtfertigung könnte im letzteren Fall bereits dadurch entfallen, dass durch die insolvenzrechtlichen Sicherungsmechanismen ein Schutz der Auftraggeber hinreichend gewährleistet ist, es mithin an der Angemessenheit des Eingriffs fehlt. Verfassungsrechtlichen Bedenken begegnet darüber hinaus die Rechtsprechung der Gerichte zum maßgeblichen Zeitpunkt für die Beurteilung der Rechtmäßigkeit eines Zulassungswiderrufs. Es soll überprüft werden, ob ein Zulassungswiderruf trotz Wegfalls des Widerrufsgrundes im Verwaltungsprozess mit den Grundrechten der Betroffenen vereinbar ist. Im Anschluss hieran soll geklärt werden, inwieweit der Zulassungswiderruf nicht auch das Eigentumsrecht des Berufsträgers und seiner Insolvenzgläubiger aus Art. 14 Abs. 1 GG berührt. Dies hängt davon ab, ob der Goodwill einer Praxis bzw. die Insolvenzforderungen als Eigentum im verfassungsrechtlichen Sinn zu qualifizieren sind. Sodann soll in Anlehnung an die zuvor gewonnenen Ergebnisse die Rechtfertigung für einen Eingriff behandelt werden. Im Anschluss hieran wird untersucht, inwieweit Freiberufler gegenüber anderen vergleichbaren Berufsgruppen ungleich behandelt werden. Zunächst kommt eine Ungleichbehandlung mit der Berufsgruppe der Ärzte in Betracht. Diese verlieren, anders als andere Freiberufler, ihre Approbation nicht aufgrund der Eröffnung eines Insolvenzverfahrens[8]. Dabei könnte eine vergleichbare

8 *BFH*, Urteil v. 30.04.2004 – VII R 56/03, DStRE 2004, 1188 (1190); *Schmittmann*, ZInsO 2004, 725; *Zwoll/Mai/Eckardt/Rehborn*, Die Arztpraxis in Krise und Insolvenz, S. 105; *Runkel*, ZVI 2007, 45 (48); *Mai*, die Insolvenz des Freiberuflers, S. 101; *Harlfinger*, der Freiberufler in der Insolvenz, S. 89; *Niesert/Georgiev*, NZI 2013, 1007 (1008); vgl. im Übrigen S. 137 ff.

Gefährdungssituation zwischen beiden Vergleichsgruppen dazu führen, dass eine verfassungsrechtlich relevante Ungleichbehandlung vorliegt. Zu klären ist insoweit, ob wesentliche Unterschiede zwischen den Berufsgruppen vorliegen, die eine sachliche Differenzierung und einen Eingriff in Art. 3 Abs. 1 GG rechtfertigen. Eine weitere Ungleichbehandlung ergibt sich auch im Verhältnis zu Rechtsdienstleistenden nach dem RDG. Während diese ihre Registrierung nicht verlieren, wenn die Eröffnung des Insolvenzverfahrens aufgrund privater Verschuldung erfolgt, ist dieser Umstand für den Zulassungswiderruf bei Freiberuflern ohne Belang. Insofern stellt sich auch hier die Frage nach einem sachlichen Grund für die Ungleichbehandlung. Im Anschluss hieran wird untersucht, ob der Gesetzgeber durch die unterschiedliche Behandlung von Gewerbetreibenden und Freiberuflern im Insolvenzverfahren gegen den Gleichheitssatz verstößt. Zu überprüfen ist, ob diese Ungleichbehandlung aufgrund einer bei Freiberuflern erhöhten Gefährdungssituation – die anders als bei Gewerbetreibenden nicht durch insolvenzrechtliche Sicherungsmechanismen kompensiert werden kann – gerechtfertigt ist. Am Ende des vierten Teils werden die Konsequenzen eines Verstoßes gegen die Grundrechte dargestellt und ein Vorschlag zur Harmonisierung des Insolvenz- und Berufsrechts gemacht.

Zum Schluss werden im ***fünften Teil*** der Arbeit die Ergebnisse der Untersuchungen im Rahmen einer Gesamtbewertung dargestellt.

Erster Teil
Die Insolvenz des Gewerbetreibenden

A. Die Untersagung des Gewerbes aufgrund ungeordneter Vermögensverhältnisse

Das Verwaltungsrecht enthält verschiedene Vorschriften, die den Gewerbeüberwachungsbehörden das Recht verleihen, bei Unzuverlässigkeit des Gewerbetreibenden aufgrund ungeordneter Vermögensverhältnisse die Ausübung des Gewerbes zu untersagen oder die erforderliche Erlaubnis zurückzunehmen, respektive zu widerrufen[9]. Hierzu zählen beispielsweise § 35 GewO, § 59 GewO, § 70 a GewO, § 15 Abs. 2 GewO, § 4 Nr. 1 GastG aber auch §§ 48, 49 VwVfG in Verbindung mit den gewerberechtlichen Zulassungsvorschriften, wie etwa §§ 30 ff., § 57 GewO. Nachfolgende Ausführungen beschränken sich auf die zentrale Untersagungsnorm des § 35 GewO, können aber hinsichtlich der maßgeblichen Tatbestandsvoraussetzungen auf andere Untersagungs- und Widerrufsvorschriften sinngemäß übertragen werden. Die maßgeblichen Vorschriften knüpfen ebenso wie § 35 Abs. 1 GewO an die Unzuverlässigkeit des Gewerbetreibenden bei gleichzeitiger Gefährdung der Allgemeinheit an[10]. Zunächst wird daher untersucht, unter welchen Voraussetzungen einem Gewerbetreibenden die Fortführung seines Betriebs untersagt werden kann. Besondere Bedeutung kommt dabei der Frage zu, inwieweit die wirtschaftliche Situation des Gewerbetreibenden für die Beurteilung der Zuverlässigkeit von Bedeutung ist.

I. § 35 Abs. 1 GewO als zentrale Untersagungsnorm

Gemäß § 35 Abs. 1 Satz 1 GewO ist die Ausübung eines Gewerbes von der zuständigen Behörde ganz oder teilweise zu untersagen, wenn Tatsachen vorliegen, welche die Unzuverlässigkeit des Gewerbetreibenden oder einer mit der Leitung des Gewerbebetriebs beauftragten Person in Bezug auf dieses Gewerbe dartun, sofern die Untersagung zum Schutze der Allgemeinheit oder der im Betrieb Beschäftigten erforderlich ist. Hierdurch werden die zuständigen Gewerbeüberwachungsbehörden ermächtigt, die Gewerbefreiheit im Falle ihres Missbrauchs einzuschränken[11]. Denn im Unterschied zu den erlaubnispflichtigen Gewerben, bedarf es für die Ausübung eines „freien" Gewerbes keines Zuverlässigkeitsnachweises vor Beginn der Tätigkeit,

---

9 BT-Drucks. 12/3803 S. 103.

10 Vgl. insoweit auch *Heß*, in: Friauf, GewO, § 35 Rn. 148, wonach es für den Begriff der Unzuverlässigkeit gleichgültig ist, ob sie in Verbindung mit der Versagung einer Genehmigung, ihres Widerrufs oder mit der Untersagung eines Gewerbes eine Rolle spielt.

11 *Ambs*, in: Erbs/Kohlhaas, Strafrechtliche Nebengesetze, § 35 GewO Rn. 1.

sondern lediglich einer Anzeige der Gewerbeausübung bei der zuständigen Behörde[12]. Der Gewerbetreibende darf seine Gewerbe zunächst einmal ohne Überprüfung durch eine offizielle Stelle ausüben. Hiermit ist die Gefahr verbunden, dass auch unzuverlässige Gewerbetreibende – etwa solche ohne die erforderlichen finanziellen Mittel – sich erst einmal am Geschäftsverkehr beteiligen. Vor diesem Hintergrund soll § 35 GewO verhindern, dass zum Nachteil der Allgemeinheit schrankenlos von der Gewerbefreiheit Gebrauch gemacht wird[13]. Die Gewerbeüberwachungsbehörden werden insoweit ermächtigt, die Gewerbefreiheit unzuverlässiger Gewerbetreibender einzuschränken. Im System des Gewerberechts dient § 35 GewO als generelle Untersagungsvorschrift und notwendiges Korrelat zur Gewerbefreiheit[14]. Dabei verfolgt das Gefahrenabwehrrecht die Aufgabe, die Allgemeinheit und Einzelne vor den Gefahren und erheblichen Nachteilen, die erfahrungsgemäß mit bestimmten wirtschaftlichen Betätigungen einhergehen können, zu schützen[15]. Beabsichtigt ist insoweit der Schutz der Geschäftspartner, Kunden und Beschäftigten, aber auch des Staates selbst vor wirtschaftlichen Schäden.

1. *Anwendungsbereich der Vorschrift*

Der persönliche Anwendungsbereich des § 35 GewO setzt voraus, dass Adressat der Untersagungsverfügung ein Gewerbetreibender ist. Die Gewerbeordnung selbst enthält keine Definition des Gewerbes. Der Gesetzgeber hat hierauf seinerzeit bewusst verzichtet, um wirtschaftlichen Veränderungen und Entwicklungen auch in Zukunft gerecht werden zu können[16]. Lediglich § 6 GewO gibt einen Hinweis, welche Tätigkeiten nicht von der Gewerbeordnung erfasst werden[17]. Eine Ausnahme

---

12 *Marcks*, in: Landmann/Rohmer, GewO, § 35 Rn. 16.

13 *Marcks*, in: Landmann/Rohmer, GewO, § 35 Rn. 15.

14 *Marcks*, in: Landmann/Rohmer, GewO, § 35 Rn. 15; *Ennuschat*, in: Tettinger/Wank/Ennuschat, GewO, § 35 Rn. 2.

15 Zur Aufgabe des Gefahrenabwehrrechts *BVerwG*, Urteil v. 24.06.1976 – 1 C 56.74, NJW 1977, 772 (773).

16 *BGH*, Urteil v. 29.05.1963 – Ib ZR 155/61, GewArch 1964, 55 (56); *BVerwG*, Urteil v. 24.06.1976 – I C 56.74, NJW 1977, 772; vgl. hierzu auch *Schulze-Fielitz*, NVwZ 1993, 1157 ff.; ausführlich zum Gewerbebegriff *Friauf*, in: Friauf, GewO, § 1 Rn. 21–203.

17 Gemäß § 6 Abs. 1 GewO findet die Gewerbeordnung keine Anwendung auf die Fischerei, die Errichtung und Verlegung von Apotheken, die Erziehung von Kindern gegen Entgelt, das Unterrichtswesen, die Tätigkeit der Rechtsanwälte und Notare, der Rechtsbeistände, der Wirtschaftsprüfer und Wirtschaftsprüfungsgesellschaften, der vereidigten Buchprüfer und Buchprüfungsgesellschaften, der Steuerberater und Steuerberatungsgesellschaften sowie der Steuerbevollmächtigten, auf den Gewerbebetrieb der Auswandererberater und das Seelotswesen. Auf das Bergwesen findet dieses Gesetz nur insoweit Anwendung, als es ausdrücklich Bestimmungen enthält; das Gleiche gilt für den Gewerbebetrieb der Versicherungsunternehmen, die Ausübung der ärztlichen und anderen Heilberufe, den Verkauf von Arzneimitteln, den Vertrieb von Lotterielosen und die Viehzucht. Ferner findet dieses Gesetz mit Ausnahme des

für einen Teil der hier aufgeführten Tätigkeiten trifft § 35 Abs. 9 GewO, der den Anwendungsbereich des § 35 Abs. 1 bis 8 auf Genossenschaften, den Handel mit Arzneimitteln, auf das Handeln mit Lotterielosen u.ä., sowie den Betrieb von Wettannahmestellen erweitert.

In Rechtsprechung und Literatur hat sich im Laufe der Zeit eine einheitliche und mittlerweile allgemein verwendete Definition für den Begriff des Gewerbes herausgebildet. Danach ist Gewerbe jede erlaubte, auf Gewinnerzielung gerichtete, selbstständige Tätigkeit, die fortgesetzt und nicht nur gelegentlich ausgeübt wird – mit Ausnahme der Urproduktion, der Verwaltung eigenen Vermögens, wissenschaftlicher, künstlerischer und schriftstellerischer Berufe sowie persönlicher Dienstleistungen höherer Art[18]. Gewerbetreibender i.S.d. § 35 GewO ist damit jedermann, der keine der in § 6 GewO aufgezählten Tätigkeiten betreibt, mit Ausnahme der in § 35 Abs. 9 GewO Genannten, und dessen Gewerbe die von Rechtsprechung und Literatur entwickelten Voraussetzungen erfüllt.

In sachlicher Hinsicht erfasst § 35 GewO diejenigen Gewerbetreibenden, die der Gewerbeordnung und den gewerberechtlichen Nebengesetzen unterliegen, soweit die Anwendbarkeit nicht durch Spezialregelungen – wie etwa § 15 GastG, § 25 PBefG oder 41 WaffG – ausgeschlossen ist[19]. Im Hinblick auf seine Einordnung in Titel II der Gewerbeordnung ist § 35 GewO nur auf das stehende Gewerbe anwendbar[20]. Eine analoge Anwendbarkeit auf das Reisegewerbe (Titel III) oder den Marktverkehr (Titel IV) ist ausgeschlossen[21]. Hier gelten die spezielleren Vorschriften der Gewerbeordnung. So kann die Teilnahme am Marktverkehr einem Aussteller oder Anbieter gem. § 70 a GewO untersagt werden. Für die Untersagung der reisegewerblichen Tätigkeit gilt § 59 GewO. Lediglich Teilbereiche des § 35 GewO finden aufgrund ausdrücklicher Verweisung in § 59 Satz 2 GewO auch auf die Untersagung reisegewerblicher Tätigkeiten Anwendung. Im Übrigen ist daher von einem, die Analogie sperrenden bewussten Schweigen des Gesetzgebers auszugehen, so dass § 35 GewO nur dann auf andere Gewerbezweige als das stehende Gewerbe anzuwenden ist, wenn eine ausdrückliche gesetzliche Verweisung vorliegt[22].

Titels IX auf Beförderungen mit Krankenwagen im Sinne des § 1 Abs. 2 Nr. 2 in Verbindung mit Abs. 1 des Personenbeförderungsgesetzes keine Anwendung.

18 *BVerwG*, Urteil v. 24.06.1976 – I C 56.74, NJW 1977, 772; *Frotscher*, JuS 1982, 828 (832 ff).; *Stober*, JA 1981, 216 (217).

19 *Marcks*, in: Landmann/Rohmer, GewO, § 35 Rn. 12.

20 *Heß*, in: Friauf, GewO, § 35 Rn. 29; *Marcks*, in: Landmann/Rohmer, GewO, § 35 Rn. 12; *Ennuschat*, in: Tettinger/Wank/Ennuschat, GewO, § 35 Rn. 3.

21 *Brüning*, in: Beck´scher Online Kommentar, GewO, § 35 Rn. 2.

22 *Ennuschat*, in: Tettinger/Wank/Ennuschat, GewO, § 35 Rn. 5.

2. *Tatbestandsvoraussetzungen des § 35 Abs. 1 Satz 1 GewO*

a) Ausübung eines Gewerbes

Voraussetzung für eine Gewerbeuntersagung nach § 35 Abs. 1 Satz 1 GewO ist zunächst, dass zum Zeitpunkt der Verfügung tatsächlich ein Gewerbe ausgeübt wird[23]. Diesbezüglich ist erforderlich, dass der Gewerbetreibende mit der Ausübung des Gewerbes zum Zeitpunkt der Gewerbeuntersagungsverfügung schon begonnen hat und diese noch nicht aufgegeben wurde[24]. Dass es sich um ein konkret ausgeübtes Gewerbe handeln muss, kann den Formulierungen des § 35 Abs. 1 Satz 3 GewO (*„auch wenn der Betrieb des Gewerbes während des Verfahrens aufgegeben wird"*) und Abs. 2 (*„den Gewebebetrieb durch einen Stellvertreter (§ 45) fortzuführen"*) entnommen werden[25]. Daher ist eine bloß vorsorgliche Untersagung für die Zukunft unzulässig[26].

Hiervon zu unterscheiden sind Vorbereitungshandlungen wie z.B. die Anmietung von Büroräumen oder die Einstellung von Personal, die bereits zu einem Beginn der Gewerbeausübung führen können[27]. Für den Fall, dass durch die Vorbereitungshandlungen bereits eine Gewerbetätigkeit ausgeübt wird, sind die zuständigen Behörden bei Unzuverlässigkeit des Gewerbetreibenden ermächtigt, die weitere Ausübung des Gewerbes bereits in diesem Anfangsstadium zum Schutze der Allgemeinheit zu untersagen.

Unschädlich für den Fortgang des Verfahrens ist hingegen die Aufgabe des Gewerbebetriebs nach Einleitung des Untersagungsverfahrens. In diesem Fall kann das Untersagungsverfahren gem. § 35 Abs. 1 Satz 3 GewO fortgesetzt werden. Hierdurch soll verhindert werden, dass Gewerbetreibende ihr eingestelltes Gewerbe an demselben oder einem anderen Ort zulasten der Allgemeinheit oder der im Betrieb Beschäftigten ungehindert neu beginnen, bis sie erneut auffallen und weitere Untersagungsverfahren eingeleitet werden[28]. Es liegt im Ermessen der Behörde, von der Möglichkeit des § 35 Abs. 1 Satz 3 GewO Gebrauch zu machen und wird maßgeblich davon

---

23 *BVerwG*, Urteil v. 02.02.1982 – 1 C 1.78, GewArch 1982, 302; ausdrücklich bestätigt im Urteil vom 14.07.2003 – 6 C 10.03, GewArch 2003, 482; *Hahn*, GewArch 2003, 441 (443); *Ennuschat*, in: Tettinger/Wank/Ennuschat, GewO, § 35 Rn. 14.

24 *BVerwG*, Beschluss v. 16.12.1992 – 1 B 162.92, GewArch 1993, 156 und Beschluss v. 19.02.1993 – 1 B 20.93, GewArch 1995, 117; *Marcks*, in: Landmann/Rohmer, GewO, § 35 Rn. 24; vgl. auch *Brüning*, in: Beck´scher Online Kommentar, GewO, § 35 Rn. 14; a.A. *Heß*, in: Friauf, GewO, § 35 Rn. 78 und *Laubinger*, VerwArch 1998, 145 (162).

25 *Brüning*, in: Beck´scher Online-Kommentar, GewO, § 35 Rn. 14; *Marcks*, in: Landmann/Rohmer, GewO, § 35 Rn. 24.

26 *Marcks*, in: Landmann/Rohmer, GewO, § 35 Rn. 24.

27 *BVerwG*, Beschluss v. 16.12.1992 – 1 B 162.92, GewArch 1993, 156 (157); *Ennuschat*, in: Tettinger/Wank/Ennuschat, GewO, § 35 Rn. 19; *Marcks*, in: Landmann/Rohmer, GewO, § 35 Rn. 24; *Hahn,* GewArch, 1995, 89 (90).

28 *Brüning*, in: Beck´scher Online-Kommentar, GewO, § 35 Rn. 17.

abhängen, ob Anhaltspunkte dafür bestehen, dass der Gewerbetreibende im Falle einer Verfahrenseinstellung seine gewerbliche Tätigkeit wieder aufnehmen wird[29].

Keine Aufgabe des Gewerbebetriebs als solche liegt in der Eröffnung des Insolvenzverfahrens über das Vermögen des Gewerbetreibenden[30]. Der Betrieb wird mit dem Übergang der Verwaltungs- und Verfügungsbefugnis auf den Insolvenzverwalter von diesem fortgeführt. Eine Betriebsaufgabe ist aus diesen Gründen zu verneinen.

b) Unzuverlässigkeit

Das Erfordernis der Zuverlässigkeit ist eine subjektive Zulassungsvoraussetzung für den Betrieb eines Gewerbes[31]. Entfällt dieses Merkmal, so ist dem Gewerbetreibenden die weitere Gewerbeausübung gem. § 35 Abs. 1 GewO zu untersagen. Im Folgenden soll untersucht werden, was unter dem gewerberechtlichen Begriff der Unzuverlässigkeit zu verstehen ist. Zu klären ist in diesem Zusammenhang insbesondere, welche Auswirkungen die Vermögenssituation des Gewerbetreibenden auf seine Zuverlässigkeit hat.

aa) Unbestimmter Rechtsbegriff

Die Unzuverlässigkeit ist als unbestimmter Rechtsbegriff in § 35 GewO nicht legal definiert[32]. Anders als in anderen Vorschriften der Gewerbeordnung (vgl. z.B. §§ 33c Abs. 2, 34b Abs. 4 Nr. 1, 34c Abs. 2 Nr. 1 GewO) enthält § 35 GewO zudem keine Regeltatbestände, bei deren Vorliegen auf die Unzuverlässigkeit des Gewerbetreibenden geschlossen werden könnte[33]. Hierauf wurde seitens des Gesetzgebers bewusst verzichtet, um den breiten Anwendungsbereich des § 35 GewO als Generalnorm nicht einzuschränken[34].

Nach ständiger Rechtsprechung und Literatur gilt als gewerberechtlich unzuverlässig, wer keine Gewähr dafür bietet, dass er sein Gewerbe in Zukunft ordnungsgemäß ausüben wird[35]. Dies setzt weder ein Verschulden noch einen Charaktermangel

---

29 *Brüning*, in: Beck´scher Online-Kommentar, GewO, § 35 Rn. 18; vgl. auch *OVG Münster*, Beschluss v. 07.12.1999 – 4 A 4559/99, GewArch 2000, 387 (388).

30 *BVerwG*, Beschluss v. 18.01.2006 – 6 C 21.05, GewArch 2006, 387 (388).

31 So u.a. *BVerwG*, Urteil v. 17.01.1972 – I C 33.68, GewArch 1972, 189 (190) für § 3 Abs. 2 Nr. 2 EHG.

32 *Heß*, in: Friauf, GewO, § 35 Rn. 138; *Marcks*, in: Landmann/Rohmer, GewO, § 35 Rn. 28 f; vgl. auch *Ennuschat*, in: Tettinger/Wank/Ennuschat, GewO, § 35 Rn. 27.

33 *Marcks*, in: Landmann/Rohmer, GewO, § 35 Rn. 28.

34 Hierzu *Marcks*, in: Landmann/Rohmer, GewO, § 35 Rn. 28; Die Bundesregierung hat im Entwurf des Vierten Änderungsgesetzes den Vorschlag gemacht, in § 35 GewO Regeltatbestände einzuführen (Entwurf des Vierten ÄndG, BT-Drucks. III/318). Der Bundestag hat dies abgelehnt (S. 4 zu BT-Drucks. III/1304).

35 Ständige Rspr. des *BVerwG*, Urteil v. 19.03. 1970 – I C 6.69, GewArch 1971, 200 (201); Urteil v. 02.02.1982 – 1 C 52.78, GewArch 1982, 233; Urteil v. 16.03.1982 – 1 C 124.80, GewArch 1982, 303; so auch *Heß*, in: Friauf, GewO, § 35 Rn. 141; *Ennuschat*, in: Tettinger/Wank/Ennuschat, GewO, § 35 Rn. 27; *Marcks*, in: Landmann/Rohmer, GewO, § 35 Rn. 29 m.w.N.

der von der Gewerbeuntersagung betroffenen Person voraus[36]. Der Schutz der Allgemeinheit erfordert es, unzuverlässigen Gewerbetreibenden die Ausübung ihres Gewerbes zu untersagen, so dass es insbesondere aus gefahrenabwehrrechtlichen Gründen nicht auf ein Verschulden des betroffenen Gewerbetreibenden ankommt[37].

bb) Wirtschaftliche Leistungsunfähigkeit

Als Unzuverlässigkeitsgrund kommt auch die wirtschaftliche Leistungsunfähigkeit des Gewerbetreibenden in Betracht. Das Bundesverwaltungsgericht führt in seinem Urteil vom 2. Februar 1982 hierzu aus[38].

> *„Im Interesse eines ordnungsgemäßen und redlichen Wirtschaftsverkehrs muss von einem Gewerbetreibenden erwartet werden, dass er zur Vermeidung der Gläubigerbenachteiligung bei anhaltender* ***wirtschaftlicher Leistungsunfähigkeit*** *seinen Gewerbebetrieb aufgibt. Auf den Grund der Entstehung der Schulden und für die Unfähigkeit zur Erfüllung der Zahlungspflicht kommt es nicht an."*
>
> (Hervorhebung durch den Verfasser)

Anknüpfungspunkt für das Merkmal der Unzuverlässigkeit ist damit nicht die Vermögenslosigkeit an sich, sondern die unterlassene Betriebsaufgabe trotz dieses Umstandes[39]. Das Fehlen der für den Betrieb eines Gewerbes erforderlichen Geldmittel verhindert eine ordnungsgemäße Betriebsführung im Allgemeinen und die Erfüllung öffentlich-rechtlicher Zahlungspflichten im Besonderen[40]. Ein Gewerbetreibender, der dennoch sein Gewerbe fortführt, obgleich seine finanzielle Grundlage und der Ertrag aus dem Betrieb zur Erfüllung seiner Verpflichtungen nicht ausreichen, ist schlichtweg unzuverlässig[41]. Die Allgemeinheit läuft insoweit Gefahr, durch die Fortführung des Gewerbebetriebs Schaden zu nehmen. Aus diesem Grund muss – soweit eine ordnungsgemäße Betriebsführung und die Erfüllung entsprechender Leistungspflichten nicht anderweitig sichergestellt wird – das Gewerbe untersagt werden.

Ebenso wie beim unbestimmten Rechtsbegriff der Unzuverlässigkeit fehlt es auch bei dem Merkmal der wirtschaftlichen Leistungsunfähigkeit an einer entsprechenden Legaldefinition. Anhaltspunkte für die Frage, wann eine wirtschaftliche Leistungsunfähigkeit vorliegt, bieten die Versagungstatbestände für erlaubnispflichtige Gewerbe in der Gewerbeordnung[42]. In den Versagungstatbeständen der

---

36 *BVerwG*, Urteil v. 19.03.1970 – IC 6.69, GewArch 1971, 200.

37 So *Marcks*, in: Landmann/Rohmer, GewO, § 35 Rn. 30.

38 *BVerwG*, Urteil v. 02.02.1982 – 1 C 52.78, GewArch 1982, 233.

39 *Ennuschat*, in: Tettinger/Wank/Ennuschat, GewO, § 35 Rn. 63.

40 *BVerwG*, Beschluss v. 19.01.1994 – 1 B 5.94, BeckRS 1994, 312; *OVG Münster*, Urteil v. 12.04.2011 – 4 A 1449/08, NVwZ-RR 2011, 553.

41 *OVG Lüneburg*, Urteil v. 05.11.1975 – VII OVG A 9/74, GewArch 1976, 89 (90).

42 *Marcks*, in: Landmann/Rohmer, GewO, § 35 Rn. 46; *Ennuschat*, in: Tettinger/Wank/Ennuschat, GewO, § 35 Rn. 70.

§§ 34 Abs. 1 Nr. 2, 34 a Abs. 1 Nr. 2, 34 b Abs. 4 Nr. 2, 34 c Abs. 2 Nr. 2 und 34 d Abs. 2 Nr. 2 GewO hat der Gesetzgeber die wirtschaftliche Leistungsunfähigkeit aus dem allgemeinen Unzuverlässigkeitsbegriff ausgeklammert und ihm den Rang eines selbständigen Untersagungsgrundes eingeräumt[43]. Gemäß §§ 34 Abs. 1 Nr. 2 und 34a Abs. 1 Nr. 2 GewO ist die Erlaubnis für das Pfandleiher- und Überwachungsgewerbe zu versagen, wenn der Gewerbetreibende die für den Gewerbebetrieb erforderlichen Mittel oder entsprechenden Sicherheiten nicht nachweist. Beim Versteigerer-, Makler-, Anlageberater-, Bauträger-, Baubetreuer- und Versicherungsvermittlergewerbe stellen die §§ 34b Abs. 4 Nr. 2, 34 c Abs. 2 Nr. 2 und 34 d Abs. 2 Nr. 2 GewO auf das Leben in ungeordneten Vermögensverhältnissen ab. Ungeordnete Vermögensverhältnisse liegen ausweislich dieser Bestimmungen in der Regel dann vor, wenn *„über das Vermögen des Antragstellers das Insolvenzverfahren eröffnet wurde"* oder der Antragsteller in das vom Insolvenzgericht oder vom Vollstreckungsgericht zu führende Verzeichnis (§ 26 Abs. 2 InsO, § 915 ZPO) eingetragen ist. Inhaltlich besteht zwischen den Begriffen der ungeordneten Vermögensverhältnisse und der wirtschaftlichen Leistungsunfähigkeit kein Unterschied. Das Leben in ungeordneten Vermögensverhältnissen ist insoweit mit der wirtschaftlichen Leistungsunfähigkeit gleichzusetzen[44].

Obgleich der Gesetzgeber die ungeordneten Vermögensverhältnisse in den Neuregelungen der §§ 34 b, 34 c und 34 d GewO bezüglich des Zugangs zu einer erlaubnispflichtigen Tätigkeit gesondert erwähnt, kann hieraus nicht gefolgert werden, dass der Gesetzgeber diesen Umstand aus dem allgemeinen Unzuverlässigkeitstatbestand hat herausnehmen wollen[45]. Dies verdeutlicht insbesondere § 12 Satz 1 GewO, der die ungeordneten Vermögensverhältnisse weiterhin als Anwendungsfall der Unzuverlässigkeit ansieht *(„Unzuverlässigkeit..., die auf ungeordnete Vermögensverhältnisse zurückzuführen ist")*[46]. Im Ergebnis ergibt sich daher, dass der Gewerbetreibende jedenfalls dann nicht mehr zuverlässig ist, wenn er in ungeordneten Vermögensverhältnissen lebt[47].

c) Verantwortlicher

Die Gewerbeuntersagung nach § 35 GewO ergeht gegenüber dem unzuverlässigen Gewerbetreibenden. Hierbei kann es sich sowohl um eine natürliche, als auch um eine juristische Person oder Personengesellschaft handeln. Da es sich bei dem Tatbestandsmerkmal der Unzuverlässigkeit i.S.d. § 35 GewO um eine persönliche Eigenschaft handelt[48], muss für die Gewerbetreibenden in Form einer juristischen

43 *Marcks*, in: Landmann/Rohmer, GewO, § 35 Rn. 46.
44 *Heß*, in: Friauf, GewO, § 12 Rn. 6 f.
45 *Hahn*, GewArch, 2000, 361.
46 *Hahn*, GewArch, 2000, 361.
47 *Marcks*, in: Landmann/Rohmer, GewO, § 35 Rn. 46; vgl. *Ennuschat*, in: Tettinger/Wank/Ennuschat, GewO, § 35 Rn. 70.
48 *Ennuschat*, in: Tettinger/Wank/Ennuschat, GewO, § 35 Rn. 84.

Person oder Personengesellschaft geklärt werden, auf wen hinsichtlich des Merkmals der Unzuverlässigkeit abzustellen ist.

aa) Personengesellschaften ohne Rechtspersönlichkeit

Personengesellschaften ohne eigene Rechtspersönlichkeit (OHG, KG, BGB-Gesellschaft) sind nicht selbst Gewerbetreibende[49]. Gewerbetreibende sind ausschließlich die geschäftsführenden Gesellschafter[50]. Eine Gewerbeuntersagung ist somit nicht gegen die Gesellschaft als solche, sondern gegen ihre unzuverlässigen geschäftsführenden Gesellschafter zu richten[51]. Soweit einem oder mehreren Gesellschaftern der Betrieb des Gewerbes untersagt wird, darf die Gesellschaft das Gewerbe nur dann fortführen, wenn diese Gesellschafter aus der Gesellschaft ausscheiden[52].

Im Falle der Insolvenzeröffnung über das Vermögen der Personengesellschaft ohne Rechtspersönlichkeit kommt es zu einem Auseinanderfallen von gewerberechtlicher und insolvenzrechtlicher Verantwortlichkeit[53]. Während die Personengesellschaft gem. § 11 Abs. 2 Nr. 1 InsO insolvenzrechtsfähig ist und daher beim Vorliegen wirtschaftlicher Leistungsunfähigkeit das Insolvenzverfahren über das Vermögen der Gesellschaft eröffnet wird, liegt die gewerberechtliche Verantwortlichkeit bei den geschäftsführenden Gesellschaftern. Dies bereitet – wie noch zu zeigen sein wird – im Rahmen der Gefahrenabwehr und Fortführung des Gewerbebetriebs einige Probleme[54].

bb) Juristische Personen

Anders als bei der Personengesellschaft ohne Rechtspersönlichkeit ist die juristische Person aufgrund eigener Rechtspersönlichkeit selbst Gewerbetreibender[55]. Hinsichtlich der Verantwortlichkeit ist jedoch zwischen Untersagungsgründen,

---

49 *Marcks*, in: Landmann/Rohmer, GewO, § 35 Rn. 64; *Ennuschat*, in: Tettinger/Wank/Ennuschat, GewO, § 35 Rn. 89; *Brüning*, in: Beck´scher Online-Kommentar, GewO, § 35 Rn. 26.

50 *BVerwG*, Urteil v. 21.07.1964 – I C 102.61, GewArch 1965, 7 (8); Urteil v. 05.08.1965 – 1 C 69.62, GewArch 1966, 9; *Brüning*, in: Beck´scher Online-Kommentar, GewO, § 35 Rn. 26; *Marcks*, in: Landmann/Rohmer, GewO, § 35 Rn. 64; *Ennuschat*, in: Tettinger/Wank/Ennuschat, GewO, § 35 Rn. 89; vgl. auch *Heß*, in: Friauf, GewO, § 35 Rn. 91.

51 *Brüning*, in: Beck´scher Online-Kommentar, GewO, § 35 Rn. 26; *Marcks*, in: Landmann/Rohmer, GewO, § 35 Rn. 64; *Ennuschat*, in: Tettinger/Wank/Ennuschat, GewO, § 35 Rn. 89.

52 *Marcks*, in: Landmann/Rohmer, GewO, § 35 Rn. 64.

53 *Schmidt*, GewArch 2003, 326 (327), spricht in diesem Fall von einem Auseinanderfallen von Gesellschaftsrecht und Gewerberecht.

54 Vgl. S. 37 ff.

55 *BVerwG*, Urteil v. 30.09.1976 – I C 32.74, GewArch 1977, 14; Beschluss v. 16.12.1992 – 1 B 162.92, GewArch 1993, 156 f; *Marcks*, in: Landmann/Rohmer, GewO, § 35 Rn. 65 m.w.N.

die die juristische Person selbst verwirklichen kann und solchen, die ein Handeln oder Unterlassen natürlicher Personen voraussetzen, zu unterscheiden[56]. Die erstgenannten Gründe werden der juristischen Person direkt zugerechnet, während es im Übrigen auf die Zuverlässigkeit der vertretungsberechtigten Organe ankommt[57]. Damit muss geklärt werden, ob es sich bei dem Unzuverlässigkeitsgrund der wirtschaftlichen Leistungsunfähigkeit um einen Untersagungsgrund handelt, den die juristische Person selbst verwirklichen kann, oder ob hierfür ein Handeln einer natürlichen Person vorausgesetzt wird.

Teilweise wird davon ausgegangen, dass die juristische Person den Unzuverlässigkeitsgrund der wirtschaftlichen Leistungsunfähigkeit selbst verwirklichen kann[58]. Die mangelnde wirtschaftliche Leistungsfähigkeit werde in erster Linie bei der juristischen Person und nicht bei den vertretungsberechtigten Organen vorliegen, so dass dieser Untersagungsgrund entfallen müsse, wenn man auf Letztere abstelle[59].

Indes verkennt diese Auffassung, dass sich das Merkmal der Unzuverlässigkeit aufgrund wirtschaftlicher Leistungsunfähigkeit immer nur im Zusammenhang mit dem Handeln einer natürlichen Person bejahen lässt[60]. Zwar ist es grundsätzlich richtig, dass Verantwortlicher für die Unzuverlässigkeit der Gewerbetreibende ist. Etwas anderes muss aber dann gelten, wenn es sich um einen Unzuverlässigkeitsgrund handelt, den der Gewerbetreibende selbst nicht verwirklichen kann. Die in der Gesellschaft begründete wirtschaftliche Leistungsunfähigkeit führt aber auch nach Ansicht des Bundesverwaltungsgerichts für sich genommen nicht zur Unzuverlässigkeit des Gewerbetreibenden[61], mithin der juristischen Person. Die vorwerfbare Handlung liegt vielmehr in der Fortführung des Gewerbebetriebs trotz dieses Umstandes[62]. Hierfür kann aber nicht die juristische Person, sondern nur ihre vertretungsberechtigten Organe gewerberechtlich verantwortbar gemacht werden. Es obliegt alleine ihnen im Falle wirtschaftlicher Leistungsunfähigkeit der Gesellschaft, den Gewerbebetrieb zum Schutze des Geschäftsverkehrs einzustellen. Verantwortliche für den Unzuverlässigkeitsgrund der wirtschaftlichen Leistungsunfähigkeit sind insoweit die vertretungsberechtigten Organe.

---

56 *Brüning*, in: Beck´scher Online-Kommentar, GewO, § 35 Rn. 27; *Marcks*, in: Landmann/Rohmer, GewO, § 35 Rn. 65.

57 *BVerwG*, Urteil v. 09.02.1967 – I C 2.66, GewArch 1967, 166 f; *OVG Koblenz*, Beschluss v. 25.01.1978 – 2 B 319/77, GewArch 1978, 194 (195).

58 So *Marcks*, in: Landmann/Rohmer, GewO, § 35 Rn. 65.

59 *Marcks*, in: Landmann/Rohmer, GewO, § 35 Rn. 65.

60 *Heß*, in: Friauf, GewO, § 35 Rn. 92; *Dickersbach*, WiVerw. 1982, 65 (73); vgl. auch *Ennuschat*, in: Tettinger/Wank, GewO, § 35, Rn. 96.

61 *BVerwG*, Urteil v. 02.02.1982 – 1 C 52.78, GewArch 1982, 233.

62 *Heß*, in: Friauf, GewO, § 35 Rn. 92, wonach die Unzuverlässigkeit darin besteht, dass die natürliche, für die Geschäftsführung verantwortliche Person ein Unternehmen ohne Ausstattung mit den erforderlichen Vermögenswerten fortführt; so auch *Ennuschat*, in: Tettinger/Wank/Ennuschat, GewO, § 35 Rn. 63.

d) *Rechtsgütergefährdung*

Die Gewerbeuntersagung gem. § 35 Abs. 1 GewO setzt eine Gefährdung von Rechtsgütern der Allgemeinheit oder der im Betrieb Beschäftigten voraus. Eine solche Gefährdung ist gegeben, wenn auf Grund der vorliegenden Tatsachen in überschaubarer Zukunft mit einem Schadenseintritt gerechnet werden muss[63]. Die Gefährdung eines beliebigen Rechtsgutes ist hierbei nicht ausreichend. Der Grundsatz der Verhältnismäßigkeit verlangt die Gefährdung eines besonders wichtigen Rechtsgutes[64].

Als wichtige Rechtsgüter kommen neben den früher[65] im Gesetz genannten (Leben, Gesundheit, Freiheit, Sittlichkeit, Eigentum, Vermögen) unter anderem auch die Rechtsgüter des Staatsschutzes und des Umweltschutzes in Betracht[66]. Im Falle der Unzuverlässigkeit eines Gewerbetreibenden aufgrund mangelnder wirtschaftlicher Leistungsunfähigkeit besteht die Gefahr, dass Vermögensinteressen der Allgemeinheit und Beschäftigten geschädigt werden. Hierbei bedarf es, anders als in der früheren Fassung des § 35 Abs. 1 GewO, keiner konkreten Gefahr für diese Rechtsgüter, so dass eine abstrakte Gefährdung ausreichend ist[67]. Der wirtschaftlich angeschlagene Gewerbetreibende wird regelmäßig Schwierigkeiten haben, den ihm gegenüber Dritten obliegenden Leistungsverpflichtungen nachzukommen. Dabei ist der Kreis der potentiell gefährdeten Dritten im Einzelnen nicht konkret abgrenzbar. Regelmäßig bestehen seitens des Gewerbetreibenden Leistungsverpflichtungen gegenüber Kunden, Lieferanten, Beschäftigten und dem Staat. Im Falle wirtschaftlicher Leistungsunfähigkeit laufen Kunden des Gewerbetreibenden Gefahr, dass die ihnen gegenüber geschuldete Leistung – für die gegebenenfalls bereits eine Vorauszahlung geleistet wurde – nicht erfüllt wird. Gleiches gilt für Lieferanten und Beschäftigte. Auch dieser Teil der Allgemeinheit hat aufgrund bestehender Lieferantenbeziehungen oder Arbeitsverträge im Vertrauen auf eine Gegenleistung

---

63 *Steiner*, Besonderes Verwaltungsrecht, VI Rn. 228.

64 *Brüning*, in: Beck´scher Online-Kommentar, GewO, § 35 Rn. 35; *Marcks*, in: Landmann/Rohmer, GewO, § 35 Rn. 76; so wohl auch *Heß*, in: Friauf, GewO, § 35 Rn. 111 ff.

65 Durch das ÄndG vom 13.02.1974 (BGBl. I S. 161) wurde Abs. 1 neu gefasst. Die ursprüngliche Fassung lautete: *„Die Ausübung eines Gewerbes ist ganz oder teilweise auf Zeit oder Dauer zu untersagen, wenn Tatsachen vorliegen, welche die Unzuverlässigkeit des Gewerbetreibenden oder einer mit der Leitung des Gewerbebetriebes beauftragten Person in bezug auf dieses Gewerbe dartun, sofern die weitere Ausübung des Gewerbes für die Allgemeinheit oder die im Betrieb Beschäftigten eine Gefährdung des Lebens, der Gesundheit, der Freiheit oder der Sittlichkeit oder eine Gefährdung des Eigentums des Vermögens anderer mit sich bringt und diesen Gefährdungen nur durch eine Gewerbeuntersagung begegnet werden kann. Die Untersagung gilt für den Geltungsbereich dieses Gesetzes."*

66 *Marcks*, in: Landmann/Rohmer, GewO, § 35 Rn. 76; *Brüning*, in: Beck´scher Online-Kommentar, GewO, § 35 Rn. 35.

67 *Ennuschat*, in: Tettinger/Wank/Ennuschat, GewO, § 35 Rn. 120; *Brüning*, in: Beck´scher Online-Kommentar, GewO, § 35 Rn. 35; *Marcks*, in: Landmann/Rohmer, GewO, § 35 Rn. 76.

Waren geliefert oder Arbeitskraft aufgewendet. Im Falle der Nichtleistung entsteht auf Seiten der Betroffenen ein wirtschaftlicher Schaden, der nicht zuletzt auch ihre wirtschaftliche Existenz bedrohen kann. Auf Seiten des Staates besteht zudem die Gefahr, dass der Gewerbetreibende nicht in der Lage ist, seine Steuern (z.B. Gewerbesteuer) oder fällige Sozialversicherungsbeiträge zu entrichten. Die Fortführung des Gewerbebetriebs trotz wirtschaftlicher Leistungsunfähigkeit führt daher zu einer abstrakten Gefährdung der Rechtsgüter Dritter.

e) Erforderlichkeit und Verhältnismäßigkeit

Die Gewerbeuntersagung nach § 35 GewO hat für den Gewerbetreibenden und sein Umfeld (Familie und Beschäftigte) weitreichende Folgen. Das Gewerbe stellt regelmäßig die einzige Erwerbsquelle des Gewerbetreibenden und seiner Familie dar. Durch eine Gewerbeuntersagung geht diese Existenzgrundlage verloren. Das gleiche Schicksal teilen auch die Angestellten des Gewerbetreibenden. Mit einer Einstellung des Gewerbebetriebs verlieren diese ihre Arbeitsplätze.

Die Untersagung der Gewerbeausübung ist – aufgrund des erheblichen Eingriffs in die durch § 1 GewO geschützte Gewerbefreiheit und die durch Art. 12 Abs. 1 GG garantierte Berufsfreiheit – ultima ratio zur Abwehr der sich aus der Unzuverlässigkeit des Gewerbetreibenden ergebenden Gefährdung[68]. Daher setzt die Rechtmäßigkeit einer Gewerbeuntersagung voraus, dass der Eingriff in die Rechte des Gewerbetreibenden verhältnismäßig ist. Erforderlich ist die Untersagung nur dann, wenn den zuständigen Behörden kein milderes Mittel (z.B. Teiluntersagung, Auflagen, Überwachung oder Abmahnung) zur Abwehr der sich aus der Unzuverlässigkeit ergebenden Gefährdung zur Verfügung steht[69]. Insgesamt verhältnismäßig ist die Untersagung nur dann, wenn sie nicht außer Verhältnis zum angestrebten Erfolg steht[70]. Hierfür bedarf es im konkreten Fall einer Rechtsgüterabwägung, bei der insbesondere die Grundrechtsposition aus Art. 12 GG zu beachten ist. Unverhältnismäßig ist der Eingriff nicht, wenn der betroffene Gewerbetreibende die Gewerbefreiheit in sozialschädlicher Weise missbraucht[71] und eine Gefährdung der Allgemeinheit zu befürchten ist.

---

68 *BVerwG*, Urteil v. 24.02.1966 – I C 37.65, GewArch 1966, 202 (203); vgl. in ähnlichen Widerrufsverfahren auch *BVerwG*, Urteil v. 16.09.1975 – I C 44.74, GewArch 1975, 385 (387) zu § 15 GastG sowie Beschluss v. 06.09.1991 – 1 B 97.91, GewArch 1992, 24 (25) zu § 33i GewO; *Marcks*, in: Landmann/Rohmer, GewO, § 35 Rn. 18.

69 *Ennuschat*, in: Tettinger/Wank/Ennuschat, GewO, § 35 Rn. 121.

70 *Marcks*, in: Landmann/Rohmer, GewO, § 35 Rn. 79; *Ennuschat*, in: Tettinger/Wank/Ennuschat, GewO, § 35 Rn. 122.

71 *Heß*, in: Friauf, GewO, § 35 Rn. 124.

II. Zwischenergebnis

Gemäß § 35 GewO ist einem unzuverlässigen Gewerbetreibenden die weitere Ausübung des Gewerbes zu untersagen, soweit dies zum Schutze der Allgemeinheit oder der im Betrieb Beschäftigten erforderlich ist. Der Gewerbetreibende gilt als unzuverlässig, wenn er keine Gewähr dafür bietet, dass er sein Gewerbe in Zukunft ordnungsgemäß ausüben wird[72]. Dies wird unter anderem für die Fälle angenommen, in denen der Gewerbetreibende sich in ungeordneten Vermögensverhältnissen befindet, d.h. wirtschaftlich leistungsunfähig ist. Grundsätzlich würde damit auch der Betrieb eines Gewerbetreibenden, über dessen Vermögen ein Insolvenzverfahren eröffnet wurde, durch die zuständigen Behörden untersagt. Die wirtschaftliche Leistungsunfähigkeit ist durch den Eröffnungsbeschluss des Insolvenzgerichts letztlich formal festgestellt. Aus welchen Gründen das Gewerbe dennoch nicht untersagt wird, soll im nächsten Abschnitt behandelt werden.

B. Gesetzlich angeordneter Vorrang des Insolvenzrechts durch § 12 GewO

Eine Gewerbeuntersagung oder der Widerruf gewerblicher Erlaubnisse aufgrund ungeordneter Vermögensverhältnisse ist nicht statthaft, wenn über das Vermögen des Gewerbetreibenden das Insolvenzverfahren eröffnet wurde. Mit Einführung der Insolvenzordnung hat der Gesetzgeber dem Insolvenzrecht gegenüber der Gewerbeordnung durch § 12 Satz 1 GewO Vorrang eingeräumt. Gemäß § 12 Satz 1 GewO finden Vorschriften, welche die Untersagung eines Gewerbes oder die Rücknahme oder den Widerruf einer Zulassung wegen Unzuverlässigkeit des Gewerbetreibenden, die auf ungeordnete Vermögensverhältnisse zurückzuführen ist, ermöglichen, während eines Insolvenzverfahrens, während der Zeit, in der Sicherungsmaßnahmen nach § 21 der Insolvenzordnung angeordnet sind, und während der Überwachung der Erfüllung eines Insolvenzplans (§ 260 der Insolvenzordnung) keine Anwendung in Bezug auf das Gewerbe, das zur Zeit des Antrags auf Eröffnung des Insolvenzverfahrens ausgeübt wurde.

I. Erforderlichkeit des § 12 GewO

§ 12 GewO wurde durch das Einführungsgesetz zur Insolvenzordnung vom 5. Oktober 1994[73] in der Fassung des Änderungsgesetzes vom 19. Dezember 1998[74] mit Wirkung zum 1. Januar 1999 in die Gewerbeordnung eingefügt. Der Gesetzgeber

---

72 Ständige Rspr. des *BVerwG*, Urteil v. 19.03. 1970 – I C 6.69, GewArch 1971, 200 (201); Urteil v. 02.02.1982 – 1 C 52.78, GewArch 1982, 233; Urteil v. 16.03.1982 – 1 C 124.80, GewArch 1982, 303; aber auch die Literatur *Heß*, in: Friauf, GewO, § 35 Rn. 141; *Ennuschat*, in: Tettinger/Wank/Ennuschat, GewO, § 35 Rn. 27; *Marcks*, in: Landmann/Rohmer, GewO, § 35 Rn. 29 m.w.N.

73 BGBl I S. 2911.

74 BGBl I S. 3836, (3838).

beabsichtigte hiermit eine Anpassung der Gewerbeordnung an die durch die Einführung der Insolvenzordnung – insbesondere im Hinblick auf eine Schuldnersanierung – neu gefasste Zielsetzung des Insolvenzverfahrens. Die Beweggründe gesetzgeberischen Handelns lassen sich nachvollziehen, wenn man sich die unterschiedliche Zielsetzung von Gewerbeordnung und Insolvenzordnung vor Augen führt.

1. Spannungsfeld zwischen Insolvenz- und Gewerberecht

Der Gesetzgeber hat die wesentlichen Verfahrensziele eines Insolvenzverfahrens in § 1 InsO festgelegt. Hier hat er, anders als zu Zeiten der Konkursordnung, die Möglichkeit einer Sanierung neben die der Liquidation gestellt. Sinn und Zweck des modernen Insolvenzverfahrens erschöpfen sich damit nicht nur in der bloßen Gläubigerbefriedigung durch Liquidation des Unternehmens. Obgleich die Insolvenzordnung keiner der Abwicklungsarten einen ausdrücklichen Vorrang einräumt, steht aber weiterhin – darüber darf auch die Reform zur Insolvenzordnung nicht hinwegtäuschen – die Haftungsrealisierung zu Gunsten der Gläubiger im Vordergrund des insolvenzrechtlichen Interesses[75]. Entscheidender Unterschied zwischen Insolvenzordnung und Konkursordnung ist aber, dass die Insolvenzordnung hinsichtlich der Verwertung des schuldnerischen Unternehmens keine Zerschlagungsautomatik mehr vorsieht[76].

Zur Stärkung der Gläubigerautonomie hat der Gesetzgeber die Entscheidung über die Verwertungsart den Insolvenzgläubigern anheimgestellt[77]. Zur Verwirklichung dieses Rechts fällt auch die Entscheidung über Fortführung oder Stilllegung des schuldnerischen Unternehmens nach § 157 InsO in ihre Entscheidungskompetenz. Der Insolvenzverwalter ist daher verpflichtet, den Betrieb des Schuldners bis zur ersten Gläubigerversammlung fortzuführen. Entsprechendes gilt nach § 22 Abs. 1 Satz 2 Nr. 2 InsO auch für den starken vorläufigen Insolvenzverwalter. Entschließt sich die Gläubigerversammlung im Berichtstermin zur Fortführung des Unternehmens, so steht ihr mit dem Institut des Insolvenzplans ein geeignetes Sanierungsinstrument zur Verfügung.

Im Gegensatz zum Insolvenzverfahren, das mit dem Ziel der Gläubigerbefriedigung in erster Linie einem Sonderinteresse dient, besteht die Aufgabe des Gefahrenabwehrrechts im Schutz der Allgemeinheit und Einzelner vor den Gefahren, die mit einer wirtschaftlichen Betätigungen einhergehen können[78]. Im Fall der In-

---

75 *Humberg*, in: BK-InsO, § 1 Rn. 7; nach der Gesetzesbegründung (BT-Drucks. 12/2443 S. 108) stellt die bestmögliche Gläubigerbefriedigung das eigentliche Hauptziel des Verfahrens dar; kritisch hierzu *Ahrens*, in: A/G/R, § 1 Rn. 9, wonach das Insolvenzverfahren ganz wesentlich der Gläubigerbefriedigung dient, diese aber keinen singulären Hauptzweck darstellt.

76 *Pape*, in: Uhlenbruck, InsO, § 1 Rn. 1.

77 *Ahrens*, in: A/G/R, § 1 Rn. 52; *Humberg*, in: BK-InsO, § 1 Rn. 9.

78 Zur Aufgabe des Gefahrenabwehrrechts *BVerwG*, Urteil v. 24.06.1976 – 1 C 56.74, NJW 1977, 772.

solvenz eines Gewerbetreibenden geraten das insolvenzrechtliche Sonderinteresse und das gefahrenabwehrrechtliche Allgemeininteresse miteinander in Konflikt. Auf der einen Seite steht das Gefahrenabwehrrecht, das den wirtschaftlich leistungsunfähigen Gewerbetreibenden aus dem Geschäftsverkehr ziehen will. Auf der anderen Seite beabsichtigt das Insolvenzrecht, eben diesen Gewerbebetrieb trotz wirtschaftlicher Schwierigkeiten im Interesse der Insolvenzgläubiger zumindest vorübergehend fortzuführen. Letztlich kann den Zielen des Insolvenzverfahrens nur dann entsprochen werden, wenn eine Fortführung des schuldnerischen Betriebes auch während des Insolvenzverfahrens möglich ist. Nur so wird die Insolvenzmasse weiterhin durch den Erwerb des Gewerbetreibenden gemehrt und der Erfolg einer Sanierung gewährleistet. Demgegenüber nimmt die behördliche Entscheidung zur Untersagung des Gewerbebetriebs den Insolvenzgläubigern die Entscheidung über Stilllegung oder Fortführung des schuldnerischen Betriebes vorweg. Die ursprünglich beabsichtigte Gläubigerautonomie fände insoweit ihre Grenze im Allgemeininteresse. Dem Insolvenzverwalter wäre somit jede Möglichkeit zur Fortführung des Gewerbes genommen. Falsch wäre es nämlich zu meinen, mit Eröffnung des Insolvenzverfahrens verliere die Gewerbeuntersagungsverfügung ihre Wirkung, weil der Insolvenzverwalter, gegen den keine Untersagungsverfügung vorliegt, den Gewerbebetrieb fortan an Stelle des Schuldners betreibt[79]. Die Eröffnung des Insolvenzverfahrens führt nicht dazu, dass der Insolvenzverwalter selbst Gewerbetreibender wird. Gewerbetreibender bleibt der Insolvenzschuldner[80]. Ist dem Gewerbetreibenden der Betrieb des Gewerbes verboten, sind auch dem Insolvenzverwalter *„die Hände gebunden“*[81]. Eine Fortführung und Sanierung des schuldnerischen Gewerbebetriebes wäre damit von Anfang an ausgeschlossen. Das insolvenzrechtliche Ziel einer effektiven Gläubigerbefriedigung und Befreiung des Schuldners von seinen Verbindlichkeiten mithin nicht zu verwirklichen.

2. *Alternative Möglichkeiten zur Fortführung des Gewerbebetriebs*

Zu untersuchen ist aber, ob eine Fortführung des Gewerbebetriebs nicht auch anderweitig und ohne Mitwirkung des Gewerbetreibenden zu bewerkstelligen ist. In Betracht kommt hierfür der personelle Wechsel in der Geschäftsführung, wie auch der Austausch insolventer Gesellschafter.

a) Austausch von Organmitgliedern einer juristischen Person

Hinsichtlich einer alternativen Möglichkeit zur Fortführung des insolventen Gewerbebetriebs ist zunächst an einen Austausch der Organmitglieder zu denken. Bei juristischen Personen könnten die Vertretungsorgane der Gesellschaft – etwa der Geschäftsführer der GmbH oder der Vorstand einer AktG – ausgetauscht werden.

---

79 *Klement*, Anm. zu VG Gießen, Urteil v. 04.10.2005 – 8 E 2110/04, KTS 2006, 454 (457).
80 *Klement*, a.a.O., S. 457 m.w.N.
81 *Klement*, a.a.O., S. 458.

Indes ändert ein Austausch auf Ebene der Leitung der Gesellschaft nichts an dem Umstand, dass die juristische Person als Gewerbetreibender nicht die für den Betrieb des Gewerbes erforderlichen Mittel aufweist. Ein Gesellschaftsorgan, das trotz fehlender Leistungsfähigkeit die Gesellschaft fortführt, erweist sich insoweit selbst als unzuverlässig. Der Austausch von Organmitgliedern kann eine Fortführung des Gewerbebetriebs nicht gewährleisten.

b) Ausscheiden insolventer Gesellschafter einer Personengesellschaft

Eine Möglichkeit zur Fortführung des Gewerbebetriebs bei Personengesellschaften ohne Rechtspersönlichkeit stellt das Ausscheiden der insolventen Gesellschafter dar. Die Gewerbeuntersagung richtet sich gegen sie als Gewerbetreibende und ist auf ihre persönliche wirtschaftliche Leistungsunfähigkeit gestützt. Mit dem Ausscheiden der insolventen Gesellschafter kann die Gesellschaft wieder fortgeführt werden[82]. Insoweit ist auch für die Gesellschaftsform der OHG die Eröffnung des Insolvenzverfahrens über das Vermögen eines Gesellschafters – mangels anderer abweichender Vereinbarung im Gesellschaftsvertrag – als zwingender Grund für dessen Ausscheiden gesetzlich geregelt, vgl. § 131 Abs. 3 Satz 1 Nr. 2 HGB. Gleiches gilt über § 161 Abs. 2 HGB für die KG. Demgegenüber ist für die GbR zu beachten, dass eine Fortführung des Gewerbes nur dann in Betracht kommt, wenn die Gesellschaft abweichend zu § 728 Abs. 2 Satz 1 BGB mit der Insolvenz eines Gesellschafters nicht aufgelöst, sondern entsprechend § 736 Abs. 1 BGB durch eine Fortsetzungsklausel im Gesellschaftsvertrag unter den übrigen Gesellschaftern fortbesteht.

Dabei setzt die Fortführbarkeit des Gewerbes weiterhin voraus, dass nicht über das Vermögen aller Gesellschafter das Insolvenzverfahren eröffnet wurde. Andernfalls kommt es zur Auflösung der Gesellschaft[83]. Es müssen mindestens zwei Gesellschafter in der Gesellschaft verbleiben. Der *numerus clausus* der Gesellschaftsform einer Personengesellschaft lässt eine Einmann-Personengesellschaft nicht zu[84]. Vor diesem Hintergrund bestehen insbesondere Probleme bei Zweipersonengesellschaften oder der Insolvenz der Komplementär-GmbH einer GmbH & Co. KG[85]. Darüber hinaus ist zu beachten, dass infolge des Ausscheidens des Gesellschafters, dessen Anteil am Gesellschaftsvermögen den übrigen Gesellschaftern gem. § 738 Abs. 1 Satz 1 BGB zuwächst, wobei die Gesellschaft – nicht die Gesellschafter, wie der widersprechende Wortlaut der Vorschrift vermuten lässt[86] – nach Satz 2 verpflichtet ist, dem Ausscheidenden die Gegenstände, die er der Gesellschaft zur Benutzung

82 *Marcks*, in: Landmann/Rohmer, GewO, § 35 Rn. 64.

83 *BGH*, Urteil v. 07.07.2008 – II ZR 37/07, NZI 2008, 612.

84 *Kruth*, NZI 2011, 844 (845) m.w.N.

85 Vgl. hierzu *Karsten Schmidt*, in: MüKo, HGB, § 131, Rn. 75 ff.

86 *Karsten Schmidt*, in: MüKo, HGB, § 131, Rn. 128, wonach der entgegenstehende Wortlaut des § 738 Abs. 1 S. 2 BGB („Gesellschafter") auf einem selbst für die GbR veralteten Gesamthandmodell beruht.

überlassen hat, nach Maßgabe des § 732 BGB zurückzugeben, ihn von den gemeinschaftlichen Schulden zu befreien und ihm dasjenige zu zahlen, was er bei der Auseinandersetzung erhalten würde, wenn die Gesellschaft zur Zeit des Ausscheidens aufgelöst worden wäre. Die Gesellschafter haften für diese Gesellschaftsschuld gem. § 128 Satz 1 HGB persönlich. § 738 BGB findet gem. § 105 Abs. 3 HGB ebenso für die OHG als auch nach §§ 161 Abs. 2, 105 Abs. 3 HGB für die KG Anwendung. Zu bedenken ist insoweit, dass durch den Abfindungsanspruch des ausgeschiedenen Gesellschafters auf die Gesellschaft respektive die Gesellschafter Forderungen zukommen, die im Falle fehlender finanzieller Mittel nicht befriedigt werden können. Insofern führen die Insolvenz des Gesellschafters bzw. dessen gesetzliches Ausscheiden und der insoweit entstehende Abfindungsanspruch unter Umständen zu einer Folgeinsolvenz der Gesellschaft und verbliebenen Gesellschafter.

Im Ergebnis bietet sich das Ausscheiden eines Gesellschafters für die Fortführung des Gewerbes nur dann an, wenn die Insolvenzeröffnung Folge privater – d.h. nicht im Rahmen der Gewerbetätigkeit begründeter – Verbindlichkeiten ist. Ist die Insolvenz des Gesellschafters hingegen der wirtschaftlichen Lage der Gesellschaft geschuldet, so kann dessen Ausscheiden eine Fortführung nicht, bzw. nur kurzfristig gewährleisten.

c) *Fortführung des Gewerbebetriebs durch den Insolvenzverwalter als Stellvertreter des Gewerbetreibenden gem. § 35 Abs. 2 GewO*

Eine weitere Möglichkeit zur Fortführung des Gewerbebetriebs könnte die gewerberechtliche Bestellung des Insolvenzverwalters als Stellvertreter des Gewerbetreibenden sein. Gemäß § 35 Abs. 2 GewO kann dem Gewerbetreibenden auf seinen Antrag von der zuständigen Behörde gestattet werden, den Gewerbebetrieb durch einen Stellvertreter (§ 45 GewO) fortzuführen, der die Gewähr für eine ordnungsgemäße Führung des Gewerbebetriebs bietet. Hierzu ist möglicherweise auch der Insolvenzverwalter in der Lage. Für eine Gewerbeuntersagung bestünde in diesem Fall kein Raum mehr.

aa) Der Insolvenzverwalter als Stellvertreter gem. § 45 GewO

§ 35 Abs. 2 GewO verweist für den Begriff des Stellvertreters auf § 45 GewO. Hiernach ist Stellvertreter, wer aufgrund vertraglicher oder gesetzlicher Vollmacht den Betrieb eines Gewerbes im Namen und für Rechnung des Inhabers, im Übrigen aber unter eigener Verantwortung selbstständig führt[87].

87 *Heß*, in: Friauf, GewO, § 45 Rn. 11; *Ennuschat*, in: Tettinger/Wank/Ennuschat, GewO, § 45 Rn. 1 ff.; *Biwer*, in: Beck´scher Online-Kommentar, GewO, § 45 Rn. 1; vgl. auch *Marcks*, in: Landmann/Rohmer, GewO, § 45 Rn. 4, wonach Stellvertreter derjenige ist, der ein Gewerbe oder einzelne Zweige desselben für Rechnung und im Namen eines Dritten (des Inhabers), im Übrigen aber selbstständig verwaltet und den Inhaber nach außen vertritt, insbesondere die auf das Gewerbe sich beziehenden Rechtsgeschäfte für ihn abschließt; so auch *BVerwG*, Beschluss v. 18.07.1960 – VII CB 60.59 zum

Eine rechtsgeschäftliche Bestellung des Insolvenzverwalters scheidet im Fall der Eröffnung eines Insolvenzverfahrens aus, da durch den Übergang der Verwaltungs- und Verfügungsbefugnis nach § 80 Abs. 1 InsO der Schuldner nicht mehr dazu ermächtigt ist, einen Dritten zur Verfügung über die Insolvenzmasse zu ermächtigen[88]. Gleiches gilt für den Fall der Bestellung eines vorläufigen starken Insolvenzverwalters im Rahmen des Insolvenzeröffnungsverfahrens. Die Befugnis zur Bestellung eines Stellvertreters geht nach § 80 Abs. 1 InsO auf den Insolvenzverwalter über. Aufgrund des Verbots von Insichgeschäften nach § 181 BGB ist der Verwalter auch nicht dazu berechtigt, sich selbst zum Stellvertreter zu bestellen[89]. Insofern müsste der Insolvenzverwalter Stellvertreter kraft Gesetzes sein.

(1) Rechtsstellung des Insolvenzverwalters

Die Rechtsstellung des Insolvenzverwalters ist seit jeher umstritten[90]. Nach wie vor werden diesbezüglich unterschiedliche Theorien vertreten. Indes interessiert an dieser Stelle nicht deren dogmatische Begründung, sondern einzig die Frage, ob der Insolvenzverwalter hiernach die Stellung eines gesetzlichen Vertreters einnimmt. Auf eine ausführliche Darstellung des Theorienstreits kann insoweit verzichtet werden.

Die Stellung eines gesetzlichen Vertreters nimmt der Insolvenzverwalter nur nach der Vertretertheorie ein[91]. Darüber hinaus vertretene Theorien wie die Organ-[92] oder Amtstheorie[93] lehnen eine Vertreterstellung ab. Der Insolvenzverwalter kann insoweit begrifflich schon nicht als Stellvertreter i.S.d. § 45 GewO angesehen werden[94].

Da das Bundesverwaltungsgericht in Übereinstimmung mit der Rechtsprechung des Bundesgerichtshofs die Amtstheorie vertritt[95], scheidet eine Stellvertreterbe-

---

Stellvertreterbegriff nach § 6 GastG; *Schulz*, GewArch 1959, 73 mit Verweis auf die Begründung zum GastG (Reichstagsdrucksache Nr. 347 von 1928).

88 *Klement*, Anm. zu VG Gießen, Urteil v. 04.10.2005 – 8 E 2110/04, KTS 2006, 454 (458).

89 Vgl. hierzu *Schilken*, in: Staudinger, BGB, § 181 Rn. 39, 59; *Kuleisa*, in: Hmb-Komm, InsO, § 80 Rn. 25; zum Insichgeschäft des Insolvenzverwalters auch *BGH*, Urteil v. 24.01.1991 – IX ZR 250/89, NJW 1991, 982.

90 Ausführlich hierzu *Ott/Vuia*, in: MüKo, InsO, § 80 Rn. 20 ff.

91 Vertreter dieser Theorie sind u.a. *Bley*, ZZP 62, 111; *Bernhardt*, NJW 1962, 2194; *Ballerstedt*, AcP 151, 501 (526 ff.).

92 *Bötticher*, ZZP 71, 314 (318 f).; ausführliche Diskussion der Theorie durch *Erdmann*, KTS 1967, 87 (88 ff.).

93 Ständige Rechtsprechung des BGH: Urteil v. 10.03.1960 – II ZR 56/59, NJW 1960, 1006; Urteil v. 30.10.1967 – VIII ZR 176/65, NJW 1968, 300; Beschluss v. 27.10.1983 – I ARZ 334/83, NJW 1984, 739; Urteil v. 05.10.1994 – XII 53/93, NJW 1994, 3232; für die Literatur *Henckel*, ZIP 1991, 133; *Smid*, in: Smid, InsO, § 80 Rn. 17; *Häsemeyer*, Insolvenzrecht, Rn. 15.06; *Wittkowski*, in: Nerlich/Römermann, InsO, § 80 Rn. 38; *Leithaus*, in: Andres/Leithaus, InsO, § 80 Rn. 4; *Kroth*, in: Braun, InsO, § 80 Rn. 20, 25; *Ott/Vuia*, in: MüKo, InsO, § 80 Rn. 27 m.w.N.

94 Vgl. *Klement*, Anm. zu VG Gießen, Urteil v. 04.10.2005 – 8 E 2110/04, KTS 2006, 454 (459).

95 *BVerwG*, Urteil v. 13.04.2005 – 6 C 4.04, NJW-RR 2005, 1207 (1209).

stellung im Hinblick auf die Annahme einer Amtsstellung des Insolvenzverwalters in der Praxis aus.

(2) Relevanz der Insolvenzverwaltertheorien für Stellvertreterbestellung

Die Relevanz der Theorien bezüglich der Rechtsstellung des Insolvenzverwalters dürfte jedoch für die Frage, ob der Insolvenzverwalter Stellvertreter i.S.d. § 45 GewO sein kann, von untergeordneter Bedeutung sein. Der Theorienstreit *„rankt sich um die Lösung ganz anderer Sachfragen"*, als um die Auslegung des gewerberechtlichen Stellvertreterbegriffs[96]. Es geht vielmehr darum, die Rechtsbeziehungen der am Insolvenzverfahren Beteiligten untereinander und zur Insolvenzmasse übersichtlich darzustellen und Einzelergebnisse in eine systematische Ordnung zu bringen[97]. Der Begriff des Stellvertreters in § 45 GewO ist insoweit untechnisch zu verstehen[98]. Die Beantwortung der Frage, ob gewerberechtliche Stellvertretung vorliegt, ist damit nicht davon abhängig, aus welchen Gründen der Inhaber des Gewerbebetriebs durch Handlungen des Insolvenzverwalters verpflichtet wird, sondern lediglich davon, dass er verpflichtet wird[99]. Unmittelbare Wirkung gegen den Inhaber des Gewerbebetriebs haben die Handlungen des Verwalters indes nach allen Theorien[100]. Die vom Insolvenzverwalter vorgenommenen Handlungen wirken unmittelbar für und gegen den Schuldner. So erlangt der Schuldner im Falle eines Neuerwerbs einer beweglichen oder unbeweglichen Sache Eigentum hieran und durch den Insolvenzverwalter begründete Dauerschuldverhältnisse bleiben über die Verfahrensbeendigung hinaus bestehen[101]. Die Ernennung des Insolvenzverwalters begründet insoweit ein gesetzliches Schuldverhältnis – vergleichbar einer Geschäftsbesorgung – zwischen Verwalter und Schuldner[102]. Der Verwalter ist damit auch nach der Amtstheorie als gewerberechtlicher Stellvertreter anzusehen. Insoweit geht auch die gewerberechtliche Literatur überwiegend davon aus, dass § 45 GewO auf den Insolvenzverwalter anwendbar ist[103]. So heißt es in den meisten Kommentierungen ganz pragmatisch, dass auch Personen, die aufgrund eines Amtes fremdes Vermögen verwalten –

96 *Klement*, Anm. zu VG Gießen, Urteil v. 04.10.2005 – 8 E 2110/04, KTS 2006, 454 (459).
97 So ausdrücklich *Sternal*, in: Karsten Schmidt, InsO, § 80 Rn. 20.
98 *Henckel*, in: Jaeger, InsO, § 35 Rn. 13.
99 *Schulz*, GewArch 1959, 73 (74).
100 *Schulz*, GewArch 1959, 73 (74).
101 *Sternal*, in: Karsten Schmidt, InsO, § 80 Rn. 28 ff.
102 *Sternal*, in: Karsten Schmidt, InsO, § 80 Rn. 21 m.w.N.
103 *Heß*, in: Friauf, GewO, § 45 Rn. 11; *Marcks*, in: Landmann/Rohmer, GewO, § 45 Rn. 4; *Ennuschat*, in: Tettinger/Wank/Ennuschat, GewO, § 45 Rn. 5; *Ambs*, in: Erbs/Kohlhaas, Strafrechtliche Nebengesetze, § 45; *Metzner*, GastG, § 9 Rn. 11; *Klement*, Anm. zu VG Gießen, Urteil v. 04.10.2005 – 8 E 2110/04, KTS 2006, 454 (458 f.); noch zum Konkursverwalter *Bitter*, BayVBL 1972, 202 (205); *Musielak/Detterbeck*, Das Recht des Handwerks, § 4 Rn. 35; *Schulz*, GewArch 1959, 73; *Kesseler*, RNotZ 2004, 177 (202 f.).

wie z.B. der Insolvenzverwalter – als Stellvertreter des Gewerbetreibenden bestellt werden können[104].

Der Insolvenzverwalter ist damit unabhängig von seiner Rechtsstellung als gewerberechtlicher Stellvertreter i.S.d. § 45 GewO anzusehen.

bb) Gewähr ordnungsgemäßer Betriebsführung

Die Fortführung des Gewerbebetriebs durch einen Stellvertreter ist nur dann zulässig, soweit dieser die Gewähr für die ordnungsgemäße Führung des Gewerbebetriebs bietet[105]. Voraussetzung hierfür ist die Zuverlässigkeit und Unabhängigkeit des Stellvertreters[106]. Diese Kriterien sind bei einem Insolvenzverwalter regelmäßig erfüllt. Die Zuverlässigkeit ergibt sich aus den hohen Anforderungen, welche die Insolvenzgerichte an den Insolvenzverwalter stellen, wobei seine Unabhängigkeit bzw. Neutralität in alle Richtungen Voraussetzung für seine Bestellung ist. Indes kann eine ordnungsgemäße Betriebsführung auch aus objektiven Umständen ausscheiden. Dies ist nach Ansicht des Bundesverwaltungsgerichts etwa dann der Fall, wenn es sich um einen überschuldeten Gewerbebetrieb handelt[107]. In diesem Fall kann auch nach Ansicht der Literatur ein noch so zuverlässiger Stellvertreter die mit einer Fortführung dieses Betriebes verbundenen Gefahren nicht ausschließen[108]. Die wirtschaftliche Leistungsunfähigkeit könne durch den Stellvertreter letztlich nicht behoben werden[109].

Indes gilt dies nicht für den Insolvenzverwalter. Zwar kann die wirtschaftliche Leistungsunfähigkeit nicht in jedem Insolvenzverfahren behoben werden. Dennoch wird eine Gefahr für die Allgemeinheit – wie später noch zu zeigen sein wird[110] – durch den Insolvenzverwalter hinreichend ausgeschlossen. Einem Ausfall der Forderungen im Insolvenzverfahren wird durch den Vorrang der Masseverbindlichkeiten gem. § 55 Abs. 1 Nr. 1 InsO und der persönlichen Haftung des Insolvenzverwalters nach § 61 InsO hinreichend vorgebeugt. Der Insolvenzverwalter bietet somit auch bei wirtschaftlich leistungsunfähigen Gewerbebetrieben eine Gewähr für die ordnungsgemäße Betriebsführung.

---

104 So etwa *Metzner*, GastG, § 9 Rn. 11; *Ennuschat*, in: Tettinger/Wank/Ennuschat, GewO, § 45 Rn. 5; *Heß*, in: Friauf, GewO, § 45 Rn. 11.

105 *Ennuschat*, in: Tettinger/Wank/Ennuschat, GewO, § 35 Rn. 179.

106 *Ennuschat*, in: Tettinger/Wank/Ennuschat, GewO, § 35 Rn. 179; *Marcks*, in: Landmann/Rohmer, GewO, § 35 Rn. 126.

107 *BVerwG*, Urteil v. 21.07.1964 – I C 102/61, GewArch 1965, 7 (8).

108 *Ennuschat*, in: Tettinger/Wank/Ennuschat, GewO, § 35 Rn. 180; *Heß*, in: Friauf, GewO, § 35 Rn. 548; *Marcks*, in: Landmann/Rohmer, GewO, § 35 Rn. 127.

109 *Marcks*, in: Landmann/Rohmer, GewO, § 35 Rn. 127.

110 Vgl. S. 46 ff.

cc) Probleme

(1) Fehlendes Antragsrecht des Insolvenzverwalters

Die Bestellung eines Stellvertreters setzt gem. § 35 Abs. 2 GewO einen Antrag des Gewerbetreibenden voraus. Mit dieser Anforderung offenbart sich bereits die erste Schwierigkeit der Stellvertreterlösung. Obliegt die Antragstellung – wie der Wortlaut es ausdrücklich anordnet – tatsächlich dem Gewerbetreibenden als Insolvenzschuldner, so ist die Bestellung des Insolvenzverwalters als Stellvertreter von der Kooperationsbereitschaft des Schuldners abhängig[111]. Diese dürfte sich zumindest bei einem Teil der Schuldner in Grenzen halten, so dass eine Fortführung des Gewerbebetriebs im Falle der Verweigerung eines entsprechenden Antrags von vornherein ausgeschlossen wäre. Deswegen vertritt ein Teil der Literatur die Ansicht, dass das Antragsrecht dem Insolvenzverwalter zusteht[112]. Mit der Eröffnung des Insolvenzverfahrens verliere der Gewerbetreibende die Befugnis, den Antrag zur Bestellung eines Stellvertreters gem. § 35 Abs. 2 GewO zu stellen[113]. Dieses Recht stehe ab Insolvenzeröffnung nur noch dem Insolvenzverwalter zu[114].

Für ein Antragsrecht des Insolvenzverwalters könnte angeführt werden, dass die Bestellung des Insolvenzverwalters als Stellvertreter des Schuldners eine notwendige rechtliche Voraussetzung für die Wahrnehmung seiner Aufgaben als Insolvenzverwalter ist und somit bereits zur Verwaltung der Masse gehört[115]. Im Hinblick auf die Frage der Zugehörigkeit der Gewerbefreiheit zur Insolvenzmasse ist nach Ansicht *Klements* indes eine Massezugehörigkeit des Antragsrechts abzulehnen[116]. Die Stellvertretererlaubnis sei lediglich als ein Minus zur vollständigen Gewerbeuntersagung anzusehen, so dass auch die Bestellung des Insolvenzverwalters als Stellvertreter des Gewerbetreibenden die Gewerbefreiheit des Schuldners betreffe[117]. Wie später[118] noch zu zeigen sein wird, ist diese aber nicht Teil der Insolvenzmasse. Die Gewerbefreiheit steht insoweit auch nach Insolvenzeröffnung dem Gewerbetreibenden zu. Das Antragsrecht nach § 35 Abs. 2 GewO geht damit nicht mit Insolvenzeröffnung in die Verwaltungs- und Verfügungsbefugnis des Insolvenzverwalters über. Es verbleibt beim Schuldner. Die Fortführung des Gewerbebetriebs durch den Insolvenzverwalter setzt damit einen Antrag des Insolvenzschuldners voraus. Die Erfolgschancen, eine Gewerbeuntersagung im Wege der Stellvertreterlösung zu vermeiden, sind damit maßgeblich von der Mitwirkung des Schuldners abhängig.

---

111 *Klement*, Anm. zu VG Gießen, Urteil v. 04.10.2005 – 8 E 2110/04, KTS 2006, 454 (459).

112 *Kienzle*, GewArch 1968, 145 (153); *Henckel*, in: Jaeger, InsO, § 35 Rn. 12; *Bitter*, BayVBL 1972, 202 (205); *Schulz*, GewArch 1959, 73 (77).

113 *Kienzle*, GewArch 1968, 145 (153).

114 *Kienzle*, GewArch 1968, 145 (153).

115 So *Klement*, Anm. zu VG Gießen, Urteil v. 04.10.2005 – 8 E 2110/04, KTS 2006, 454 (459), der ein Antragsrecht im Ergebnis aber verneint.

116 *Klement*, a.a.O., S. 459.

117 *Klement*, Anm. zu VG Gießen, Urteil v. 04.10.2005 – 8 E 2110/04, KTS 2006, 454 (459).

118 Vgl. S. 101 ff.

(2) Fehlende Qualifikation des Insolvenzverwalters

Neben der fehlenden Befugnis des Insolvenzverwalters, einen Antrag nach § 35 Abs. 2 GewO zu stellen, begegnet die Stellvertreterlösung auch im Hinblick auf die oftmals fehlende Qualifikation des Verwalters Bedenken. § 45 GewO setzt voraus, dass ein Stellvertreter über die für das Gewerbe vorgeschriebenen Erfordernisse verfügt (sog. *qualifizierter Stellvertreter*). Hierzu gehört neben der Zuverlässigkeit des Stellvertreters auch die Befähigung, den konkreten Gewerbebetrieb anstelle des Gewerbetreibenden fortzuführen[119]. Für den Betrieb eines zulassungspflichtigen Handwerks müsste der Insolvenzverwalter entweder die Meisterprüfung abgelegt haben, oder eine Ausnahmebewilligung bzw. eine Ausübungsberechtigung nach § 7 Abs. 3 und 7, § 7 b und § 8 HwO besitzen[120]. Eine Ausnahme hiervon trifft die Handwerksordnung in § 4 Abs. 1 HwO nur für den Nachlassinsolvenzverwalter. In allen anderen Fällen bleibt es bei den allgemeinen Regelungen der Handwerksordnung[121]. Da der durch das Insolvenzgericht bestellte Insolvenzverwalter regelmäßig nicht über die konkret geforderte Meisterprüfung verfügt, verbleibt ihm nur die Beantragung einer Ausnahmebewilligung nach § 8 HwO oder einer Ausübungsberechtigung nach § 7 b HwO. Eine Bewilligung nach § 8 HwO setzt aber voraus, dass der Antragsteller die für die wesentlichen Tätigkeiten des Gewerbes erforderlichen Kenntnisse und Fertigkeiten nachweist. Eine Ausübungsberechtigung nach § 7 b verlangt eine bestandene Gesellenprüfung in dem zu betreibenden Handwerk oder eine Abschlussprüfung in einem mit diesem verwandten zulassungspflichtigen Handwerk. Alternativ hierzu kann die Ausübungsberechtigung auch dann erteilt werden, wenn der Stellvertreter eine sechsjährige Arbeitszeit in dem zu betreibenden, zulassungspflichtigen Handwerk oder in einem hiermit verwandten Handwerk ausgeübt hat. Naturgemäß wird der Insolvenzverwalter aber weder Gesellen- bzw. Abschlussprüfungen in dem das Insolvenzverfahren betreffenden Handwerk abgelegt, noch mehrere Jahre in einem solchen handwerklich gearbeitet haben. Dem Insolvenzverwalter wird es damit regelmäßig nicht gelingen, die für die Erteilung einer Ausnahmebewilligung oder Ausübungsberechtigung konkrete Befähigung zur Ausübung des Handwerks nachzuweisen. Insofern scheidet der Insolvenzverwalter als Stellvertreter des Gewerbetreibenden zumindest für den Betrieb zulassungspflichtiger Betriebe aus.

Um dieses Ergebnis zu vermeiden, wird in der Literatur der Vorschlag gemacht, einen gewerberechtlich geeigneten Stellvertreter zur technischen Führung des Betriebs zu beauftragen[122]. Diese Lösung stoße weder gewerberechtlich noch insolvenzrechtlich

---

119 *Heß*, in: Friauf, GewO, § 45 Rn. 16 ff.

120 *Heß*, in: Friauf, GewO, § 45 Rn. 17; so auch *Ambs*, in: Erbs/Kohlhaas, Strafrechtliche Nebengesetze, § 45.

121 *Musielak/Detterbeck*, Das Recht des Handwerks, § 4 Rn. 34.

122 *Musielak/Detterbeck*, Das Recht des Handwerks, § 4 Rn. 35; *Schulz*, GewArch 1959, 73 (74 f.); *Henckel*, in: Jaeger, InsO, § 35 Rn. 13; gegen eine solche Lösung spricht sich *Schultzenstein*, ZZP 33, 447 (491 ff) aus. Zur Begründung führt er an, dass dem

auf Bedenken[123]. Die gesetzlichen Befugnisse und Pflichten würden ja schließlich beim Insolvenzverwalter verbleiben[124]. Im Ergebnis befürwortet diese Ansicht also eine Aufgabenteilung zwischen Insolvenzverwalter und gewerberechtlichem Stellvertreter. Während der Insolvenzverwalter die kaufmännischen Aufgaben übernimmt, ist der Stellvertreter für die Ausübung handwerklicher Aufgaben zuständig.

Die Lösung erscheint aber für die Vermeidung des tatsächlich bestehenden Konflikts wenig geeignet. Zum einen entstehen mit der Bestellung eines Stellvertreters weitere Kosten für die Insolvenzmasse, da nicht davon auszugehen ist, dass ein Handwerker mit Meisterprüfung seine Tätigkeit unentgeltlich ausübt. Insoweit sind die Kosten einer Stellvertreterbestellung mit dem Ertrag aus der Fortführung des Betriebes abzuwägen. Dabei werden die Kosten des Stellvertreters zumindest bei einem Teil der Betriebe über den Einkünften aus der Gewerbetätigkeit liegen. Zum anderen wird die Suche nach einem entsprechend qualifizierten Stellvertreter einige Zeit dauern. Während dieser Zeit darf der Gewerbebetrieb nicht fortgeführt werden, so dass sich die Auftragslage für das Unternehmen und damit auch die Möglichkeiten einer Sanierung weiter verschlechtern werden.

Damit ist die Bestellung eines qualifizierten Stellvertreters für eine Fortführung des Gewerbebetriebs in der Insolvenz des Gewerbetreibenden nur bedingt geeignet.

(3) Erteilung der Stellvertretererlaubnis steht im Ermessen der Behörde

Die bisher gegen die Bestellung des Insolvenzverwalters als Stellvertreter sprechenden Argumente werden ergänzt durch den Umstand, dass die Erteilung der Stellvertretererlaubnis im Ermessen der Behörde steht[125]. Es besteht insoweit kein

---

Insolvenzverwalter ein Recht zur Substitution fehle. So heißt es: *„Es findet hierbei insbesondere auch nicht mehr bloß eine Vertretung wegen einer einzelnen besonderen Verhinderung für einen bestimmten einzelnen Fall von Tätigkeit oder selbst nur noch für eine Mehrheit solcher Fälle statt, sondern wegen eines dauernden Mangels in der Person des Konkursverwalters und für eine allgemeine Tätigkeit. Derartiges gibt es nach unserem Recht nicht"*.

123 *Henckel*, in: Jaeger, InsO, § 35 Rn. 13; dies war zur Zeit der Konkursordnung anders. Hier galt ein Substitutionsverbot, welches aus § 79 KO abgeleitet wurde. Die Vorschrift wurde jedoch nicht in die Insolvenzordnung übernommen; hierzu *Schultzenstein*, ZZP 33, 447 (491 ff.).

124 *Henckel*, in: Jaeger, InsO, § 35 Rn. 13; *Schulz*, GewArch 1959, 73 (75); vgl. auch *Sello*, JR 1951, 618 (623).

125 zum Ermessen der Behörde bei der Erteilung einer Stellvertretererlaubnis *Heß*, in: Friauf, GewO, § 35 Rn. 545; *Brüning*, in: Beck´scher Online-Kommentar, GewO, § 35 Rn. 69 f.; *Marcks*, in: Landmann/Rohmer, GewO, § 35 Rn. 128; *Ennuschat*, in: Tettinger/Wank/Ennuschat, GewO, § 35 Rn. 183 f.; *Laubinger/Repkewitz*, VerwArch 1998, 337 (342); gegen eine Ermessensentscheidung sprechen sich *Fröhler/Kormann*, GewO, § 35 Rn. 76 und *Stober*, Handbuch des Wirtschaftsverwaltungs- und Umweltrechts, § 102 II 6 aus.

Rechtsanspruch auf die Erteilung der Erlaubnis. Bestehen nach Ansicht der Behörde Bedenken gegen die Bestellung des konkreten Stellvertreters, oder befürchtet diese trotz Einsetzung des Stellvertreters das Fortbestehen einer Rechtsgütergefährdung, so wird eine Stellvertretererlaubnis regelmäßig versagt werden. Aber selbst wenn die zuständigen Behörden die Stellvertreterbestellung im konkreten Fall für zulässig erachten, wird die Erteilung einer entsprechenden Erlaubnis regelmäßig einige Zeit in Anspruch nehmen. Während dieser Zeit kann der Gewerbebetrieb nicht fortgeführt werden[126]. Die Stellvertreterlösung ist aus diesem Grund für eine sachgerechte und praxisnahe Lösung des Konflikts ungeeignet.

dd) Zwischenergebnis

Im Ergebnis lässt sich festhalten, dass die Stellvertreterlösung lediglich theoretisch geeignet ist, im Falle der Insolvenzeröffnung eine Fortführung des Gewerbebetriebs zu gewährleisten. Dies setzt neben der unbedingten Kooperationsbereitschaft des Schuldners voraus, dass der Insolvenzverwalter im Falle einer zulassungspflichtigen Gewerbetätigkeit einen geeigneten und für das konkrete Gewerbe ausreichend qualifizierten Stellvertreter ausfindig macht, der auch nach Ansicht der Behörde eine Rechtsgütergefährdung im Falle der Fortführung des Gewerbebetriebs ausschließt. Die hierdurch entstehenden Kosten trägt die Insolvenzmasse, wobei die Kosten zumindest bei einem Teil der Betriebe den tatsächlichen Ertrag übersteigen werden. Nicht zu vermeiden ist aber auch bei Eintreten der für eine Stellvertreterbestellung notwendigen Voraussetzungen eine zumindest vorübergehende Einstellung der Gewerbetätigkeit, da zwischen dem Zugang der Untersagungsverfügung und der Erteilung der Stellvertretererlaubnis aufgrund der Prüfungshandlungen der Behörde eine Zeitspanne liegt, in der das Gewerbe nicht betrieben werden darf. Hierdurch werden mögliche Sanierungsbemühungen des Insolvenzverwalters unter Umständen schon im Vorfeld ausgeschlossen. Denn es wird, je nach Dauer der Einstellung des Betriebs, für den Insolvenzverwalter nur schwerlich möglich sein, ein vom Markt ausgeschlossenes Unternehmen wieder zu reaktivieren. Kunden und Geschäftspartner werden sich nämlich zwischenzeitlich unlängst um einen anderen Unternehmer zur Erledigung ihrer Aufträge bemüht haben. Der nunmehr bestehende Vertrauensverlust in die Solvenz des Unternehmers und die Kontinuität der Auftragserledigung wird sich regelmäßig nicht mehr beheben lassen. Eine Fortführung des Gewerbebetriebs ist ausgeschlossen. In einem solchen Fall verbleibt dem Insolvenzverwalter die vielleicht nur zweitbeste Möglichkeit der Gläubigerbefriedigung im Wege der Liquidation des schuldnerischen Unternehmens.

3. Ergebnis und Begründung des Gesetzgebers zu § 12 GewO

Festgehalten werden kann, dass eine alternative Möglichkeit zur Fortführung des Gewerbebetriebs während des Insolvenzverfahrens nicht besteht. Ohne eine Än-

126 *Klement*, Anm. zu VG Gießen, Urteil v. 04.10.2005 – 8 E 2110/04, KTS 2006, 454 (459).

derung der Gewerbeordnung wäre die Zielsetzung der Insolvenzordnung ins Leere gelaufen. Dieses Ergebnis wollte der Gesetzgeber unbedingt vermeiden. In seiner Gesetzesbegründung zu § 12 GewO führt er insoweit aus[127]:

> *„Verschiedene Vorschriften der Gewerbeordnung geben den Gewerbeüberwachungsbehörden das Recht bei Unzuverlässigkeit des Gewerbetreibenden auf Grund ungeordneter Vermögensverhältnisse die Ausübung des Gewerbes zu untersagen oder die erforderliche Erlaubnis zurückzunehmen oder zu widerrufen ...* ***Diese Vorschriften können mit den Zielen des künftigen Insolvenzverfahrens in Konflikt geraten:***
>
> *In diesem Verfahren soll nach dem ersten Zeitabschnitt, während dessen der Insolvenzverwalter die wirtschaftlichen Verhältnisse des insolventen Unternehmens prüft, die Gläubigerversammlung dar*über entscheiden, ob das Unternehmen fortgeführt oder stillgelegt wird (vgl. §§ 175, 176 des Entwurfs der Insolvenzordnung). Diese Entscheidung der Gläubigerversammlung würde vorweggenommen, wenn die Gewerbeüberwachungsbehörden schon vor der Versam*mlung dem insolventen Unternehmen wegen finanzieller Unzuverlässigkeit die weitere Ausübung seines Gewerbes untersagen könnten. Ebenso könnte der Erfolg eines Insolvenzplans (§ 253 des Entwurfs der Insolvenzordnung), der die Sanierung des Unternehmens zum Ziel hat, durch eine Gewerbeuntersagung während des Verfahrens vereitelt werden ... Der neue § 12 GewO schließt daher die Anwendung der genannten Vorschriften der Gewerbeordnung für die Dauer des Insolvenzverfahrens aus.“*
>
> (Hervorhebung durch den Verfasser)

Der Gesetzgeber erachtet das Gewerbeaufsichtsrecht als potentiellen Störfaktor für die Aufrechterhaltung des schuldnerischen Gewerbebetriebs im Sinne der Zielsetzung des Insolvenzverfahrens[128]. Die gewerberechtlichen Vorschriften werden daher für die in § 12 Satz 1 GewO genannten Zeiträume suspendiert. Hierdurch wird sichergestellt, dass dem Insolvenzrecht im Verhältnis zum Gewerbeaufsichtsrecht Priorität zugewiesen und keine dem Insolvenzverfahren zuwiderlaufenden Entscheidungen getroffen werden[129].

Die Regelung ist insbesondere dann von zentraler Bedeutung für die erfolgreiche Durchführung eines Insolvenzverfahrens, wenn hierüber eine Unternehmenssanierung gelingen soll[130]. Dies trägt dem Umstand Rechnung, dass in der Erhaltung und Verwertung einer ökonomisch-organisatorischen Einheit möglicherweise die denkbar beste Möglichkeit der Haftungsverwirklichung zu sehen ist[131]. Im Ergebnis trägt § 12 Satz 1 GewO damit nicht nur dem Umstand Rechnung, dass durch Einführung der Insolvenzordnung Liquidation und Sanierung gleichwertig nebeneinander stehende Mittel der Haftungsverwirklichung sind, sondern dient auch der

---

127 BT-Drucks. 12/3803 S. 103 f.

128 *Krumm*, GewArch 2010, 465; so auch *Hahn*, GewArch 1999, 355 (357).

129 *VG Gelsenkirchen*, Beschluss v. 15.11.2010 – 7 L 1045/10, BeckRS 2010, 56233.

130 *Antoni*, NZI 2003, 246; vgl. auch *Michel/Kienzle/Pauly*, GastG, § 15 Rn. 19 a.

131 Vgl. *Krumm*, GewArch 2010, 465 (466) unter Verweis auf *BGH*, Urteil v. 13.03.2003 – IX ZR 64/02, BGHZ 154, 190 (197).

Maximierung der Haftungsmasse mit dem Ziel einer möglichst effizienten Gläubigerbefriedigung[132].

II. Anwendungsbereich der Vorschrift

1. Persönlicher Anwendungsbereich

Die Regelung des § 12 GewO ist ausweislich ihres Wortlauts nur auf Gewerbetreibende[133] anwendbar. Probleme bereitet der persönliche Anwendungsbereich der Vorschrift im Falle der Insolvenz von juristischen Personen und Personengesellschaften ohne Rechtspersönlichkeit. In diesen Fällen ergeht die Gewerbeuntersagung auch bzw. ausschließlich gegenüber den Vertretungsorganen. Unklar ist, ob auch die vertretungsberechtigten Organe einer juristischen Person oder die geschäftsführenden Gesellschafter einer Personengesellschaft sich im Falle einer gegen sie verfügten Gewerbeuntersagung auf § 12 Satz 1 GewO berufen können.

a) Vertretungsorgane juristischer Personen

Im Falle der wirtschaftlichen Leistungsunfähigkeit einer juristischen Person sind die zuständigen Behörden gem. § 35 Abs. 7a GewO berechtigt, die Gewerbeuntersagung auch gegen die vertretungsberechtigten Organe zu verfügen. Grundsätzlich zielt eine Untersagungsverfügung nach Abs. 7a auf die Untersagung einer künftigen selbstständigen Gewerbeausübung im Bereich der bisher unselbstständigen Tätigkeit ab[134]. Nach Satz 3 i.V.m Abs. 1 Satz 2 kann die zuständige Behörde die Gewerbeuntersagung aber auch auf die Vertretung des konkret betriebenen Gewerbes erstrecken[135].

Weitgehend ungeklärt ist in diesem Zusammenhang die Frage, ob der Vertretungsberechtigte sich im Falle der Insolvenz des Gewerbetreibenden auf § 12 Satz 1 GewO berufen kann. Die Frage erlangt indes nur dann Bedeutung, wenn Voraussetzung für eine Untersagung gegenüber dem Vertretungsberechtigten nicht auch eine Untersagung gegenüber dem Gewerbetreibenden ist. Da Letztere durch § 12 Satz 1 GewO gesperrt ist, wäre andernfalls eine Gewerbeuntersagung bereits aufgrund der Akzessorietät ausgeschlossen. Vor diesem Hintergrund muss zunächst die Systematik des § 35 Abs. 7a GewO untersucht werden.

---

132 Vgl. *Krumm*, GewArch 2010, 465 (466).

133 Zum Begriff des Gewerbetreibenden vgl. S. 8 f.

134 *BVerwG*, Urteil v. 19.12.1995 – 1 C 3.93, GewArch 1996, 241 f.; *Ennuschat*, in: Tettinger/Wank, GewO, § 35 Rn. 246 m.w.N.

135 Hierzu *VGH Mannheim*, Beschluss v. 09.08.1994 – 14 S 1954/94, GewArch 1994, 420.

aa) Systematik des § 35 Abs. 7a GewO

Unklar ist, welches Verhältnis zwischen einer Untersagung nach § 35 Abs. 1 GewO gegen den Gewerbetreibenden selbst und dem Verfahren gegen den Vertretungsberechtigten nach Abs. 7a besteht.

Teilweise wird in Literatur und Rechtsprechung aus der Formulierung *„auch"* in Abs. 7a gefolgert, dass zwischen der Untersagung nach Abs. 1 und Abs. 7a ein Verhältnis strenger Akzessorietät besteht, so dass die Untersagung gegen den Vertretungsberechtigten zwingend eine Untersagung gegen den Gewerbetreibenden voraussetzt[136]. Daher müssten beide Verfahren auch gemeinsam eingeleitet werden[137]. Im Ergebnis würde das bedeuten, dass mangels einer Gewerbeuntersagungsverfügung gegenüber dem Gewerbetreibenden auch eine Untersagung gegenüber dem Vertretungsberechtigten ausbleiben muss. Auf eine Anwendbarkeit des § 12 Satz 1 GewO käme es insoweit gar nicht erst an. Die Sperrwirkung würde die Vertretungsorgane bereits mittelbar schützen.

Indes ist mit dem Bundesverwaltungsgericht davon auszugehen, dass Wortlaut und Systematik des § 35 Abs. 7a GewO dafür sprechen, dass nur eine eingeschränkte Akzessorietät besteht[138]. In S. 2 heißt es ausdrücklich, dass das Untersagungsverfahren gegen den Vertretungsberechtigten *„unabhängig vom Verlauf des Untersagungsverfahrens gegen den Gewerbetreibenden fortgesetzt werden"* kann. Demnach muss das Verfahren gegen den Vertretungsberechtigten zwar während des noch anhängigen Verfahrens gegen den Vertretenen eingeleitet werden[139]. Die Fortsetzung des Verfahrens erfolgt hingegen unabhängig davon, ob das Verfahren gegenüber dem Gewerbetreibenden weiter betrieben wird[140]. Dies gilt sowohl in zeitlicher, als auch in inhaltlicher Hinsicht[141]. Die Verfahren müssen daher weder zeitgleich abgeschlossen werden[142], noch setzt eine Gewerbeuntersagungsverfügung gegenüber dem Vertretungsberechtigten eine entsprechende Verfügung gegenüber dem Gewerbetreibenden voraus[143].

Damit kann ein Verfahren gegen den Vertretungsberechtigten auch dann eingeleitet werden, wenn das Untersagungsverfahren gegen den Gewerbetreibenden wegen der zwischenzeitlichen Eröffnung eines Insolvenzverfahrens nach § 12 GewO

136 So *VGH Mannheim*, Urteil v. 25.02.1993 – 14 S 2577/92, GewArch 1994, 373 (374) und Beschluss v. 09.08.1994 – 14 S 1954/94, GewArch 1994, 420; *Marcks*, in: Landmann/Rohmer, GewO, § 35 Rn. 192.

137 *Marcks*, in: Landmann/Rohmer, GewO, § 35 Rn. 192 m.w.N.

138 *BVerwG*, Urteil v. 19.12.1995 – 1 C 3.93, GewArch 1996, 241 (242); so auch *OVG Münster*, Urteil v. 14.10.1992 – 4 A 938/91, GewArch 1993, 161; *Ennuschat*, in: Tettinger/Wank/Ennuschat, GewO, § 35 Rn. 232.

139 *OVG Münster*, Urteil v. 14.10.1992 – 4 A 938/91, GewArch 1993, 161, bestätigt durch *BVerwG*, Urteil v. 19.12.1995 – 1 C 3.93, GewArch 1996, 241.

140 *Ennuschat*, in: Tettinger/Wank/Ennuschat, GewO, § 35 Rn. 233.

141 *BVerwG*, Urteil v. 19.12.1995 – 1 C 3.93, GewArch 1996, 241 (242).

142 *BVerwG*, Urteil v. 19.12.1995 – 1 C 3.93, GewArch 1996, 241 (242).

143 *Heß*, in: Friauf, GewO, § 35 Rn. 613.

eingestellt wurde[144]. Folglich wäre es für einen Vertretungsberechtigten i.S.d. § 35 Abs. 7a von Vorteil, sich im Falle der Insolvenz des Gewerbetreibenden neben diesem eigenständig auf die Sperrwirkung des § 12 Satz 1 GewO berufen zu können.

bb) Anwendbarkeit des § 12 Satz 1 GewO

Die Frage, ob sich der Vertretungsberechtigte oder die mit der Leitung eines Gewerbebetriebs beauftragte Person auf § 12 Satz 1 GewO berufen können, ist umstritten.

Die Anwendbarkeit des § 12 Satz 1 GewO auf Gewerbeuntersagungsverfahren nach § 35 Abs. 7a GewO wird zum Teil mit dem Argument verneint, dass der Anwendungsbereich der Vorschrift zwingend die Ausübung eines Gewerbes durch einen Gewerbetreibenden verlange[145]. Die Regelung erfasse schon aufgrund des Wortlauts der Vorschrift nur den Gewerbetreibenden selbst[146]. Der Vertretungsberechtigte selbst betreibe kein Gewerbe, so dass es schon an einer der grundlegenden Voraussetzung des § 12 Satz 1 GewO fehle[147].

Andere hingegen bejahen den Anwendungsbereich des § 12 Satz 1 GewO auch in Untersagungsverfahren gegen Vertretungsberechtigte nach § 35 Abs. 7a GewO[148]. Eine Weiterführung des Gewerbeuntersagungsverfahrens gegen den Geschäftsführer (im vorliegenden Fall handelte es sich um eine GmbH) wäre zwar rechtlich zulässig, würde jedoch Sinn und Zweck des § 12 GewO nicht gerecht[149]. Infolge der Gewerbeuntersagung verliere die GmbH *„ihren Kopf"*, so dass eine wirtschaftliche Erholung, die ja durch das Insolvenzverfahren und die Aussetzung der Gewerbeuntersagung ermöglicht werden solle, wesentlich erschwert würde[150]. Daher könne das Gewerbeuntersagungsverfahren gegen den Geschäftsführer nur dann weiterbetrieben werden, wenn der Betrieb der GmbH auch ohne diesen fortgesetzt werden

---

144 So *Heß*, in: Friauf, GewO, § 35 Rn. 626.

145 *VGH Kassel*, Beschluss v. 01.11.2011 – 8 A 1660/11, NZG 2012, 183 (184); *VG Gelsenkirchen*, Urteil v. 16.09.2015 – 7 K 3343/14, BeckRS 2015, 55504, wonach sich die Schutzwirkung des § 12 GewO nur auf den Gewerbetreibenden beziehe, über dessen Vermögen ein Insolvenzverfahren eröffnet worden ist, nicht aber auf den Vertretungsberechtigten, gegen den ein gesondertes Gewerbeuntersagungsverfahren geführt werde; *VG Gießen*, Urteil v. 06.07.2011 – 8 K 1342/10, NJOZ 2012, 479 (480); offen gelassen von *VGH München*, Beschluss v. 09.07.2012 – 22 ZB 12.164, juris; *Spieß*, in: Festschrift für Werner Frotscher, S. 467 (478); *Hahn*, GewArch 2000, 361 (363).

146 *VGH Kassel*, Beschluss v. 01.11.2011 – 8 A 1660/11, NZG 2012, 183 (184).

147 *Hahn*, GewArch 2000, 361 (363); so auch *VGH Kassel*, Beschluss v. 01.11.2011 – 8 A 1660/11, NZG 2012, 183 (184); *VG Gießen*, Urteil v. 06.07.2011 – 8 K 1342/10, NJOZ 2012, 479 (480).

148 Siehe hierzu die Anfrage eines Landratsamts und die Antwort der zuständigen Regierung in *Pinegger*, GewArch 2001, 24 (30 f.); gleicher Auffassung wohl auch *Schmidt*, GewArch 2003, 326 (327 f.).; ebenso *Ennuschat*, in: Tettinger/Wank/Ennuschat, GewO, § 12 Rn. 10.

149 *Pinegger*, GewArch 2001, 24 (30 f.).

150 *Pinegger*, a.a.O., S. 31.

könnte[151]. Eine Fortsetzung des Betriebs ohne den Vertretungsberechtigten sei insbesondere bei kleineren Gewerbebetrieben, deren wirtschaftliche Existenz vom Mitwirken bzw. der Tätigkeit des Geschäftsführers abhänge, oftmals undenkbar[152].

Die letztgenannte Ansicht überzeugt. Durch die Suspendierung gewerberechtlicher Untersagungs- und Widerrufsvorschriften soll eine sachgerechte Umsetzung der Insolvenzziele ermöglicht werden. Eine sich alleine am Wortlaut des § 12 GewO orientierende Betrachtungsweise wird Sinn und Zweck der Vorschrift nicht gerecht. Zwar ist der Vertretungsberechtigte im Falle wirtschaftlicher Leistungsunfähigkeit „*Verantwortlicher*“ für die gewerberechtliche Unzuverlässigkeit des Gewerbetreibenden. Indes darf eine Gewerbeuntersagung gegenüber diesem nicht dazu führen, dass ein Insolvenzverfahren über das Vermögen des Gewerbetreibenden erschwert wird. Hierbei wird man vor allem kleinere Gewerbebetriebe vor Augen haben müssen, bei denen die Gesellschafter regelmäßig auch die Stellung der Geschäftsführer einnehmen. In diesen Fällen bietet sich eine Fremdgeschäftsführung – insbesondere im Falle eines Insolvenzverfahrens – regelmäßig schon aufgrund fehlender Liquidität nicht an. Hinzu kommt, dass gerade bei kleineren Betrieben der Funktion des Geschäftsführers eine nicht unbedeutende Rolle im Hinblick auf die Akquisition neuer Aufträge zukommt. Bestehende Kundenbeziehungen basieren bei Kleinbetrieben oftmals auf persönlichen Verbindungen zum Geschäftsführer. Der Vertretungsberechtigte ist insoweit für die Fortführung des Gewerbebetriebs unerlässlich. Eine Gewerbeuntersagung gegen den Vertretungsberechtigten käme damit einer Gewerbeuntersagung gegenüber dem Gewerbetreibenden gleich. Um dieses Ergebnis zu vermeiden, muss § 12 Satz 1 GewO auch auf eine Untersagung nach § 35 Abs. 7a GewO Anwendung finden, soweit der Vertretungsberechtigte für die wirtschaftliche Existenz des Gewerbetreibenden unerlässlich ist. § 12 Satz 1 GewO erfasst insoweit allerdings nur die konkret ausgeübte und durch den Insolvenzverwalter überwachte Tätigkeit, mithin Untersagungsverfahren gem. § 35 Abs. 7a Satz 3 i.V.m. Abs. 1 Satz 2. GewO.

Ist indes die Fremdgeschäftsführung durch einen Dritten möglich, so besteht kein Bedarf, dem Vertretungsberechtigten die weitere Ausübung des Gewerbes durch § 12 Satz 1 GewO zu ermöglichen. Dies kann für die Fälle angenommen werden, in denen die Fremdgeschäftsführung weder aus Gründen der Liquidität noch aufgrund der persönlichen Vertrauensbeziehung zwischen Kunden und Geschäftsführer ausscheidet. Insofern ist eine Einzelfallbetrachtung erforderlich.

---

151 Diese Auffassung vertraten die bayerischen Gewerberechtsreferenten bei der 36. bayerischen Gewerberechtsarbeitstagung (GAT) am 01.07.1999, hierzu *Pinegger*, GewArch 2001, 24 (31); so auch *Heß*, in: Friauf, GewO, § 35 Rn. 626.

152 *Pinegger*, GewArch 2001, 24 (31).

b) Personengesellschaft ohne Rechtspersönlichkeit

Bei Personengesellschaften ohne Rechtspersönlichkeiten (KG, OHG, GbR) sind Gewerbetreibende die geschäftsführenden Gesellschafter[153]. Die Insolvenz der Gesellschaft führt für sich genommen daher nicht zur Untersagung des Gewerbes. Hinsichtlich der Zuverlässigkeit ist ausnahmslos auf die wirtschaftliche Leistungsfähigkeit der Gesellschafter abzustellen. Nachfolgend soll untersucht werden, in welchen Fällen sich die geschäftsführenden Gesellschafter in ihrer Funktion als Gewerbetreibende auf die Sperrwirkung des § 12 Satz 1 GewO berufen können.

aa) Insolvenz eines geschäftsführenden Gesellschafters

Mit der Insolvenz eines geschäftsführenden Gesellschafters geht nicht zwingend eine Untersagungsverfügung der zuständigen Behörde einher. Ein behördliches Einschreiten ist stets nur dann erforderlich, wenn nicht bereits durch die Vorschriften des Gesellschaftsrechts ein Schutz der Allgemeinheit gewährleistet ist. Insoweit sind zwei Konstellationen zu unterscheiden.

(1) Ausscheiden aus der Gesellschaft gemäß den gesetzlichen Vorschriften

Die Gewerbetätigkeit des geschäftsführenden Gesellschafters muss nicht untersagt werden, soweit der Gesellschafter einer OHG oder KG gem. § 131 Abs. 3 Satz 1 Nr. 2 HGB bzw. §§ 161 Abs. 2, 131 Abs. 3 Satz 1 Nr. 2 HGB aus der Gesellschaft ausscheidet. Für die GbR bestimmt § 728 Abs. 2 S. 1 BGB gar die Auflösung der Gesellschaft, soweit nicht gem. § 736 Abs. 1 BGB durch eine Fortsetzungsklausel im Gesellschaftsvertrag die Fortführung der Gesellschaft durch die übrigen Gesellschafter geregelt wird. Mit der Eröffnung des Insolvenzverfahrens scheidet der insolvente Gesellschafter daher aus der Gesellschaft aus. Im Fall einer Zweipersonengesellschaft oder der GmbH & Co. KG führt die Eröffnung des Insolvenzverfahrens über das Vermögen eines Gesellschafters oder der Komplementär-GmbH zur liquidationslosen Vollbeendigung der Gesellschaft und Gesamtrechtsnachfolge beim verbleibenden Gesellschafter[154]. Der verbleibende Gesellschafter bzw. die verbleibenden Kommanditisten können in diesem Fall selbst entscheiden, ob sie das Unternehmen als Einzelkaufmann weiterführen oder das Unternehmen in eine andere Gesellschaft überführen möchten[155].

---

153 *BVerwG*, Urteil v. 21.07.1964 – I C 102.61, GewArch 1965, 7 (8); Urteil v. 05.08.1965 – 1 C 69.62, GewArch 1966, 9; *Brüning*, in: Beck´scher Online-Kommentar, GewO, § 35 Rn. 26; *Marcks*, in: Landmann/Rohmer, GewO, § 35 Rn. 64; *Ennuschat*, in: Tettinger/Wank/Ennuschat, GewO, § 35 Rn. 89; vgl. auch *Heß*, in: Friauf, GewO, § 35 Rn. 91.

154 Vgl. zur zweigliedrigen Personengesellschaft: *BGH*, Urteil v. 07.07.2008 – II ZR 37/07, NZI 2008, 612; kritische Anm. zum Urteil des BGH *Keller*, NZI 2009, 29; zur GmbH & Co. KG: *Krings/Otte*, NZG 2012, 761.

155 *Krings/Otte*, NZG 2012, 761 (765).

Im Ergebnis führt die Eröffnung des Insolvenzverfahrens über das Vermögen eines geschäftsführenden Gesellschafters jedenfalls dann nicht zu einer Gewerbeuntersagung, soweit der Gesellschafter mit dem Eröffnungsbeschluss des Insolvenzgerichts – gemäß den gesellschaftsrechtlichen Vorschriften – aus der Gesellschaft ausscheidet. Die übrigen Gesellschafter können das Unternehmen in diesem Fall weiter fortführen. Für eine Suspendierung gewerberechtlicher Untersagungs- und Widerrufsvorschriften durch § 12 GewO besteht kein Anlass. Einer Fortführung des Gewerbes stehen die gewerberechtlichen Vorschriften nicht im Wege.

(2) Abweichende Regelung im Gesellschaftsvertrag

Die Eröffnung des Insolvenzverfahrens über das Vermögen eines Gesellschafters führt allerdings nicht in allen Fällen zu einem Ausscheiden des Gesellschafters aus der Gesellschaft. Die Ausscheidensgründe des § 131 Abs. 3 Satz 1 Nr. 1 bis 6 HGB sind dispositiv[156]. Im Gesellschaftvertrag kann insoweit angeordnet werden, dass der Gesellschafter auch nach Eröffnung des Insolvenzverfahrens in der Gesellschaft verbleibt, die gesetzliche Regelung des § 131 Abs. 3 Satz 1 Nr. 2 HGB mithin abbedungen wird. In diesem Fall findet auch § 12 Satz 1 GewO Anwendung. Der Gesellschafter steht nunmehr – auch in seiner Funktion als Gewerbetreibender – unter dem Schutz des Insolvenzverfahrens. Eine Gefährdung der Allgemeinheit wird durch die insolvenzrechtlichen Sicherungsmechanismen hinreichend ausgeschlossen. Die geschäftsführenden Gesellschafter haben es somit selbst in der Hand, durch das rechtzeitige Stellen eines Insolvenzantrags die Sperrwirkung des § 12 Satz 1 GewO herbeizuführen[157].

bb) Insolvenz der Gesellschaft

Problematisch ist, dass die Insolvenz einer Personengesellschaft nicht selten auch mit wirtschaftlichen Schwierigkeiten der Gesellschafter einhergeht. In diesem Zusammenhang kann es beispielsweise zu Steuerrückständen in der Gesellschaft kommen, für die ein persönlich haftender Gesellschafter nach dem Akzessorietätsprinzip aufkommen muss. Soweit die geschäftsführenden Gesellschafter dieser Verpflichtung nicht nachkommen, droht seitens der zuständigen Behörde eine Gewerbeuntersagung aufgrund steuerlicher Unzuverlässigkeit. Unklar ist aber, ob eine entsprechende Gewerbeuntersagung aufgrund der Insolvenz der Gesellschaft durch § 12 Satz 1 GewO gesperrt ist.

---

156 *Karsten Schmidt*, in: MüKo, HGB, § 131 Rn. 57; *Hopt*, in: Baumbach/Hopt, HGB, § 131 Rn. 83; *Voigt*, NZG 2007, 695 m.w.N.; a.A. *Morck*, in: Koller/Roth/Morck, HGB, § 131 Rn. 23; *Carsten Schäfer*, in: Staub, HGB, § 131 Rn. 89; *Krings/Otte*, NZG 2012, 761.

157 So auch *Martini*, Anm. zu OVG Berlin-Brandenburg, Beschluss v. 12.08.2010 – 1 S 188/09, jurisPR-InsR 19/2010 Anm. 4.

(1) Problem: Auseinanderfallen von insolvenzrechtlicher und gewerberechtlicher Verantwortlichkeit

Probleme bereitet das Auseinanderfallen von insolvenzrechtlicher und gewerberechtlicher *„Verantwortlichkeit"*[158]. Während die Personengesellschaft gem. § 11 Abs. 2 Nr. 1 InsO insolvenzrechtsfähig ist und daher beim Vorliegen wirtschaftlicher Leistungsunfähigkeit das Insolvenzverfahren über das Vermögen der Gesellschaft eröffnet wird, liegt die gewerberechtliche Verantwortlichkeit bei den geschäftsführenden Gesellschaftern. Die gewerberechtliche Zuverlässigkeit bemisst sich insoweit nicht nach der wirtschaftlichen Leistungsfähigkeit der Gesellschaft, sondern nach den Vermögensverhältnissen der geschäftsführenden Gesellschafter. Berücksichtigt werden muss allerdings, dass die wirtschaftlichen Verhältnisse der geschäftsführenden Gesellschafter aufgrund der unmittelbaren akzessorischen Haftung nicht unwesentlich von der wirtschaftlichen Lage der Gesellschaft abhängen. Insolvenz der Gesellschaft und Unzuverlässigkeit der Gesellschafter aufgrund wirtschaftlicher Leistungsunfähigkeit sind daher ein oftmals zusammenhängendes Problem.

(2) Anwendbarkeit des § 12 GewO

Die Judikatur der Verwaltungsgerichte hat sich bisher kaum mit der Frage beschäftigt, ob eine Gewerbeuntersagung gegen die geschäftsführenden Gesellschafter aufgrund der Insolvenz der Personengesellschaft durch § 12 GewO gesperrt ist. Soweit ersichtlich, sind hierzu bislang lediglich drei Entscheidungen ergangen[159].

Nach Auffassung des Verwaltungsgerichts Gießen in seiner Entscheidung vom 8. April 2003 kann ein Gewerbeuntersagungsverfahren gegen den Komplementär einer Personengesellschaft ohne Rechtspersönlichkeit auch dann fortgesetzt werden, wenn über das Vermögen der Gesellschaft das Insolvenzverfahren eröffnet wurde, oder diese von insolvenzrechtlichen Sicherungsmaßnahmen betroffen ist[160]. Dem Beschluss des Gerichts lag dabei folgender Sachverhalt zu Grunde:

Die Antragstellerin war eine GmbH & Co. KG, die ein Bauunternehmen betrieb, und deren persönlich haftender Gesellschafter eine GmbH war. Gegenstand der Geschäftstätigkeit der GmbH waren Beteiligungsgeschäfte jeglicher Art an Firmen der Baubranche, insbesondere des Hoch-, Tief- und Industriebaus sowie die Geschäftsführung derartiger Firmen. Gegen die GmbH wurde in der Folgezeit wegen Steuerrückständen ein Gewerbeuntersagungsverfahren eingeleitet. Die zuständige Behörde erließ sodann eine Gewerbeuntersagungsverfügung gegen die GmbH, in der ihr die Ausübung des Gewerbes sowie jede andere selbstständige Tätigkeit,

---

158 *Schmidt*, GewArch 2003, 326 (327), spricht in diesem Fall von einem Auseinanderfallen von Gesellschaftsrecht und Gewerberecht.

159 *OVG Berlin-Brandenburg*, Beschluss v. 12.08.2010 – 1 S 188/09, NZI 2011, 76; *VG Gießen*, Beschluss v. 08.04.2003 – 8 G 508/03, GewArch 2003, 253; *VG Potsdam*, Beschluss v. 26.08.2009 – VG 3 L 260/09, BeckRS 2009, 40440.

160 *VG Gießen*, Beschluss v. 08.04.2003 – 8 G 508/03, GewArch 2003, 253.

soweit diese unter § 35 GewO falle, untersagt wurde. Daneben wurde der GmbH auch die Tätigkeit als Vertretungsberechtigter oder als mit der Leitung eines Gewerbebetriebs beauftragte Person untersagt. Die zuständige Behörde ordnete zudem die sofortige Vollziehung an. Nach Zustellung der Verfügung an die GmbH ordnete das Amtsgericht zur Sicherung der Masse und zum Schutz der Gläubiger gegen die KG die vorläufige Verwaltung ihres Vermögens nach § 21 Abs. 2 Nr. 1 InsO an sowie gem. § 21 Abs. 2 Nr. 2 InsO, dass Verfügungen der KG nur mit Zustimmung des vorläufigen Insolvenzverwalters wirksam sind. Der Antrag der KG auf einstweiligen Rechtsschutz wurde abgelehnt.

Die zuständige Kammer des Verwaltungsgerichts Gießen begründete ihre Entscheidung damit, dass § 12 GewO im vorliegenden Fall keine Anwendung finde, da das Insolvenzverfahren ausschließlich das Vermögen der KG betreffe und nicht das der gewerberechtlich unzuverlässigen GmbH[161].

Die gleiche Ansicht vertrat das Oberwaltungsgericht Berlin-Brandenburg mit Beschluss vom 12. August 2010 in einem ähnlich gelagerten Sachverhalt[162]. Auch hier wendete sich der Komplementär einer Personengesellschaft gegen eine ihm gegenüber ergangene Gewerbeuntersagung. Er berief sich hierbei auf die Sperrwirkung des § 12 GewO, da über das Vermögen der KG das Insolvenzverfahren eröffnet wurde. Gleichwohl verneinte das Gericht auch in diesem Fall eine Suspendierung gewerberechtlicher Vorschriften durch § 12 GewO, da es an einer Identität zwischen Gewerbetreibenden und Insolvenzschuldner fehlte[163].

Obgleich die h.M. die Ansicht der verwaltungsrechtlichen Judikatur teilt[164] stellt sich die Frage, ob eine Gewerbeuntersagung nicht im Widerspruch zur eigentlichen Zielsetzung des § 12 Satz 1 GewO steht und insoweit den Vorrang des Insolvenzrechts unterläuft. So lehnt *Marcks* die Entscheidung des Verwaltungsgerichts Gießen im Hinblick auf den Schutz des insolvenzrechtlichen Interesses ab[165]. Sinn und Zweck des § 12 GewO sei es schließlich, gewerberechtliche Maßnahmen zum Schutze der Insolvenzgläubiger für die Zeit des Insolvenzverfahrens auszusetzen. Dieser Zielsetzung würde es widersprechen, wenn trotz Insolvenz der Gesellschaft den geschäftsführenden Gesellschaftern eine Fortführung des Gewerbes untersagt

---

161 *VG Gießen*, Beschluss v. 08.04.2003 – 8 G 508/03, GewArch 2003, 253 (254); mit Hinweis auf die Entscheidung des VG Gießen auch das *VG Potsdam*, Beschluss v. 26.08.2009 – VG 3 L 260/09, BeckRS 2009, 40440.

162 *OVG Berlin-Brandenburg*, Beschluss v. 12.08.2010 – 1 S 188/09, NZI 2011, 76.

163 *OVG Berlin-Brandenburg*, Beschluss v. 12.08.2010 – 1 S 188/09, NZI 2011, 76 (78).

164 *Brüning*, in: Beck´scher Online-Kommentar, GewO, § 35 Rn. 6c; *Ennuschat*, in: Tettinger/Wank/Ennuschat, GewO, § 12 Rn. 10; *Heß*, in: Friauf, GewO, § 12 Rn. 13; *Ambs*, in: Erbs/Kohlhaas, Strafrechtliche Nebengesetze, § 12 GewO Rn. 4; *Schmidt*, GewArch 2003, 326; so auch *Martini*, Anm. zu OVG Berlin-Brandenburg, Beschluss v. 12.08.2010 – 1 S 188/09, jurisPR-InsR 19/2010 Anm. 4; a.A. *Marcks*, in: Landmann/Rohmer, GewO, § 12 Rn. 2a.

165 *Marcks*, in: Landmann/Rohmer, GewO, § 12 Rn. 2a.

würde. Daher erfasse § 12 GewO sowohl die Personengesellschaft ohne Rechtspersönlichkeit, als auch alle ihre Gesellschafter. Andernfalls laufe § 12 GewO leer.

Vor diesem Hintergrund muss auch der Ansatz von *Schmidt* verstanden werden, für die Lösung des Problems die Regeln entsprechend heranzuziehen, die hinsichtlich der Anwendbarkeit von § 12 GewO auf Untersagungsverfahren gegen den Vertretungsberechtigten nach § 35 Abs. 7a GewO gelten[166]. Wie bereits aufgezeigt[167], erfasst die Sperrwirkung des § 12 Satz 1 GewO auch Untersagungsverfahren gegen den Vertretungsberechtigten, soweit dieser für die Fortführung des Gewerbes unverzichtbar ist. *Schmidt* verneint letztendlich aber eine Anwendbarkeit des § 12 GewO mit der Begründung, dass zum einen die juristische Person im Gegensatz zur Personengesellschaft ohne Rechtspersönlichkeit selbst Gewerbetreibende in einem Insolvenzverfahren sei, und zum anderen es sich bei der Gewerbeuntersagung gegen den Vertretungsberechtigten nach § 35 Abs. 7a GewO um eine Ermessenvorschrift handele, während die im Gewerbeuntersagungsverfahren gegen die Personengesellschaft ohne Rechtspersönlichkeit anzuwendende Vorschrift des § 35 Abs. 1 GewO eine gebundene Entscheidung sei[168].

Den Begründungen der h.M. kann nicht ohne Weiteres gefolgt werden. Zwar ist es richtig, dass im Falle der Insolvenz einer Personengesellschaft das Insolvenzverfahren nicht über das Vermögen eines Gewerbetreibenden eröffnet wurde, § 12 Satz 1 GewO mithin dem Wortlaut nach keine Anwendung findet. Indes ist hiermit noch nicht viel gesagt. Denn eine ausnahmslos am Wortlaut orientierte Auslegung wird der Vorschrift nicht gerecht. § 12 Satz 1 GewO ist vielmehr seinem Sinn und Zweck entsprechend auszulegen. Die Anwendbarkeit des § 12 Satz 1 GewO hängt insoweit davon ab, ob die insolvenzrechtlichen Sicherungsmechanismen auch in der Insolvenz der Personengesellschaft die Unzuverlässigkeit eines geschäftsführenden Gesellschafters kompensieren. Dies hängt maßgeblich von den Befugnissen des Insolvenzverwalters gegenüber den geschäftsführenden Gesellschaftern ab.

(a) Gesellschaftsrechtliche Stellung des Insolvenzverwalters

Der Übergang der Verwaltungs- und Verfügungsbefugnis auf den Insolvenzverwalter hat nicht zur Folge, dass dieser die Stellung eines Gesellschaftsorgans einnimmt[169]. Indes werden die Befugnisse der geschäftsführenden Gesellschafter durch die Einsetzung eines Insolvenzverwalters stark beschränkt. Im sog. *„Verdrängungsbereich“*, dem Bereich der die Insolvenzmasse betrifft, hat der Insolvenzverwalter die alleinige Kompetenz[170]. Kern des Verdrängungsbereichs ist die Vermögensverwaltung und

---

166 *Schmidt*, GewArch 2003, 326 (327).
167 Vgl. S. 33 ff.
168 *Schmidt*, GewArch 2003, 326 (328).
169 *Sternal*, in: Karsten Schmidt, InsO, § 80 Rn. 66; vgl. auch *Kuleisa*, in: Hmb-Komm, § 80 Rn. 33. Vgl. insoweit auch *H.F. Müller*, Der Verband in der Insolvenz, S. 56 ff.
170 *Ott/Vuia*, in: MüKo, InsO, § 80 Rn. 112; vgl. insoweit auch *Windel*, in: Jaeger, InsO, § 80 Rn. 84 ff.

die Unternehmensfortführung[171]. Der Insolvenzverwalter *„hat die Unternehmensleitung selbst in der Hand“*[172]. Mit Wirkung des Eröffnungsbeschlusse vertritt der Insolvenzverwalter die Gesellschaft nach außen, übt die Arbeitgeberfunktion aus und erfüllt die steuerrechtlichen Pflichten der Gesellschaft[173]. Er trägt ab diesem Zeitpunkt die Verantwortung dafür, dass sich die Gesellschaft nach außen rechtmäßig verhält[174]. Die geschäftsführenden Gesellschafter sind zu diesen Handlungen nach Übergang der Verwaltungs- und Verfügungsbefugnis bereits tatsächlich nicht mehr in der Lage[175]. Den geschäftsführenden Gesellschaftern verbleibt insoweit nur der *„Schuldnerbereich“*, der im Wesentlichen auf Entscheidungen beschränkt ist, die nicht die Insolvenzmasse betreffen[176]. Hierzu gehört der innergesellschaftliche Bereich sowie die Wahrnehmung der dem Schuldner nach der Insolvenzordnung zustehenden Rechte und Pflichten[177].

(b) Kompensation der Unzuverlässigkeitsgründe in der Person der Gesellschafter

Durch den Übergang der Verwaltungs- und Verfügungsbefugnis auf den Insolvenzverwalter wird auch die Unzuverlässigkeit der geschäftsführenden Gesellschafter – soweit diese in einem Zusammenhang mit der wirtschaftlichen Leistungsunfähigkeit steht – kompensiert. Denn letztlich ist mit der Einsetzung des Insolvenzverwalters die Gefahr, dass die Allgemeinheit durch Handlungen der Gesellschafter geschädigt wird, beseitigt. Der Insolvenzverwalter vertritt die Gesellschaft von nun an nach außen. Die geschäftsführenden Gesellschafter können ohne die Zustimmung des Insolvenzverwalters keine Handlung im Außenverhältnis mehr vornehmen. Eine Untersagung gegenüber den gewerbetreibenden Gesellschaftern – z.B. aufgrund der Verletzung steuerrechtlicher Pflichten – ist insoweit nicht mehr erforderlich. Denn für die Zukunft – und darauf kommt es bei der Beurteilung der Zuverlässigkeit an – ist von einer ordnungsgemäßen Ausübung des Betriebes durch den Insolvenzverwalter auszugehen.

(c) Insolvenzrechtliches Interesse

Obgleich der Insolvenzverwalter die geschäftsführenden Gesellschafter zwar in ihren Befugnissen weitestgehend verdrängt, sind diese für die Fortführung der Gesellschaft weiterhin von Bedeutung. Dies gilt insbesondere für die GmbH & Co. KG, die im Falle einer Untersagung gegen die Komplementär-GmbH verpflichtet ist, das Gewerbe einzustellen. Eine Fortführung der Gesellschaft durch den

---

171 *Windel*, in: Jaeger, InsO, § 80 Rn. 90.
172 *Windel*, a.a.O., Rn. 90.
173 Vgl. S. 47 ff.
174 *H.F. Müller*, Der Verband in der Insolvenz, S. 106.
175 *H.F. Müller*, a.a.O., S. 106.
176 *Ott/Vuia*, in: MüKo, InsO, § 80 Rn. 112.
177 *Ott/Vuia*, a.a.O., Rn. 112; vgl. auch *Mock*, in: Uhlenbruck, InsO, § 80 Rn. 285.

Insolvenzverwalter wäre in diesem Fall ausgeschlossen. Die Gesellschaftsorgane sind aber auch darüber hinaus für den Erfolg eines Insolvenzverfahrens wichtig. Der Insolvenzverwalter ist nicht nur bei der Rechnungslegung und Abgabe der Steuererklärung, sondern auch bei der Aufklärung von Altlasten, der Ausstellung von Arbeitszeugnissen und sonstigen innergesellschaftlichen Vorgängen auf die Mithilfe der geschäftsführenden Gesellschafter angewiesen[178]. Zudem fällt den Gesellschaftsorganen die Aufgabe zu, den Willensbildungsprozess über die Ausübung der ihnen nach § 101 Abs. 1 Satz 1 InsO übertragenen Verfahrensrechte sowie die zur Sanierung der Gesellschaft erforderlichen Maßnahmen im Innenverhältnis zu organisieren[179].

Im Ergebnis verlangt der Schutzzweck des § 12 Satz 1 GewO insoweit eine Suspendierung gewerberechtlicher Vorschriften auch für den Fall, dass nur ein Insolvenzverfahren über das Vermögen der Personengesellschaft ohne Rechtspersönlichkeit eröffnet wurde. Da die insolvenzrechtlichen Ziele im Falle der Gewerbeuntersagung gegen die Gesellschafter gefährdet würden, gleichwohl aber ein Schutz der Allgemeinheit gewährleistet ist, findet § 12 Satz 1 GewO auch in diesem Fall Anwendung. Etwas anderes gilt – wie später noch zu zeigen sein wird[180] – nur dann, wenn die Untersagungsverfügung auf Unzuverlässigkeitsgründe gestützt wird, die zu der wirtschaftlichen Leistungsunfähigkeit in keinem sachlichen Zusammenhang stehen.

cc) Ergebnis

Die Insolvenzeröffnung über das Vermögen einer Personengesellschaft führt für sich genommen nicht zur Untersagung des Gewerbes. Anders ist dies bei wirtschaftlicher Leistungsunfähigkeit des geschäftsführenden Gesellschafters. Als Gewerbetreibender sind seine geordneten Vermögensverhältnisse Voraussetzung für die gewerberechtliche Zuverlässigkeit. Dabei führt die Eröffnung des Insolvenzverfahrens bereits aufgrund der Vorschriften des Gesellschaftsrechts zu einem Ausscheiden des Betroffenen aus der Gesellschaft. In diesem Fall besteht für eine Gewerbeuntersagung – mangels Betreiben eines Gewerbes – kein Anlass. Gleiches gilt aber auch, wenn die Vorschrift des § 131 Abs. 3 Satz 1 Nr. 2 HGB im Gesellschaftsvertrag abbedungen wurde. Obgleich der Gesellschafter insoweit weiterhin ein Gewerbe betreibt, führt die Eröffnung des Insolvenzverfahrens zum Eintreten der Sperrwirkung des § 12 Satz 1 GewO.

Gleiches gilt, wenn das Insolvenzverfahren über das Vermögen der Personengesellschaft eröffnet wurde. Eine Gewerbeuntersagung gegen den gewerbetreibenden geschäftsführenden Gesellschafter ist – unabhängig vom Wortlaut des § 12 Satz 1 GewO – ab diesem Zeitpunkt gesperrt. Die umfassende Inpflichtnahme des Insolvenzverwalters führt zu einem Ausschluss der Gefährdung der Allgemein-

178 *H.F. Müller*, Der Verband in der Insolvenz, S. 115.
179 *H.F. Müller*, Der Verband in der Insolvenz, S. 123.
180 Vgl. S. 70 ff.

heit und einer Kompensation der gewerberechtlichen Unzuverlässigkeit des Gesellschafters.

c) Keine Anwendbarkeit auf Spezialunternehmen (Banken und Versicherungen)

Eine Anwendbarkeit des § 12 Satz 1 GewO auf Spezialunternehmen wie Banken und Versicherungen ist ausgeschlossen[181]. Obgleich Kreditinstitute Gewerbetreibende sind, die der Anzeigepflicht des § 14 GewO unterliegen, und das Gesetz in verschiedenen Vorschriften auf die GewO verweist (z.B. §§ 34 Abs. 1 KWG), ist der Anwendungsbereich von § 12 GewO nicht eröffnet, da § 46 a KWG spezielle Maßnahmen bei Insolvenzgefahr trifft, die mit der Sperrwirkung des § 12 GewO nicht vereinbar wären[182]. Gleiches gilt für Versicherungen durch die Vorschriften der §§ 81b ff. VAG.

2. Sachlicher Anwendungsbereich

Dem Wortlaut nach erfasst § 12 Satz 1 GewO alle Vorschriften, welche die Untersagung eines Gewerbes, die Rücknahme oder den Widerruf einer Zulassung wegen Unzuverlässigkeit des Gewerbetreibenden, die auf ungeordnete Vermögensverhältnisse zurückzuführen ist, ermöglichen.

Aus der Gesetzesbegründung zu § 12 GewO lässt sich entnehmen, dass dessen Anwendungsbereich nicht auf die Gewerbeordnung selbst beschränkt ist[183]. So heißt es wörtlich:

> *„In zahlreichen Nebengesetzen, die ebenfalls Vorschriften über die Untersagung eines Gewerbes oder die Rücknahme oder den Widerruf gewerberechtlicher Erlaubnisse enthalten, wird die Gewerbeordnung insofern für ergänzend anwendbar erklärt, als nicht in diesen Gesetzen besondere Bestimmungen getroffen worden sind (z.B. § 31 GastG). Auch bei Fehlen einer ausdrücklichen Verweisung kann die Gewerbeordnung ergänzend Anwendung finden, z.B. im Falle der Handwerksordnung.“*

Hierunter fallen insbesondere § 15 GastG, § 21 Fahrlehrergesetz, § 3 Abs. 5 GÜKG, § 25 PBefG, §§ 34, 49 Sprengstoffgesetz und § 45 WaffG[184]. Das bedeutet, dass der Anwendungsbereich des § 12 GewO weit über die Gewerbeordnung hinaus reicht und seine Schutzfunktion auch auf andere Gewerbetreibende ausweitet.

---

181 *Görg/Janssen*, in: MüKo, InsO, § 157 Rn. 14.

182 *Marcks*, in: Landmann/Rohmer, GewO, § 12 Rn. 4.

183 BT-Drucks. 12/3803 S. 103.

184 Siehe hierzu auch *Marcks*, in: Landmann/Rohmer, GewO, § 12 Rn. 4; *Heß*, in: Friauf, GewO, § 12 Rn. 5.

III. Voraussetzungen des § 12 Satz 1 GewO

1. Zeitlicher Rahmen des § 12 Satz 1 GewO

In zeitlicher Hinsicht setzt der Eintritt der Sperrwirkung des § 12 Satz 1 GewO voraus, dass über das Vermögen des Gewerbetreibenden das Insolvenzverfahren eröffnet wurde, Sicherungsmaßnahmen nach § 21 InsO angeordnet wurden oder die Erfüllung eines Insolvenzplans überwacht wird. Die temporale Präposition *„während"* in § 12 Satz 1 GewO deutet daraufhin, dass nur in der Zeit der jeweiligen insolvenzrechtlichen Maßnahmen der Anwendungsbereich der Vorschrift eröffnet ist[185]. Dem Wortlaut nach findet § 12 S. 1 GewO vor dem Eingreifen der jeweiligen Maßnahmen und nach Abschluss der betreffenden Maßnahme keine Anwendung. Vor diesem Hintergrund ist zu untersuchen, welche insolvenzrechtlichen Sicherungsmechanismen während der genannten Zeiträume eingreifen, und ob § 12 Satz 1 GewO über den Wortlaut hinaus auch auf nicht ausdrücklich benannte Zeiträume Anwendung findet.

a) Die in § 12 Satz 1 GewO ausdrücklich benannten Zeiträume

Zunächst einmal gilt es zu klären, wieweit der Anwendungsbereich des § 12 Satz 1 GewO in den ausdrücklich benannten Zeiträumen reicht, und durch welche insolvenzrechtlichen Sicherungsmechanismen eine Gefährdung der Allgemeinheit ausgeschlossen wird.

aa) Während eines Insolvenzverfahrens

(1) Sicherungsmechanismen

Die Fortführung eines Gewerbebetriebs trotz wirtschaftlicher Leistungsunfähigkeit erscheint mit einem Schutz der Allgemeinheit zunächst unvereinbar. Das Gewerberecht sieht für den Fall derart *„ungeordneter Vermögensverhältnisse"* grundsätzlich die Untersagung des Gewerbes bzw. den Widerruf gewerberechtlicher Erlaubnisse vor. Dabei greifen die zuständigen Behörden zu diesem letzten Mittel, um Allgemeinheit und Beschäftigte vor den mit einer wirtschaftlichen Leistungsunfähigkeit einhergehenden Gefahren zu schützen. Gleichwohl suspendiert § 12 Satz 1 GewO die gewerberechtlichen Vorschriften im Falle der Eröffnung eines Insolvenzverfahrens. Dabei ist die Allgemeinheit nach Ansicht des Gesetzgebers bereits durch die Einsetzung eines Insolvenzverwalters und den Vorrang der Masseverbindlichkeiten hinreichend gesichert[186].

Der Insolvenzverwalter wird gem. § 27 Abs. 1 Satz 1 InsO durch das Insolvenzgericht ernannt. Nach der Eröffnung des Insolvenzverfahrens nimmt er gem. § 148 Abs. 1 InsO das gesamte zur Insolvenzmasse gehörende Vermögen in Besitz. Darüber hinaus geht nach § 80 Abs. 1 InsO die Verwaltungs- und Verfügungsbefugnis

185 So *Spieß*, in: Festschrift für Werner Frotscher, S. 467 (475).
186 BT-Drucks. 12/3803 S. 103 f.

hinsichtlich der Insolvenzmasse auf ihn über. Fortan ist nur noch er dazu berechtigt, über die Vermögensgegenstände des Unternehmens zu verfügen oder Verträge für den Gewerbebetrieb abzuschließen.

Verbindlichkeiten, die durch den Insolvenzverwalter nach der Eröffnung des Insolvenzverfahrens begründet werden, sind als sonstige Masseverbindlichkeiten nach § 55 Abs. 1 Nr. 1 InsO vorrangig aus der Masse zu befriedigen. Anders als die Insolvenzgläubiger können die Massegläubiger damit nicht auf die Insolvenzquote verwiesen werden. Hierdurch wird sichergestellt, dass Vertragspartner, deren Forderungen nach Insolvenzeröffnung begründet wurden, mit diesen Forderungen im Insolvenzverfahren nicht ausfallen. Für den Fall, dass die Insolvenzmasse zur Befriedigung der durch den Insolvenzverwalter begründeten Masseverbindlichkeiten nicht ausreicht, ist der Insolvenzverwalter den Massegläubigern bei Vorliegen der tatbestandlichen Voraussetzungen des § 61 InsO zum Schadensersatz verpflichtet.

Die Einsetzung eines Insolvenzverwalters und der Vorrang der Masseverbindlichkeiten schützen aber nicht nur den Geschäftsverkehr vor wirtschaftlichen Schäden. Auch Arbeitnehmer und Finanzbehörden gewährt die Eröffnung des Insolvenzverfahrens Schutz vor den Risiken einer Gewerbefortführung[187]. Mit Wirkung des Eröffnungsbeschlusses übt der Insolvenzverwalter kraft seiner allgemeinen Verwaltungs- und Verfügungsbefugnis die Arbeitgeberfunktion aus[188]. Alle nach Verfahrenseröffnung anfallenden Vergütungsansprüche der Arbeitnehmer muss der Insolvenzverwalter damit als Masseverbindlichkeiten befriedigen[189]. Zudem hat er nach § 34 Abs. 3 AO die steuerrechtlichen Pflichten des Insolvenzschuldners wahrzunehmen[190]. Hierzu gehört neben den Buchführungs-, Aufzeichnungs-, Erklärungs-, Auskunfts- und Vorlagepflichten vor allem die Abführung der Steuern an das zuständige Finanzamt[191]. Sind die Steuern nach der Eröffnung des Insolvenzverfahrens angefallen, so hat der Insolvenzverwalter auch sie als Masseverbindlichkeiten vorrangig zu befriedigen[192].

Der Übergang der Verwaltungs- und Verfügungsbefugnis in Verbindung mit dem Vorrang der Masseverbindlichkeiten sowie der Ausfallhaftung des Insolvenzverwalters schützt damit Neugläubiger wie Arbeitnehmer und Finanzbehörden vor den Risiken, denen sie infolge der wirtschaftlichen Leistungsunfähigkeit des Gewerbetreibenden ausgesetzt sind.

---

187 Hierzu auch *Krumm*, GewArch 2010, 465 (466 f).

188 *Ott/Vuia*, in: MüKo, InsO, § 80 Rn. 121; *Windel*, in: Jaeger, InsO, § 80 Rn. 108; *Mock*, in: Uhlenbruck, InsO, § 80 Rn. 141; *Webel*, in: Graf-Schlicker, InsO, § 80 Rn. 20 ff.

189 *Windel*, in: Jaeger, InsO, § 80 Rn. 109.

190 *Rüsken*, in: Klein, AO, § 34 Rn. 22; *Koenig*, in: Pahlke/Koenig, AO, § 34 Rn. 28; *Ott/Vuia*, in: MüKo, InsO, § 80 Rn. 131; *Lüke*, in: Kübler/Prütting/Bork, InsO, § 80 Rn. 74; *Voigt-Salus*, in: Pape/Uhlenbruck/Voigt-Salus, Insolvenzrecht, S. 658.

191 *Rüsken*, in: Klein, AO, § 34 Rn. 35; *Koenig*, in: Pahlke/Koenig, AO, § 34 Rn. 29; *Lüke*, in: Kübler/Prütting/Bork, InsO, § 80 Rn. 76.

192 *Ott/Vuia*, in: MüKo, InsO, § 80 Rn. 133; *Lüke*, in: Kübler/Prütting/Bork, InsO, § 80 Rn. 76.

(2) Beginn und Ende der Sperrwirkung

Das Insolvenzverfahren wird mit Beschluss des zuständigen Amtsgerichts nach § 27 Abs. 1 InsO eröffnet. Ab diesem Zeitpunkt ist eine Gewerbeuntersagung durch § 12 Satz 1 GewO gesperrt. Nachdem die Schlussverteilung vollzogen ist, beschließt das Insolvenzgericht gem. § 200 Abs. 1 InsO die Aufhebung des Insolvenzverfahrens. Soweit die Forderungen der Insolvenzgläubiger im Rahmen des Insolvenzverfahrens nicht befriedigt wurden, können diese ab dem Zeitpunkt des Aufhebungsbeschlusses gem. § 201 Abs. 1 InsO unbeschränkt gegen den Schuldner geltend gemacht werden. Zeitgleich erhält der Schuldner die Verwaltungs- und Verfügungsbefugnis über sein Vermögen zurück. Eine Kompensation des Zuverlässigkeitsdefizits des Gewerbetreibenden durch den Insolvenzverwalter oder den Vorrang der Masseverbindlichkeiten erfolgt insoweit nicht mehr. Mit der Aufhebung des Insolvenzverfahrens endet daher auch die Sperrwirkung des § 12 Satz 1 GewO.

bb) Während der Anordnung von Sicherungsmaßnahmen nach § 21 InsO

Seinem Wortlaut nach suspendiert § 12 Satz 1 GewO die gewerberechtlichen Vorschriften auch dann, wenn das Insolvenzgericht Sicherungsmaßnahmen i.S.d. § 21 InsO anordnet. Ausweislich der Gesetzesbegründung wird ein Schutz der Allgemeinheit neben der Einsetzung eines Insolvenzverwalters und dem Vorrang der Masseverbindlichkeiten auch durch die Aufsicht des Insolvenzgerichts gewährleistet. Nähere Ausführungen, welche Aufsichtsaufgaben hiermit konkret gemeint sind, macht der Gesetzgeber nicht.

Unter dem Begriff *„Aufsicht des Insolvenzgerichts“* versteht man in der Regel die Beaufsichtigung des Insolvenzverwalters durch das Insolvenzgericht nach § 58 Abs. 1 Satz 1 InsO. Das Insolvenzgericht prüft hierbei die Erfüllung der insolvenzspezifischen Pflichten durch den Insolvenzverwalter[193]. Zu diesen Pflichten gehört auch die Erfüllung der im Rahmen der Insolvenzverwaltung begründeten Masseverbindlichkeiten. Die Aufsicht erfolgt damit auch im Interesse der Insolvenzgläubiger.

Indes ist in der Gesetzesbegründung ausdrücklich von einer Aufsicht des Insolvenzgerichts über den Schuldner die Rede. So heißt es[194]:

> *„... Der Dauer des Verfahrens wird die Zeit gleichgestellt, während der nach der Stellung eines Insolvenzantrags, aber vor der Eröffnung des Insolvenzverfahrens vorläufige Sicherungsmaßnahmen angeordnet sind. Auch während dieser Zeit besteht das Bedürfnis, die Möglichkeit einer Sanierung des insolventen Unternehmens offenzuhalten. Auf der anderen Seite* ***unterliegt der Schuldner auch schon während dieser Zeit der Aufsicht durch das Insolvenzgericht.*** *“*
>
> (Hervorhebung durch den Verfasser)

193 *Frind*, in: Hmb-Komm, InsO, § 58 Rn. 3; *Andres*, in: Andres/Leithaus, InsO, § 58 Rn. 7; *Lind*, in: A/G/R, § 58 Rn. 4.

194 BT-Drucks. 12/3803 S. 103.

Die Ausführungen des Gesetzgebers beziehen sich auf die Aufsichtsfunktion des Insolvenzgerichts im Eröffnungsverfahren. Eine unmittelbare Überwachung des Insolvenzschuldners durch das Insolvenzgericht sieht die Insolvenzordnung indes nicht vor. Das Insolvenzgericht kann im Eröffnungsverfahren aber Sicherungsmaßnahmen nach § 21 InsO ergreifen. Diese weichen hinsichtlich ihrer Schutzmechanismen allerdings stark voneinander ab. Zu untersuchen ist daher, welchen Gefahren die Allgemeinheit im Rahmen des Eröffnungsverfahrens ausgesetzt ist und inwieweit durch die verschiedenen Sicherungsmaßnahmen ein Schutz der Allgemeinheit gewährleistet werden kann.

(1) Kompensation der Risiken durch die unterschiedlichen Sicherungsmaßnahmen

Ausgehend vom Wortlaut des § 12 Satz 1 GewO genügt die Anordnung jedweder Sicherungsmaßnahmen nach § 21 InsO, um die Sperrwirkung der Vorschrift bereits im Insolvenzeröffnungsverfahren auszulösen. Die Sicherungsmaßnahmen gewähren jedoch hinsichtlich ihrer Einwirkungsmöglichkeiten auf den Schuldner nicht alle einen ausreichenden Schutz der Allgemeinheit. Der Wortlaut der Vorschrift erscheint insoweit äußerst undifferenziert[195]. Auch der Gesetzgeber hat sicherlich nicht beabsichtigt, die Suspendierung gewerberechtlicher Vorschriften unabhängig von den bestehenden Schutzmöglichkeiten der jeweiligen Sicherungsmaßnahmen anzuordnen.

Der Gesetzesbegründung lässt sich entnehmen, dass § 12 Satz 1 GewO den Vorrang des Insolvenzrechts nur unter der Bedingung anordnet, dass insolvenzrechtliche Schutzmechanismen eine Gefährdung des Geschäftsverkehrs ausschließen. Es war keineswegs *„Plan"* des Gesetzgebers, dass sich § 12 Satz 1 GewO bedingungslos in der Erhaltung von Sanierungschancen erschöpft[196]. Im Rahmen der Einführung des § 12 GewO ging es vielmehr auch um die Beherrschung der mit der wirtschaftlichen Leistungsunfähigkeit eingetretenen Gefährdung des Geschäftsverkehrs[197]. Dies gilt über das eigentliche Insolvenzverfahren hinaus auch für das vorgelagerte Insolvenzeröffnungsverfahren. Zwar lässt sich den Ausführungen des Gesetzgebers nicht entnehmen, welche Schutzintensität für das Insolvenzeröffnungsverfahren konkret als ausreichend betrachtet wird. Aus dem Kontext der Gesetzesbegründung lässt sich allerdings folgern, dass zwischen dem Schutz des Geschäftsverkehrs während des Insolvenzeröffnungsverfahrens und dem sich hieran anschließenden Insolvenzverfahren kein Unterschied gemacht wird. Daher gilt, dass die Erhaltung des Unternehmens nur soweit und solange hinnehmbar ist, wie die Gefährdungslage aufgrund der insolvenzrechtlichen Rahmenbedingungen beseitigt oder zumindest beherrschbar ist[198]. Damit können nur solche Sicherungsmaßnahmen i.S.d. § 21

195 *Krumm*, GewArch 2010, 465 (469).
196 *Krumm*, GewArch 2010, 465 (471), ausführlich zur Problematik.
197 *Krumm*, a.a.O., S. 471.
198 *Krumm*, a.a.O., S. 471.

InsO die Sperrwirkung des § 12 Satz 1 GewO auslösen, die tatsächlich auch zu einer Kompensation der mit dem Betrieb eines insolventen Unternehmens verbundenen Risiken führen. Der Vorrang des Insolvenzrechts wurde schließlich nur unter der Bedingung angeordnet, dass künftige Gläubiger keinen Gefahren durch die Fortführung des Gewerbebetriebs ausgesetzt sind.

(a) Bewertung der einzelnen Sicherungsmaßnahmen im Hinblick auf ihre Risikokompensation

Voraussetzung für den Eintritt der Sperrwirkung des § 12 Satz 1 GewO ist damit, dass die in § 21 Abs. 2 InsO genannten Sicherungsmaßnahmen eine, den Schutzmechanismen ab Eröffnung des Insolvenzverfahrens vergleichbare Kompensation der sich aus der wirtschaftlichen Leistungsunfähigkeit des Gewerbetreibenden ergebenden Risiken gewährleisten[199].

Verneint werden muss dies ausdrücklich für den Fall, dass alleine Sicherungsmaßnahmen nach § 21 Abs. 2 Satz 1 Nr. 3 bis 5 InsO angeordnet werden. Das Verbot von Einzelzwangsvollstreckungsmaßnahmen, die vorläufige Postsperre und das Verbot der Aus- und Absonderung beinhalten keine Schutzfunktionen zu Gunsten des Geschäftsverkehrs. So dient das Verbot von Einzelzwangsvollstreckungsmaßnahmen lediglich dem Erhalt des Schuldnervermögens und ist damit ausschließlich zum Schutz der Insolvenzgläubiger gedacht. Das Vermögen des Schuldners soll vor dem Zugriff einzelner Gläubiger geschützt und ein vorzeitiges Auseinanderreißen des Schuldnervermögens verhindert werden[200]. Gleiches gilt für die vorläufige Postsperre. Durch die Anordnung dieser Sicherungsmaßnahme bezweckt das Insolvenzgericht die Aufklärung der Vermögenslage des Schuldners im Interesse des Insolvenzverfahrens. Auch die Anordnung des Verbots der Aus- und Absonderung dient keinesfalls dem Schutz des Geschäftsverkehrs. Der Sinn und Zweck dieser Sicherungsmaßnahme erschöpft sich – wie bei den vorangegangenen – einzig und alleine in der Massesicherung zwecks Optimierung der Sanierungs- und Verwertungschancen des schuldnerischen Unternehmens. Die Sicherungsmaßnahmen der Nr. 3 bis 5 gewährleisten insoweit keinen Schutz des Geschäftsverkehrs vor den mit dem Betrieb eines insolventen Gewerbebetriebs immanenten Risiken. Daher führt die Anordnung dieser Sicherungsmaßnahmen nicht zu einer Anwendbarkeit des § 12 GewO.

Das Insolvenzgericht kann, abgesehen von den zuvor besprochenen Sicherungsmaßnahmen, auch einen vorläufigen Insolvenzverwalter einsetzen, vgl. § 21 Abs. 2 Satz 1 Nr. 1 InsO. Der starke vorläufige Insolvenzverwalter nimmt hierbei eine dem Insolvenzverwalter nach Verfahrenseröffnung vergleichbare Rechtsstellung ein[201].

---

199 *Antoni*, NZI 2003, 246 (252); *Krumm*, GewArch 2010, 465 (471); die Erwägungen von Krumm anerkennend wohl auch *Heß*, in: Friauf, GewO, § 12 Rn. 11.

200 BegrRegE BT-Drucks. 12/2443 S. 116.

201 *BGH*, Beschluss v. 11.01.2007 – IX ZB 271/04, ZInsO 2007, 267 (268); *Leithaus*, in: Andres/Leithaus, InsO, § 22 Rn. 4; vgl. auch *J.-S. Schröder*, in: Hmb-Komm, InsO, § 22 Rn. 19; *Blersch*, in: BK-InsO, § 22 Rn. 4.

Mit dem Übergang der Verwaltungs- und Verfügungsbefugnis beugt dieser der Gefahr vor, dass der Schuldner drittschädigende Handlungen im Rahmen seines Geschäftsbetriebs vornimmt. Die im Rahmen seiner Amtsausübung begründeten Verbindlichkeiten gelten gem. § 55 Abs. 2 Satz 1 InsO nach Insolvenzeröffnung als Masseverbindlichkeiten. Ein Ausfallen von Forderungen etwaiger Neugläubiger ist insoweit nicht zu befürchten. Durch das Einrücken des vorläufigen starken Insolvenzverwalters in nahezu alle zuverlässigkeitsrelevanten Belange wird ein Schutz der Allgemeinheit hinreichend gewährleistet[202]. Der Eintritt der Sperrwirkung des § 12 Satz 1 GewO ist sowohl gerechtfertigt, als auch geboten.

Etwas anderes ergibt sich aber für den Fall der Bestellung eines schwachen vorläufigen Insolvenzverwalters. Diesem kommt im Gegensatz zum starken vorläufigen Insolvenzverwalter keine dem Insolvenzverwalter nach Verfahrenseröffnung vergleichbare Rechtsstellung zu. Die Verwaltungs- und Verfügungsbefugnis verbleibt beim Insolvenzschuldner. In der Praxis wird regelmäßig nur ein Zustimmungsvorbehalt nach § 21 Abs. 2 Satz 1 Nr. 2 Alt. 2 InsO angeordnet[203]. Hiernach sind Verfügungen durch den Schuldner nur noch mit Zustimmung des vorläufigen Insolvenzverwalters wirksam. Einem so bestellten Verwalter kommt lediglich eine Aufsichts- und Beratungsfunktion zu[204]. Innerhalb seiner Rechtsstellung kann er rechtsgeschäftliche Verfügungen, nicht jedoch den Abschluss von Verpflichtungsgeschäften durch den Schuldner verhindern[205]. Zudem begründet die Zustimmung des vorläufigen Insolvenzverwalters keine Masseverbindlichkeiten[206]. Es ist dem Gewerbetreibenden insoweit unbenommen, weiterhin am Geschäftsverkehr teilzunehmen und hierbei finanzielle Verpflichtungen einzugehen, für die er im Ergebnis aufgrund wirtschaftlicher Leistungsunfähigkeit nicht aufkommen kann. Dabei besteht nicht nur eine Gefahr für Kunden und Lieferanten des Gewerbetreibenden, sondern auch für die Arbeitnehmer und den Staat als Steuergläubiger. Denn anders als der starke vorläufige Insolvenzverwalter, ist der schwache vorläufige Insolvenzverwalter nicht Vermögensverwalter i.S.d. § 34 Abs. 3 AO und tritt ferner nicht in die arbeitsrechtlichen Pflichten des Schuldners ein[207]. Die fehlende Kompensation vermögensbedingter Risiken kann auch nicht dadurch kompensiert werden, dass der Schuldner bereits im Eröffnungsverfahren weiteichenden Auskunfts- und Mitwirkungspflichten gem. § 20 InsO unterliegt. Zwar ist der Schuldner hierdurch sowohl verpflichtet, dem Insolvenzgericht die Auskünfte zu erteilen, die für die Entscheidung über den Eröffnungsantrag erforderlich sind, als auch das Gericht bei

---

202 *Krumm*, GewArch 2010, 465 (470).

203 *J.-S. Schröder*, in: Hmb-Komm, InsO, § 22 Rn. 81; *Leithaus*, in: Andres/Leithaus, InsO, § 22 Rn. 5; *Krumm*, GewArch 2010, 465 (470).

204 Vgl. *BFH*, Urteil v. 01.04.2004 – VII R 24/03, DStR 2004, 951 (953).

205 *BGH*, Urteil v. 18.07.2002 – IX ZR 195/01, ZInsO 2002, 819 (821); *Haarmeyer*, in: MüKo, InsO, § 22 Rn. 32; *J.-S. Schröder*, in: Hmb-Komm, InsO, § 22 Rn. 86; vgl. auch *Sander*, in: A/G/R, § 21 Rn. 25.

206 *BGH*, Urteil v. 18.07.2002 – IX ZR 195/01, ZInsO 2002, 819.

207 *Krumm*, GewArch 2010, 465 (470) m.w.N.

allen Ermittlungen zu unterstützen. Indes erlaubt dieser Umstand keine Einflussnahme auf die Handlungen des insolventen Gewerbetreibenden. Insoweit besteht, unabhängig von der Dauer des Insolvenzeröffnungsverfahrens, trotz Einsetzung eines schwachen vorläufigen Insolvenzverwalters weiterhin eine Gefahr für die Allgemeinheit.

Ein Schutz der Allgemeinheit ist mit der Bestellung eines schwachen vorläufigen Insolvenzverwalters indes auch nicht bezweckt. Der vorläufige schwache Insolvenzverwalter wird lediglich im Interesse der Insolvenzgläubiger eingesetzt[208]. Hierbei erfüllt er in erster Linie Aufsichts- und Sicherungsfunktionen, ohne unmittelbar in die Rechtsposition des Schuldners einzurücken[209]. Eine Kompensation der sich aus der wirtschaftlichen Leistungsunfähigkeit ergebenden Risiken erfolgt damit nicht. Aus diesem Grund ist auch im Falle der Einsetzung eines vorläufigen schwachen Insolvenzverwalters die Anwendbarkeit des § 12 GewO nicht gerechtfertigt.

(b) Teleologische Reduktion des § 12 Satz 1 GewO

Das Problem unzureichender Kompensation der sich aus der Fortführung eines insolventen Gewerbebetriebs ergebenden Risiken durch die Sicherungsmaßnahmen nach § 21 InsO haben bisher lediglich *Antoni* und *Krumm* erkannt[210]. Beide befürworten übereinstimmend eine Einschränkung des § 12 Satz 1 GewO im Wege der teleologischen Reduktion[211].

Nach Ansicht von *Antoni* ist dem Gesetzgeber bei Fassung des § 12 GewO ein *„redaktionelles Versehen"* unterlaufen[212]. Auch *Krumm* geht davon aus, dass der Gesetzeswortlaut, gemessen am Regelungsplan des Gesetzes, *„planwidrig zu weit geraten ist und die von der gesetzgeberischen Wertung her erforderliche Differenzierung fehlt"*[213]. § 12 Satz 1 GewO sei daher dahingehend teleologisch zu reduzieren, dass er lediglich die starke vorläufige Insolvenzverwaltung erfasse und die übrigen Sicherungsmaßnahmen die Sperrwirkung entgegen dem Wortlaut nicht auslösen[214].

Dieses Ergebnis ist richtig. Eine andere Sichtweise würde eine Fortführung des Gewerbebetriebs zu Lasten der Allgemeinheit bedeuten. Damit würde das insolvenzrechtliche Sonderinteresse gegenüber dem gefahrenabwehrrechtlichen

---

208 *Krumm*, GewArch 2010, 465 (470).

209 *Haarmeyer*, in: MüKo, InsO, § 22 Rn. 32.

210 *Antoni*, NZI 2003, 246 (251 f.) und *Krumm*, GewArch 2010, 465 (469 f.); In den gewerberechtlichen Kommentaren hat nur *Heß*, in: Friauf, GewO, § 12 Rn. 11 die Problematik aufgeführt. Er verweist hierbei auf die von *Krumm* gemachten Ausführungen zu diesem Thema.

211 *Antoni*, NZI 2003, 246 (252); *Krumm*, GewArch 2010, 465 (471); offen gelassen von *Heß*, in: Friauf, GewO, § 12 Rn. 11.

212 *Antoni*, NZI 2003, 246 (252).

213 *Krumm*, GewArch 2010, 465 (471).

214 *Krumm*, a.a.O. S. 471; zum gleichen Ergebnis kommt auch *Antoni*, NZI 2003, 246 (252).

Allgemeininteresse in nicht zu rechtfertigender Weise privilegiert[215]. Obgleich der Gesetzgeber in § 12 Satz 1 GewO bezüglich der Sicherungsmaßnahmen eine zu weit gefasste Formulierung gewählt hat, lässt sich der Gesetzesbegründung entnehmen, dass es keineswegs Intention des Gesetzgebers war, die Allgemeinheit im Rahmen des Insolvenzeröffnungsverfahrens ungeschützt zu lassen. Daher ist mit *Krumm* davon auszugehen, dass der Wortlaut des § 12 Satz 1 GewO einen Wertungswiderspruch beinhaltet, den der Gesetzgeber *„nicht erkannt und auch nachträglich nicht gebilligt haben dürfte“*[216]. § 12 Satz 1 GewO ist insofern zu Recht teleologisch dahingehend zu reduzieren, dass nur solche Sicherungsmaßnahmen i.S.d. § 21 InsO die Sperrwirkung auslösen, die auch geeignet sind, das mit der Fortführung des Gewerbebetriebs verbundene Risiko für den Geschäftsverkehr aufzufangen. Da hierzu nur ein starker vorläufiger Insolvenzverwalter in der Lage ist, muss bei den sonstigen in § 21 Abs. 2 InsO genannten Maßnahmen die Sperrwirkung des § 12 Satz 1 GewO unterbleiben.

(2) Verpflichtung des Insolvenzgerichts zur Anordnung von Sicherungsmaßnahmen

Der Gewerbebetrieb kann im Rahmen des Insolvenzeröffnungsverfahrens nur dann fortgeführt werden, wenn das Insolvenzgericht einen starken vorläufigen Insolvenzverwalter einsetzt. Dies setzt insoweit eine irgendwie geartete Verpflichtung des Insolvenzgerichts voraus.

Gemäß § 21 Abs. 1 Satz 1 InsO hat das Insolvenzgericht alle Maßnahmen zu treffen die erforderlich erscheinen, um bis zur Entscheidung über den Antrag eine den Gläubigern nachteilige Veränderung in der Vermögenslage des Schuldners zu verhindern. Zu den nachteiligen Veränderungen gehört auch der Wertverfall eines Unternehmens[217]. Ein ebensolcher droht im Falle der Einstellung des Gewerbebetriebs infolge einer behördlichen Untersagung. Damit stellt sich die Frage, ob § 21 InsO auch nachteilige Veränderungen durch die Handlungen einer Behörde erfasst.

Obgleich § 21 InsO eigentlich die Sicherung der Vermögenslage vor Schuldner- wie Gläubigerzugriffen beabsichtigt[218], sollten auch nachteilige Veränderungen aufgrund staatlicher Eingriffe von seiner Schutzfunktion erfasst werden. Der Sicherungszweck des § 21 InsO muss insoweit dynamisch ausgelegt werden[219]. Dementsprechend spricht auch der Wortlaut des § 21 InsO lediglich von nachteiligen Veränderungen der Vermögenslage im Allgemeinen. Im Ergebnis kann es auch keinen Unterschied machen, durch wen die nachteilige Veränderung in der Vermögenslage des Schuldners eintritt. Solange dem Insolvenzgericht die Möglichkeit gegeben ist, nachteilige Veränderungen

215 Vgl. hierzu auch *Krumm*, GewArch 2010, 465.

216 So ausdrücklich *Krumm*, a.a.O. S. 471; während *Antoni*, NZI 2003, 246 (252) von einem redaktionellen Versehen spricht.

217 *Schmerbach*, in: FK-InsO, § 21 Rn. 1.

218 *Haarmeyer*, in: MüKo, InsO, § 21 Rn. 1.

219 Vgl. *Haarmeyer*, in: MüKo, InsO, § 21 Rn. 13.

zu verhindern, gebieten es Zielsetzung und Schutzfunktion des Insolvenzrechts, entsprechende Maßnahmen zur Vermeidung eines Schadens anzuordnen.

Daher ist das zuständige Insolvenzgericht – insbesondere bei einem erwartungsgemäß lang andauernden Eröffnungsverfahren – dazu verpflichtet, schnellstmöglich einen vorläufigen starken Insolvenzverwalter einzusetzen, um eine drohende Gewerbeuntersagung und damit einhergehende Verschlechterung in der Vermögenslage des Schuldners zu verhindern.

cc) Während der Überwachung eines Insolvenzplans

Eine Untersagung des Gewerbebetriebs ist außerhalb des Insolvenzverfahrens nach § 12 Satz 1 GewO auch dann nicht zulässig, wenn die Erfüllung eines Insolvenzplans überwacht wird. In einem solchen Plan können die Gläubiger von den gesetzlichen Bestimmungen des Insolvenzrechts abweichende Regelungen treffen. So besteht u.a. die Möglichkeit, die Befriedigung der Gläubiger, die Verwertung der Insolvenzmasse und die Haftung des Schuldners abweichend zu regeln. Der Plan ist gem. § 219 InsO in einen darstellenden und einen gestaltenden Teil aufgeteilt. Im gestaltenden Teil des Insolvenzplans kann gem. § 260 InsO die Überwachung des Insolvenzplans durch den Insolvenzverwalter vorgesehen werden. Mit der Bestätigung des Insolvenzplans durch das Insolvenzgericht endet das Insolvenzverfahren, und der Schuldner erhält die Verwaltungs- und Verfügungsbefugnis über sein Vermögen zurück. Damit ist der Gewerbetreibende wieder berechtigt, am Geschäftsverkehr teilzunehmen und gegenüber Dritten Verbindlichkeiten zu begründen.

Nachfolgend muss geklärt werden, aus welchen Gründen auch der Zeitraum der Überwachung eines Insolvenzplans dem Anwendungsbereich des § 12 Satz 1 GewO unterfällt. Da ausdrücklich nur der Zeitraum der Überwachung durch einen Insolvenzverwalter von § 12 Satz 1 GewO erfasst ist, sind insbesondere dessen Befugnisse im Rahmen der Planüberwachung sowie die Erforderlichkeit einer Überwachung zum Schutz der Allgemeinheit zu untersuchen.

(1) Befugnisse des Insolvenzverwalters bei der Überwachung

Die Aufgaben und Befugnisse eines Insolvenzverwalters im Rahmen der Planüberwachung sind in § 261 InsO geregelt. Abs. 1 Satz 3 verweist hierbei auf § 22 Abs. 3 InsO. Hiernach ist der Insolvenzverwalter berechtigt, die Geschäftsräume des Schuldners zu betreten, Nachforschungen anzustellen, Einsicht in die Bücher und Geschäftspapiere zu nehmen und alle für die Erfüllung seiner Aufgaben erforderlichen Auskünfte beim Schuldner einzuholen. Dem Insolvenzverwalter werden demnach, trotz Aufhebung des Insolvenzverfahrens, die eingeschränkten Rechte eines schwachen vorläufigen Insolvenzverwalters eingeräumt[220]. Zusätzlich hierzu

220 *Andres*, in: Andres/Leithaus, InsO, § 261 Rn. 4; *Braun/Frank*, in: Braun, InsO, § 261 Rn. 5; *Stephan*, MüKo, InsO, § 261 Rn. 6; *Pleister*, in: Kübler/Prütting/Bork, InsO, § 261 Rn. 7; *Jaffé*, in: FK-InsO, § 261 Rn. 6; *Breutigam*, in: BK-InsO, § 261 Rn. 9.

trifft den Insolvenzverwalter nach Absatz 2 eine jährliche Berichtspflicht gegenüber dem Insolvenzgericht und einem etwaigen Gläubigerausschuss. Hierbei informiert er über den Verfahrensstand und die weiteren Aussichten der Planerfüllung. Stellt der Insolvenzverwalter fest, dass die Ansprüche, deren Erfüllung er überwacht, nicht erfüllt werden oder nicht erfüllt werden können, so trifft ihn nach § 262 Satz 1 InsO die Pflicht, diesen Umstand dem Gläubigerausschuss und dem Insolvenzgericht mitzuteilen. Im Ergebnis beschränkt sich die Tätigkeit des überwachenden Verwalters insoweit auf die informelle Einflussnahme, bzw. auf seine Berichts- und Anzeigepflichten[221]. Auf das Handeln des Schuldners kann der Insolvenzverwalter im Rahmen seiner Überwachungsfunktion hingegen keinen Einfluss nehmen[222].

Im gestaltenden Teil des Insolvenzplans kann aber gem. § 263 Satz 1 InsO vorgesehen werden, dass bestimmte Rechtsgeschäfte des Schuldners während der Zeit der Überwachung nur wirksam sind, wenn der Insolvenzverwalter ihnen zustimmt. Die Rechtsfolge der Unwirksamkeit erfasst sowohl Verfügungs-, als auch Verpflichtungsgeschäfte[223]. Die Regelung dient dem Ziel, die Insolvenzgläubiger vor besonders risikoreichen Geschäften des Schuldners zu schützen[224]. § 263 Satz 1 InsO ist allerdings als Ausnahmevorschrift konzipiert[225]. Daher darf der Zustimmungsvorbehalt nur bestimmte Rechtsgeschäfte erfassen[226]. Der Vorbehalt darf nicht pauschal für alle Rechtsgeschäfte des Schuldners angeordnet werden[227].

(2) Schutzfunktion und Schutzbedürfnis

Im Rahmen der Planüberwachung werden dem Insolvenzverwalter nach § 261 Abs. 1 Satz 3 i.V.m. § 22 Abs. 3 InsO die Befugnisse eines vorläufigen Insolvenzverwalters eingeräumt. Diese reichen aber, selbst wenn der gestaltende Teil des Insolvenzplans einen Zustimmungsvorbehalt anordnet, allenfalls an die Befugnisse eines schwachen vorläufigen Insolvenzverwalters heran. Indes ist zu berücksichtigen, dass sich der Schuldner zum Zeitpunkt des Insolvenzeröffnungsverfahrens in einer Situation befindet, die sich von der Situation des Schuldners zum Zeitpunkt eines bestätigten Insolvenzplans grundlegend unterscheidet. Zum Zeitpunkt des Insolvenzeröffnungsverfahrens liegen die wirtschaftlichen Probleme des Schuldners noch vollkommen im Dunkeln. Die Vermögensverhältnisse sind regelmäßig ungeordnet und das Insolvenzgericht hat

221 *Jaffé*, in: FK-InsO, § 261 Rn. 7; vgl. auch *Pleister*, in: Kübler/Prütting/Bork, InsO, § 261 Rn. 8, wonach der Verwalter grundsätzlich nur zu einer beobachtenden Kontrolle befugt ist.

222 *Thies*, in: Hmb-Komm, InsO, § 261 Rn. 3.

223 *Pleister*, in: Kübler/Prütting/Bork, InsO, § 263, Rn. 5.

224 Vgl. *Jaffé*, in: FK-InsO, § 263, Rn. 1 f.

225 *Stephan*, in: MüKo, InsO, § 263 Rn. 2.

226 *Stephan*, in: MüKo, InsO, § 263 Rn. 2.

227 *Andres*, in: Andres/Leithaus, InsO, § 263 Rn. 5; *Braun/Frank*, in: Braun, InsO, § 263 Rn. 2; *Jaffé*, in: FK-InsO, § 263, Rn. 2; *Stephan*, in: MüKo, InsO, § 263 Rn. 2.

seine Prüfung hinsichtlich der Voraussetzungen für eine Insolvenzeröffnung noch nicht abgeschlossen. Damit ist bereits ungewiss, ob das Insolvenzverfahren überhaupt eröffnet wird. Hinzu kommt, dass oftmals noch nicht einmal der Schuldner einen Überblick über seine konkrete Vermögenssituation besitzt.

Im Gegensatz zum Insolvenzeröffnungsverfahren befindet sich der Schuldner mit Annahme und Bestätigung des Insolvenzplans auf dem Weg der Sanierung. Hierzu haben die Gläubiger bereits auf einen Teil ihrer Forderungen verzichtet und dem Schuldner im Rahmen des Insolvenzplans vorgegeben, wie der Rest der bestehenden Verbindlichkeiten beglichen werden kann. Die Realisierbarkeit des Plans ist durch das Insolvenzgericht geprüft worden. Mit Bestätigung des Insolvenzplans ist damit eine Konsolidierung der Vermögensverhältnisse bereits für die Zukunft absehbar. Zu Gunsten des Schuldners ist anzuführen, dass er sich um eine erfolgsversprechende Lösung mit den Gläubigern bemüht hat. Dies wirft die Frage auf, ob ein Gewerbetreibender nach der Bestätigung des Insolvenzplans durch das Insolvenzgericht überhaupt noch als unzuverlässig im Sinne des Gewerberechts gilt.

Eine diesbezügliche behördliche Entscheidung beinhaltet immer auch eine Prognose, ob in Zukunft ein Fehlverhalten des Gewerbetreibenden in seinem ausgeübten Gewerbe wahrscheinlich ist[228]. Nach Ansicht des Bundesverwaltungsgerichts setzt die Unzuverlässigkeit wegen wirtschaftlicher Leistungsunfähigkeit voraus, dass keine Anzeichen für eine Besserung der wirtschaftlichen Situation gegeben sind, insbesondere ein erfolgversprechendes Sanierungskonzept fehlt[229]. Eine positive Prognose der Behörde wird damit maßgeblich davon abhängen, ob sich der Gewerbetreibende um ein erfolgsversprechendes Sanierungskonzept bemüht, das den Unzuverlässigkeitsgrund der ungeordneten Vermögensverhältnisse in einem überschaubaren Zeitraum im Interesse eines ordnungsgemäßen und redlichen Wirtschaftsverkehrs entfallen lässt[230].

Der Insolvenzplan stellt ein ebensolches Sanierungskonzept dar. Zugunsten des Schuldners ist anzuführen, dass er sich in einem geordneten Verfahren befindet, im Rahmen dessen er entsprechend der Tilgungsquote die bestehenden Verbindlichkeiten der Insolvenzgläubiger befriedigt. Auch der Gesetzgeber zum Rechtsdienstleistungsgesetz hat sich daher dazu entschieden, die Registrierung eines Rechtsdienstleistenden nicht zu widerrufen, soweit ein Insolvenzplan durch das Insolvenzgericht bestätigt wurde[231]. Gemäß § 12 Abs. 2 RDG liegen ungeordnete

---

228 *Marcks*, in: Landmann/Rohmer, GewO, § 35 Rn. 31 f.; *Ennuschat*, in: Tettinger/Wank/Ennuschat, GewO, § 35 Rn. 31.

229 *BVerwG*, Beschluss v. 11.11.1996 – 1 B 226.96, GewArch 1997, 68.

230 So *OVG Schleswig*, Urteil v. 19.11.1993 – 3 L 91/92, GewArch 1994, 167; *OVG Weimar*, Beschluss v. 04.08.2006 – 2 EO 1159/05, GewArch 2006, 472; vgl. auch *Heß*, in: Friauf, GewO, § 35 Rn. 221.

231 Die Registrierung kann grundsätzlich bei Vorliegen ungeordneter Vermögensverhältnisse gem. § 14 Nr. 1 i.V.m. § 12 Abs. 2 RDG widerrufen werden. In § 12 Abs. 2 RDG heißt es aber: *„Die Vermögensverhältnisse einer Person sind in der Regel ungeordnet, wenn über das Vermögen das Insolvenzverfahren eröffnet worden …*

Vermögensverhältnisse nicht vor, wenn im Falle der Insolvenzeröffnung die Gläubigerversammlung einer Fortführung des Unternehmens auf der Grundlage eines Insolvenzplans zugestimmt und das Gericht den Plan bestätigt hat. Hierdurch soll vermieden werden, dass entgegen der Entscheidung des Gerichts ein Widerruf der Registrierung die Fortführung des Unternehmens des Antragstellers und die damit verbundene mögliche Sanierung seiner wirtschaftlichen Verhältnisse verhindert[232]. Im Gegensatz zur Gewerbeordnung ist der Erhalt der Registrierung nicht davon abhängig, dass die Erfüllung des Insolvenzplans durch den Insolvenzverwalter überwacht wird.

Ebenso argumentiert die Rechtsprechung und Literatur zum Widerruf berufsrechtlicher Zulassungen im Falle der Eröffnung eines Insolvenzverfahrens über das Vermögen eines Freiberuflers. Die Bestätigung eines Insolvenzplans lässt den Widerrufsgrund des Vermögensverfalls unabhängig von einer Planüberwachung durch den Insolvenzverwalter entfallen[233]. Mit Rechtskraft des Beschlusses tritt der Insolvenzplan in Kraft, so dass die über die Tilgungsquote hinausgehenden Insolvenzforderungen der Gläubiger erlöschen[234]. Darüber hinaus führt der Plan dazu, dass sich der Freiberufler in der durch den Plan festgesetzten Zeit von seinen Verbindlichkeiten befreien kann[235]. Die Realisierbarkeit des Plans wird zum

---

ist. ***Ungeordnete Vermögensverhältnisse liegen nicht vor, wenn im Falle der Insolvenzeröffnung die Gläubigerversammlung einer Fortführung des Unternehmens auf der Grundlage eines Insolvenzplans zugestimmt und das Gericht den Plan bestätigt hat,*** *oder wenn die Vermögensverhältnisse der Rechtsuchenden aus anderen Gründen nicht konkret gefährdet sind."* (Hervorhebung durch den Verfasser).

232 Vgl. BT-Drucks. 16/3655, S. 68.

233 Vgl. insoweit die ständige Rechtsprechung des *BGH* zum Widerruf der Zulassung von Rechtsanwälten: Beschluss v. 15.03.2012 – AnwZ (BrfG) 4/12, BeckRS 2012, 08738; Beschluss v. 28.10.2011 – AnwZ (BrfG) 20/11, NZI 2012, 106; Beschluss v. 18.07.2011 – AnwZ (B) 28/10, VIA 2011, 76; Beschluss v. 31.05.2010 – AnwZ (B) 27/09, ZInsO 2010, 1380; Beschluss v. 25.02.2010 – AnwZ (B) 81/07, BeckRS 2010, 06202; so auch der *BFH* für Steuerberater: Beschluss v. 30.04.2009 – VII R 32/08, BeckRS 2009, 25015209; Beschluss v. 04.03.2004 – VII R 21/02, DStRE 2004, 733 (734); *FG Sachsen-Anhalt*, Urteil v. 26.10.2004 – 6 K 3127/03, DStRE 2006, 890 (891); *FG Kiel*, Urteil v. 16.06.2004 – 2 K 86/03, ZVI 2004, 535 (537); *FG Münster*, Urteil v. 26.02.2003 – 7 K 2451/02, juris; *Schmittmann*, ZInsO 2004, 725 (728); *Hess/Röpke*, NZI 2003, 233 (235); *Janca*, ZInsO 2005, 242; *Willerscheid*, in: Kuhls, StBerG, § 46 Rn. 21; *Gehre/Koslowski*, StBerG, § 46 Rn. 9; *Flöther/Wehner*, Anm. zu FG Hannover, Urteil v. 29.05.2008 – 6 K 433/07, jurisPR-InsR 25/2008, Anm. 5; so auch *Tetzlaff*, Anm. zu BFH, Beschluss v. 12.09.2005 – VII 240/04, jurisPR-InsR 7/2006, Anm. 5, nach dessen Ansicht nur bei Vorlage eines Insolvenzplans und zügiger Durchführung des Verfahrens mit Bestätigung des Plans durch das Gericht Aussichten bestehen, einen Widerruf der Bestellung zu verhindern.

234 *Graf/Wunsch*, ZVI 2005, 105 (107).

235 *Graf/Wunsch*, a.a.O., S. 107.

einen durch die in §§ 219 ff InsO aufgestellten Anforderungen an den Planinhalt, und zum anderen durch die qualifizierten Mehrheitserfordernisse gem. § 244 InsO gewährleistet[236].

Vor diesem Hintergrund ist nicht ersichtlich, warum die Fortführung eines Gewerbes von der Überwachung des Insolvenzplans abhängig sein soll. Da der Insolvenzplan bereits für sich genommen ein erfolgsversprechendes Sanierungskonzept im Sinne der Rechtsprechung des Bundesverwaltungsgerichts darstellt[237], mithin die Unzuverlässigkeit des Gewerbetreibenden in Form ungeordneter Vermögensverhältnisse entfällt, besteht für eine Gewerbeuntersagung kein Bedarf mehr. Das Erfordernis einer Überwachung des Insolvenzplans durch den Insolvenzverwalter ist insoweit überflüssig. Letztlich ist auch zu berücksichtigen, dass sich die Befugnisse des Insolvenzverwalters im Rahmen der Überwachung im Wesentlichen auf Anzeige- und Berichtspflichten beschränken. Eine Möglichkeit des Insolvenzverwalters, auf den Schuldner bzw. seine Handlungen Einfluss zu nehmen, existiert nicht. Im Übrigen besteht die Gefahr, dass die Verwaltungsbehörden durch die abweichenden Voraussetzungen bezüglich einer Fortführung des Unternehmens in GewO und RDG widersprüchliche Entscheidungen treffen. So müssten die zuständigen Behörden einem Inkassounternehmer, über dessen Vermögen das Insolvenzverfahren eröffnet wurde, die weitere gewerbliche Tätigkeit trotz bestätigten Insolvenzplans mit der Begründung fehlender Überwachung der Planerfüllung untersagen. Gleichwohl wäre derselbe Inkassounternehmer weiterhin berechtigt Rechtsdienstleistungen i.S.d. § 2 RDG zu erbringen. Einen solchen Widerspruch kann der Gesetzgeber nicht gewollt haben. Naheliegend ist, dass das zusätzliche Erfordernis einer Planüberwachung den seinerzeit fehlenden Erfahrungen mit diesem Sanierungsinstrument geschuldet war. Dabei ist zu berücksichtigen, dass § 12 GewO zeitgleich mit der Insolvenzordnung eingeführt wurde, mithin zu einem Zeitpunkt, zu dem das Insolvenzplanverfahren noch nicht praktiziert wurde. Zum Schutz der Allgemeinheit hat der Gesetzgeber die Fortführung des Gewerbes daher sicherheitshalber von der Überwachung des Insolvenzplans abhängig gemacht. Indes hat sich das Insolvenzplanverfahren mittlerweile als Sanierungsinstrument in der Praxis bewährt und fest etabliert. Die Vermögensverhältnisse eines Gewerbetreibenden werden durch den Insolvenzplan in absehbarer Zeit konsolidiert. Eine Gefährdung der Allgemeinheit durch ein Fehlverhalten des Gewerbetreibenden ist vor diesem Hintergrund nicht zu erwarten. Eine positive Prognoseentscheidung der Behörde ist damit nicht von einer Planüberwachung abhängig.

---

236 *Graf/Wunsch*, a.a.O., S. 107.

237 Vgl. insoweit *BVerwG*, Beschluss v. 11.11.1996 – 1 B 226.96, GewArch 1997, 68.

(3) Änderung des § 12 Satz 1 GewO

Vor dem Hintergrund voranstehender Ausführung bedarf es einer Änderung des § 12 Satz 1 GewO. Das Erfordernis der Überwachung des Insolvenzplans durch den Insolvenzverwalter muss ersatzlos gestrichen werden. Insofern muss Satz 1 lauten:

> *„Vorschriften, welche die Untersagung eines Gewerbes oder die Rücknahme oder den Widerruf einer Zulassung wegen Unzuverlässigkeit des Gewerbetreibenden, die auf ungeordnete Vermögensverhältnisse zurückzuführen ist, ermöglichen, finden während eines Insolvenzverfahrens, während der Zeit in der Sicherungsmaßnahmen nach § 21 der Insolvenzordnung angeordnet sind, und ~~während der Überwachung eines Insolvenzplans (§ 260 der Insolvenzordnung)~~* ***nachdem das Insolvenzgericht einen Insolvenzplan bestätigt hat*** *keine Anwendung in Bezug auf das Gewerbe, das zur Zeit des Antrags auf Eröffnung des Insolvenzverfahrens ausgeübt wurde."*

Hierdurch wird ausdrücklich klargestellt, dass während der Sanierung des Gewerbetreibenden im Rahmen eines Insolvenzplanverfahrens keine gewerberechtlichen Maßnahmen wegen ungeordneter Vermögensverhältnisse getroffen werden dürfen.

(4) Ausnahme beim Wiederaufleben der Forderungen gem. § 255 InsO

Das Gewerbe kann jedoch unabhängig eines Insolvenzplanverfahrens untersagt werden soweit Forderungen, die dem Schuldner im Rahmen des Insolvenzplans gestundet oder erlassen wurden, gem. § 255 Abs. 1 Satz 1 InsO wiederaufleben. Dies ist der Fall, wenn der Schuldner mit der Erfüllung des Plans erheblich in Rückstand gerät. Ein erheblicher Rückstand ist nach Satz 2 dann anzunehmen, wenn der Schuldner eine fällige Verbindlichkeit nicht bezahlt hat, obwohl der Gläubiger ihn schriftlich gemahnt und ihm dabei eine mindestens zweiwöchige Nachfrist gesetzt hat. Sinn und Zweck des § 255 Abs. 1 InsO ist es einerseits, den Schuldner durch den drohenden Wegfall von Stundung oder Teilerlass zur ordnungsgemäßen Pflichterfüllung anzuhalten; andererseits nimmt die Vorschrift Rücksicht darauf, dass einem Insolvenzgläubiger die Bindung an sein in Stundung oder Teilerlass enthaltenes Entgegenkommen billigerweise nicht mehr zugemutet werden kann, wenn nicht einmal diese ohnehin empfindlich beschnittenen Ansprüche planmäßig befriedigt werden[238]. Mit dem Wiederaufleben der gestundeten oder erlassenen Forderungen lebt auch der Unzuverlässigkeitsgrund der wirtschaftlichen Leistungsunfähigkeit wieder auf. Der Schuldner ist nicht mehr in der Lage, seine Verbindlichkeiten gegenüber den Insolvenzgläubigern zu erfüllen. Damit ist auch eine Erfüllung sonstiger Verbindlichkeiten gegenüber Dritten nicht mehr gewährleistet. Eine Suspendierung gewerberechtlicher Untersagungs- und Widerrufsvorschriften ist in diesem Fall nicht mehr gerechtfertigt.

---

238 *Huber*, in: MüKo, InsO, § 255 Rn. 2; vgl. hierzu auch *Jaffé*, in: FK-InsO, § 255 Rn. 1.

(5) Zwischenergebnis

Der Insolvenzplan stellt ein erfolgsversprechendes Sanierungskonzept zur Konsolidierung der Vermögensverhältnisse des Gewerbetreibenden dar. Mit Bestätigung des Insolvenzplans erfüllt der Schuldner entsprechend seiner Vereinbarungen mit den Gläubigern die bestehenden Verbindlichkeiten. Die Vermögensverhältnisse des Gewerbetreibenden sind insoweit nicht mehr ungeordnet. Aus diesem Grund sind die gewerberechtlichen Untersagungs- und Widerrufsvorschriften abweichend zum Wortlaut des § 12 Satz 1 GewO nicht erst mit der Anordnung des Insolvenzgerichts zur Planüberwachung, sondern bereits mit der Bestätigung des Insolvenzplans zu suspendieren.

dd) Ergebnis

Durch den Übergang der Verwaltungs- und Verfügungsbefugnis auf den Insolvenzverwalter und den Vorrang der Masseverbindlichkeiten werden die Zuverlässigkeitsdefizite des Gewerbetreibenden hinreichend kompensiert. Der Insolvenzverwalter tritt in die steuer- sowie arbeitsrechtlichen Verpflichtungen des Schuldners ein und begründet mit seinen Handlungen Masseverbindlichkeiten i.S.d. § 55 InsO. Für diese Verbindlichkeiten muss die Masse einstehen, wobei der Insolvenzverwalter im Falle der Masseunzulänglichkeit nach Maßgabe des § 61 InsO zum Schadensersatz verpflichtet ist. Mit Eröffnung des Insolvenzverfahrens ist eine Gefährdung des Geschäftsverkehrs insoweit ausgeschlossen. Nichts anderes gilt für das Insolvenzeröffnungsverfahren. Auch hier vermag nur die Einsetzung eines vorläufigen starken Insolvenzverwalters das Gefährdungspotenzial wirtschaftlicher Leistungsunfähigkeit zu kompensieren. Die übrigen in § 21 InsO genannten Sicherungsmaßnahmen sind hierzu nicht in der Lage. § 12 Satz 1 GewO ist daher teleologisch zu reduzieren.

Im Gegensatz zum Insolvenz- und Insolvenzeröffnungsverfahren bedarf es während eines Insolvenzplanverfahrens keines Schutzes der Allgemeinheit durch den Übergang der Verwaltungs- und Verfügungsbefugnis auf den Insolvenzverwalter. In diesem Stadium befindet sich der Schuldner bereits auf dem Weg der Sanierung. Eine Konsolidierung seiner Vermögensverhältnisse wird im Wege des Insolvenzplanverfahrens gewährleistet. Dabei bedarf es – anders als in § 12 Satz 1 GewO geregelt – keiner Planüberwachung durch den Insolvenzverwalter. Denn mit Bestätigung des Insolvenzplans entfällt die Unzuverlässigkeit des Gewerbetreibenden. Ein Fehlverhalten des Gewerbetreibenden ist vor dem Hintergrund seiner Sanierungsbemühungen nicht zu erwarten. § 12 Satz 1 GewO ist dahingehend zu ändern, dass unabhängig von einer Überwachung bereits mit Bestätigung des Insolvenzplans durch das Insolvenzgericht die gewerberechtlichen Untersagungs- und Widerrufsvorschriften zu suspendieren sind.

b) Die nicht in § 12 Satz 1 GewO benannten Zeiträume

aa) Restschuldbefreiungsverfahren

Gemäß § 201 Abs. 1 InsO lebt nach Einstellung des Insolvenzverfahrens die uneingeschränkte Haftung des Schuldners für alle Verbindlichkeiten, soweit nicht im Rahmen des Insolvenzverfahrens befriedigt, wieder auf. Etwas anderes ergibt sich nur dann, wenn dem Schuldner, sofern es sich bei ihm um eine natürliche Person handelt, durch das Insolvenzgericht die Restschuldbefreiung erteilt wird.

(1) Exkurs: Restschuldbefreiungsverfahren

Im Wege der Restschuldbefreiung wird dem redlichen Schuldner die Möglichkeit eröffnet, sich von seinen nach Beendigung des Insolvenzverfahrens noch nicht erfüllten Verbindlichkeiten zu lösen. Hierdurch erhält er die Perspektive auf eine dauerhaft gesicherte Existenz[239].

Gemäß § 287 Abs. 1 S. 1 InsO setzt die Restschuldbefreiung voraus, dass der Schuldner den Antrag auf Eröffnung des Insolvenzverfahrens selbst gestellt und mit dem Antrag auf Restschuldbefreiung verbunden hat. Nach Eingang eines vorherigen Gläubigerantrags auf Eröffnung des Insolvenzverfahrens hat das Insolvenzgericht den Schuldner gem. § 20 Abs. 2 InsO darauf hinzuweisen, dass er zur Erreichung der Restschuldbefreiung nicht nur einen entsprechenden Antrag auf Restschuldbefreiung, sondern darüber hinaus auch einen Eigenantrag zur Eröffnung des Insolvenzverfahrens über sein Vermögen stellen muss.

Mit dem Gesetz zur Verkürzung des Restschuldbefreiungsverfahrens und zur Stärkung der Gläubigerrechte vom 15. Juli 2013[240] ist § 287 InsO zudem dahingehend geändert worden, dass der Schuldner nunmehr – d.h. seit Inkrafttreten der Neuregelung zum 1. Juli 2014 – seinem Antrag gem. § 287 Abs. 1 Satz 3 InsO eine Erklärung beizufügen hat, ob ein Fall des § 287a Abs. 2 Satz 1 Nr. 1 oder 2 InsO vorliegt. Der Schuldner muss demnach angeben, ob in den letzten zehn Jahren vor dem jetzigen Antrag auf Eröffnung des Insolvenzverfahrens oder nach diesem Antrag bereits einmal Restschuldbefreiung erteilt worden ist oder ob in den letzten fünf Jahren vor dem jetzigen Antrag oder nach diesem Antrag bereits die Restschuldbefreiung nach § 297 InsO versagt worden ist. Darüber hinaus muss der Schuldner gegenüber dem Insolvenzgericht erklären, ob ihm in den letzten drei Jahren vor dem jetzigen Antrag oder nach diesem Antrag die Restschuldbefreiung nach § 290 Abs. 1 Nr. 5 bis Nr. 7 InsO, nach § 297a InsO i.V.m. § 290 Abs. 1 Nr. 5 bis Nr. 7 InsO oder nach § 296 InsO wegen einer Obliegenheitsverletzung versagt worden ist. Die Richtigkeit und Vollständigkeit der Erklärung nach § 287 Abs. 1 Satz 3 InsO hat der Schuldner nach § 287 Abs. 1 Satz 4 InsO zu versichern.

Dem Antrag auf Restschuldbefreiung ist gemäß § 287 Abs. 2 InsO zudem eine Abtretungserklärung beizulegen, durch die der Schuldner seine pfändbaren Forderungen auf Bezüge aus einem Dienstverhältnis oder an deren Stelle tretende

---

239 *Fischer*, in: A/G/R, InsO, § 286 Rn. 1; *Ley*, in: BK-InsO, § 286 Rn. 3; vgl. auch *Wenzel*, in: Kübler/Prütting/Bork, InsO, § 286 Rn. 1; nach *Henning*, in: Karsten Schmidt, InsO, § 286 Rn. 1, ist die Restschuldbefreiung die gesetzgeberische Antwort auf das Problem der Überschuldung größerer Bevölkerungsanteile. Im Gegensatz zur früheren Ausgrenzung bestünde nun im Wege der Restschuldbefreiung die Möglichkeit der wirtschaftlichen Wiedereingliederung des Schuldners.

240 BGBl I S. 2379.

laufende Bezüge für die Zeit von 6 Jahren nach der Eröffnung des Insolvenzverfahrens an einen vom Gericht zu bestellenden Treuhänder abtritt.

Vor dem Gesetz zur Verkürzung des Restschuldbefreiungsverfahrens und zur Stärkung der Gläubigerrechte vom 15. Juli 2013 wurde dem Schuldner nach Anhörung der Insolvenzgläubiger und soweit kein Versagungsgrund i.S.d. § 290 Abs. 1 InsO vorgetragen wurde gem. § 291 InsO a.F. die Restschuldbefreiung angekündigt. Die Ankündigung erfolgte gem. § 289 Abs. 1 Satz 2 InsO a.F. durch Beschluss des Insolvenzgerichts. Im gleichen Beschluss bestimmt das Gericht den Treuhänder, auf den die pfändbaren Bezüge des Schuldners nach Maßgabe der Abtretungserklärung übergehen (§ 291 Abs. 2 InsO a.F.). Das Insolvenzverfahren wurde gem. § 289 Abs. 2 S. 2 InsO a.F. erst mit Rechtskraft dieses Beschlusses aufgehoben.

Nach § 287a Abs. 2 InsO n.F. hat das Gericht nunmehr eine Eingangsentscheidung zu treffen, bei der es die Zulässigkeit des Antrags auf Restschuldbefreiung zu prüfen hat. Bei Vorliegen bestimmter Versagungstatbestände (§§ 290, 297 bis 298 InsO) ist der Antrag von vornherein als unzulässig abzuweisen. Eines Versagungsantrags der Gläubiger bedarf es nicht. Ist der Antrag auf Restschuldbefreiung demgegenüber zulässig, stellt das Insolvenzgericht durch Beschluss fest, dass der Schuldner Restschuldbefreiung erlangt, wenn er den Obliegenheiten nach § 295 InsO nachkommt und die Voraussetzungen für eine Versagung nach den §§ 290, 297 bis 298 InsO nicht vorliegen.

Innerhalb der sich an das Ende des Insolvenzverfahrens anschließenden Treuhandperiode gilt – wie bereits zuvor – das Prinzip der Gläubigergleichbehandlung (*par conditio creditorum*). Aus diesem Grund besteht über das Insolvenzverfahren hinaus auch in der Treuhandperiode gem. § 294 Abs. 1 InsO ein Vollstreckungsverbot für alle Insolvenzgläubiger.

Das Insolvenzgericht entscheidet – soweit nicht die Voraussetzungen für eine vorzeitige Erteilung der Restschuldbefreiung nach § 300 Abs. 1 Satz 2 InsO vorliegen oder die Laufzeit der Abtretungserklärung vorzeitig wegen einer Versagung gem. § 299 InsO endet – nach Verstreichen der Abtretungsfrist gemäß § 300 Abs. 1 Satz 1 InsO über die Erteilung der Restschuldbefreiung. Wird die Restschuldbefreiung erteilt, so wirkt sie gem. § 301 Abs. 1 Satz 1 InsO gegen alle Insolvenzgläubiger. Daneben befreit die Restschuldbefreiung den Insolvenzschuldner gem. §301 Abs. 1 Satz 2 InsO auch von Forderungen derjenigen Gläubiger, die ihre Forderungen nicht im Insolvenzverfahren angemeldet haben. Damit entfallen mit Erteilung der Restschuldbefreiung sämtliche gegenüber dem Schuldner bestehende Forderungen (ausgenommen Forderungen von Neugläubigern nach Insolvenzeröffnung).

(2) Auswirkungen auf das gewerberechtliche Verfahren

Erteilt das Gericht dem Schuldner die Restschuldbefreiung, so besteht für Untersagungs-, Rücknahme- und Widerrufsverfahren kein Anlass mehr, da mit dem Beschluss des Insolvenzgerichts alle noch gegen den Schuldner bestehenden Insolvenzforderungen – mit Ausnahme der Masseverbindlichkeiten und Forderungen i.S.d. § 302 InsO – zu unvollkommenen Verbindlichkeiten[241] werden – d.h. durch

241 BT-Drucks. 12/2443, S. 194; vgl. hierzu auch *Weinland*, in: A/G/R, § 301 Rn. 2.

die Gläubiger nicht mehr eingefordert werden können – und insoweit der Unzuverlässigkeitsgrund der ungeordneten Vermögensverhältnisse beseitigt wurde[242]. Etwas anderes gilt nur dann, wenn die Masseverbindlichkeiten oder Forderungen i.S.d. § 302 InsO – wie etwa Verbindlichkeiten des Schuldners aus einer unerlaubten Handlung – erneut die wirtschaftliche Leistungsunfähigkeit des Gewerbetreibenden begründen. Die zuständigen Behörden können das Gewerbe in diesem Fall so lange untersagen, bis erneut ein Insolvenzverfahren über das Vermögen des Gewerbetreibenden eröffnet oder im Rahmen des Eröffnungsverfahrens ein vorläufiger starker Insolvenzverwalter eingesetzt wurde.

bb) Treuhandperiode

Eine andere Frage ist jedoch, ob eine Gewerbeuntersagung nach Aufhebung des Insolvenzverfahrens zulässig ist, wenn sich der Schuldner noch in der Treuhandperiode befindet. Innerhalb dieses Zeitraums sind die Vermögensverhältnisse aufgrund der weiterhin bestehenden Forderungen der Insolvenzgläubiger „streng genommen" noch nicht geordnet. Der Gewerbetreibende könnte demnach als wirtschaftlich leistungsunfähig angesehen werden. Damit würde erneut eine Untersagung seines Gewerbebetriebs drohen.

(1) Exkurs: Treuhandperiode

Während der Laufzeit der Abtretungserklärung hat der Schuldner eine Reihe wichtiger Obliegenheiten zu beachten. Aufgrund dessen spricht man oftmals von der sogenannten *„Wohlverhaltensphase"*[243]. Dieser Ausdruck ist hingegen sachlich unzutreffend, da er den Eindruck vermittelt, dem Schuldner werde während dieses Zeitraums ein irgendwie geartetes Wohlverhalten abverlangt, das als wertungsoffene Kategorie durch den Rechtsanwender zu konkretisieren ist, obgleich einen solche Vorstellung in der Insolvenzordnung nirgends Niederschlag gefunden hat[244]. Dem Schuldner wird für die Laufzeit der Abtretungserklärung vielmehr ein Katalog klar abgegrenzter Obliegenheiten aufoktroyiert[245]. Vorzugswürdig ist daher die Bezeichnung als Treuhandperiode[246].

Im Rahmen der Treuhandperiode ist der Schuldner nach § 295 Abs. 1 Nr. 1 InsO dazu verpflichtet, einer angemessenen Erwerbstätigkeit nachzukommen. Im Falle fehlender Beschäftigung ist er angehalten, sich um eine Anstellung zu bemühen. Alternativ hierzu steht es ihm gem. § 295 Abs. 2 InsO frei, eine selbstständige

---

242 So auch *Hahn*, GewArch 2000, 361 (365); *Fuchs*, GewArch 1999, 369 (370); *Heß*, in: Friauf, GewO, § 12 Rn. 12; *Marcks*, in: Landmann/Rohmer, GewO, § 12 Rn. 9; *Michel/Kienzle/Pauly*, GastG, § 15, Rn. 19 a.

243 *Foerste*, Insolvenzrecht, S. 276 Rn. 558; *Lang*, in: Braun, InsO, § 295 Rn. 1; *Henning*, in: Karsten Schmidt, InsO, § 295 Rn. 1; *Ehricke*, in: MüKo, InsO, § 295 Rn. 11.

244 *Ahrens*, in: Gottwald, Insolvenzrechts-Handbuch, § 78 Rn. 1.

245 *Ahrens*, a.a.O., Rn. 1.

246 So *Ahrens*, a.a.O., Rn. 1.

Tätigkeit auszuüben, soweit die an den Treuhänder abgeführten Beträge denen aus einem angemessenen Dienstverhältnis entsprechen. Die Zahlungen dürfen gem. § 295 Abs. 1 Nr. 4 InsO ausschließlich an den Treuhänder erfolgen, da alleine ihm die Befriedigung der Insolvenzgläubiger vorbehalten ist. Daneben kann dem Treuhänder gem. § 292 Abs. 2 Satz 1 InsO durch die Gläubigerversammlung die Aufgabe übertragen werden, die Erfüllung der Obliegenheiten des Schuldners zu überwachen. In diesem Fall ist er nach Satz 2 verpflichtet, die Gläubiger unverzüglich über einen Verstoß des Schuldners gegen seine Obliegenheiten zu benachrichtigen.

Verletzt der Schuldner im Rahmen der Treuhandperiode eine der ihm obliegenden Obliegenheiten, so versagt das Insolvenzgericht auf Antrag eines Gläubigers die Restschuldbefreiung (§ 296 Abs. 1 Satz 1 InsO). Damit endet gem. § 299 InsO die Laufzeit der Abtretungserklärung, das Amt des Treuhänders und die Beschränkung der Rechte der Gläubiger. Ist der Schuldner hingegen allen seinen Obliegenheiten nachgekommen, so wird ihm vom Gericht die Restschuldbefreiung erteilt.

(2) Auswirkungen auf das gewerberechtliche Verfahren

Eine Gewerbeuntersagung innerhalb der Treuhandperiode würde zu einem Wegfall der bislang ausgeübten selbstständigen Erwerbstätigkeit des Schuldners führen. Die ursprünglich im Rahmen der Restschuldbefreiung angestrebte Gläubigerbefriedigung wäre hiermit ernsthaft in Frage gestellt. Im Folgenden muss daher untersucht werden, welche Auswirkungen der Eintritt des Schuldners in die Treuhandperiode auf das gewerberechtliche Verfahren hat, und ob die Sperrwirkung des § 12 Satz 1 GewO nicht auch nach der Aufhebung des Insolvenzverfahrens auf diesen Zeitraum auszuweiten ist.

(a) Insolvenzrechtliche Beurteilung

Gemäß § 295 Abs. 2 InsO steht es dem Schuldner frei, seiner Erwerbsobliegenheit im Rahmen einer selbstständigen Tätigkeit nachzukommen. Hierzu zählt auch der Betrieb eines Gewerbes. Die Untersagung seines Gewerbebetriebs nach Ankündigung der Restschuldbefreiung und Aufhebung des Insolvenzverfahrens kollidiert insoweit mit den Obliegenheiten des Schuldners nach § 295 InsO.

Zwar trifft den Schuldner in diesem Fall die Obliegenheit, sich um eine alternative Tätigkeit in einem Anstellungsverhältnis zu bemühen. Die Erfolgsaussichten hierfür sind jedoch abhängig von den persönlichen Eigenschaften des Schuldners, wie etwa Alter und berufliche Qualifikation. Handelt es sich bei dem betreffenden Schuldner um eine ältere Person[247] mit geringer beruflicher Qualifikation bzw. fehlender Ausbildung,

---

247 Diesbezüglich ist auch der demografische Wandel innerhalb der Gesellschaft zu beachten. Der Anteil älterer Gewerbetreibender wird stetig ansteigen. Vgl. zur Bevölkerungsentwicklung und Altersstruktur auch die Statistik der Bundeszentrale für politische Bildung, abrufbar unter: http://www.bpb.de/nachschlagen/zahlen-und-fakten/soziale-situation-in-deutschland/61541/altersstruktur (abgerufen am 12.01.2014).

tendieren die Chancen, eine neue Anstellung zu finden, in der heutigen Zeit regelmäßig gegen Null. Bemüht sich der arbeitslose Schuldner dennoch eingehend, aber erfolglos um eine Beschäftigung in einem Anstellungsverhältnis, erlangt er gleichwohl die Restschuldbefreiung, da er hiermit seiner Erwerbsobliegenheit innerhalb der Treuhandperiode nachgekommen ist[248]. Eine Gewerbeuntersagung würde damit de facto dazu führen, dass zumindest einem Teil der Gewerbetreibenden nach sechs Jahren die Restschuldbefreiung erteilt wird, ohne dass diese die Forderungen der Gläubiger zumindest teilweise beglichen haben. Hierdurch würde das durch § 1 InsO gesetzlich manifestierte Ziel einer effektiven Gläubigerbefriedigung ernsthaft in Frage gestellt.

(b) Gewerberechtliche Beurteilung

Aus gewerberechtlicher Sicht ist hingegen zu beachten, dass der Geschäftsverkehr während der Treuhandperiode nicht durch insolvenzrechtliche Schutzmechanismen gesichert ist. Die Verwaltungs- und Verfügungsbefugnis des Insolvenzverwalters ist mit Abschluss des Insolvenzverfahrens aufgehoben und auch ein Schutz etwaiger Neugläubiger durch den Vorrang der Masseverbindlichkeiten besteht nicht mehr. Die Voraussetzungen für eine Anwendbarkeit des § 12 Satz 1 GewO sind insoweit entfallen. Soweit *Hattwig* demgegenüber die Aufsicht des Treuhänders mit den Einwirkungsmöglichkeiten eines Insolvenzverwalters nach Verfahrenseröffnung vergleicht, ist ihm zu widersprechen[249]. Während der Insolvenzverwalter aufgrund seiner Verwaltungs- und Verfügungsbefugnis das gewerberechtliche Handeln des Schuldners vollständig überwachen kann, ist der Treuhänder lediglich dazu befugt, Auskünfte über dessen Erwerbstätigkeit einzuholen. Eine darüber hinausgehende Überwachung muss nach § 292 Abs. 2 InsO durch die Gläubigerversammlung angeordnet werden und erfolgt insoweit nicht obligatorisch. Auch diese beschränkt sich hingegen nur auf die Kontrolle, ob der Schuldner seinen Obliegenheiten gegenüber den Insolvenzgläubigern nachkommt. Ein mit der Eröffnung des Insolvenzverfahrens vergleichbarer Schutz ist insoweit nicht gewährleistet.

Die Suspendierung gewerberechtlicher Untersagungs-, Rücknahme- und Widerrufsvorschriften nach § 12 Satz 1 GewO ist unterdessen – ausweislich des gesetzgeberischen Willens sowie Sinn und Zweck der Vorschrift – an einen Schutz neuer Vertragspartner geknüpft. In der Gesetzesbegründung heißt es insoweit[250]:

> *„Ein Bedürfnis dafür, den Geschäftsverkehr vor einer Fortsetzung der gewerblichen Tätigkeit des insolventen Gewerbetreibenden zu schützen, besteht während des Insolvenzverfahrens nicht,* ***da neue Vertragspartner*** *durch die Vorschriften des Insolvenzrechts über*

248 Vgl. hierzu *Waltenberger*, in: HK-InsO, § 295 Rn. 10, wonach die Restschuldbefreiung nicht dadurch gefährdet wird, dass der Schuldner trotz allen Bemühens keine Beschäftigung findet; *Andres*, in: Andres/Leithaus, InsO, § 295 Rn. 5; *Pehl*, in: Braun, InsO, § 295 Rn. 8; *Ley*, in: BK-InsO, § 295 Rn. 17; vgl. eingehend zu den Bemühungen des Schuldners bei Beschäftigungslosigkeit *Ehricke*, in: MüKo, InsO, § 295 Rn. 35 ff.

249 *Hattwig*, ZInsO 2003, 646 (647).

250 BT-Drucks. 12/3803 S. 103.

die Einsetzung eines Insolvenzverwalters, den Vorrang von Masseverbindlichkeiten und die Aufsicht des Insolvenzgerichts ***hinreichend gesichert*** ***sind.***"

(Hervorhebung durch den Verfasser)

Die Anwendbarkeit des § 12 Satz 1 GewO ist damit vom Eingreifen insolvenzrechtlicher Sicherungsmaßnahmen abhängig. Im Gesetz kommt dies durch die Anknüpfung an unterschiedliche Verfahrenszeitpunkte sowie notwendige Anordnungen bzw. Beschlüsse des Insolvenzgerichts zum Ausdruck. Mangels entsprechender Beherrschbarkeit der mit einer wirtschaftlichen Leistungsunfähigkeit einhergehenden Risiken durch den Treuhänder müsste eine Anwendbarkeit des § 12 Satz 1 GewO für den Zeitraum der Treuhandperiode abgelehnt werden[251]. Ein Redaktionsversehen kann dem Gesetzgeber insoweit nicht unterstellt werden[252]. Indes bedarf es einer endgültigen Entscheidung in dieser Problematik dann nicht, wenn eine Gewerbeuntersagung mangels Unzuverlässigkeit des Gewerbetreibenden ohnedies nicht zu befürchten ist.

Denn ebenso wie der Insolvenzplan, stellt auch die Restschuldbefreiung ein Konzept dar, dass es dem Schuldner ermöglichen soll, seine Vermögensverhältnisse in einem überschaubaren zeitlichen Rahmen zu ordnen. Voraussetzung für die Erteilung der Restschuldbefreiung ist aber, dass der Schuldner die sechsjährige Treuhandperiode erfolgreich absolviert hat. Mit Erteilung der Restschuldbefreiung wird der Schuldner von allen Forderungen der Insolvenzgläubiger befreit. Gerade der Eintritt in die Treuhandperiode mit den hiermit verbundenen Obliegenheiten des Schuldners zeigt dessen Bemühungen, seine Vermögensverhältnisse zu ordnen.

In diesem Sinne befand auch das Oberverwaltungsgericht Münster für einen Sachverhalt, der die Erteilung einer gewerberechtlichen Erlaubnis zum Gegenstand hatte, dass im Regelfall bereits mit der Ankündigung der Restschuldbefreiung ein Zustand geordneter Vermögensverhältnisse erreicht ist[253]. Das Gericht bemühte für seine Entscheidung die umfangreiche Judikatur des Bundesgerichtshofs und Bundesverwaltungsgerichts für Rechtsanwälte und Wirtschaftsprüfer. Diese geht gleichsam von einer Konsolidierung der Vermögensverhältnisse aus, soweit das Insolvenzgericht dem Berufsträger die Restschuldbefreiung ankündigt[254]. Hierdurch verdichtet sich nach Ansicht der Gerichte die abstrakte Möglichkeit der Schuldbefreiung zu einer konkreten Aussicht[255]. Nach Ansicht des Oberverwaltungsgerichts Münster wäre es zudem mit dem das Insolvenzrecht maßgeblich prägenden Gedanken, dass

---

251 A.A. *Adjemian/Dening/Klopp/Kürn/Morath/Neuhäuser*, GewArch 2009, 137 (141), wonach sich der Schutz des § 12 GewO über die ausdrücklich aufgeführten Zeiträume hinaus auch auf die so genannte Wohlverhaltensphase erstreckt.

252 So aber *Hattwig*, ZInsO 2003, 646 (647).

253 *OVG Münster*, Urteil v. 08.12.2011 – 4 A 1115/10, GewArch 2012, 499 (500 f); a.A. *Marcks*, in: Landmann/Rohmer, GewO, § 12 Rn. 9a.

254 Vgl. S. 149 ff.

255 So *BVerwG*, Urteil v. 17.08.2005 – 6 C 15.04, NJW 2005, 3790 (3797); *BGH*, Beschluss v. 07.12.2004 – AnwZ (B) 40/04, NJW 2005, 1271.

dem Schuldner mit dem Durchlaufen eines Insolvenzverfahrens eine Perspektive auf eine dauerhaft gesicherte Existenz gegeben werden soll schlecht vereinbar, ihm eine solche Existenz ausgerechnet während der Treuhandperiode vorzuenthalten[256]. Die Gefahr, dass der Schuldner Fremdgelder zweckwidrig verwende, um sich zu bereichern, sei dadurch gemindert, dass der Schuldner einen den Pfändungsfreibetrag übersteigenden Mehrerlös ohnedies an den Treuhänder abführen müsse[257]. Bei einem Verstoß gegen diese Obliegenheit riskiere er ein Wiederaufleben der typischerweise hohen Altschulden[258]. Die Interessen des Geschäftsverkehrs seien insoweit während der Treuhandperiode nicht mehr gefährdet als im allgemeinen Wirtschaftsverkehr[259].

Die zuständigen Behörden sind daher nicht berechtigt, die Gewerbeuntersagung mit solchen Verbindlichkeiten zu begründen, die Gegenstand des vorausgegangenen Insolvenzverfahrens waren[260]. Auf eine Anwendbarkeit des § 12 Satz 1 GewO kommt es insoweit – mangels ungeordneter Vermögensverhältnisse – gar nicht mehr an.

(3) Ergebnis

Daher gilt, dass, soweit der Schuldner im Rahmen der Treuhandperiode allen seinen ihm obliegenden Verpflichtungen nachkommt, insbesondere seine pfändbaren Einkünfte an den Treuhänder abführt und deshalb nicht mit einer vorzeitigen Versagung der Restschuldbefreiung gerechnet werden muss, davon auszugehen ist, dass er aufgrund dieses Sanierungskonzeptes seine Zuverlässigkeit wiedererlangt hat[261]. Unzuverlässigkeit liegt jedoch mit dem Zeitpunkt wieder vor, sobald das Insolvenzgericht dem Schuldner die Restschuldbefreiung versagt. Ab diesem Zeitpunkt können die Insolvenzgläubiger wieder uneingeschränkt in das Vermögen des Gewerbetreibenden vollstrecken. In diesem Fall ist eine mit dem Zeitpunkt vor Eröffnung des Insolvenzverfahrens vergleichbare Situation gegeben. Die Voraussetzungen für eine Gewerbeuntersagung sind damit erneut erfüllt.

---

256 *OVG Münster*, Urteil v. 08.12.2011 – 4 A 1115/10, GewArch 2012, 499 (501).

257 *OVG Münster*, a.a.O., S. 501.

258 *OVG Münster*, a.a.O., S. 501.

259 *OVG Münster*, a.a.O., S. 501.

260 So *OVG Münster*, Urteil v. 08.12.2011 – 4 A 1115/10 unter Hinweis auf seinen Beschluss v. 19.05.2011 – 4 B 1707/10, GewArch 2011, 314. Der Entscheidung lag allerdings nicht eine Gewerbeuntersagung während der Treuhandperiode zu Grunde, sondern eine Gewerbeuntersagung infolge einer Negativerklärung des Insolvenzverwalters nach § 35 Abs. 2 InsO. Die Entscheidungsgründe sind indes auch auf eine Gewerbeuntersagung nach Ankündigung der Restschuldbefreiung übertragbar.

261 A.A. *Kramer*, GewArch 2010, 273 (275), nach dessen Ansicht ein Antrag auf Restschuldbefreiung bzw. die Eröffnung des Verfahrens alleine noch kein Grund für die Annahme einer wieder hergestellten Leistungsfähigkeit darstellt, da die Erfüllung der genannten Bedingungen fraglich sei.

cc) Eigenverwaltung

Abweichend zum regulären Insolvenzverfahren existiert mit dem Institut der Eigenverwaltung eine Möglichkeit zur Fortführung des Unternehmens durch den Schuldner selbst. Hierdurch wird der Aufwand gering und die Kosten klein gehalten[262]. Darüber hinaus werden bei einem Unternehmen so die Kenntnisse und Erfahrungen der Geschäftsleitung am besten genutzt und die Einarbeitung eines Insolvenzverwalters vermieden[263]. Zu untersuchen ist insoweit, ob die gewerberechtlichen Untersagungs- und Widerrufsvorschriften auch für den Zeitraum der Eigenverwaltung durch § 12 Satz 1 GewO suspendiert werden.

(1) Exkurs: Eigenverwaltung

Gemäß § 270 Abs. 1 Satz 1 InsO ist der Schuldner selbst berechtigt, unter der Aufsicht eines Sachwalters die Insolvenzmasse zu verwalten und über sie zu verfügen, wenn das Insolvenzgericht in dem Beschluss über die Eröffnung des Insolvenzverfahrens die Eigenverwaltung anordnet. Das heißt, der Schuldner bleibt weiterhin verwaltungs- und verfügungsbefugt, muss aber dafür auch die Aufgaben des Insolvenzverwalters übernehmen. Die hierdurch bedingten Unsicherheiten für die Gläubiger werden dadurch beseitigt, dass dem Schuldner ein Sachwalter an die Seite gestellt wird. Dieser überwacht die Eigenverwaltung durch den Schuldner. Zusätzlich besteht gem. § 277 InsO die Möglichkeit, den Sachwalter mit einem Zustimmungsvorbehalt auszustatten, wodurch die Verfügungsmacht des Schuldners für bestimmte Geschäfte beschränkt wird.

Die Anordnung der Eigenverwaltung setzt gem. § 270 Abs. 2 InsO voraus, dass der Schuldner einen entsprechenden Antrag gestellt hat und dass nach den Umständen zu erwarten ist, dass die Anordnung nicht zu einer Verzögerung des Verfahrens oder zu sonstigen Nachteilen für die Gläubiger führt. Ist ein Fremdantrag gestellt worden, so bedarf es für die Anordnung der Eigenverwaltung gem. § 270 Abs. 2 Nr. 2 InsO der Zustimmung der Gläubiger zum Antrag des Schuldners auf Eigenverwaltung. Mit Anordnung der Eigenverwaltung verbleibt die Verwaltungs- und Verfügungsbefugnis abweichend von § 80 InsO beim Insolvenzschuldner. Nach § 270 Abs. 1 Satz 2 InsO gelten für das weitere Verfahren die allgemeinen Vorschriften der Insolvenzordnung, soweit in den §§ 270 bis 285 InsO nichts anderes bestimmt ist.

(2) Auswirkungen auf das gewerberechtliche Verfahren

Dem Wortlaut des § 12 Satz 1 GewO folgend müsste auch der Zeitraum der Eigenverwaltung – da diese erst in einem eröffneten Insolvenzverfahren angeordnet wird – dem Anwendungsbereich des § 12 GewO unterfallen. Dies erscheint jedoch aus mehreren Gründen bedenklich.

262 *Undritz*, in: Karsten Schmidt, InsO, vor §§ 270 ff. Rn. 1.
263 BT-Drucks. 12/2443, S. 223.

Denn zum einen werden die Vermögensverhältnisse des Schuldners durch die Anordnung der Eigenverwaltung selbst nicht geordnet, so dass eine Konsolidierung der Vermögensverhältnisse weiterhin ungewiss ist. Zum anderen wird ein Schutz der Allgemeinheit nicht durch den Übergang der Verwaltungs- und Verfügungsbefugnis auf einen Insolvenzverwalter sichergestellt. Hieran ändert sich auch nichts durch den Umstand, dass der Schuldner durch einen Sachwalter beaufsichtigt wird. Die Kompetenzen des Sachwalters beschränken sich gem. § 274 Abs. 2 Satz 1 InsO auf Prüfungs- und Aufsichtspflichten. Hiernach hat der Sachwalter die wirtschaftliche Lage des Schuldners zu überprüfen und die Geschäftsführung sowie die Ausgaben für die Lebensführung zu überwachen. Hierzu ist er gem. §§ 274 Abs. 2 Satz 2 i.V.m. § 22 Abs. 3 InsO berechtigt, die Geschäftsräume des Schuldners zum Zwecke der Nachforschung zu betreten sowie Einsicht in die Bücher und Geschäftspapiere zu verlangen. Stellt der Sachwalter hierbei Umstände fest, die erwarten lassen, dass die Fortführung des Unternehmenes zu Nachteilen für die Gläubiger führt, so ist er gem. § 274 Abs. 3 Satz 1 InsO verpflichtet, dies dem Gläubigerausschuss und dem Insolvenzgericht mitzuteilen. Auf die Handlungen des Schuldners selbst kann der Sachwalter demgegenüber keinen Einfluss nehmen. Lediglich bei Verbindlichkeiten, die nicht zum gewöhnlichen Geschäftsbetrieb des Schuldners gehören, bedarf es gem. § 275 Abs. 1 Satz 1 InsO seiner Zustimmung. Indes ist auch hiermit – vergleichbar einem schwachen vorläufigen Insolvenzverwalter – keine Eingriffsmöglichkeit verbunden. Im Außenverhältnis hat weder das Vorliegen eines Widerspruchs noch das Fehlen der Zustimmung Auswirkungen[264]. Eine Kompensation der mit einer wirtschaftlichen Leistungsunfähigkeit einhergehenden Risiken erfolgt insoweit nicht.

Vor diesem Hintergrund ist ein Vorrang des Insolvenzrechts nicht gerechtfertigt. Die Anwendbarkeit des § 12 Satz 1 GewO auf den Zeitraum der Eigenverwaltung ist abzulehnen.

dd) Schutzschirmverfahren

Mit Inkrafttreten des Gesetzes zur weiteren Erleichterung der Sanierung von Unternehmen (ESUG) zum 1. März 2012 hat der Gesetzgeber das Schutzschirmverfahren nach § 270b InsO eingeführt. Der Schuldner erhält hierdurch die Möglichkeit – soweit lediglich Überschuldung oder drohende Zahlungsunfähigkeit vorliegen – zwischen Eröffnungsantrag und Verfahrenseröffnung ein eigenständiges Sanierungsverfahren durchzuführen. Hierzu muss der Schuldner gem. § 270b Abs. 1 Satz 1 InsO einen Insolvenzantrag stellen, die Eigenverwaltung beantragen und einen Antrag auf Bestimmung einer Frist zur Vorlage eines Insolvenzplans einreichen. Darüber hinaus darf die Sanierung nicht offensichtlich aussichtlos sein. Zu untersuchen ist, ob während dieses Zeitraums gewerberechtliche Untersagungs- und Widerrufsvorschriften gem. § 12 Satz 1 GewO suspendiert werden müssen.

264 *Undritz*, in: Karsten Schmidt, InsO, § 275 Rn. 6.

Dabei spricht gegen eine Anwendbarkeit des § 12 Satz 1 GewO auf den Zeitraum des Schutzschirmverfahrens, dass, anders als im regulären Insolvenzeröffnungsverfahren gem. § 270b Abs. 2 Satz 3 InsO, die Einsetzung eines vorläufigen Insolvenzverwalters ausgeschlossen ist. Das Insolvenzgericht kann ausschließlich Sicherungsmaßnahmen gem. § 21 Abs. 1 Nr. 1und 2 Nr. 1a, 3 bis 5 InsO anordnen. Die Verwaltungs- und Verfügungsbefugnis verbleibt damit auch nach Insolvenzantragstellung beim Schuldner. Eine Kompensation der mit der wirtschaftlichen Leistungsunfähigkeit einhergehenden Gefahren erfolgt mithin nicht. Etwas anderes ergibt sich auch nicht aus dem Umstand, dass das Insolvenzgericht gem. § 270b Abs. 3 Satz 1 InsO auf Antrag des Schuldners verpflichtet ist, diesen zur Begründung von Masseverbindlichkeiten zu ermächtigen. Denn letztlich sind die so begründeten Forderungen zwar Masseverbindlichkeiten, dass Risiko einer Masseunzulänglichkeit verbleibt indes bei den Gläubigern[265]. Anders als im Fall der Begründung von Masseverbindlichkeiten durch einen starken vorläufigen Insolvenzverwalter besteht keine Haftung nach § 61 InsO, durch die ein Ausfall begründeter Masseforderungen aufgefangen werden könnte[266]. Insoweit bemerkt auch *Ringstmeier* zu Recht, dass mit der Ermächtigung zur Begründung von Masseverbindlichkeiten ein hohes Gefährdungspotenzial verbunden sei[267]. Vor dem Hintergrund, dass der Schuldner letztlich für seine Fehlentscheidungen nicht haften müsse, sei der Gesetzgeber über das Ziel hinausgeschossen. Denn auch die Einsetzung eines vorläufigen Sachwalters gem. § 270b Abs. 2 Satz 1 InsO kann die Gefahren für die Allgemeinheit nicht kompensieren. Der Sachwalter haftet nicht gem. § 61 InsO für die Masseunzulänglichkeit des Schuldners[268]. Dies ist konsequent, bedenkt man, dass die Verwaltungs- und Verfügungsbefugnis letztlich beim Schuldner verbleibt.

Im Ergebnis fehlt es insoweit – vergleichbar mit der Eigenverwaltung – an einer Kompensation der mit einer wirtschaftlichen Leistungsunfähigkeit einhergehenden Risiken. Eine Anwendbarkeit des § 12 Satz 1 GewO ist vor diesem Hintergrund ausgeschlossen. Erst wenn der gemeinsam mit dem vorläufigen Sachwalter ausgearbeitete Insolvenzplan durch das Insolvenzgericht bestätigt wurde, werden auch die gewerberechtlichen Untersagungs- und Widerrufsvorschriften suspendiert.

ee) Ergebnis

Mit Erteilung der Restschuldbefreiung besteht für Untersagungs-, Rücknahme- und Widerrufsverfahren kein Anlass mehr, da mit dem Beschluss des Insolvenzgerichts alle noch gegen den Schuldner bestehenden Insolvenzforderungen – mit Ausnahme der Masseverbindlichkeiten und Forderungen i.S.d. § 302 InsO – aufgehoben und insoweit der Unzuverlässigkeitsgrund der ungeordneten Vermögensverhältnisse

---

265 *Undritz*, in: Karsten Schmidt, InsO, § 270b Rn. 12.

266 *Undritz*, in: Karsten Schmidt, InsO, § 270b Rn. 12.

267 *Ringstmeier*, in: A/G/R, § 270b Rn. 31.

268 Vgl. hierzu *LG Fulda*, Beschluss v. 10.04.2012 – 5 T 65/12, BeckRS 2013, 04327; *von Bismarck*, in: Beck/Depré, § 47 Rn. 16; *Sinz*, in: Uhlenbruck, InsO, § 61 Rn. 36.

beseitigt wurde. Gleiches gilt für den Zeitraum der Treuhandperiode. Solang der Schuldner während dieses Zeitraumes allen seinen ihm obliegenden Verpflichtungen nachkommt, sich mithin im Rahmen eines geordneten Sanierungsverfahrens um die Befriedigung bestehender Verbindlichkeiten bemüht, besteht für eine Untersagung des Gewerbes mangels Unzuverlässigkeit kein Anlass. Auf eine Anwendbarkeit des § 12 Satz 1 GewO kommt es insoweit nicht an.

Demgegenüber kann eine Untersagung des Gewerbes durch die Anordnung der Eigenverwaltung oder das Schutzschirmverfahren nicht vermieden werden. Mangels Übergang der Verwaltungs- und Verfügungsbefugnis auf den Sachwalter werden die mit einer wirtschaftlichen Leistungsunfähigkeit einhergehenden Gefahren für die Allgemeinheit nicht hinreichend kompensiert. Eine Anwendbarkeit des § 12 Satz 1 GewO ist vor diesem Hintergrund abzulehnen.

2. Ungeordnete Vermögensverhältnisse

§ 12 Satz 1 GewO setzt tatbestandlich voraus, dass dem Gewerbetreibenden eine Gewerbeuntersagung aufgrund seiner Unzuverlässigkeit in Form ungeordneter Vermögensverhältnisse droht. In den Vorschriften der §§ 34 b Abs. 4 Nr. 2, 34 c Abs. 2 Nr. 2 GewO, 34 d Abs. 2 Nr. 2 und 34 e Abs. 2 GewO nennt der Gesetzgeber Regelbeispiele für das Vorliegen ungeordneter Vermögensverhältnisse. Hier heißt es:

> *„Die Erlaubnis ist zu versagen, wenn der Antragsteller in ungeordneten Vermögensverhältnissen lebt; dies ist in der Regel der Fall, wenn über das* ***Vermögen des Antragstellers das Insolvenzverfahren eröffnet*** *worden oder er in das vom Insolvenzgericht oder vom Vollstreckungsgericht zu führende Verzeichnis (§ 26 Abs. 2 Insolvenzordnung, § 915 Zivilprozessordnung) eingetragen ist".*
>
> (Hervorhebung durch den Verfasser)

Ungeordnete Vermögensverhältnisse können insoweit angenommen werden, wenn die in §§ 34 b Abs. 4 Nr. 2, 34 c Abs. 2 Nr. 2 GewO, 34 d Abs. 2 Nr. 2 und 34 e Abs. 2 GewO genannten Tatbestände verwirklicht sind[269]. Da es sich hierbei allerdings lediglich um Regelbeispiele handelt, können die ungeordneten Vermögensverhältnisse auch auf eine wirtschaftliche Leistungsunfähigkeit im Übrigen gestützt werden[270]. Der Begriff ist daher – wie *Heß* richtig bemerkt – gleichzusetzen mit den Begriffen *„mangelnde wirtschaftliche Leistungsunfähigkeit"* und *„Nichtvorhandensein der für die Führung des Gewerbebetriebs erforderlichen Mittel"*[271]. Es handelt sich insoweit um einen Versagungsgrund im Sinne einer konkret formulierten mangelnden wirtschaftlichen Leistungsunfähigkeit[272].

269 *Marcks*, in: Landmann/Rohmer, GewO, § 12 Rn. 3.
270 *Marcks*, in: Landmann/Rohmer, GewO, § 12 Rn. 3.
271 *Heß*, in: Friauf, GewO, § 12 Rn. 7.
272 *Heß*, in: Friauf, GewO, § 12 Rn. 6; vgl. auch *Krumm*, GewArch 2010, 465.

a) *Anwendbarkeit auf andere Unzuverlässigkeitsgründe*

Ausgehend vom Wortlaut des § 12 Satz 1 GewO ist die Anwendbarkeit der Vorschrift auf den Fall ungeordneter Vermögensverhältnisse beschränkt. § 12 Satz 1 GewO greift damit nicht zu Gunsten von Gewerbetreibenden, deren Unzuverlässigkeit sich alleine aus anderen Gründen als denen der ungeordneten Vermögensverhältnisse ergibt[273]. Dennoch ist zu überlegen, ob die durch § 12 Satz 1 GewO erzeugte Sperrwirkung nicht auch auf andere, zusätzlich zu den ungeordneten Vermögensverhältnissen auftretende Unzuverlässigkeitsgründe ausgeweitet werden kann[274].

Hierbei lassen sich zwei mögliche Konstellationen unterscheiden:

1. Zum einen besteht die Möglichkeit, dass ein insolventer Gewerbetreibender neben den ungeordneten Vermögensverhältnisse zusätzlich einen hiermit in engem Zusammenhang stehenden Unzuverlässigkeitsgrund (z.B. Insolvenzstraftat) verwirklicht hat.
2. Zum anderen könnte die gegen den insolventen Gewerbetreibenden gerichtete Gewerbeuntersagung neben den ungeordneten Vermögensverhältnissen auf einen Unzuverlässigkeitsgrund gestützt werden, der mit den ungeordneten Vermögensverhältnissen in keinem inneren Zusammenhang steht (z.B. Drogenhandel, Verstoß gegen lebensmittel- oder hygienerechtliche Vorschriften, Straftaten gegen die körperliche Unversehrtheit etc.).

Aus dem Kontext beider Varianten ergibt sich bereits die grundlegende Fragestellung zu vorliegender Problematik. Wie weit reicht der Schutz des § 12 Satz 1 GewO – oder besser gesagt: unter welchen Bedingungen ist es noch gerechtfertigt, die Gewerbeuntersagung im Interesse der Ziele des Insolvenzverfahrens zu suspendieren?

Ein Sachverhalt, wie ihn die erste Variante zeichnet, dürfte in der Praxis nicht selten vorkommen. Zu denken ist etwa an einen Schuldner, der Bestandteile seines Vermögens vor Insolvenzeröffnung beiseiteschafft und sich damit nach § 283 Abs. 1 Nr. 1 StGB strafbar macht. Diese Straftat weist einen engen Zusammenhang zu den ungeordneten Vermögensverhältnissen auf[275]. Indes besteht unabhängig hiervon ein eigenständiger Unzuverlässigkeitsgrund zur Untersagung des Gewerbes. Dies hätte zur Konsequenz, dass, obgleich ein Insolvenzverfahren über das Vermögen des Gewerbetreibenden eröffnet wurde – mithin die Zuverlässigkeitsdefizite kompensiert werden – das Gewerbe nicht fortgeführt werden kann.

Um dieses Ergebnis zu vermeiden, wird überwiegend die Ansicht vertreten, dass im Falle eines inneren Zusammenhangs zwischen dem Unzuverlässigkeitsgrund der ungeordneten Vermögensverhältnisse und einem daneben vorliegenden Unzuverlässigkeitsgrund die Sperrwirkung des § 12 Satz 1 GewO weiterhin Anwendung

273 *Michel/Kienzle/Pauly*, GastG, § 15 Rn. 19 b.
274 Siehe hierzu auch *Hahn*, GewArch 2000, 361 (362).
275 So bezüglich der Insolvenzstraftaten *Krumm*, GewArch 2010, 465 (469).

findet[276]. Die Sperrwirkung erfasst auch den Verstoß gegen straf- und bußgeldbewehrte Vorschriften, die gewerbebezogen sind und in einem engen Zusammenhang mit der wirtschaftlichen Leistungsunfähigkeit stehen, welche das Insolvenzverfahren ausgelöst hat[277]. Eine andere Sichtweise würde dem Ziel des Insolvenzverfahrens, zumindest vorläufig den Gewerbebetrieb zu erhalten, zuwiderlaufen[278].

Zusätzliche Berücksichtigung muss auch der Umstand finden, dass mit der Eröffnung des Insolvenzverfahrens oder der Einsetzung eines starken vorläufigen Insolvenzverwalters die Verwaltungs- und Verfügungsmacht vom Schuldner auf den Insolvenzverwalter übergeht. Die Verwirklichung weiterer Insolvenzdelikte oder sonstiger in einem engen Zusammenhang mit den ungeordneten Vermögensverhältnissen stehenden Unzuverlässigkeitsgründen, wie etwa die Unterschlagung fremder Gelder, wird hierdurch hinreichend ausgeschlossen. Dem Schutz der Allgemeinheit ist insoweit genüge getan. Damit ist die Anwendbarkeit des § 12 Satz 1 GewO gerechtfertigt und aus insolvenzrechtlicher Sicht geboten.

Anders sieht dies in der zweiten Sachverhaltskonstellation aus. Hier hat der Gewerbetreibende Unzuverlässigkeitsgründe verwirklicht, die keinerlei inneren Zusammenhang zu den ungeordneten Vermögensverhältnissen aufweisen. In einem solchen Fall findet § 12 Satz 1 GewO keine Anwendung[279]. Eine andere Beurteilung der Frage würde im Ergebnis darauf hinauslaufen, dass z.B. ein Lebensmittelhändler, der sich wiederholt wegen schwerwiegender Verstöße gegen lebensmittel- oder hygienerechtliche Vorschriften strafbar gemacht hat[280], nur aufgrund der Tatsache, dass über sein Vermögen das Insolvenzverfahren eröffnet wurde oder sonstige in § 12 GewO genannten Maßnahmen erfolgt sind, sein Gewerbe weiter ausüben darf. Nach Ansicht des Oberverwaltungsgerichts Lüneburgfehlt es an einem die Anwendbarkeit des § 12 Satz 1 GewO rechtfertigenden Zusammenhang, wenn die

---

276 *OVG Lüneburg*, Beschluss v. 11.08.2009 – 7 LA 232/07, NVwZ-RR 2009, 922; *OVG Lüneburg*, Beschluss v. 13.05.2003 – 7 LA 140/02, GewArch 2003, 383; *VGH München*, Beschluss v. 20.10.2011 – 22 ZB 11.1473, juris; Beschluss v. 12.07.2012 – 22 ZB 11.2633, juris; *VG München*, Urteil v. 27.01.2015 – M 16 K 14.4825, BeckRS 2015, 42723; *VG Regensburg*, Urteil v. 20.03.2014 – RN 5 K 13.1858, BeckRS 2014, 52110; *VG Saarlouis*, Urteil v. 11.07.2011 – 1 K 303/10, BeckRS 2011, 52449; *Marcks*, in: Landmann/Rohmer, GewO, § 12 Rn. 11; *ders.* in: Robinski Gewerberecht, S. 59; *Hahn*, GewArch 2000, 360 (362); *Spieß*, in: Festschrift für Werner Frotscher, S. 476; im Ergebnis auch *Krumm*, GewArch 2010, 465 (469).

277 *VG Regensburg*, Urteil v. 20.03.2014 – RN 5 K 13.1858, BeckRS 2014, 52110 m.w.N.

278 So *Marcks*, in: Landmann/Rohmer, GewO, § 12 Rn. 11.

279 So auch *Hahn*, GewArch 2000, 360 (362); *Krumm*, GewArch 2010, 465 (469); *Marcks*, in: Landmann/Rohmer, GewO, § 12 Rn. 11; *Heß*, in: Friauf, GewO, § 12 Rn. 8; *Michel/Kienzle/Pauly*, GastG, § 15 Rn. 19 b; *Stober*, Wirtschaftsverwaltungsrecht, S. 191; vgl. auch *VG München*, Urteil v. 27.01.2015 – M 16 K 14.4825, BeckRS 2015, 42723.

280 Angelehnt an einen Sachverhalt des *OVG Lüneburg*, Beschluss v. 13.05.2003 – 7 LA 140/02, GewArch 2003, 383 beziehungsweise des vorausgegangenen Urteils des *VG Lüneburg*, Urteil v. 29.04.2002 – 5 A 79/00 (unveröffentlicht), dem sich der Sachverhalt entnehmen lässt.

Unzuverlässigkeit des Gewerbetreibenden auf Vorgängen beruht, die mit der ungeordneten Vermögenslage des Gewerbetreibenden nichts zu tun haben und aus ganz anderen Gründen zum Schutz der Allgemeinheit, der Mitarbeiter oder der Verbraucher die Untersagung der Gewerbeausübung oder den Widerruf der Zulassung erfordern[281]. Diese Rechtsaufassung bestätigte das Gericht in zwei weiteren Urteilen, in denen die Gewerbeuntersagungen mit den strafrechtlichen Verurteilungen der Gewerbetreibenden begründet wurden, die keinen unmittelbaren Zusammenhang zum Unzuverlässigkeitsvorwurf in wirtschaftlicher Hinsicht aufwiesen[282]. Hierbei ging es um die Begehung von Untreue und Betrugsdelikten. Diese stellen nach Ansicht des Gerichts keine wesensnotwendige Begleiterscheinung wirtschaftlich ungeordneter Vermögensverhältnisse dar[283]. Es liegen insoweit Tatbestände vor, die aus dem Anwendungsbereich des § 12 Satz 1 GewO herausfallen[284].

Abzulehnen ist damit die Auffassung, die es für eine Anwendung des § 12 Satz 1 GewO ausreichen lässt, dass neben anderen Unzuverlässigkeitsgründen „auch" ungeordnete Vermögensverhältnisse vorliegen[285]. § 12 Satz 1 GewO ist nur dann anwendbar, wenn die insolvenzrechtlichen Schutzmechanismen auch den Unzuverlässigkeitsgrund nachweislich kompensieren können. Bei der Begehung von Gewalttaten oder dem Verstoß gegen lebensmittel- oder hygienerechtliche Vorschriften ist ein Schutz durch den Insolvenzverwalter nicht zu bewerkstelligen. Dieser kann lediglich die Aufsicht über die wirtschaftlichen Vorgänge im Gewerbebetrieb des Schuldners führen. Die Anwendbarkeit des § 12 Satz 1 GewO ist insoweit zu verneinen.

b) Steuerschulden und Nichtabführung von Sozialversicherungsbeiträgen

Eine besondere Stellung im Geflecht der Unzuverlässigkeitsgründe nehmen Steuerschulden und die Nichtabführung von Sozialversicherungsbeiträgen ein. Die Frage, ob beim Vorliegen eines solchen Unzuverlässigkeitsgrundes ungeordnete Vermögensverhältnisse gegeben sind und eine hierauf gestützte Gewerbeuntersagung im Falle der Insolvenz des Gewerbetreibenden durch § 12 Satz 1 GewO gesperrt ist, wird uneinheitlich beantwortet.

Hierzu wird teilweise vorgebracht, dass im Hinblick auf den Gefahrenabwehrgedanken im Gewerberecht die Nichtabführung öffentlich-rechtlicher Abgaben einen vom Unzuverlässigkeitsgrund der ungeordneten Vermögensverhältnisse deutlich

281 *OVG Lüneburg*, Beschluss v. 13.05.2003 – 7 La 140/02, GewArch 2003, 383.

282 *OVG Lüneburg*, Beschluss v. 08.12.2008 – 7 ME 144/08, GewArch 2009, 162; Beschluss v. 11.08.2009 – 7 LA 232/07, NVwZ-RR 2009, 922.

283 *OVG Lüneburg*, Beschluss v. 11.08.2009 – 7 LA 232/07, NVwZ-RR 2009, 922.

284 Vgl. *Heß*, in: Friauf, GewO, § 12 Rn. 8.

285 So vertreten von *Ambs*, in: Erbs/Kohlhaas, Strafrechtliche Nebengesetze, § 12 GewO Rn. 7, wonach es auch bei Gewalttaten ausreichend ist, das daneben ungeordnete Vermögensverhältnisse vorliegen; im Ergebnis auch *Metzner*, GastG, § 4 Rn. 162.

abzugrenzenden Unzuverlässigkeitsgrund darstelle[286]. Der Unrechtsgehalt und der Vorwurf der Unzuverlässigkeit sei beim Vorliegen von Steuerschulden und Sozialversicherungsrückständen ein deutlich anderer und erlaube nicht unbedingt die Feststellung, der Gewerbetreibende lebe in ungeordneten Vermögensverhältnissen[287]. Daher müsse das Gewerbe weiterhin zum Schutze der Allgemeinheit untersagt werden, wenn entsprechende Forderungen aufgelaufen sind, obwohl vormals wirtschaftliche Leistungsfähigkeit beim Gewerbetreibenden vorlag[288]. § 12 Satz 1 GewO ist nach dieser Ansicht insoweit nicht anwendbar.

Indes spricht hiergegen, dass nach der Vorstellung des Gesetzgebers zu § 12 GewO eine Insolvenz stets das Vorliegen ungeordneter Vermögensverhältnissen bedeutet[289], unabhängig davon, womit das wirtschaftliche Unvermögen im Einzelnen begründet wird[290]. Dies ergibt sich auch aus dem Wortlaut der Vorschrift, aus der sich eine Verknüpfung ungeordneter Vermögensverhältnisse mit der Insolvenz des Gewerbetreibenden erkennen lässt[291]. Die Ursache für die Eröffnung des Insolvenzverfahrens ist demgegenüber für eine Anwendbarkeit des § 12 Satz 1 GewO nicht als Voraussetzung normiert worden. Es kommt insoweit nicht auf die Herkunft der Schulden des Gewerbetreibenden an. Unzuverlässigkeit aufgrund ungeordneter Vermögensverhältnisse liegt insoweit auch dann vor, wenn das Insolvenzverfahren aufgrund von Steuerschulden oder rückständigen Sozialversicherungsbeiträgen eröffnet wird. Aufgrund der sofortigen Vollstreckbarkeit öffentlich rechtlicher Abgaben und der hiermit einhergehenden Konsequenzen für den Schuldner ist im Falle der Nichtleistung auch nicht auf eine Boykottaktion des Schuldners zu schließen[292]. Der Grund hierfür wird in der Regel im wirtschaftlichen Unvermögen des Schuldners liegen[293].

Die Ursache der fehlenden Pflichterfüllung durch den Schuldner kann aber für eine Anwendbarkeit des § 12 Satz 1 GewO ohnedies dahinstehen, da infolge der umfassenden Inpflichtnahme des Insolvenzverwalters eine Gefährdung der Allgemeinheit zukünftig ausgeschlossen ist[294]. Dabei wird vom Insolvenzverwalter nicht

---

286 *Heß*, in: Friauf, GewO, § 12 Rn. 7a; vgl. auch *Hahn*, GewArch 2000, 360 (362); a.A. *Fuchs*, GewArch 1999, 102 (105).

287 *Heß*, in: Friauf, GewO, § 12 Rn. 7a, zumindest für den Fall, dass wirtschaftliche Leistungsfähigkeit vorliegt.

288 *Heß*, in: Friauf, GewO, § 12 Rn. 7a.

289 Vgl. zur gesetzgeberischen Wertung BT-Drucks. 12/3803 S. 103 und 104.

290 *Spieß*, in: Festschrift für Werner Frotscher, S. 467 (474).

291 Im Übrigen nennt der Gesetzgeber auch in §§ 34 b Abs. 4 Nr. 2, 34 c Abs. 2 Nr. 2 GewO, 34 d Abs. 2 Nr. 2 und 34 e Abs. 2 GewO das Insolvenzverfahren als Regelbeispiel für das Vorliegen ungeordneter Vermögensverhältnisse.

292 *Spieß*, a.a.O., S. 475.

293 *BVerwG*, Beschluss v. 11.12.1996 – 1 B 250.96, GewArch 1999, 72; *VGH Kassel*, Urteil v. 26.11.1996 – 8 UE 2858/96, GewArch 1997, 151 (152); nach *Windel*, in: Jaeger, InsO, § 80 Rn. 265 beruht die Verletzung steuer- und sozialversicherungsrechtlicher Pflichten geradezu typisch auf dem Vermögensverfall.

294 *Krumm*, GewArch 2010, 465 (469).

erwartet, dass er die bereits aufgelaufenen Steuerschulden vollständig tilgt, sondern lediglich, dass zukünftig eine Erfüllung öffentlich-rechtlicher Leistungs- und Erklärungspflichten erfolgt[295]. Der hiergegen vorgebrachte Einwand, der Insolvenzverwalter bzw. das Insolvenzgericht könne nicht alle Einzelheiten der Betriebsführung überwachen, wenn der Gewerbetreibende sein Gewerbe fortführen darf[296], geht zumindest im Hinblick auf die Abgabe von Steuern und Sozialversicherungsbeiträgen fehl. Mit Übergang der Verwaltungs- und Verfügungsbefugnis auf den Insolvenzverwalter erfüllt dieser nach § 34 Abs. 3 AO die steuerrechtlichen Pflichten des Schuldners[297]. Als Masseverbindlichkeiten werden die nach der Eröffnung des Insolvenzverfahrens anfallenden Steuern durch den Insolvenzverwalter vorrangig befriedigt. Ein Ausfall steuerlicher Forderungen im Insolvenzverfahren ist vor diesem Hintergrund ausgeschlossen. Gleiches gilt für die Abgabe von Sozialversicherungsbeiträgen. Auch diese sind, soweit sie nach Eröffnung des Insolvenzverfahrens entstanden sind, Masseverbindlichkeiten i.S.d. § 55 Abs. 1 Nr. 2 InsO[298]. Die Unzuverlässigkeit des Gewerbetreibenden wird damit nachweislich auch in diesem Punkt beseitigt. § 12 Satz 1 GewO findet daher auch dann Anwendung, wenn die Gewerbeuntersagung in der Insolvenz des Schuldners auf die Nichtabführung von Sozialversicherungsbeiträgen und Steuern gestützt wird[299].

3. *Im Zeitpunkt des Insolvenzverfahrens ausgeübtes Gewerbe*

Nach § 12 Satz 1 GewO finden die Untersagungs- und Rücknahme- bzw. Widerrufsvorschriften keine Anwendung auf das Gewerbe, das zur Zeit des Antrags auf Eröffnung des Insolvenzverfahrens ausgeübt wird. Voraussetzung ist die Ausübung mindestens eines Gewerbes[300]. Für den Fall, dass der Gewerbetreibende mehrere Gewerbe ausübt, findet die Sperrwirkung des § 12 Satz 1 GewO auf alle Gewerbe Anwendung[301]. Dies gilt selbstverständlich nur dann, wenn diese auch vom Insolvenzverfahren erfasst sind[302].

---

295 *Forkel*, GewArch 2004, 53 (54).

296 So *Hahn*, GewArch 2000, 361 (362).

297 *Rüsken*, in: Klein, AO, § 34 Rn. 22; *Ott/Vuia*, in: MüKo, InsO, § 80 Rn. 131.

298 *Bertram*, in: Gottwald, Insolvenzrechts-Handbuch, § 107 Rn. 136.

299 *VG Gießen*, Beschluss v. 08.04.2003 – 8 G 508/03, GewArch 2003, 253 (254); *Schmidt*, GewArch 2003, 326 (327); *Spieß*, in: Festschrift für Werner Frotscher, S. 467 (475); so jedenfalls für die Umgehung von Sozialversicherungsbeiträgen *VG München*, Urteil v. 04.06.2014 – M 16 K 13.4868, BeckRS 2014, 53585.

300 *Hahn*, GewArch 2000, 361 (363); *Ennuschat*, in: Tettinger/Wank/Ennuschat, GewO, § 12 Rn. 9.

301 *Heß*, in: Friauf, GewO, § 12 Rn. 13; *Marcks*, in: Landmann/Rohmer, GewO, § 12 Rn. 12; *Hahn*, GewArch 2000, 361 (363).

302 *Marcks*, in: Landmann/Rohmer, GewO, § 12 Rn. 12.

a) *Anwendbarkeit des § 12 Satz 1 GewO auf den Neubeginn oder die Wiederaufnahme eines Gewerbes*

Dem Wortlaut nach hat § 12 Satz. 1 GewO keine Bedeutung für Gewerbe, die der Schuldner nach dem Antrag auf Eröffnung des Insolvenzverfahrens beginnen will[303]. So heißt es in § 12 Satz 1 GewO:

> „*Vorschriften welche die Untersagung eines Gewerbes oder die Rücknahme oder den Widerruf einer Zulassung ... ermöglichen, finden ... keine Anwendung in bezug auf das Gewerbe, das* ***zur Zeit des Antrags auf Eröffnung des Insolvenzverfahrens ausgeübt wurde.***“
>
> (Hervorhebung durch den Verfasser)

Der Neubeginn oder die Wiederaufnahme eines Gewerbes wären demnach im Insolvenzverfahren ausgeschlossen. Es stellt sich aber die Frage, ob eine Anwendung des § 12 Satz 1 GewO auf den Neubeginn oder die Wiederaufnahme eines Gewerbes aus insolvenzrechtlicher Sicht geboten ist.

aa) Gesetzesbegründung und h.M.

Der Gesetzgeber steht auf dem Standpunkt, dass nur solche Gewerbe von § 12 GewO erfasst werden, die zum Zeitpunkt des Insolvenzantrags ausgeübt werden. Unmissverständlich heißt es in der Gesetzesbegründung zu § 12 GewO insoweit[304]:

> „*Der neue § 12 GewO schließt daher die Anwendung der genannten Vorschriften der Gewerbeordnung für die Dauer des Insolvenzverfahrens aus. Dies gilt allerdings* ***nur für das Gewerbe, das der Schuldner zur Zeit des Antrags auf Eröffnung des Verfahrens betrieben hat;*** *denn es soll dem Schuldner nicht ermöglicht werden, trotz mangelnder wirtschaftlicher Leistungsfähigkeit weitere Gewerbebetriebe zu eröffnen.*“
>
> (Hervorhebung durch den Verfasser)

In Übereinstimmung mit dem Gesetzgeber vertritt auch der überwiegende Teil der Literatur und Rechtsprechung die Ansicht, dass Gewerbe, die nach dem Antrag auf Eröffnung des Insolvenzverfahrens aufgenommen werden, von der Sperrwirkung des § 12 Satz 1 GewO nicht erfasst sind[305]. Einem unzuverlässigen Gewerbetreibenden

---

303 So auch *Heß*, in: Friauf, GewO, § 12 Rn. 13a; *Hahn*, GewArch 2000, 361 (362); *Marcks*, in: Landmann/Rohmer, GewO, § 12 Rn. 12; *Ennuschat*, in: Tettinger/Wank/Ennuschat, GewO, § 12 Rn. 9; vgl. auch *Ott/Vuia*, in: MüKo, InsO, § 80 Rn. 17; *Windel*, in: Jaeger, InsO, § 80 Rn. 265; *Michel/Kienzle/Pauly*, GastG, § 15, Rn. 19 a.

304 BT-Drucks. 12/3803 S. 103.

305 *OVG Lüneburg*, Beschluss v. 25.09.2014 – 7 PA 29/14, NJW 2014, 3529; Beschluss v. 26.05.2014 – 7 PA 39/14, BeckRS 2014, 57532; *VG Regensburg*, Urteil v. 26.11.2015 – RN 5 K 14.2148, BeckRS 2016, 40820; VG Münster, Urteil v. 14.04.2010 – 9 K 320/09, BeckRS 2010, 52590; *VG Braunschweig*, Beschluss v. 18.09.2006 – 6 B 176/06, GewArch 2007, 203 (204); *Heß*, in: Friauf, GewO, § 12 Rn. 13a; *Marcks*, in: Landmann/Rohmer, GewO, § 12 Rn. 12; *ders.*, in: Robinski, Gewerberecht, S. 59 Rn. 11; *Ennuschat*, in: Tettinger/

soll hiernach die Ausübung eines Gewerbes nicht erst noch gestattet werden, wenn ihm dies entgegen den Schutzzwecken des Gewerberechts ermöglicht, die Allgemeinheit, einzelne Geschäftspartner oder Arbeitnehmer zu schädigen[306].

bb) Erweiterung des § 12 Satz 1 GewO durch § 295 Abs. 2 InsO?

Der Gesetzgeber hat § 12 Satz 1 GewO als Schutzvorschrift konzipiert, um zu vermeiden, dass durch eine Gewerbeuntersagung der Entscheidung der Gläubigerversammlung bezüglich der Fortführung und Sanierung des schuldnerischen Unternehmens vorwegegriffen wird[307].

Gleichwohl will *Leibner* auch solche Gewerbe unter den Schutz des § 12 Satz 1 GewO stellen, die der Schuldner erst nach dem Antrag auf Eröffnung des Insolvenzverfahrens neu begonnen oder wiederaufgenommen hat[308]. Die Sperrwirkung soll seiner Ansicht nach aber nur für solche Gewerbe eingreifen, deren wirtschaftliche Leistungsfähigkeit konkret nachgewiesen wurde[309]. Hierfür spreche zum einen die Regelung des § 295 Abs. 2 InsO, die dem Schuldner ausdrücklich berechtige, einer selbstständigen Tätigkeit nachzugehen, zum anderen aber auch die Unternehmenswirklichkeit, die zeige, dass der Schuldner nach der ersten Insolvenz bei einer weiteren selbstständigen Tätigkeit besonderes erfolgreich sei[310]. Dieses Ergebnis würde daneben auch durch den Umstand gestützt, dass die bisherige Rechtsprechung des BVerwG bereits vor Inkrafttreten der InsO die gewerberechtliche Zuverlässigkeit danach beurteilt habe, ob für die Zukunft die ordnungsgemäße Ausübung des Gewerbes vermutet werden könne[311]. Eine solche Zukunftsprognose falle aber gerade dann

---

Wank/Ennuschat, GewO, § 12 Rn. 9; *Hoffmann*, in: Beck´scher Online-Kommentar, GewO, § 12 Rn. 62; *Windel*, in: Jaeger, InsO, § 80 Rn. 265; *Hahn*, GewArch 2000, 361 (362); *Kramer*, GewArch 2010, 273 (276); *Adjemian/Dening/Klopp/Kürn/Morath/Neuhäuser*, GewArch 2009, 137 (141); *Fuchs*, GewArch 1999, 102 (105); *Kesseler*, RNotZ 2004, 177 (202); *Michel/Kienzle/Pauly*, GastG, § 15, Rn. 19 a; *Ambs*, in: Erbs/Kohlhaas, Strafrechtliche Nebengesetze, § 12 GewO, Rn. 8; *Metzner*, GastG, § 4 Rn. 160.

306 So *Hahn*, GewArch 2000, 361 (362); vgl. auch *OVG Lüneburg*, Beschluss v. 25.09.2014 – 7 PA 29/14, NJW 2014, 3529, wonach § 12 GewO auch nicht analog auf die Erteilung einer Erlaubnis angewandt werden kann.

307 *Kramer*, GewArch 2010, 273 (276).

308 *Leibner*, ZInsO 2002, 61 (63).

309 *Leibner*, ZInsO 2002, 61 (62); zustimmend *Hattwig*, ZInsO 2003, 646 (648).

310 Hierzu führt *Leibner*, GewArch 2002, 61 (62) eine Studie der Boston Consulting Group an, wonach Unternehmer, die bereits einmal insolvent waren, bei einer weiteren selbstständigen Tätigkeit besonders erfolgreich sind. So sollen diese statistisch gesehen 6 % mehr Umsatz als andere Unternehmer erzielen und beim Beschäftigungszuwachs rund 14 % vor vergleichbaren Unternehme liegen (Impulse 12/2001, 96). *Leibner* zieht hieraus den Schluss, dass die Betroffenen aufgrund der Lehren und Erfahrungen aus der ersten unternehmerischen Tätigkeit bei der Begründung ihrer zweiten unternehmerischen Existenz besonders erfolgreich sind.

311 *Leibner*, a.a.O., S. 62.

positiv aus, wenn der Gewerbetreibende sich seit einiger Zeit nichts mehr zu Schulden habe kommen lassen, er entsprechend seiner Leistungsfähigkeit Tilgungsleistungen erbringe, und i.Ü. die Verbindlichkeiten im Rahmen eines Insolvenzverfahrens reguliert würden[312]. § 12 GewO müsse insoweit durch den Gesetzgeber dahingehend ergänzt werden, dass auch der Neubeginn oder die Wiedergestattung eines Gewerbes von der Sperrwirkung der Vorschrift erfasst würden, soweit die wirtschaftliche Leistungsfähigkeit im Rahmen des Insolvenzverfahrens nachgewiesen sei[313].

Der Auffassung *Leibners* kann aufgrund verschiedener Gesichtspunkte nicht gefolgt werden. Zum einen handelt es sich bei § 295 Abs. 2 InsO um eine Vorschrift bezüglich der Obliegenheiten des Schuldners während der Treuhandperiode. Der Schuldner kann hiernach anstelle einer abhängigen Beschäftigung eine selbstständige Tätigkeit ausüben und mit dem Erwerb hieraus seiner Zahlungsobliegenheit an den Treuhänder nachkommen. Zum anderen ist der Vorschrift nicht zu entnehmen, dass der Schuldner auch während des Insolvenzverfahrens berechtigt sein soll, einen neuen Gewerbebetrieb zu eröffnen. In diesem Sinne hat auch das Oberverwaltungsgericht Münster entschieden, dass § 295 Abs. 2 InsO weder vom Wortlaut noch vom systematischen Zusammenhang her einen Anhaltspunkt dafür bietet, dass alleine die Stellung eines Eigenantrags zur Ausübung eines selbstständigen Gewerbes berechtigt[314]. Ob ein Gewerbe während des Insolvenzverfahrens ausgeübt werden dürfe, richte sich nicht nach § 295 Abs. 2 InsO, sondern ausschließlich nach § 12 Satz 1 GewO und danach, ob die Voraussetzungen des § 35 GewO für eine Gewerbeuntersagung (noch) vorliegen[315].

Zuverlässig i.S.d. § 35 GewO ist der Gewerbetreibende aber nur dann, wenn er sich in geordneten Vermögensverhältnissen befindet, bzw. die Ordnung seiner Vermögensverhältnisse im Wege eines Sanierungskonzeptes absehbar zu erwarten ist. Anders als das Restschuldbefreiungs- oder Insolvenzplanverfahren stellt das Insolvenzverfahren für sich genommen keine zukünftige Konsolidierung der Vermögensverhältnisse sicher. Soweit sich an die Aufhebung des Insolvenzverfahrens keines der zuvor genannten Verfahren anschließt, können die Insolvenzgläubiger gem. § 201 Abs. 1 InsO ihre restlichen Forderungen gegen den Schuldner geltend machen. Ob die Insolvenzmasse ausreicht, alle Insolvenzforderungen zu begleichen, lässt sich während des eröffneten Verfahrens nicht sicher voraussagen. Eine positive Prognose lässt sich zu diesem Zeitpunkt daher nicht treffen.

§ 12 Satz 1 GewO kann abgesehen hiervon auch seinem Sinn und Zweck nach keine Anwendung finden. Durch die Vorschrift soll alleine die Fortführung des zum Zeitpunkt des Insolvenzantrags betriebenen Gewerbes im Interesse der

---

312 *Leibner*, a.a.O., S. 63.
313 *Leibner*, a.a.O., S. 63.
314 *OVG Münster*, Beschluss v. 10.04.2001 – 4 A 5159/00, ZInsO 2001, 478 (479); mit Hinweis auf die vorgenannte Entscheidung auch *OVG Bremen*, Beschluss v. 08.12.2003 – 1 B 402/03, GewArch 2004, 163 (164).
315 *OVG Münster*, Beschluss v. 10.04.2001 – 4 A 5159/00, ZInsO 2001, 478 (479).

Insolvenzgläubiger gewährleistet werden. Diesen soll es vorbehalten bleiben, über die Zukunft des Betriebes zu entscheiden. Keinesfalls soll es dem insolventen Gewerbetreibenden durch § 12 Satz 1 GewO ermöglicht werden, ein neues Gewerbe unter dem Deckmantel der Insolvenz zu eröffnen, um auf diese Weise neu erworbene Forderungen gemäß § 35 InsO zur Insolvenzmasse ziehen zu können[316]. Der Vorrang des Insolvenzrechts ist auf den konkret ausgeübten Gewerbebetrieb begrenzt.

b) Ergebnis

Im Ergebnis ist daher mit der h.M. eine Anwendbarkeit des § 12 Satz 1 GewO auf Gewerbebetriebe, die der Gewerbetreibende erst nach dem Antrag auf Eröffnung des Insolvenzverfahrens wiederaufnehmen bzw. neu beginnen will, abzulehnen. Erst mit Eintritt des Schuldners in die Treuhandperiode ist eine Konsolidierung der Vermögensverhältnisse absehbar und der Gewerbetreibenden zum Neubeginn eines Gewerbes berechtigt.

IV. Die Neuregelung des § 12 Satz 2 GewO

Mit dem Gesetz zur Änderung der Gewerbeordnung und anderer Gesetze vom 5. Dezember 2012 hat der Gesetzgeber § 12 GewO geändert[317]. Der Vorschrift wurde folgender Satz 2 angefügt:

> „*Dies* (Anm.: § 12 Satz 1 GewO) *gilt nicht für eine nach § 35 Absatz 2 Satz 1 der Insolvenzordnung freigegebene selbstständige Tätigkeit des Gewerbetreibenden, wenn dessen Unzuverlässigkeit mit Tatsachen begründet wird, die nach der Freigabe eingetreten sind*“
>
> (Anmerkung durch den Verfasser)

1. Hintergrund der Neuregelung

Hintergrund der Neuregelung war die bis dahin ungeklärte und sowohl im Schrifttum, als auch in der Rechtsprechung äußerst umstrittene Frage, inwieweit das durch eine Negativerklärung des Insolvenzverwalters nach § 35 Abs. 2 InsO aus der Insolvenzmasse ausgegliederte Gewerbe durch die Gewerbeüberwachungsbehörden untersagt werden kann. Dabei standen sich die Entscheidung des Gesetzgebers, dem Schuldner eine Möglichkeit zur Fortführung seiner selbstständigen Tätigkeit zu gewähren, und das gewerberechtliche Interesse, die Allgemeinheit vor insolventen Gewerbetreiben zu schützen, gegenüber. Dieses Spannungsfeld zwischen Insolvenz- und Gewerberecht war lange Zeit ungelöst. Auch insoweit ging es um die Frage, inwieweit die insolvenzrechtlichte Zielsetzung Vorrang vor dem Gefahrenabwehrrecht genießt.

---

316 So auch *VG Gelsenkirchen*, Urteil v. 13.12.2006 – 7 K 6895/04, BeckRS 2008, 39112; *OVG Münster*, Beschluss v. 13.02.2002 – 4 B 1611/01, juris.

317 BT-Drucks. 17/10961, S. 7.

a) *Exkurs: Negativerklärung des Insolvenzverwalters nach § 35 Abs. 2 Satz 1 InsO*

Die gewerbliche oder freiberufliche Tätigkeit eines insolventen Schuldners stellt den Insolvenzverwalter oftmals vor erhebliche Probleme[318]. Während die durch den Schuldner im Rahmen des Betriebs erzielten Einkünfte in vollem Umfang zur Insolvenzmasse gehören, haftet die Insolvenzmasse auf der anderen Seite für die von dem Schuldner im Rahmen des Geschäftsbetriebs eingegangenen Verbindlichkeiten[319]. Damit ergeben sich regelmäßig für beide Seiten Nachteile. Der Schuldner ist durch die Massezugehörigkeit seiner Einkünfte nicht mehr in der Lage, die mit seiner Tätigkeit verbundenen Ausgaben, wie z.B. Steuern und Sozialversicherungsabgaben, zu erfüllen. Für die Insolvenzgläubiger besteht hingegen die Gefahr, dass der insolvente Schuldner durch seine Tätigkeit weitere Verbindlichkeiten gegen die Insolvenzmasse begründet.

Zur Regelung dieser Problematik hat das am 1. Juli 2007 in Kraft getretene Gesetz zur Vereinfachung des Insolvenzverfahrens § 35 InsO um die Absätze 2 und 3 ergänzt[320]. Seitdem muss der Insolvenzverwalter gegenüber dem Schuldner, der eine selbstständige Tätigkeit ausübt oder beabsichtigt, eine solche auszuüben, gem. § 35 Abs. 2 Satz 1 InsO erklären, ob Vermögen aus der selbstständigen Tätigkeit zur Insolvenzmasse gehört und Ansprüche aus dieser Tätigkeit im Insolvenzverfahren geltend gemacht werden können. Der Gesetzgeber hat sich insoweit dafür entschieden, dass der Insolvenzverwalter selbst nach pflichtgemäßem Ermessen eine Entscheidung darüber trifft, ob das Vermögen aus der selbstständigen Tätigkeit vom Insolvenzbeschlag erfasst wird und daher auch Ansprüche aus der selbstständigen Tätigkeit gegen die Masse geltend gemacht werden können[321]. Die Entscheidung des Insolvenzverwalters wird maßgeblich davon abhängig sein, ob der Neuerwerb aus der selbstständigen Tätigkeit für die Masse vorteilhaft ist und mögliche Risiken durch die im Rahmen der selbstständigen Tätigkeit begründeten Verbindlichkeiten überwiegt. Die Regelung des § 35 Abs. 2 InsO führt im Gegensatz zur früher bestehenden Rechtslage zu einer für den Insolvenzverwalter sicheren, für die Insolvenzgläubiger günstigen und für den Schuldner kalkulierbaren insolvenzrechtlichen Zuordnung des Neuerwerbs aus einer selbstständigen Tätigkeit während des Insolvenzverfahrens[322]. Mit der Negativerklärung verfolgt der Gesetzgeber das Ziel, den Schuldner bereits während des Insolvenzverfahrens zu einer selbstständigen

---

318 *Sternal,* NJW 2007, 1909 (1911).

319 *Sternal,* NJW 2007, 1909 (1911); zu der geschilderten Problematik auch *Hirte,* in: Uhlenbruck, InsO, § 35 Rn. 90.

320 BGBl I S. 509; zum Gesetzgebungsverfahren *Heinze,* ZVI 2007, 349 ff.

321 Vgl. *Pape,* NZI 2007, 481; *Dahl/Schindler,* VIA 2011, 1.

322 *Ahrens,* NZI 2007, 622 (623).

Tätigkeit zu motivieren; gleichwohl ein Risiko für die Insolvenzmasse aber zu vermeiden[323].

aa) Rechtsnatur der Erklärung

Die Rechtsnatur der Erklärung nach § 35 Abs. 2 InsO ist nur schwer zu bestimmen[324]. Der Gesetzgeber spricht in der Begründung zum Regierungsentwurf davon, dass sich die Erklärung des Insolvenzverwalters an das Rechtsinstitut der Freigabe anlehne[325]. An anderer Stelle der Begründung bezeichnet er die Erklärung wiederum ausdrücklich als *„Freigabe"*[326]. Obgleich sich diese Terminologie in der Praxis vielfach etabliert hat, ist die Bezeichnung der Erklärung des Insolvenzverwalters als *„Freigabe"* unpassend[327]. Im Gegensatz zu einer echten Freigabe bezieht sich die Erklärung nach § 35 Abs. 2 InsO nicht auf einen konkreten Gegenstand[328]. Insofern tritt auch keine insolvenzrechtlich strukturierte Einzelwirkung ein, durch die ein Gegenstand aus dem Insolvenzbeschlag gelöst wird und der Schuldner die Verfügungsbefugnis über diesen zurückerhält[329]. Die Erklärung nach § 35 Abs. 2 InsO bezieht sich vielmehr auf eine Vielzahl von Rechtsbeziehungen[330]. Der Begriff der Freigabe ist nach alldem ungeeignet, den Vorgang nach § 35 Abs. 2 InsO zu beschreiben.

Treffender ist daher der durch *Ahrens* begründete Begriff der *„Negativerklärung"*[331]. Abgeleitet wird der Begriff aus dem Inhalt der Erklärung des Insolvenzverwalters. Daher soll nachfolgend von einer Negativerklärung – der Neuerwerb soll nicht in die Insolvenzmasse fallen – und einer Positiverklärung – der Neuerwerb fällt in die Masse – die Rede sein[332].

---

323 RegE BT-Dr 16/3227, S. 11; *Bornemann*, in: FK-InsO, § 35 Rn. 30; *Dahl/Schindler*, VIA 2011, 1.

324 Vgl. hierzu insbesondere *Ahrens*, NZI 2007, 622 (624); *Dahl/Schindler*, VIA 2011, 1; a.A. *Hirte*, in: Uhlenbruck, InsO, § 35 Rn. 91, der davon ausgeht, dass die Erklärung nach Abs. 2 ausschließlich verfahrensrechtlicher Natur ist. Probleme bereite nur die begriffliche Einordnung.

325 RegE BT-Drucks. 16/3227, S. 11.

326 RegE BT-Drucks. 16/3227, S. 17.

327 *Ahrens*, NZI 2007, 622 (624); *ders.*, KSzW 2012, 303 (304); zustimmend *Dahl/Schindler*, VIA 2011, 1; wohl auch *Bornemann*, in: FK-InsO, § 35 Rn. 32 ff.; *Wischemeyer*, ZInsO 2009, 2121 erkennt das Problem, spricht aber dennoch von einer Freigabe; *Berger*, ZInsO 2008, 1101 bezeichnet die Erklärung nach § 35 Abs. 2 InsO als „Haftungserklärung".

328 *Dahl/Schindler*, VIA 2011, 1.

329 *Ahrens*, NZI 2007, 622 (624); *ders.*, KSzW 2012, 303 (304).

330 *Ahrens*, NZI 2007, 622 (624).

331 Ebenso *Dahl/Schindler*, VIA 2011, 1; *Menn*, ZVI 2011, 197; *Stiller*, ZInsO 2010, 1374.

332 So *Bornemann*, in: FK-InsO, § 35 Rn. 29.

bb) Voraussetzungen

Voraussetzung für eine Erklärungspflicht des Insolvenzverwalters nach § 35 Abs. 2 InsO ist, dass es sich bei der Person des Schuldners um eine natürliche Person handelt, die eine selbstständige Tätigkeit ausübt bzw. beabsichtigt, eine solche auszuüben[333].

cc) Ausgestaltung der Erklärung

Die Ausgestaltung der Negativerklärung wird nach *Ahrens* in drei Stufen eingeteilt[334]. Die erste und zugleich niedrigste Stufe bildet hiernach der zwangsvollstreckungsrechtliche Pfändungsschutz aus § 811 Nr. 5 ZPO. Hiernach bleiben dem Schuldner die Gegenstände erhalten, die er zur Fortsetzung seiner Erwerbstätigkeit benötigt. Diese Gegenstände kann der Insolvenzverwalter auch nicht durch seine Erklärung der Insolvenzmasse zuweisen. Auf der zweiten Stufe wird die Entscheidung zwischen einer Negativ- oder einer Positiverklärung getroffen. Erst hiernach stellt sich die Frage der inhaltlichen Ausgestaltung der Negativerklärung als letzte Stufe.

Der Insolvenzverwalter muss bei der Negativerklärung auf eine sorgfältige und präzise Umschreibung der von der Erklärung umfassten selbstständigen Tätigkeit, ihres Gegenstands und Umfangs achten[335]. Verzichtet er auf eine Einschränkung seiner Negativerklärung, so wird das gesamte der selbstständigen Tätigkeit gewidmete Vermögen und sämtliche Erträge aus der Haftungsmasse entlassen[336]. Unzulässig ist eine Einschränkung, nach der zwar Erträge aus der selbstständigen Tätigkeit vom Insolvenzbeschlag erfasst sind, Ansprüche aus dieser Tätigkeit im Insolvenzverfahren aber nicht geltend gemacht werden können[337]. Zulässig ist nur die Beschränkung des der selbstständigen Tätigkeit gewidmeten Vermögens. Dieses kann der Verwalter bis zu den zwangsvollstreckungsrechtlichen Grenzen reduzieren, soweit dem Schuldner hierdurch die Ausübung seiner selbstständigen Tätigkeit nicht unmöglich gemacht wird[338].

Darüber hinaus besteht die Möglichkeit, dass der Verwalter, sofern der Schuldner mehrere, klar voneinander abgrenzbare selbstständige Tätigkeiten ausübt, nur einen Teil der selbstständigen Tätigkeiten aus dem Beschlag der Insolvenzmasse entlässt[339]. Hierdurch ist der Insolvenzverwalter in der Lage, im Interesse des Insolvenzverfahrens die für die Insolvenzgläubiger günstigen selbstständigen Tätigkeiten bzw. die hier entstehenden Einkünfte durch eine Positiverklärung zur Masse zu

---

333 *Ahrens*, NZI 2007, 622 (623); *Holzer*, ZVI 2007, 289 (291), *Haarmeyer*, ZInsO 2007, 696 (697); *Berger*, ZInsO 2008, 1101 (1104); a.A. *Heinze*, ZVI 2007, 349 (351); zum unselbstständigen Schuldner: *Andres*, in: Nerlich/Römermann, InsO, § 35 Rn. 91.

334 *Ahrens*, NZI 2007, 622 (625).

335 *Bornemann*, in: FK-InsO, § 35 Rn. 42.

336 *Ahrens*, NZI 2007, 622 (625).

337 *Hirte*, in: Uhlenbruck, InsO, § 35 Rn. 96.

338 *Ahrens*, NZI 2007, 622 (625).

339 *Bornemann*, in: FK-InsO, § 35 Rn. 44.

ziehen und die risikoreichen Tätigkeiten durch eine Negativerklärung aus dem Insolvenzbeschlag zu entlassen.

dd) Wirkung der Erklärung

Die Wirkung einer Erklärung nach § 35 Abs. 2 InsO hängt davon ab, ob es sich um eine Negativ- oder Positiverklärung handelt. Eine Positiverklärung stellt lediglich den geltenden Rechtszustand nach § 35 Abs. 1 InsO fest, so dass keine Änderungen der gesetzlichen Lage eintritt. Das heißt, der Neuerwerb des Schuldners aus seiner selbstständigen Tätigkeit ist Teil der Masse und die im Rahmen des Geschäftsbetriebs begründeten Forderungen sind wie bisher als Masseverbindlichkeiten zu qualifizieren. Die Positiverklärung hat insoweit lediglich deklaratorische Wirkung[340].

Anders hingegen im Fall der Negativerklärung. Diese besitzt im Gegensatz zur Positiverklärung konstitutive Wirkung[341]. Erklärt der Insolvenzverwalter gegenüber dem Insolvenzschuldner, dass er den aus der selbstständigen Tätigkeit zu erwartenden Neuerwerb nicht zur Masse zieht, so hat das für den Schuldner zur Folge, dass er ab diesem Zeitpunkt aus Verträgen, die er im Rahmen seiner selbstständigen Tätigkeit neu begründet, selbst berechtigt und verpflichtet wird[342]. Dies gilt sowohl für rechtsgeschäftliche als auch gesetzliche Verbindlichkeiten[343]. Ansprüche hieraus können von nun an nur noch gegen den Schuldner und nicht mehr gegen die Insolvenzmasse geltend gemacht werden. Im Gegenzug steht dem Schuldner das Vermögen, das er aus der selbstständigen Tätigkeit erlangt, frei zur Verfügung. Hierzu gehört nicht nur das Vermögen, welches der Schuldner unmittelbar durch den Betrieb seines Gewerbes verdient, sondern darüber hinaus das gesamte für die selbstständige Tätigkeit eingesetzte, ihr gewidmete Vermögen[344]. Dies umfasst ausweislich der Gesetzesbegründung zu § 35 Abs. 2 InsO nicht nur die nach den Vollstreckungsregeln unpfändbaren Gegenstände, die zum Betrieb der gewerblichen Tätigkeit erforderlich sind, sondern auch alle dazu gehörenden Vertragsverhältnisse[345]. Damit gehen die mit der gewerblichen Tätigkeit verbundenen Vertragsverhältnisse wie z.B. Miet- oder Pachtverträge, ebenso wie die für den Betrieb erforderlichen Gegenstände wie z.B. Maschinen, infolge der Negativerklärung in die Verfügungsmacht des Schuldners über[346]. Ohne eine Enthaftung der

---

340 *Holzer*, ZVI 2007, 289 (292); *Ahrens*, ZSzW 2012, 303 (305).

341 *Haarmeyer*, ZInsO 2007, 696 (697); *Holzer*, ZVI 2007, 289 (292); vgl. auch *Dahl/Schindler*, VIA 2011, 2.

342 *Hirte*, in: Uhlenbruck, InsO, § 35 Rn. 101.

343 *Bornemann*, in: FK-InsO, § 35 Rn. 47.

344 *Ahrens*, NZI 2007, 622 (625); *Smid*, WM 2005, 625; a.A. *Hirte*, in: Uhlenbruck, InsO, § 35 Rn. 100; *Berger*, ZInsO 2008, 1101 (1104); *Dahl/Schindler*, VIA 2011, 2.

345 BT-Drucks. 16/3227, S. 17.

346 Vgl. *Ahrens*, NZI 2007, 622 (625); Die Problematik ist im Hinblick auf die hier angesprochenen Dauerschuldverhältnisse umstritten. Zur Diskussion vgl. *Dahl/Schindler*, VIA 2011, 1.

Betriebsgegenstände und Vertragsverhältnisse wäre der Schuldner zu einer selbstständigen Tätigkeit nicht in der Lage.

Zusammengefasst bedeutet das für die Insolvenzgläubiger, dass die ihnen zur Befriedigung dienende Insolvenzmasse zwar nicht für die im Rahmen der selbstständigen Tätigkeit begründeten Verbindlichkeiten haftet. Im Umkehrschluss profitiert die Masse aber auch nicht vom etwaigen Neuerwerb des Schuldners aus seiner selbstständigen Tätigkeit.

b) Streitstand vor Einführung des § 12 Satz 2 GewO

Vor Einführung des § 12 Satz 2 GewO galt es als äußerst umstritten, ob eine Gewerbeuntersagung auch nach der Negativerklärung des Insolvenzverwalters durch § 12 Satz 1 GewO gesperrt bleibt[347].

Zumindest der Wortlaut des § 12 Satz 1 GewO ließ die Vermutung zu, dass für den Eintritt der Sperrwirkung lediglich formal an die Eröffnung des Insolvenzverfahrens anzuknüpfen ist. Der Gesetzgeber hatte seinerzeit durch die Formulierung *„während eines Insolvenzverfahrens“* lediglich das zeitliche Moment geregelt. Keine Voraussetzung war ausweislich des Wortlauts die Zugehörigkeit des Gewerbebetriebs zur Insolvenzmasse. Infolgedessen wurde teilweise aus dem Wortlaut des § 12 Satz 1 GewO gefolgert, dass auch die aus dem Insolvenzbeschlag herausgelöste gewerbliche Tätigkeit des Schuldners aufgrund der Sperrwirkung des § 12 Satz 1 GewO im Falle wirtschaftlicher Leistungsunfähigkeit nicht untersagt werden kann[348]. Das Verwaltungsgericht Trier ging aufgrund des *„unmissverständlichen Wortlauts“* des § 12 GewO gar davon aus, dass kein Raum für eine Gesetzesauslegung dahingehend besteht, dass § 12 Satz 1 GewO bei einer Negativerklärung im Insolvenzverfahren auf das aus dem Insolvenzbeschlag losgelöste Vermögen nicht anwendbar ist[349]. Ähnlich formulierte es auch das Verwaltungsgericht München, wonach der Gesetzgeber

---

347 Zu den unterschiedlichen Ansichten insbesondere *Mühlmann*, ZInsO 2010, 2080; *Harder*, NJW-Spezial 2011, 469; *Wischemeyer*, ZInsO 2009, 2121 (2131); *Vallender*, Anm. zu VG Trier, Urteil v. 14.04.2010 – 5 K 11/10, VIA 2010, 55; *Krumm*, GewArch 2010, 465 (471); zur Rechtsprechung vgl. insbesondere *OVG Koblenz*, Urteil v. 03.11.2010 – 6 A 10676/10, NVwZ-RR 2011, 229; *OVG Münster*, Beschluss v. 19.05.2011 – 4 B 1707/10, GewArch 2011, 314; *VG Darmstadt*, Beschluss v. 07.02.2011 – 7 L 1768/10, NJW-Spezial 2011, 407; *VG Trier*, Urteil 14.04.2010 – 5 K 11/10, GewArch 2010, 453.

348 So das *VGH München*, Urteil v. 05.05.2009 – 22 BV 07.2776, GewArch 2009, 311 (312) zur modifizierten Freigabe.

349 *VG Trier*, Urteil v. 14.04.2010 – 5 K 11/10, GewArch 2010, 453 (454); kritisch zum Urteil des VG Trier *Gundlach/Frenzel/Jahn*, DStR 2010, 1343 (1346).

den Wortlaut des § 12 GewO *„eindeutig und einer einschränkenden Auslegung nicht zugängig"* formuliert hat[350]. Eine solche Auslegung *„verbiete sich"* sogar[351].

Neben dem Wortlaut des § 12 Satz 1 GewO wurde auch die Zahlungspflicht nach §§ 35 Abs. 2 Satz 2, 295 Abs. 2 InsO für eine Anwendbarkeit der Sperrwirkung auf die selbstständige Tätigkeit des Schuldners angeführt[352]. Hiernach ist der Insolvenzschuldner trotz der Negativerklärung verpflichtet, Einnahmen aus seiner selbstständigen Tätigkeit in bestimmter Höhe an die Insolvenzmasse abzuführen. Aus dieser Zahlungspflicht des Schuldners wurde teilweise gefolgert, dass die Negativerklärung des Insolvenzverwalters nicht zu einer endgültigen Herauslösung des Geschäftsbetriebs aus der Insolvenzmasse führt[353].

Der überwiegende Teil der Literatur und Rechtsprechung hat aber bereits vor Einführung des § 12 Satz. 2 GewO eine Suspendierung gewerberechtlicher Untersagungsvorschriften für die durch den Insolvenzverwalter nach § 35 Abs. 2 InsO aus der Insolvenzmasse ausgegliederte Tätigkeit verneint[354]. Begründet wurde dies mit der fehlenden Kompensation der sich aus dem Betrieb einer selbstständigen Tätigkeit durch einen unzuverlässigen Gewerbetreibenden ergebenden Risiken[355]. Durch die Negativerklärung des Insolvenzverwalters sei letztlich ein Zustand geschaffen worden, der dem Zustand außerhalb der formellen Insolvenz entspreche[356]. Sowohl vor der Eröffnung des Insolvenzverfahrens als auch nach der Negativerklärung des Insolvenzverwalters würde der Gewerbetreibende weder vom Insolvenzverwalter beaufsichtigt, noch seien etwaige Neugläubiger durch den Vorrang

---

350 *VG München*, Urteil v. 12.05.2009 – M 16 K 09.923, GewArch 2010, 491 (492); so auch *VGH München*, Urteil v. 05.05.2009 – 22 BV 07.2776, GewArch 2009, 311 (313) zur modifizierten Freigabe.

351 *VG München*, Urteil v. 12.05.2009 – M 16 K 09.923, GewArch 2010, 491 (492).

352 *VG Trier*, Urteil v. 14.04.2010 – 5 K 11/10, GewArch 2010, 453 (455); *VG München*, Urteil v. 12.05.2009 – M 16 K 09.923, GewArch 2010, 491 (492); *VG Oldenburg*, Beschluss v. 14.07.2008 – 12 B 1781/08, ZInsO 2009, 1354 (1356).

353 *VG Trier*, Urteil v. 14.04.2010 – 5 K 11/10, GewArch 2010, 453 (455); *VG München*, Urteil v. 12.05.2009 – M 16 K 09.923, GewArch 2010, 491 (492); *VG Oldenburg*, Beschluss v. 14.07.2008 – 12 B 1781/08, ZInsO 2009, 1354 (1356).

354 *OVG Münster*, Beschluss v. 19.05.2011 – 4 B 1707/10, GewArch 2011, 314; *VG Berlin*, Urteil v. 01.06.2012 – VG 4 K 23.11, BeckRS 2012, 57272; *VG Darmstadt*, Beschluss v. 07.02.2011 – 7 L 1768/10, NJW-Spezial 2011, 407; *VG Gelsenkirchen*, Beschluss v. 15.11.2010 – 7 L 1045/10, BeckRS 2010, 56233; *VG Ansbach*, Urteil v. 04.09.2007 – AN 4 K 06.02519, ZInsO 2009, 1349; *Harder*, NJW-Spezial 2011, 469; *Krumm*, GewArch 2010, 465 (471 ff); *Mühlmann*, ZInsO 2010, 2080; *ders.*, ZInsO 2011, 2023 (2025); *Wischemeyer*, ZInsO 2009, 2121 (2130 f); *Blank*, Kurzkommentar zu VG Darmstadt, Beschluss v. 07.02.2011 – 7 L 1768/10, EWiR 2011, 597 (598); in seiner Entscheidung offen gelassen von *OVG Koblenz*, Urteil v. 03.11.2010 – 6 A 10676/10, NVwZ-RR 2011, 229.

355 Vgl. hierzu insbesondere *Krumm*, GewArch 2010, 465 (471 ff.); *VG Ansbach*, Urteil v. 04.09.2007 – AN 4 K 06.02519, ZInsO 2009, 1349 (1352); *OVG Münster*, Beschluss v. 19.05.2011 – 4 B 1707/10, GewArch 2011, 314 (315).

356 *Krumm*, GewArch 2010, 465 (472).

der Masseverbindlichkeiten gesichert[357]. Damit entfalle der durch den Gesetzgeber geforderte Schutz der Allgemeinheit mit dem Zeitpunkt der Negativerklärung[358].

Allerdings wurde bereits seinerzeit propagiert, die Gewerbeuntersagung nicht auf solche Tatsachen zu stützen, die vor der Negativerklärung des Insolvenzverwalters entstanden sind[359]. Andernfalls wären die zuständigen Behörden aufgrund der durch das Insolvenzverfahren belegten wirtschaftlichen Leistungsunfähigkeit mit dem Zeitpunkt der Negativerklärung und der nach wie vor bestehenden Insolvenzverbindlichkeiten stets in der Pflicht gewesen, die Untersagung des Gewerbes zu verfügen[360]. Damit wäre die Norm des § 35 Abs. 2 InsO, die den Schuldner eigentlich zu einer selbstständigen Tätigkeit motivieren soll, in der Praxis bedeutungslos geworden[361].

2. Bewertung der Neuregelung

Der Gesetzgeber hat sich letztlich dafür entschieden, der h.M. in Schrifttum und Rechtsprechung zu folgen. Insoweit heißt es in der Gesetzesbegründung zu § 12 Satz 2 GewO[362]:

> *„Die Ergänzung des § 12 GewO soll klarstellen, dass hinsichtlich des vom Insolvenzverwalter freigegebenen Gewerbes eine Gewerbeuntersagung wegen Unzuverlässigkeit möglich sein soll. Denn mit der Freigabeerklärung wird der Gewerbebetrieb aus der Insolvenzmasse ausgegliedert, der Gewerbetreibende ist wieder in vollem Umfang verfügungsbefugt. Damit besteht aber wieder Bedarf, gewerberechtliche Maßnahmen zum Schutz der Allgemeinheit vor unzuverlässigen Gewerbetreibenden ergreifen zu können.*

---

357 *Mühlmann*, ZInsO 2010, 2080 (2082); *VG Berlin*, Urteil v. 01.06.2012 – VG 4 K 23.11, BeckRS 2012, 57272.

358 *VG Ansbach*, Urteil v. 04.09.2007 – AN 4 K 06.02519, ZInsO 2009, 1349 (1352).

359 *OVG Münster*, Beschluss v. 19.05.2011 – 4 B 1707/10, GewArch 2011, 314 (315); *VG Darmstadt*, Beschluss v. 07.02.2011 – 7 L 1768/10, NJW-Spezial 2011, 407; *Krumm*, GewArch 2010, 465 (471 ff); *Wischemeyer*, ZInsO 2009, 2121 (2130 f); *Peters*, WM 2012, 1067 (1070); *Vallender*, VIA 2010, 55 (56); *Schmerbach*, Anm. zu VG Darmstadt, Beschluss v. 07.02.2011 – 7 L 1768/10, VIA 2011, 56; im Ergebnis wohl auch *Mühlmann*, ZInsO 2010, 2080; *Blank*, Kurzkommentar zu VG Darmstadt, Beschluss v. 07.02.2011 – 7 L 1768/10, EWiR 2011, 597 (598); ohne einen Hinweis auf § 12 S. 2 GewO noch zum alten Recht *VG Neustadt a.d. Weinstraße*, Beschluss v. 15.01.2013 – 4 L 1076/12.NW, BeckRS 2013, 45973; a.A. *VG Ansbach*, Urteil v. 04.09.2007 – AN 4 K 06.02519, ZInsO 2009, 1349 (1353), das davon ausgeht, dass der Schuldner, nachdem er frei verfügungsbefugt ist, im Rahmen seiner gewerblichen Tätigkeit Verbindlichkeiten eingeht, die er aufgrund der fehlenden wirtschaftlichen Leistungsunfähigkeit, die durch das Insolvenzverfahren gerade dokumentiert wird, nicht bedienen kann.

360 *VG Darmstadt*, Beschluss v. 07.02.2011 – 7 L 1768/10, NJW-Spezial 2011, 407.

361 *VG Darmstadt*, Beschluss v. 07.02.2011 – 7 L 1768/10, NJW-Spezial 2011, 407.

362 BT-Drucks. 17/10961, S. 11.

Der Anwendungsbereich bezieht sich nur auf das Gewerbe, das zum Zeitpunkt der Eröffnung des Insolvenzverfahrens betrieben wurde. Allerdings kann die Untersagung nicht auf Tatsachen gestützt werden, die zur Eröffnung des Insolvenzverfahrens geführt haben oder die während der Laufzeit des Insolvenzverfahrens bis zur wirksamen Freigabeerklärung durch den Insolvenzverwalter eingetreten sind. Vielmehr muss sie auf Umständen beruhen, die nach der Freigabeerklärung des Insolvenzverwalters entstanden sind."

Mit der Entscheidung des Gesetzgebers, den Anwendungsbereich des § 12 GewO durch Satz 2 zu beschränken, hat der Gesetzgeber den Zustand bestehender Rechtsunsicherheit beendet. Ersichtlich treu geblieben ist er hierbei seiner Leitlinie, die Interessen des Insolvenzverfahrens zwar zu sichern, gleichzeitig aber einen Schutz der Allgemeinheit zu gewährleisten. Die vormals von einem Teil der Rechtsprechung und Literatur vertretene Auffassung, § 12 Satz 1 GewO seinem Wortlaut nach auch auf das durch eine Negativerklärung aus der Insolvenzmasse ausgegliederte Gewerbe auszuweiten, wäre bereits mit dem Schutzzwecke der Vorschrift nicht vereinbar gewesen. Keinesfalls hat der Gesetzgeber beabsichtigt, dem Gewerbetreibenden eine Fortführung seines Gewerbebetriebs unabhängig von seiner Zuverlässigkeit bzw. einer Kompensation der Unzuverlässigkeit durch die Sicherungsmaßnahmen des Insolvenzrechts zu ermöglichen. Wenn aber weder eine Aufsicht durch Insolvenzverwalter und Insolvenzgericht erfolgt, noch ein Vorrang der Masseverbindlichkeiten einen Ausfall etwaiger Neugläubiger mit ihren Forderungen im Insolvenzverfahren verhindert, besteht keine Rechtfertigung, den Vorrang des Insolvenzrechts weiter aufrechtzuerhalten.

Zu begrüßen ist die gesetzliche Klarstellung, dass die Gewerbeuntersagung nur auf solche Tatsachen gestützt werden darf, die vor der Negativerklärung des Insolvenzverwalters entstanden sind. Eines solchen Zusatzes hätte es indes nicht ausdrücklich bedurft. Denn eine Gewerbeuntersagung wegen ungeordneter Vermögensverhältnisse kann konsequenterweise ohnedies nicht mit solchen Verbindlichkeiten begründet werden, die vor der Negativerklärung des Insolvenzverwalters entstanden sind. Hierbei handelt es sich nämlich um Insolvenzforderungen nach § 38 InsO, die nur im Rahmen des Insolvenzverfahrens geltend gemacht werden können[363]. Das schuldnerische Vermögen aus dem Neuerwerb wird hierdurch nicht belastet. Damit ist der Schuldner, auch im Hinblick auf das Vollstreckungsverbot der Insolvenzgläubiger nach § 89 InsO, von den *„vorinsolvenzlichen Altlasten"* befreit[364]. Gegen eine Gewerbeuntersagung, gestützt auf vor der Negativerklärung entstandene Verbindlichkeiten, spricht zudem der Umstand, dass der Schuldner mit Eröffnung des Insolvenzverfahrens schon aus Rechtsgründen daran gehindert ist, diese zu begleichen[365]. Es verbietet sich aber, die Gewerbeuntersagung auf Tatsachen zu stützen, an denen der Schuldner aus rechtlichen Gründen nichts mehr ändern kann[366]. Nur dann, wenn die Altverbindlichkeiten wieder aufleben, können diese

363 Vgl. *OVG Münster*, Beschluss v. 19.05.2011 – 4 B 1707/10, GewArch 2011, 314 (315).
364 *Krumm*, GewArch 2010, 465 (473).
365 *VG Darmstadt*, Beschluss v. 07.02.2011 – 7 L 1768/10, NJW-Spezial 2011, 407.
366 *VG Darmstadt*, Beschluss v. 07.02.2011 – 7 L 1768/10, NJW-Spezial 2011, 407.

für die Beurteilung der Zuverlässigkeit des Gewerbetreibenden herangezogen werden. Diese Gefahr besteht indes nur dann, wenn die Insolvenzforderungen nicht durch das Insolvenzverfahren befriedigt werden und dem Schuldner der Zugang zur Restschuldbefreiung verwehrt bzw. während der Treuhandperiode versagt wird[367].

Damit kommt dem Schuldner infolge der Tatsache, dass sein Vermögen – vorbehaltlich der Pfändungsschutzbestimmungen des § 811 Abs. 1 Nr. 5 ZPO – weiterhin vom Insolvenzbeschlag erfasst ist und die bis zum Zeitpunkt der Negativerklärung gegen ihn begründeten Forderungen nach § 38 InsO Insolvenzforderungen bleiben, unabhängig von der gesetzlichen Regelung des § 12 Satz 2 GewO, die Zäsur der Insolvenz auch nach der Negativerklärung des Insolvenzverwalters zugute[368]. Das gleiche gilt für andere vorinsolvenzliche Unzuverlässigkeitsaspekte, die der Schuldner neben dem Unzuverlässigkeitsgrund der wirtschaftlichen Leistungsunfähigkeit verwirklicht hat, soweit diese in einem engen sachlichen Zusammenhang hiermit stehen[369].

Im Ergebnis wäre demnach ein gewerberechtliches Einschreiten, ungeachtet der Regelung des § 12 Satz 2 GewO auch dann unzulässig, wenn der Schuldner im Anschluss an die Negativerklärung seine selbstständige Tätigkeit im Hinblick auf die gewerberechtlichen Anforderungen beanstandungslos ausübt und seine selbstständige Tätigkeit auch später nicht durch das Nachforderungsrecht der Gläubiger nach § 201 InsO belastet wird[370].

3. Nach der Negativerklärung entstandene Untersagungsgründe

Verwirklicht der Gewerbetreibende hingegen nach der Negativerklärung im Rahmen seiner Tätigkeit Tatsachen, welche seine Unzuverlässigkeit neu begründen, so sind die zuständigen Gewerbeüberwachungsbehörden nicht daran gehindert, die Fortführung des Gewerbes zu untersagen[371]. Hinsichtlich der seitens der Behörde zu erstellenden Unzuverlässigkeitsprognose können die vorinsolvenzlich

367 Vgl. *Krumm*, GewArch 2010, 465 (473).

368 *Krumm*, GewArch 2010, 465 (473); *OVG Münster*, Beschluss v. 19.05.2011 – 4 B 1707/10, GewArch 2011, 314.

369 *Krumm*, GewArch 2010, 465 (473).

370 So zur alten Rechtslage noch *Krumm*, GewArch 2010, 465 (473).

371 *OVG Berlin-Brandenburg*, Beschluss v. 11.07.2014 – OVG 1 L 38.14, BeckRS 2014, 53934; *OVG Koblenz*, Urteil v. 03.11.2010 – 6 A 10676/10, NVwZ-RR 2011, 229 (230); *VG Regensburg*, Urteil v. 20.03.2014 – RN 5 K 13.1858, BeckRS 2014, 52110, wonach es bei einer Unzuverlässigkeit aufgrund von Steuerrückständen entscheidend auf die Frage ankommt, ob diese Rückstände vor oder nach der Negativerklärung des Insolvenzverwalters fällig werden; *VG Darmstadt*, Beschluss v. 07.02.2011 – 7 L 1768/10, NJW-Spezial 2011, 407; vgl. auch *OVG Münster*, Beschluss v. 30.11.2015 – 4 B 511/15, BeckRS 2015,55817; *Krumm*, GewArch 2010, 465 (473); *Wischemeyer*, ZInsO 2009, 2121 (2131); im Ergebnis auch *Martini*, Anm. zu VG Darmstadt, Beschluss v. 07.02.2011 – 7 L 1768/10, jurisPR-InsR 17/2011, Anm. 6.

verwirklichten Zuverlässigkeitsdefizite in diesem Fall Bedeutung erlangen[372]. Verwirklicht der Gewerbetreibende im Nachgang zur Negativerklärung erneut die gleichen Unzuverlässigkeitsgründe, die bereits zuvor zur Insolvenzeröffnung über sein Vermögen geführt haben, so sind an die Unzuverlässigkeitsprognose weitaus geringere Voraussetzungen zu stellen[373]. Vorbehaltlich eines jeden Einzelfalls lässt das Verhalten des Gewerbetreibenden in einem solchen Fall den Verdacht aufkommen, dass die insolvenzrechtliche Zäsur den eigentlichen Unzuverlässigkeitsmangel nur neutralisiert hat, dieser aber dem Grunde nach in der Person des Gewerbetreibenden weiter fortlebt[374]. Eine Gewerbeuntersagung ist in diesem Fall aufgrund negativer Prognose mehr als wahrscheinlich.

V. Auswirkungen des § 12 Satz 1 GewO auf die unterschiedlichen Stadien des Untersagungsverfahrens

1. Vor einem Insolvenzverfahren bestandskräftige Untersagungsverfügungen

Das gewerberechtliche Untersagungsverfahren kann sich beim Eingreifen der in § 12 Satz 1 GewO genannten insolvenzrechtlichen Maßnahmen in verschiedenen Stadien befinden. Für den Fall, dass ein Gewerbeuntersagungsverfahren bereits durch eine bestandskräftige Untersagungsverfügung abgeschlossen ist, findet § 12 Satz 1 GewO keine Anwendung[375]. Ein Aufrollen des Verfahrens kommt insoweit nicht in Betracht[376]. Dies ergibt sich bereits aus dem Wortlaut der Vorschrift, wonach Vorschriften, welche die Untersagung eines Gewerbes oder die Rücknahme oder den Widerruf einer Zulassung wegen Unzuverlässigkeit des Gewerbetreibenden *„ermöglichen"*, während der in § 12 Satz 1 GewO genannten Zeiträume keine Anwendung finden[377]. Bei einem abgeschlossenen Verfahren steht die Gewerbeuntersagung aber nicht mehr aus, soll insoweit also nicht erst „ermöglicht" werden. Es fehlt lediglich am Vollzug der Verfügung[378]. Eine Aufhebung der Gewerbeuntersagungsverfügung ist damit abzulehnen[379].

---

372 *Krumm*, GewArch 2010, 465 (473).
373 *Krumm*, a.a.O., S. 473.
374 So *Krumm*, a.a.O., S. 473.
375 *OVG Bautzen*, Beschluss v. 13.01.2015 – 3 D 69/14, juris; *Antoni*, NZI 2003, 246 (249); *Hahn*, GewArch 2000, 361 (364); *Marcks*, in: Landmann/Rohmer, GewO, § 12 Rn. 14; *ders*, in: Robinski, Gewerberecht, S. 60; *Heß*, in: Friauf, GewO, § 12 Rn. 15; *Hoffmann*, in: Beck´scher Online-Kommentar, GewO, § 12 Rn. 62; Michel/*Kienzle/Pauly*, GastG, § 15 Rn. 19 b; *Onusseit*, in: Kübler/Prütting/Bork, InsO, § 157 Rn. 11; *Krumm*, GewArch 2010, 465 (468).
376 *Michel/Kienzle/Pauly*, GastG, § 15 Rn. 19 b.
377 *Antoni*, NZI 2003, 246 (249).
378 *Antoni*, NZI 2003, 246 (249).
379 *Michel/Kienzle/Pauly*, GastG, § 15 Rn. 19 b; *Heß*, in: Friauf, GewO, § 12 Rn. 15.

a) Auswirkungen des § 12 Satz 1 GewO auf Vollstreckungshandlungen

Eine andere Frage ist jedoch, ob während der in § 12 Satz 1 GewO genannten Zeiträume trotz bereits rechtskräftigen Untersagungsbescheids entsprechende Vollstreckungshandlungen durch die Vorschrift gesperrt sind.

Teilweise wird davon ausgegangen, dass Vollstreckungsmaßnahmen zur Durchsetzung des Untersagungsbescheides unzulässig sind, da andernfalls der ursprünglich durch § 12 Satz 1 GewO beabsichtigte Schutz der Ziele des Insolvenzverfahrens gefährdet würde[380]. Zwar verhalte sich der Gewerbetreibende rechtsuntreu, wenn er nach Bestandskraft der Untersagung/des Widerrufs seine Tätigkeit nicht einstelle; gleichwohl übe er aber sein Gewerbe *„zur Zeit des Antrags auf Eröffnung des Insolvenzverfahrens"* im Sinne des § 12 Satz 1 GewO aus[381]. Daher sei es sinnvoll, zum Schutze der Ziele des Insolvenzverfahrens auch in diesem Stadium eine Vollstreckung an § 12 Satz 1 GewO scheitern zu lassen[382]. Hierfür spreche auch die gesetzgeberische Intention, gewerbeaufsichtsrechtliche Maßnahmen zu verbieten, die während der in § 12 Satz1 GewO genannten drei Zeiträume die Betriebssanierung verhindern würden[383]. Der weit gefasste Wortlaut des § 12 Satz 1 GewO *„Vorschriften, welche die Untersagung eines Gewerbes...ermöglichen"*, schließe vollstreckungsrechtliche Normen ausdrücklich mit ein[384].

Diesen Erwägungen folgend hat der *Bund-Länder-Ausschuss Gewerberecht* in seiner Sitzung am 18./19. November 2004 eine vermittelnde Lösung dahingehend befürwortet, dass die Gewerbeuntersagung oder ein Widerruf zwar bestehen bleibt, deren Vollstreckung aber durch § 12 Satz 1 GewO gesperrt ist[385].

Die Rechtsprechung ist diesen Ausführungen nur bedingt gefolgt. So gehen die Gerichte zwar überwiegend davon aus, dass § 12 Satz 1 GewO nicht nur den Erlass einer Gewerbeuntersagungsverfügung sperrt, sondern darüber hinaus auch bei bereits

380 *Schönleiter*, GewArch 2005, 236 (238); *Michel/Kienzle/Pauly*, GastG, § 15 Rn. 19 b; *Spieß*, in: Festschrift für Werner Frotscher, S. 467 (477 f); offen gelassen wird die Frage durch *Fuchs*, GewArch 1999, 370 (371) und *Marcks*, in: Landmann/Rohmer, GewO, § 12 Rn. 14; nicht eindeutig beantwortet wird die Frage von *Ennuschat*, in: Tettinger/Wank/Ennuschat, GewO, § 12 Rn. 10; vermittelnd insoweit *Dietz*, GewArch 2014, 225 (231), wonach das Gewerbe (vollziehbar) untersagt bleibe; der Gewerbetreibende aber in einem Vollstreckungsverfahren das Insolvenzverfahren als etwaiges Vollstreckungshindernis geltend machen könne, welches die Gewerbebehörde bei ihrer Ermessensentscheidung über die einzelnen Vollstreckungsmaßnahmen zu berücksichtigen habe; *BVerwG*, Urteil v. 15.04.2015 – 8 C 6/14, NVwZ 2015, 1544 a.A. unter Aufgabe seiner bisherigen Meinung *Heß*, in: Friauf, GewO, § 12 Rn. 15.

381 *Schönleiter*, GewArch 2005, 236 (238).

382 *Michel/Kienzle/Pauly*, GastG, § 15 Rn. 19 b.

383 *Spieß*, in: Festschrift für Werner Frotscher, S. 467 (477).

384 *Spieß*, in: Festschrift für Werner Frotscher, S. 467 (477).

385 *Schönleiter*, GewArch 2005, 236 (238).

erfolgter Untersagung Maßnahmen zur Vollziehung verbietet[386]. Für bestandskräftige Untersagungen soll dies nach Ansicht des Oberverwaltungsgerichts Münster aber nur dann gelten, wenn der Betrieb zum Zeitpunkt des Antrags auf Eröffnung des Insolvenzverfahrens mit *„Duldung der Behörde"* weiter fortgeführt wurde[387]. Das Gericht begründete seine Rechtsauffassung zum einen mit dem Wortlaut des § 12 Satz 1 GewO, der lediglich voraussetze, dass das Gewerbe *„zur Zeit des Antrags auf Eröffnung des Insolvenzverfahrens ausgeübt werde"*[388]. Zum anderen könne nur durch ein Vollstreckungsverbot der Zielsetzung des Gesetzgebers, dem Insolvenzverfahren im Verhältnis zum gewerberechtlichen Untersagungsverfahren die absolute Priorität zuzuweisen und dem Insolvenzverfahren zuwiderlaufende gewerberechtliche Entscheidungen zu vermeiden, umfassend Rechnung getragen werden[389]. Die Anwendbarkeit des § 12 Satz 1 GewO sei hingegen für solche Gewerbebetriebe ausgeschlossen, die zum Zeitpunkt des Antrags auf Eröffnung des Insolvenzverfahrens unter Missachtung der Rechtsordnung ausgeübt wurden[390]. In diesem Sinne vertrat auch das Oberverwaltungsgericht Lüneburg in einem Fall, in dem der Gewerbetreibende trotz einer bereits vor dem Antrag auf Eröffnung des Insolvenzverfahrens angeordneten sofortigen Vollziehung der Gewerbeuntersagung den Betrieb fortgeführt hat die Auffassung, dass die Anwendbarkeit des § 12 Satz 1 GewO ausscheide[391]. Ziel des § 12 Satz 1 GewO sei es schließlich nicht, dem Gewerbetreibenden die Fortführung eines unerlaubt betriebenen Gewerbes zu ermöglichen[392].

Diese Beschränkung ist konsequent und steht nicht im Widerspruch zur Schutzfunktion des § 12 Satz 1 GewO. Ein Gewerbetreibender, der seinen Gewerbebetrieb trotz einer bestandskräftigen Gewerbeuntersagungsverfügung gegen den Willen der

---

386 *OVG Münster*, Urteil v. 12.04.2011 – 4 A 1449/08; NVwZ-RR 2011, 533; *VGH Kassel*, Urteil v. 21.11.2002 – 8 UE 3195/01, GewArch 2004, 162; *VG Gelsenkirchen*, Beschluss v. 15.11.2010 – 7 L 1045/10, BeckRS 2010, 56233.

387 *OVG Münster*, Beschluss v. 19.05.2011 – 4 B 1707/10, GewArch 2011, 314; so auch *Krumm*, GewArch 2010, 465 (468); vgl. auch *VGH* München, Urteil v. 27.01.2014 – 22 BV 13.260, juris, wonach eine Einzelfallprüfung durchgeführt werden muss, um zu klären, ob eine unanfechtbare oder vollziehbare Gewerbeuntersagungsverfügung bei nachträglichem Eintritt von insolvenzrechtlichen Schutzmaßnahmen i.S.d. § 12 GewO vollstreckt werden kann. Dabei könne auch eine möglicherweise erforderliche Differenzierung erfolgen zwischen einerseits demjenigen Gewerbetreibenden, der eine für sofort vollziehbar erklärte Gewerbeuntersagung einfach missachtet hat und nur aus diesem Grund im Zeitpunkt der Eröffnung des Insolvenzverfahrens ein Gewerbe zwar tatsächlich, aber rechtswidrig ausübt, und andererseits demjenigen, der während einer ihm eingeräumten Abwicklungsfrist oder deswegen, weil der Sofortvollzug nicht angeordnet wurde, bei Eröffnung des Insolvenzverfahrens ein Gewerbe rechtmäßig betreibt.

388 *OVG Münster*, Beschluss v. 19.05.2011 – 4 B 1707/10, GewArch 2011, 314.

389 *OVG Münster*, a.a.O., S. 314.

390 *OVG Münster*, a.a.O., S. 314.

391 *OVG Lüneburg*, Beschluss v. 08.12.2008 – 7 ME 144/08, GewArch 2009, 162.

392 *OVG Lüneburg*, Beschluss v. 08.12.2008 – 7 ME 144/08, GewArch 2009, 162.

zuständigen Behörden fortführt, kann sich nachträglich nicht auf § 12 Satz 1 GewO berufen, da das von ihm betriebene Gewerbe zum Zeitpunkt des Insolvenzantrags gar nicht mehr bestehen würde, wenn er sich rechtstreu verhalten hätte. Andernfalls würde der rechtsuntreue gegenüber dem rechtstreuen Gewerbetreibenden, der sein Gewerbe infolge der Untersagungsverfügung eingestellt hat, unzulässigerweise privilegiert. Ein unter Missbilligung der Behörde und unter Missachtung der Rechtsordnung fortgeführtes Gewerbe darf nicht nachträglich durch das Insolvenzrecht legitimiert werden. Hierdurch würde fälschlicherweise der Eindruck entstehen, dass § 12 Satz 1 GewO dem rechtsuntreuen Gewerbetreibenden die Fortführung seines Gewerbes entgegen der Rechtsordnung ermöglicht. Soweit die Literatur damit auch die Vollziehung einer bestandskräftigen Gewerbeuntersagungsverfügung für ein vor dem Antrag auf Eröffnung des Insolvenzverfahrens zu Unrecht betriebenes Gewerbe von der Sperrwirkung des § 12 Satz 1 GewO erfasst sieht, kann ihr diesbezüglich nicht gefolgt werden.

§ 12 Satz 1 GewO sperrt nach einem Teil der Rechtsprechung und Literatur insoweit nur Vollstreckungsmaßnahmen aufgrund bestandskräftiger Untersagungsverfügungen, soweit die Behörde dem Gewerbetreibenden eine Abwicklungsfrist für sein Gewerbe eingeräumt hat und während dieser Zeit bereits das Insolvenzverfahren eröffnet wird, oder im Rahmen eines Insolvenzeröffnungsverfahrens Sicherungsmaßnahmen durch das Insolvenzgericht angeordnet werden.

b) Urteil des Bundesverwaltungsgerichts vom 15. April 2015

Mit Urteil vom 15. April 2015 hat das Bundesverwaltungsgericht klargestellt, dass § 12 Satz 1 GewO kein Verbot der Vollstreckung von Gewerbeuntersagungen für die Dauer des Insolvenzverfahrens normiert[393]. Nach Auffassung des Bundesverwaltungsgerichts spricht schon der klare Wortlaut der Vorschrift gegen eine solche Annahme. Denn die vollstreckungsrechtlichen Vorschriften würden nicht i.S.v. § 12 Satz 1 GewO die Untersagung eines Gewerbes, sondern nur deren Vollzug *„ermöglichen"*. Außerdem beträfe die Frage der Unzuverlässigkeit wegen ungeordneter Vermögensverhältnisse die Rechtmäßigkeit des Grundverwaltungsakts *„Untersagung"*, die von der Rechtmäßigkeit von Maßnahmen zur Vollstreckung des Grundverwaltungsakts strikt zu trennen sei. Darüber hinaus würde ein Vollstreckungsverbot eine ungerechtfertigte Privilegierung derjenigen Gewerbetreibenden bewirken, die eine vor Beginn der in § 12 Satz 1 GewO bezeichneten Zeiträume ergangene sofort vollziehbare oder bestandskräftig gewordene Untersagungsverfügung missachten.

c) Zwischenergebnis

Nach Ansicht des Bundesverwaltungsgerichts normiert § 12 Satz 1 GewO kein Verbot der Vollstreckung von Gewerbeuntersagungen für die Dauer des Insolvenzverfahrens. Den Zielen des Insolvenzverfahrens könne vielmehr durch die Möglichkeit

393 *BVerwG*, Urteil v. 15.04.2015 – 8 C 6/14, NVwZ 2015, 1544 (1547).

des Schuldners zur Durchführung eines Wiedergestattungsverfahrens nach § 35 Abs. 6 Satz 1 GewO Rechnung getragen werden. Nach anderer Ansicht werden demgegenüber auch Vollstreckungshandlungen durch § 12 Satz 1 GewO gesperrt. Hinsichtlich bestandskräftiger Untersagungsverfügungen gilt dies allerdings nur unter der Einschränkung, dass die zuständige Behörde die Fortführung des Gewerbes ausdrücklich geduldet hat.

d) Stellungnahme und Bewertung

Zu untersuchen ist, inwieweit durch die Möglichkeit eines Wiedergestattungsantrags nach § 35 Abs. 6 Satz 1 GewO oder durch das Verbot von Vollstreckungsmaßnahmen während der in § 12 Satz 1 GewO benannten Zeiträume die Ziele des Insolvenzverfahrens hinreichend berücksichtigt werden und eine Sanierung des Schuldners nachhaltig gewährleistet werden kann.

aa) Wiedergestattungsantrag nach § 35 Abs. 6 Satz 1 GewO

Es stellt sich die Frage, inwieweit die Möglichkeit zur Durchführung eines Wiedergestattungsverfahrens gem. § 35 Abs. 6 Satz 1 GewO – nach zwischenzeitlich erfolgter Gewerbeuntersagung – die Möglichkeit einer Sanierung des Schuldners effektiv gewährleisten kann.

(1) Lösung des BVerwG

Gemäß § 35 Abs. 6 Satz 1 GewO ist dem Gewerbetreibenden von der zuständigen Behörde auf Grund eines an die Behörde zu richtenden schriftlichen oder elektronischen Antrags die persönliche Ausübung des Gewerbe wieder zu gestatten, wenn Tatsachen die Annahme rechtfertigen, dass eine Unzuverlässigkeit im Sinne des § 35 Abs. 1 GewO nicht mehr vorliegt.

Dabei setzt die Prognose einer dauerhaften Zuverlässigkeit des Gewerbetreibenden nach Ansicht des Bundesverwaltungsgerichts in seinem Urteil vom 15. April 2015 voraus, dass begründete Aussicht auf eine Sanierung seiner Vermögensverhältnisse infolge der im Insolvenzverfahren durchzuführenden Maßnahmen besteht[394]. In diesem Fall würden *„in der Regel“* die Voraussetzungen des § 35 Abs. 6 Satz 1 GewO für eine Wiedergestattung der Gewerbeausübung aufgrund künftig geordneter Vermögensverhältnisse und zwischenzeitlich fehlender Gefährdung vorliegen. Indes würde eine Wiedergesattung der Gewerbeausübung nicht in Betracht kommen, wenn die Sanierungschancen negativ zu bewerten seien.

Dem Problem, dass die Sanierungschancen bei Eröffnung des Insolvenzverfahrens regelmäßig offen sind, begegnet das Bundesverwaltungsgericht dadurch, dass die nach § 35 Abs. 6 Satz 1 GewO vorausgesetzte Gewähr dauerhafter Zuveläsigkeit des Gewerbetreibenden – hier nach seiner wirtschaftlichen Leistungsfähigkeit – durch geeignete Nebenbestimmungen gesichert werde, die den weiteren Bestand

394 *BVerwG*, Urteil v. 15.04.2015 – 8 C 6/14, NVwZ 2015, 1544 (1547).

der Wiedergestattung vom Ergebnis des Insolvenzverfahrens abhängig machen (§ 36 Abs. 1 Alt. 2 VwVfG). Zur raschen vorläufigen Klärung der Befugnis zur Fortführung des Gewerbes nach § 35 Abs. 6 Satz 1 GewO stehe dem Gewerbetreibenden die Möglichkeit des einstweiligen Rechtsschutzes nach § 123 VwGO zur Verfügung.

Nach Ansicht des Bundesverwaltungsgerichts sei das Wiedergestattungsverfahren nach § 35 Abs. 6 Satz 1 GewO auch nicht deshalb zur Umsetzung der Ziele des § 12 Satz 1 GewO ungeeignet, weil im Regelfall für die Wiedergestattung gemäß § 35 Abs. 6 Satz 2 GewO eine Wartefrist von einem Jahr nach Durchführung des Untersagungsverfahrens einzuhalten ist. Denn für den Fall, dass Aussicht auf eine Sanierung der Vemögensverhältnisse des Gewerbetreibenden im Wege insolvenzrechtlicher Maßnahmen bestehe oder ein Sanierungserfolg möglich erscheine, werde vom Vorliegen *„besonderer Gründe"* im Sinne des § 35 Abs. 6 Satz 2 GewO auszugehen sein, weil es dann nicht mehr aufgrund überwiegender öffentlicher Interessen gerechtfertigt sei, den Betroffenen trotz fehlender Gefährdung des Geschäftsverkehrs länger von der Ausübung des Gewerbes fernzuhalten und dadurch den Sanierungserfolg zu gefährden.

(2) Kritik

Der seitens des Bundesverwaltungsgerichts in seinem Urteil vom 15. April 2015[395] entwickelte Lösungsansatz vermag lediglich auf den ersten Blick zu überzeugen, weist bei genauerer Betrachtung jedoch – insbesondere in der Praxis – deutliche Schwächen auf und kann daher nicht ohne Kritik bleiben[396].

Zunächst ist zu berücksichtigen, dass die erste Schwierigkeit des Lösungsansatzes des Bundesverwaltungsgerichts darin besteht, bei Eintritt der in § 12 Satz 1 GewO benannten Zeiträume eine Prognose für eine dauerhafte Zuverlässigkeit des Gewerbetreibenden zu treffen und das Zuverlässigkeitselement der wirtschaftlichen Leistungsfähigkeit – bei noch offenem Sanierungserfolg – durch eine geeignete Nebenbestimmung – unabhänging von deren rechtlichen Zulässigkeit (s.u.) – gemäß § 36 Abs. 1 Alt. 2 VwVfG zu sichern. Denn im Rahmen eines Insolvenzeröffnunsverfahrens oder zu Beginn des Insolvenzverfahrens ist oftmals noch gänzlich offen, durch welche Maßnahmen eine Sanierung des Schuldners konkret erfolgen soll. Unklar ist insoweit auch – und das hat das Bundesverwaltungsgericht letztlich offen gelassen – wie eine Nebenbestimmung konkret ausgestaltet werden soll. Letztlich dürfte das Bundesverwaltungsgericht wohl die Meinung vertreten, dass eine Wiedergestattung unter der Auflage erfolgt, dass der Gewerbetreibende im Rahmen des Insolvenzverfahrens seine wirtschaftliche Leistungsfähigkeit wiedererlangt.

395 *BVerwG*, Urteil v. 15.04.2015 – 8 C 6/14, NVwZ 2015, 1544.

396 Hierzu ausführlich *Antoni*, NZI 2015, 1015; a.A. *Heß*, in: Friauf, GewO, § 12 Rn. 15a, wonach er sich unter Aufgabe seiner früheren Meinung der Auffassung des Bundesverwaltungsgerichts anschließt. Eine Möglichkeit des betroffenen Gewerbetreibenden seinen Betrieb wieder auszuüben, biete nur das vom Bundesverwaltungsgericht angesprochene Wiedergestattungsverfahren.

Damit hängt der Erfolg eines Insolvenzverfahrens nach dem Lösungsansatz des Bundesverwaltungsgerichts maßgeblich davon ab, ob die zuständigen Gewerbeüberwachungsbehörden nach Abschluss des Insolvenzverfahrens zu dem Ergebnis kommen, dass der Schuldner wieder in geordneten Vermögensverhältnissen lebt. Dies hätte jedoch zur Konsequenz, dass die Insolvenzgläubiger des Schuldners einer Fortführung des Gewerbes zustimmen müssten, obwohl zum Zeitpunkt der Insolvenzeröffnung noch vollkommen offen ist, ob die Gewerbeüberwachungsbehörden die Sanierungsbemühungen später als ausreichend erachten.

Dabei dürfte – entgegen der Ansicht des Bundesverwaltungsgerichts – auch eine rasche vorläufige Klärung der Befugnis zur Fortführung des Gewerbes nach § 35 Abs. 6 Satz 1 GewO im Wege des einstweiligen Rechtsschutzes nach § 123 VwGO nicht möglich sein. Denn der Antrag auf eine einstweilige Anordnung nach § 123 VwGO ist nur dann begründet, wenn aufgrund einer summarischen Prüfung eine überwiegende Wahrscheinlichkeit für das Vorliegen eines Anordnungsanspruchs und eines Anordnungsgrundes besteht[397]. Die Tatsachen, auf die Anordnungsanspruch und Anordnungsgrund gestützt werden, sind vom Antragsteller glaubhaft zu machen[398]. Während dem Gewerbetreibenden die Glaubhaftmachung eines Anordnungsgrundes regelmäßig keine Schwierigkeiten bereiten dürfte, ist die Glaubhaftmachung eines Anordnungsanspruchs – d.h. sein Anspruch auf Wiedergestattung des Gewerbes nach § 35 Abs. 6 GewO – je nach Stadium des Insolvenzverfahrens nur schwerlich möglich. Denn für den Fall, dass sich der Gewerbetreibende noch im Insolvenzeröffnungsverfahren bei gleichzeitiger Anordnung von Sicherungsmaßnahmen i.S.d. § 21 InsO befindet, ist eine Sanierung offen und somit auch kein Anspruch auf Wiedergestattung gegeben. Der Antrag müsste in diesem Fall als unbegründet zurückgewiesen werden. Im Übrigen vergeht auch bei einer Entscheidung im einstweiligen Rechtsschutz – je nach Auslastung der Verwaltungsgerichte – einige Zeit, während der die Gewerbeausübung untersagt bleibt und der Gewerbetreibende sein Gewerbe nicht ausüben kann. Eine „rasche vorläufige Klärung" der Befugnis zur Fortführung des Gewerbes dürfte hiernach praxisfern sein.

Unabhängig hiervon begegnet der Lösungsansatz des Bundesverwaltungsgerichts aber auch aus anderem Grund erheblichen Bedenken. Denn eine Wiedergestattung des Gewerbes verbunden mit einer Nebenbestimmung, wonach die Wiedergestattung des Gewerbes entfällt, wenn der Sanierungserfolg nicht einritt, ist rechtlich nicht zulässig[399].

---

397 *W.-R. Schenke*, in: Kopp/Schenke, VwGO, § 123 Rn. 23.

398 *W.-R. Schenke*, in: Kopp/Schenke, VwGO, § 123 Rn. 23.

399 Vgl. *Marcks*, in: Landmann/Rohmer, GewO, § 35 Rn. 108; *Ennuschat*, in: Tettinger/Wank/Ennuschat, GewO, § 35 Rn. 219; *Kramer*, GewArch 2010, 273 (280); *Heß*, in: Friauf, GewO, § 35 Rn. 587, wonach die lästigen Nebenbestimmungen überflüssig sind, da die Gestattung einer erneuten Untersagung des Gewerbes nicht entgegensteht. Die Erteilung von Auflagen und Beifügung von Bedingungen sei schlichtweg nicht vorgesehen und daher unzulässig.

Die Wiedergestattung darf als gebundener Verwaltungsakt nur dann mit einer Nebenbestimmung versehen werden, wenn sie durch Rechtsvorschrift zugelassen ist, was vorliegend nicht der Fall ist, oder wenn sie sicherstellen soll, dass die gesetzlichen Voraussetzungen des Verwaltungsaktes erfüllt werden[400]. Dabei kommt eine aufschiebende Bedingung, die den künftigen Wegfall der die Annahme der Unzuverlässigkeit tragenden wirtschaftlichen Leistungsunfähigkeit zum Gegenstand hätte, nicht in Betracht, da der Betroffene im Zeitpunkt der Antragstellung noch keine geordneten Vermögensverhältnisse vorweisen kann und somit die wesentlichste Voraussetzung für die Wiedergestattung nicht erfüllt hat[401]. Ebenso scheidet aber auch ein Widerrufsvorbehalt wegen des subsidiären Charakters des VwVfG aus[402]. § 35 Abs. 1 GewO ist gegenüber den §§ 48 f VwVfG lex specialis[403]. Für den Fall, dass sich der Gewerbetreibende im Nachhinein als unzuverlässig erweist, sind die Gewerbeüberwachungsbehörden darauf verwiesen eine erneute Untersagung des Gewerbes auszusprechen[404].

Das Bundesverwaltungsgericht hätte sich nach alldem entscheiden müssen. Entweder wird der Wegfall der Unzuverlässigkeit mit Eintritt der in § 12 Satz 1 GewO benannten Zeitabschnitte vorbehaltslos festgestellt – dann besteht ein Anspruch auf uneingeschränkte Wiedergestattung – oder die Unzuverlässigkeit besteht nach prognostischer Einschätzung weiterhin, dann ist der Antrag auf Wiedergestattung abzulehnen[405]. Die Lösung des Bundesverwaltungsgerichts, den Bestand der Wiedergestattung von einem Sanierungserfolg im Insolvenzverfahren abhängig zu machen, ist jedenfalls unzulässig.

Nicht überzeugend ist das Urteil des Bundesverwaltungsgerichts auch im Hinblick auf die grundsätzlich im Rahmen eines Wiedergestattungsverfahrens gemäß § 35 Abs. 6 Satz 2 GewO einzuhaltende Wartefrist von einem Jahr. Nach Ansicht des Bundesverwaltungsgerichts liegt für den Fall, dass *„Aussicht auf eine Sanierung der Vermögensverhältnisse des Gewerbetreibenden“* besteht oder ein *„Sanierungserfolg jedenfalls möglich erscheint“* ein besonderer Grund i.S.d. § 35 Abs. 6 Satz 2 GewO vor, der die Wartefrist entfallen lasse. Offen gelassen hat das Bundesverwaltungsgericht aber, wann eine Aussicht auf eine Sanierung der Vermögensverhältnisse des Gewerbetreibenden besteht oder ein Sanierungserfolg jedenfalls möglich erscheint. Eine konsequente Umsetzung der Ziele des § 12 Satz 1 GewO – die nach Ansicht des Bundesverwaltungsgerichts auch durch § 35 Abs. 6 Satz 1 GewO erreicht werden können – wäre nur dann gewährleistet, wenn das Bundesverwaltungsgericht auch im Insolvenzeröffnungsverfahren bei gleichzeitiger Anordnung von Sicherungsmaßnahmen i.S.d. § 21 InsO oder in der Eröffnung des Insolvenzverfahrens die Möglichkeit eines Sanierungserfolgs sieht. Für den Fall, dass das Bundesverwaltungsgericht erst mit

400 *Marcks,* in: Landmann/Rohmer, GewO, § 35 Rn. 108.
401 *Marcks,* in: Landmann/Rohmer, GewO, § 35 Rn. 108; *Kramer,* GewArch 2010, 273 (280).
402 *Marcks,* in: Landmann/Rohmer, GewO, § 35 Rn. 108.
403 *Ennuschat,* in: Tettinger/Wank/Ennuschat, GewO, § 35 Rn. 219.
404 *Marcks,* in: Landmann/Rohmer, GewO, § 35 Rn. 108.
405 Vgl. *Scheidler,* GewArch 2007, 135 (140).

dem Beginn konkreter Sanierungsmaßnahmen – wie etwa der Ausarbeitung eines Insolvenzplans oder der Ankündigung der Restschuldbefreiung nach § 287a Abs. 1 InsO – die Möglichkeit eines Sanierungserfolgs bejaht, wird jedenfalls in einer Vielzahl von Verfahren die einjährige Wartefrist des § 35 Abs. 6 Satz 2 InsO abzuwarten sein. Der Gewerbetreibende müsste sein Gewerbe in diesem Fall für ein Jahr unterbrechen und könnte erst nach Ablauf der Jahresfrist den Antrag auf Wiedergestattung des Gewerbes stellen. Eine vorübergehende Einstellung des Gewerbes würde aufgrund der hiermit verbundenen Nachteile (z.B. Verlust von Kunden- und Lieferantenbeziehungen) eine Fortführung wesentlich erschweren und wäre für den Gewerbetreibenden somit kaum hinnehmbar. In diesem Zusammenhang ist auch zu berücksichtigen, dass es einen Verstoß gegen die Einheit der Rechtsordnung bedeuten würde, eine Vollstreckung durchzuführen, wenn diese nicht mehr von der Zielsetzung des § 12 Satz 1 GewO gedeckt ist und im Falle einer gelungenen Sanierung zudem auch gegen § 35 Abs. 1 GewO verstoßen würde[406].

Der Lösungsansatz des Bundesverwaltungsgerichts über den Antrag auf Wiedergestattung des Gewerbes dem Schulner einen Neuanfang zu ermöglichen, wäre in einer Vielzahl von Insolvenzverfahren daher keine praxistaugiche Alternative zu einer Aussetzung von Vollstreckungsmaßnahmen für die in § 12 Satz 1 GewO benannten Zeiträume

bb) Verbot von Vollstreckungsmaßnahmen

Nach anderer – eingangs bereits dargestellter – Ansicht sperrt § 12 Satz 1 GewO auch die Vollstreckung bereits bestandskräftiger Untersagungsverfügungen bei Eintritt der in § 12 Satz 1 GewO genannten Voraussetzungen. Hierdurch eröffnet sich für den Gewerbetreibenden, bei dem die Voraussetzungen des § 12 Satz 1 GewO erst nach Bestandskraft der Untersagungsverfügung eingetreten sind, die Möglichkeit, sein Gewerbe während des Insolvenzverfahrens fortzuführen.

Probleme bereitet aber der Umstand, dass mit Beendigung der in § 12 Satz 1 GewO genannten Zeitabschnitte die bestandskräftige Gewerbeuntersagung unabhängig von einer bereits eingetretenen Sanierung des Betriebes grundsätzlich wieder vollzogen werden kann. Die behördliche Verfügung ist schließlich nicht erloschen, sondern lediglich ihr Vollzug wurde durch § 12 Satz 1 GewO gesperrt. Behält die Behörde ihre Duldung nicht aufrecht oder hebt sie die Untersagungsverfügung auf, muss der Gewerbetreibende der Untersagungsverfügung Folge leisten und den Gewerbebetrieb einstellen. In Gewissheit dieser drohenden Maßnahmen führt der Insolvenzverwalter insoweit ein mit einer bestandskräftigen Gewerbeuntersagung belastetes Unternehmen fort. Etwaige Sanierungsbemühungen erfolgen damit in Unsicherheit einer Fortführungsmöglichkeit nach Beendigung der in § 12 Satz 1 GewO genannten Zeiträume.

---

406 So *Antoni*, NZI 2015, 1015 (1016), wonach es nahegelegen hätte, ein Vollstreckungsverbot zu statuieren.

Dieser Umstand ist indes aus gewerberechtlichen Gesichtspunkten hinzunehmen. Schließlich hat die Behörde das Gewerbe bereits vor den in § 12 Satz 1 GewO geschützten Zeiträumen bestandskräftig untersagt. Die Eröffnung des Insolvenzverfahrens oder die Anordnung von Sicherungsmaßnahmen lässt die Bestandskraft des Verwaltungsaktes nicht entfallen. Zu untersuchen ist aber, inwieweit es dem Gewerbetreibenden und seinen Insolvenzgläubigern möglich ist, einen Sanierungserfolg auch nach der Aufhebung des Insolvenzverfahrens weiter zu sichern.

(1) Wiedergestattungsantrag nach § 35 Abs. 6 GewO

Möglicherweise kann der Gewerbetreibende nach Beendigung der in § 12 Satz 1 GewO genannten Zeiträume und Konsolidierung seiner Vermögensverhältnisse eine Fortführung seines Unternehmens und damit auch eine Realisierung der Sanierungsbemühungen dadurch gewährleisten, dass er einen Wiedergestattungsantrag nach § 35 Abs. 6 GewO stellt. Problematisch ist aber, dass ein solcher Antrag nach Satz 2 den Ablauf einer Sperrfrist von einem Jahr vorsieht. Maßgeblicher Zeitpunkt für den Beginn der Sperrfrist ist die Vollziehung der Gewerbeuntersagung[407]. Vollzogen wird die Gewerbeuntersagung indes erst nach Beendigung der in § 12 Satz 1 GewO benannten Zeiträume. Der Gewerbetreibende müsste insoweit zunächst einmal den Vollzug der Untersagungsverfügung abwarten, dann seinen Betrieb für ein Jahr einstellen, und könnte erst nach Ablauf der Jahresfrist den Antrag auf Wiedergestattung des Gewerbes stellen. Eine solche Vorgehensweise stellt jedoch im Hinblick auf die mit einer Einstellung des Betriebs verbundenen Nachteile und Einbußen keine geeignete Lösungsmöglichkeit dar.

Vor Ablauf eines Jahres ist die Wiedergestattung nach Satz 2 nur in Ausnahmefällen zulässig. Indes ändert auch ein vollständiger Wegfall der Jahresfrist nichts an dem Umstand, dass ein Antrag nach § 35 Abs. 6 GewO zunächst einmal die Vollziehung der Gewerbeuntersagung voraussetzt. Der Gewerbetreibende müsste damit unabhängig von einem Entfallen der Jahresfrist seinen Gewerbebetrieb bis zu einer Entscheidung über den Antrag einstellen. Das Problem einer bestandskräftigen Gewerbeuntersagungsverfügung trotz nachträglichem Wegfall des Unzuverlässigkeitsgrundes lässt sich durch einen Wiedergestattungsantrag insoweit nicht lösen.

(2) Widerruf der Untersagungsverfügung nach § 49 VwVfG

Neben einem Antrag auf Wiedergestattung kommt auch der Widerruf der Gewerbeuntersagung nach § 49 VwVfG für die Lösung des oben anstehenden Problems in Betracht.

Indes wird die Zulässigkeit eines Widerrufs der Untersagungsverfügung nach § 49 VwVfG überwiegend mit dem Argument verneint, § 49 VwVfG gelte nur subsidiär, also unter dem Vorbehalt keiner anderweitigen bundesrechtlichen

407 *Heß*, in: Friauf, GewO, § 35 Rn. 571; *Marcks*, in: Landmann/Rohmer, GewO, § 35 Rn. 175; vgl. auch *Ennuschat*, in: Tettinger/Wank/Ennuschat, GewO, § 35 Rn. 209.

Regelung[408]. § 35 Abs. 6 GewO gehe insoweit als spezielle Regel vor. Eine rechtmäßige Untersagungsverfügung könne daher nicht nach § 49 VwVfG widerrufen werden. Nach dieser Ansicht muss die Gewerbeuntersagung somit erst vollzogen werden und danach die Wiedergestattung des Gewerbes beantragt werden.

Entgegen der h.M. ist aber davon auszugehen, dass § 49 VwVfG trotz der Regelung des § 35 Abs. 6 GewO auch bei einer Gewerbeuntersagungsverfügung Anwendung findet[409]. Durch § 35 Abs. 6 GewO wird dem Gewerbetreibenden lediglich ein subjektiv-öffentliches Recht eingeräumt, die Wiedergestattung seines Gewerbes zu beantragen, während § 49 VwVfG der Behörde die allgemeine Befugnis eröffnet, belastende Verwaltungsakte mit Wirkung für die Zukunft aufzuheben[410]. Der Regelungsinhalt beider Vorschriften ist nicht miteinander vergleichbar[411]. § 35 Abs. 6 GewO genießt insoweit keinen Vorrang vor § 49 VwVfG.

Der Widerruf einer Gewerbeuntersagung erscheint auch dann gerechtfertigt, wenn aufgrund eines nachträglichen Wegfalls des Unzuverlässigkeitsgrundes nicht mehr von einer Gefährdung i.S.d. § 35 Abs. 1 GewO auszugehen ist, gleichwohl eine Wiedergestattung aber an der Sperrfrist des Abs. 6 scheitert[412]. Dies ist nach Ansicht von *Heß* z.B. dann der Fall[413],

> *„wenn bei einem in steuerlichen Angelegenheiten unkundigen Gewerbetreibenden über einen längeren Zeitraum wegen der erfolgenden Steuerschätzungen und auch wegen schlechter Auftragslage zu erheblichen Steuerrückständen kommt und ihm dementsprechend das Gewerbe* ***unanfechtbar untersagt*** *wird, er aber angesichts der drohenden Vollstreckung nunmehr in sich geht und nach einem erfolgsversprechenden Sanierungskonzept verfahren will, indem er etwa systemtisch rückständige eigene Forderungen eintreibt und einen Steuerberater einschaltet, durch dessen Wirken die geschätzten Steuern sich vermindern werden."*

(Hervorhebung durch den Verfasser)

Heß schlägt vor, in diesen Fällen eine Vollstreckung auszusetzen und dem Gewerbetreibenden während des vereinbarten Zeitraums eine letzte Möglichkeit einzuräumen, bei deren erfolgreicher Nutzung die Gewerbeuntersagung gem. § 49 VwVfG widerrufen wird. Mit der Regelung des § 35 Abs. 6 GewO seien derartige Fälle *„nicht in den Griff zu bekommen"*, da eine Wiedergestattung zunächst einmal die Vollziehung der Untersagungsverfügung voraussetze und darüber hinaus nicht unter dem Vorbehalt eines Widerrufs bei mangelnder Bewährung ausgesprochen werden dürfe.

---

408 *Marcks*, in: Landmann/Rohmer, GewO, § 35 Rn. 182 f; *Ennuschat*, in: Tettinger/Wank/Ennuschat, GewO, § 35 Rn. 202; *Dickersbach*, WiVerw. 1982, 65 (69 f.).

409 *Heß*, in: Friauf, GewO, § 35 Rn. 521; *Brüning*, in: Beck´scher Online-Kommentar, GewO, § 35 Rn. 83.

410 *Heß*, in: Friauf, GewO, § 35 Rn. 521 a; *Brüning*, in: Beck´scher Online-Kommentar, GewO, § 35 Rn. 83.

411 *Heß*, in: Friauf, GewO, § 35 Rn. 521 a.

412 *Heß*, in: Friauf, GewO, § 35 Rn. 527.

413 *Heß*, in: Friauf, GewO, § 35 Rn. 527.

Oben anstehende Erwägungen von *Heß* treffen ebenso auf den Fall zu, dass einem Gewerbetreibenden die weitere Ausübung seines Gewerbes aufgrund wirtschaftlicher Leistungsunfähigkeit bestandskräftig untersagt wird, die Vollstreckung aber aufgrund eines zwischenzeitlich eröffneten Insolvenzverfahrens ausgesetzt wird. Befindet sich der Gewerbetreibende mit dem Zeitpunkt der Beendigung des Insolvenzverfahrens wieder in geordneten Vermögensverhältnissen oder in der Treuhandperiode des Restschuldbefreiungsverfahrens, besteht kein Bedarf mehr für eine Vollziehung der Gewerbeuntersagung.

Die Entscheidung über den Widerruf eines Verwaltungsaktes nach § 49 VwVfG liegt im Ermessen der Behörde[414]. Der Adressat des belastenden Verwaltungsaktes hat insoweit einen Anspruch auf ermessensfehlerfreie Entscheidung[415]. Diesbezüglich hat sich die Behörde am Zwecke der Ermächtigung zu orientieren und abzuwägen, ob das Interesse an dem Bestand des Verwaltungsaktes oder an dessen Widerruf überwiegt[416]. Das Ermessen der Behörde ist hierbei auf null reduziert, wenn die Voraussetzungen für einen Widerruf entfallen sind[417]. In diesem Fall verdichtet sich der Anspruch auf ermessensfehlerfreie Entscheidung zu einem Anspruch auf Widerruf des belastenden Verwaltungsaktes[418].

Soweit die Vermögensverhältnisse des Gewerbetreibenden mit Beendigung des Insolvenzverfahrens geordnet sind oder durch Sanierungskonzepte, wie etwa die Restschuldbefreiung, eine Konsolidierung der Vermögensverhältnisse ermöglicht wird, entfallen auch die Voraussetzungen einer Gewerbeuntersagung. An dem Bestand des Verwaltungsaktes kann mangels einer Gefährdung der Allgemeinheit kein Interesse mehr bestehen. Der Gewerbetreibende hat insoweit einen Anspruch auf Widerruf der Gewerbeuntersagung nach § 49 Abs. 1 VwVfG.

e) Ergebnis

§ 12 Satz 1 GewO ist auf bestandskräftige Untersagungsverfügungen nicht anwendbar. Soweit die Fortführung des Gewerbebetriebs von der Behörde aber ausdrücklich z.B. zur Abwicklung laufender Geschäfte geduldet wurde, sind im Falle eines späteren Eintretens der in § 12 Satz 1 GewO genannten Voraussetzungen Vollstreckungshandlungen zur Durchsetzung der Untersagungsverfügung gesperrt.

Mit Beendigung der in § 12 Satz 1 GewO genannten Zeiträume kann die bestandskräftige Untersagungsverfügung grundsätzlich wieder vollzogen werden. Soweit der Gewerbetreibende seine Vermögensverhältnisse aber im Rahmen des Insolvenzverfahrens konsolidiert hat oder ein geeignetes Sanierungskonzept wie etwa die Restschuldbefreiung eine Sanierung des Schuldners für die Zukunft

---

414 *Kopp/Ramsauer*, VwVfG, § 49 Rn. 23; *Peuker*, in: Knack/Henneke, VwVfG, § 49 Rn. 40.

415 *Sachs*, in: Stelkens/Bonk/Sachs, VwVfG, § 49 Rn. 26.

416 *Kopp/Ramsauer*, VwVfG, § 49 Rn. 23.

417 Vgl. *Sachs*, in: Stelkens/Bonk/Sachs, VwVfG, § 49 Rn. 26.

418 Vgl. *Sachs*, a.a.O., Rn. 26.

gewährleisteten soll, besteht seinerseits ein Anspruch auf Widerruf der Untersagungsverfügung nach § 49 VwVfG.

Der seitens des Bundesverwaltungsgerichts in seinem Urteil vom 15. April 2015 entwickelte Lösungsansatz, dem Gewerbetreibenden die mit der Durchführung eines Insolvenzverfahrens eröffnete Chance zu einem Neuanfang durch die Möglichkeit eines Antrags auf Wiedergestattung nach § 35 Abs. 6 Satz 1 GewO zu ermöglichen, überzeugt aus den genannten Gründen nicht.

2. Eingeleitete, aber noch nicht abgeschlossene Verfahren

Eine andere Frage ist, wie sich § 12 Satz 1 GewO auf gewerberechtliche Verfahren auswirkt, die zwar eingeleitet, aber noch nicht abgeschlossen sind. Hierbei handelt es sich für die Praxis um den wohl wichtigsten Anwendungsfall. Der Gewerbetreibende wird sich regelmäßig bereits vor dem Antrag auf Eröffnung des Insolvenzverfahrens in beträchtlichen wirtschaftlichen Schwierigkeiten befinden, so dass die zuständigen Behörden ein Untersagungsverfahren gegen den Gewerbetreibenden einleiten. Wenn das Insolvenzverfahren über das Vermögen des Gewerbetreibenden eröffnet wird oder sonst ein von § 12 Satz 1 GewO geschützter Zeitabschnitt eintritt, ist das Verfahren regelmäßig noch nicht durch einen Untersagungsbescheid abgeschlossen.

In diesen Fällen ist das Verfahren einzustellen oder auszusetzen und kann erst nach Beendigung der in § 12 Satz 1 GewO genannten Zeiträume fortgesetzt werden[419]. Stellt die Behörde hiernach fest, dass der Gewerbetreibende nunmehr alle Forderungen getilgt hat oder sich z.B. infolge einer an das Insolvenzverfahren anschließenden Restschuldbefreiung ernsthaft um ein erfolgsversprechendes Sanierungskonzept bemüht, besteht für eine Gewerbeuntersagung kein Anlass mehr. Besteht die wirtschaftliche Leistungsunfähigkeit des Gewerbetreibenden aber auch über die durch § 12 Satz 1 GewO geschützten Zeiträume hinaus fort, so müssen die zuständigen Behörden die Ausübung des Gewerbes untersagen.

3. Gewerbeuntersagung, Rücknahme oder Widerruf einer Zulassung während der in § 12 Satz 1 GewO benannten Zeiträume

Es kann vorkommen, dass Gewerbeuntersagungsbehörden ohne Kenntnis von der Eröffnung eines Insolvenzverfahrens der Anordnung von Sicherungsmaßnahmen oder der Durchführung eines Insolvenzplanverfahrens dem Gewerbetreibenden das Gewerbe untersagen bzw. die Rücknahme oder den Widerruf einer Zulassung verfügen. Hierin liegt ein objektiver Verstoß gegen § 12 Satz 1 GewO, der zur

---

419 *Heß*, in: Friauf, GewO, § 12 Rn. 14a; *Marcks*, in: Landmann/Rohmer, GewO, § 12 Rn. 15; *ders.*, in: Robinski, Gewerberecht, S. 60; *Antoni*, NZI 2003, 246 (249); *Spieß*, in: Festschrift für Werner Frotscher, S. 467 (473f.); *Michel/Kienzle/Pauly*, GastG, § 15 Rn. 19a; *Hahn*, GewArch 2000, 361 (363).

Rechtswidrigkeit der gewerberechtlichen Maßnahme führt[420]. Der Verwaltungsakt ist in diesem Fall nach § 48 VwVfG zurückzunehmen[421].

VI. Prozessuale Rechtsfolgen

Im Anschluss an die verwaltungsverfahrensrechtliche Bedeutung des § 12 Satz 1 GewO stellt sich die Frage, welche Auswirkungen § 12 Satz 1 GewO auf den Verwaltungsprozess hat. In diesem Zusammenhang gilt es insbesondere zu klären, auf welchen Zeitpunkt bei der Beurteilung der Rechtmäßigkeit einer Gewerbeuntersagungsverfügung abzustellen ist. Maßgebliche Bedeutung kommt der Beantwortung dieser Frage für Verfahren zu, bei denen eine durch Bekanntgabe gegenüber dem Gewerbetreibenden wirksam gewordene Gewerbeuntersagungsverfügung noch vor dem Eintritt der in § 12 Satz 1 GewO genannten Zeiträume ergangen ist. Im Rahmen einer hiergegen eingelegten Anfechtungsklage wird der Gewerbetreibende regelmäßig den Einwand hervorbringen, dass die Verfügung aufgrund der nunmehr eintretenden Sperrwirkung zu Unrecht ergangen sei und daher aufgehoben werden müsse. Indes handelt es sich hierbei um einen der wohl umstrittensten Problemkreise im Rahmen des § 12 GewO.

1. Aussetzung des Verfahrens nach § 240 ZPO, § 173 VwGO

Im Folgenden soll zunächst untersucht werden, ob ein verwaltungsgerichtliches Verfahren nicht bereits aufgrund § 240 ZPO, § 173 VwGO auszusetzen ist.

Betrifft ein Gerichtsverfahren die Insolvenzmasse, so wird dieses gem. § 240 S. 1 ZPO solange unterbrochen, bis es nach den für das Insolvenzverfahren geltenden Vorschriften aufgenommen oder das Insolvenzverfahren beendet wird. Gleiches gilt nach Satz 2, wenn die Verwaltungs- und Verfügungsbefugnis über das Vermögen des Schuldners auf einen vorläufigen Insolvenzverwalter übergeht. Die Vorschrift gilt über § 173 VwGO auch im Verwaltungsprozess. Hieraus wird teilweise gefolgert, dass auch ein verwaltungsgerichtliches Verfahren, das eine Gewerbeuntersagung zum Streitgegenstand hat, im Falle der Eröffnung eines Insolvenzverfahrens auszusetzen ist[422]. Die Anwendbarkeit des § 240 ZPO setzt allerdings voraus, dass durch die Gewerbeuntersagung die Insolvenzmasse betroffen wird.

---

420 *VG Hamburg*, Urteil v. 12.02.2015 – 11 K 1977/14, BeckRS 2015, 42063; *Hahn*, GewArch 2000, 361 (363); *Marcks*, in: Landmann/Rohmer, GewO, § 12 Rn. 17.

421 Vgl. *Marcks*, in: Landmann/Rohmer, GewO, § 12 Rn. 17.

422 *Marcks*, in: Landmann/Rohmer, GewO, § 12 Rn. 15; diese Auffassung teilte *Heß*, in: Friauf, GewO, § 12 Rn. 14 noch in der Ergänzungslieferung vom März 2003. Nunmehr spricht er sich aber gegen die Aussetzung des Verfahrens gem. § 240 ZPO, § 173 VwGO aus, vgl. Rn. 14b.

a) Begriff der Insolvenzmasse nach § 35 InsO

Zur Insolvenzmasse gehört nach § 35 Abs. 1 InsO das gesamte bei Verfahrenseröffnung vorhandene Vermögen des Schuldners sowie dasjenige Vermögen, das ihm während des Verfahrens zufließt. Ausgenommen vom Insolvenzbeschlag sind solche Gegenstände, die nach § 36 Abs. 1 Satz 1 InsO nicht der Zwangsvollstreckung unterliegen. Die Insolvenzmasse erfasst damit, ausgenommen der unpfändbaren Gegenstände, alle beweglichen Sachen, die sich im Eigentum des Schuldners befinden[423]. Darüber hinaus gehören auch unbewegliche Sachen wie Grundstücke, Wohnungseigentum sowie grundstücksgleiche Rechte zur Insolvenzmasse[424]. Zudem werden Gesellschafterrechte und sonstige Rechte und Forderungen, wie z.B. Zahlungsansprüche, Unterhaltsansprüche oder Steuererstattungen vom Begriff der Insolvenzmasse erfasst[425]. Die Insolvenzmasse besteht damit aus den pfändbaren geldwerten Rechten des Schuldners, nicht aber aus höchstpersönlichen Rechtsbeziehungen[426].

b) Meinungsstand in Literatur und Rechtsprechung

Die h.M. geht davon aus, dass ein Gewerbeuntersagungsverfahren nicht die Insolvenzmasse betrifft und damit keine Verfahrensunterbrechung nach § 240 ZPO, § 173 VwGO eintritt[427]. Das Recht auf Wahrnehmung einer allgemeinen gewerblichen

---

423 *Ahrens*, in: A/G/R, § 35 Rn. 43; *Leithaus*, in: Andres/Leithaus, InsO, § 35 Rn. 4; *Holzer*, in: Kübler/Prütting/Bork, InsO, § 35 Rn. 54; *Büteröwe*, in: Karsten Schmidt, InsO, § 35 Rn. 8.

424 *Leithaus*, in: Andres/Leithaus, InsO, § 35 Rn. 5; *Hirte*, in: Uhlenbruck, InsO, § 35 Rn. 132 ff; *Büteröwe*, in: Karsten Schmidt, InsO, § 35 Rn. 9.

425 *Leithaus*, in: Andres/Leithaus, InsO, § 35 Rn. 6 und 7; vgl. hierzu auch *Andres*, in: Nerlich/Römermann, InsO, § 35 Rn. 36 ff.

426 *BFH*, Beschluss v. 05.02.2003 – VII B 143/02, ZInsO 2003, 375; *OVG Münster*, Beschluss v. 02.10.2003 – 13 A 3696/02, GewArch 2004, 73; *VG Gießen*, Urteil v. 04.10.2005 – 8 E 2110/04, KTS 2006, 449 (451 f).

427 *BVerwG*, Urteil v. 15.04.2015 – 8 C 6/14, NVwZ 2015, 1544; *OVG Lüneburg*, Beschluss v. 04.02.2016- 7 LB 81/14, BeckRS 2016, 42207; *VGH München*, Beschluss v. 16.08.2012 – 22 ZB 12.949, BeckRS 2012, 56520 und Beschluss v. 12.01.2007 – 22 ZB 06.3139, GewArch 2007, 163; *OVG Münster*, Beschluss v. 03.04.2009 – 4 A 830/07, BeckRS 2009, 33242; *VGH Kassel*, Urteil v. 21.11.2002 – 8 UE 3195/01, GewArch 2004, 162 (163) und noch zum Konkursverfahren Urteil v. 28.09.1992 – 8 UE 916/90, GewArch 1993, 159; *VG Würzburg*, Urteil v. 04.03.2015 – W 6 K 14.1304, BeckRS 2015, 44456; *VG Ansbach*, Urteil v. 27.03.2012 – AN 4 K 11.02130, BeckRS 2012, 49612 und Urteil v. 11.02.2011 – AN 4 K 10.02206, juris; *VG Saarlouis*, Urteil v. 14.06.2011 – 1 K 259/10, BeckRS 2011, 51782; *VG Chemnitz*, Beschluss v. 27.08.2003 – 8 K 510/02, GewArch 2003, 484 (485) und Beschluss v. 12.08.1996 – 4 K 1934/95, NVwZ-RR 1998, 309; *VG Gießen*, Urteil v. 04.10.2005 – 8 E 2110/04, KTS 2006, 449; *VG München*, Urteil v. 31.08.2006 – M 16 K 05.6153, juris; *Heß*, in: Friauf, GewO, § 12 Rn. 14b; *Ennuschat*, in: Tettinger/Wank/Ennuschat, GewO, § 12 Rn. 15; *Brüning*, in: Beck´scher Online-

Tätigkeit stelle ein höchstpersönliches Recht dar[428] und sei nicht an eine förmliche Erlaubnis geknüpft[429]. Der Betrieb eines Gewerbes setze lediglich die Zuverlässigkeit des Gewerbetreibenden als personengebundene Voraussetzung voraus[430]. Die Gewerbeuntersagung richte sich insoweit als personenbezogene Maßnahme gegen einen konkreten Gewerbetreibenden wegen eines in seiner Person gegebenen Unzuverlässigkeitsgrundes[431].

Betroffen sei daher die berufliche Betätigung des Gewerbetreibenden, und nicht die Insolvenzmasse[432]. Es verhalte sich insoweit ähnlich wie bei gewerblichen Erlaubnissen persönlicher Art, die, anders als Sachkonzessionen, fest an die Person des Gewerbetreibenden gebunden seien, so dass ein neuer Betriebsinhaber auch eine neue Erlaubnis benötige[433]. Auch eine solche Personalerlaubnis sei nicht vom Insolvenzbeschlag erfasst und falle damit nicht in die Insolvenzmasse[434]. Nichts anderes gelte für die freie, d.h. nicht an eine Erlaubnis gebundene Gewerbebetätigung[435]. Hierfür spreche auch, dass die in § 1 Abs. 1 GewO einfachgesetzlich verordnete Gewerbefreiheit ein subjektiv-öffentliches Recht enthalte, das dem Einzelnen gegenüber dem Staat den Anspruch gewähre, ein Gewerbe betreiben

---

Kommentar, GewO, § 35 Rn. 6a; *Hoffmann*, in: Beck´scher Online-Kommentar, GewO, § 12 Rn. 63; *Anders* in: Prütting/Gehrlein, ZPO, § 240 Rn. 6; *Baumbach/Lauterbach*, ZPO, § 240 Rn. 11; *Hahn*, GewArch 2000, 361 (363); *ders.*, GewArch 2007, 1 (2); *Spieß*, in: Festschrift für Werner Frotscher, S. 467 (492); *Klement*, Anm. zu VG Gießen, Urteil v. 04.10.2005 – 8 E 2110/04, KTS 2006, 454 (461); *Krumm*, GewArch 2010, 465 (468); wohl auch *Beaucamp/Seifert*, NVwZ 2006, 258; vgl. für Freiberufler etwa *Jäger*, DStR 2008, 1272.

428 *OVG Münster*, Beschluss v. 29.10.1991 – 4 E 670/91, NVwZ-RR 1993, 55 (56); *VG Gießen*, Urteil v. 04.10.2005 – 8 E 2110/04, KTS 2006, 449 (451); ausführlich zum Grundsatz der gewerblichen Betätigung als höchstpersönliches Recht *Spieß*, in: Festschrift für Werner Frotscher, S. 467 (485 f.).

429 *VG Gießen*, Urteil v. 04.10.2005 – 8 E 2110/04, KTS 2006, 449 (451).

430 *VG Gießen*, Urteil v. 04.10.2005 – 8 E 2110/04, KTS 2006, 449 (451).

431 *VGH Kassel*, Urteil v. 21.11.2002 – 8 UE 3195/01, GewArch 2004, 162 (163); *VG Chemnitz*, Beschluss v. 27.08.2003 – 8 K 510/02, GewArch 2003, 484 (485); mit Verweis auf das Urteil des VG Chemnitz auch *VG Gießen*, Urteil v. 04.10.2005 – 8 E 2110/04, KTS 2006, 449 (451); ebenso *Heß*, in: Friauf, GewO, § 12 Rn. 14b; *Hahn*, GewArch 2000, 361 (363).

432 *BVerwG*, Urteil v. 15.04.2015 – 8 C 6/14, NVwZ 2015, 1544; *VGH Kassel*, Urteil v. 21.11.2002 – 8 UE 3195/01, GewArch 2004, 162 (163); *VG Chemnitz*, Beschluss v. 27.08.2003 – 8 K 510/02, GewArch 2003, 484 (485); *VG Gießen*, Urteil v. 04.10.2005 – 8 E 2110/04, KTS 2006, 449 (452); *Heß*, in: Friauf, Gewerbeordnung, § 12 Rn. 14.

433 *VG Gießen*, Urteil v. 04.10.2005 – 8 E 2110/04, KTS 2006, 449 (451).

434 *VG Gießen*, Urteil v. 04.10.2005 – 8 E 2110/04, KTS 2006, 449 (451) mit Verweis auf *BVerwG*, Urteil v. 04.07.1969 – VII C 52.68, BVerwGE 32, 316 (319) das davon ausgeht, dass eine Personalerlaubnis (im konkreten Fall eine Genehmigung nach dem GüKG) als höchstpersönliches Recht nicht in die Masse fällt, sondern dem Schuldner verbleibt.

435 *VG Gießen*, Urteil v. 04.10.2005 – 8 E 2110/04, KTS 2006, 449 (451).

zu dürfen[436]. Zwar ermögliche die Gewerbefreiheit dem Gewerbetreibenden das private Erwirtschaften von Geld, besitze aber selbst keinen Geldwert[437]. Geldwert besitze nur, was auch Gegenstand eines Verfügungsgeschäfts sein könne und damit handelbar sei[438]. Folglich müsse die genehmigungsfreie gewerbliche Betätigung mit Blick auf § 1 Abs. 1 GewO und die der Gewerbefreiheit innewohnende subjektiv rechtliche Seite ebenfalls als höchstpersönlich angesehen werden, so dass sie nicht in die Insolvenzmasse falle[439]. Eine analoge Anwendung des § 240 ZPO sei mangels Vorliegen einer planwidrigen Regelungslücke abzulehnen[440].

Ein Teil der Literatur vertritt demgegenüber die Auffassung, dass die Aufhebung einer gewerberechtlichen Zulassung oder die Untersagung eines Gewerbes die Insolvenzmasse betreffe und damit der Anwendungsbereich des § 240 ZPO eröffnet sei[441]. Die Gewerbeuntersagung tangiere nicht nur das höchstpersönliche Recht, sich gewerberechtlich zu betätigen, sondern habe auch erhebliche materielle Auswirkungen, die die pfändbaren geldwerten Rechte des Gewerbetreibenden beträfen[442]. Entgegen der Ansicht des BVerwG[443] sei eine unmittelbare Betroffenheit der Insolvenzmasse nicht erforderlich, so dass auch eine mittelbare Betroffenheit die Unterbrechungswirkung des § 240 ZPO auslöse[444]. Zwar sei es richtig, dass die Gewerbeuntersagung vornehmlich den Insolvenzschuldner betreffe und zudem die Gewerbeausübung als solche keinen frei verwertbaren Vermögensgegenstand darstelle, der in die Masse falle[445].

---

436 *Spieß*, in: Festschrift für Werner Frotscher, S. 467 (489).

437 *Klement*, Anm. zu VG Gießen, Urteil v. 04.10.2005 – 8 E 2110/04, KTS 2006, 454 (461).

438 *Klement*, a.a.O., S. 461.

439 *Spieß*, in: Festschrift für Werner Frotscher, S. 467 (489 f).

440 *OVG Münster*, Beschluss v. 23.11.2009 – 4 A 3724/06, BeckRS 2010, 45058.

441 *Marcks*, in: Landmann/Rohmer, GewO, § 12 Rn. 2b, 15; *Rückert*, Einwirkung des Insolvenzverfahrens auf schwebende Prozesse, S. 76; *Antoni*, NZI 2003, 246 (249); *Mock*, in: Uhlenbruck, InsO, § 85 Rn. 41, der davon ausgeht, dass die Gewerbeuntersagung zumindest mittelbaren Massebezug habe, so dass § 240 ZPO anwendbar sei; im Ergebnis wohl auch *Blank*, Kurzkommentar zu VGH Kassel, Urteil v. 21.11.2002 – 8 UE 3195/01, EWiR 2003, 1033 (1034), der die Ansicht vertritt, dass mit Anordnung der Sicherungsmaßnahmen nach § 21 InsO das Verfahren unterbrochen werden muss; sehr widersprüchlich diesbezüglich *Gundlach/Schmidt*, Kurzkommentar zu BVerwG, Beschluss v. 18.01.2006 – 6 C 21.05, EWiR 2006, 277 (278) die davon ausgehen, dass der Prozess mangels Massezugehörigkeit der Gewerbeausübung nicht gem. § 240 ZPO unterbrochen wird, aber gleichwohl die Meinung vertreten, der Insolvenzverwalter sei zur Fortsetzung des Verwaltungsrechtsstreits berufen. Dies ist insoweit widersprüchlich, da der Insolvenzverwalter nur zur Fortsetzung des Prozesses berechtigt ist, wenn das Verfahren die Insolvenzmasse betrifft. Dann müsste aber auch eine Unterbrechung nach § 240 ZPO, 173 VwGO erfolgen.

442 *Marcks*, in: Landmann/Rohmer, GewO, § 12 Rn. 2b.

443 *BVerwG*, Beschluss v. 18.01.2006 – 6 C 21.05, GewArch 2006, 387.

444 *Rückert*, Einwirkung des Insolvenzverfahrens auf schwebende Prozesse, S. 76; so wohl auch *Mock*, in: Uhlenbruck, InsO, § 85 Rn. 41.

445 *Rückert*, Einwirkung des Insolvenzverfahrens auf schwebende Prozesse, S. 76.

Dies allein sei aber nicht maßgeblich für die Betroffenheit der Insolvenzmasse[446]. Dass die Gewerbeuntersagung gegenüber dem Schuldner durchaus die Masse betreffen könne, zeige sich besonders im Zusammenhang mit einer Betriebsfortführung[447]. Denn die für die Masse zu erzielenden Erlöse würden sich insbesondere danach richten, ob eine Fortführung des schuldnerischen Betriebs auch in Zukunft möglich sei[448]. Im Falle einer Gewerbeuntersagung sei die Insolvenzmasse damit nicht nur in wirtschaftlicher Hinsicht, sondern durch den Umstand, dass auch der Insolvenzverwalter an die Untersagungsverfügung gebunden sei, zudem in rechtlicher Hinsicht betroffen[449]. Aufgrund des zumindest mittelbaren Massebezugs müsse das Verwaltungsstreitverfahren nach § 240 ZPO, § 173 VwGO unterbrochen werden[450].

c) *Stellungnahme*

§ 35 Abs. 1 InsO definiert die Insolvenzmasse als das dem Schuldner gehörende Vermögen. Hierbei muss es sich um geldwerte Rechte oder Gegenstände handeln, die nunmehr den Insolvenzgläubigern zur Befriedigung ihrer Forderungen dienen sollen. Das Recht, ein Gewerbe betreiben zu dürfen (Gewerbefreiheit), kann aber schon der Legaldefinition des § 35 Abs. 1 InsO nach kein Teil der Insolvenzmasse sein. Hierbei handelt es sich nämlich, und das wird auch von der die Anwendbarkeit des § 240 ZPO befürwortenden Meinung nicht bestritten, um ein höchstpersönliches Recht[451]. Dieses Recht fällt auch bei der Eröffnung des Insolvenzverfahrens nicht in die Insolvenzmasse. Es verbleibt als subjektiv-öffentliches Recht dem Insolvenzschuldner[452]. Ein Zugriff auf dieses Recht bleibt den Insolvenzgläubigern verwehrt. Gleiches gilt für gewerberechtliche Erlaubnisse. Die Anwendbarkeit des § 240 ZPO setzt aber gerade ein *„Betroffen sein"* der Insolvenzmasse voraus. Betroffen ist diese aber nur, wenn der streitbefangene Gegenstand zur Insolvenzmasse gehört und aus ihr zu leisten oder zu erfüllen ist[453]. Eine nur wirtschaftliche Beziehung zur Masse ist hingegen nicht ausreichend[454].

Soweit die gegenteilige Meinung anführt, die gerichtliche Entscheidung sei gleichwohl masserelevant, so dass § 240 ZPO auch mangels Zugehörigkeit der Gewerbefreiheit oder Gewerbekonzessionen zur Insolvenzmasse dennoch

---

446 *Rückert,* a.a.O., S. 76.
447 *Rückert,* a.a.O., S. 76.
448 *Rückert,* a.a.O., S. 76.
449 *Rückert,* a.a.O., S. 76.
450 *Rückert,* a.a.O., S. 76; so auch *Antoni,* NZI 2003, 246 (249); *Mock,* in: Uhlenbruck, InsO, § 85 Rn. 41.
451 Zur Gewerbefreiheit als höchstpersönliches Recht *Spieß,* in: Festschrift für Werner Frotscher, S. 467 (489 f.).
452 *VG Gießen,* Urteil v. 04.10.2005 – 8 E 2110/04, KTS 2006, 449 (451).
453 *Hüßtege,* in: Thomas/Putzo, ZPO, § 240 Rn. 4.
454 *BGH,* Beschluss v. 22.06.2004 – X ZB 40/02, MDR 2004, 1251 (1252) mit Verweis auf *Greger,* in: Zöller ZPO, § 240 Rn. 8a; so auch *Gehrlein,* in: MüKo, ZPO, § 240 Rn. 16; *Hüßtege,* in: Thomas/Putzo, ZPO, § 240 Rn. 4.

Anwendung findet, ist ihr zu widersprechen. Eine nur irgendwie geartete *„masserelevante“* Entscheidung des Gerichts kann alleine für sich genommen nicht zur Aussetzung des Verfahrens nach § 240 ZPO führen. Der Begriff der *„Masserelevanz“* ist der Insolvenzordnung nicht bekannt und erscheint infolge seiner Unschärfe zudem wenig geeignet, den Begriff der Insolvenzmasse in § 35 InsO zu erweitern und das Insolvenzverfahren dahingehend auszuweiten[455].

Damit ist der h.M. zu folgen, nach der ein verwaltungsgerichtliches Verfahren, welches eine Gewerbeuntersagung zum Streitgegenstand hat, mangels Zugehörigkeit der Gewerbefreiheit zur Insolvenzmasse nicht gem. § 240 ZPO, 173 VwGO auszusetzen ist.

2. Aufhebung der Untersagungsverfügung durch das Verwaltungsgericht

Auf den ersten Blick problematisch erscheint die Fortführung eines verwaltungsgerichtlichen Verfahrens aber im Hinblick auf die Regelung des § 12 Satz 1 GewO. Zu überprüfen ist daher, ob eine nachträgliche Änderung der Sach- und Rechtslage – so etwa die Eröffnung des Insolvenzverfahrens – nicht unter Berücksichtigung des § 12 Satz 1 GewO im Verwaltungsprozess beachtlich ist.

a) Auswirkungen des § 12 GewO auf den Verwaltungsprozess

Die Rechtsprechung und der überwiegende Teil der Literatur gehen davon aus, dass es sich bei § 12 GewO um eine materiell-rechtliche Norm handelt[456]. Der Vorschrift seien keine Aussagen zu entnehmen, welche prozessrechtlichen Folgen sich aus einem Insolvenzverfahren für ein Gerichtsverfahren ergeben, welches eine Gewerbeuntersagung zum Streitgegenstand hat[457].

Dieses Ergebnis wird auch durch die Gesetzesmaterialien zu § 12 GewO gestützt. § 12 GewO richtet sich hiernach fachrechtlich nur an die zuständigen Behörden und

---

455 *Spieß*, in: Festschrift für Werner Frotscher, S. 467 (492).

456 *OVG Münster*, Beschluss v. 23.11.2009 – 4 A 3724/06, BeckRS 2010, 45058; Beschluss v. 03.04.2009 – 4 A 830/07, BeckRS 2009, 33242; *VGH Kassel*, Urteil v. 21.11.2002 – 8 UE 3195/01, GewArch 2004, 162 (163); *VG Saarlouis*, Urteil v. 14.06.2011 – 1 K 259/10, BeckRS 2011, 51782; *VG Gießen*, Urteil v. 04.10.2005 – 8 E 2110/04, KTS 2006, 449 (451); *Heß*, in: Friauf, GewO, § 12 Rn. 14b; *Brüning*, in: Beck´scher Online-Kommentar, GewO, § 35 Rn. 6a; *Hahn*, GewArch 2000, 361 (363); *Spieß*, in: Festschrift für Werner Frotscher, S. 467 (480).

457 *VGH Kassel*, Urteil v. 21.11.2002 – 8 UE 3195/01, GewArch 2004, 162 (163); *VG Gießen*, Urteil v. 04.10.2005 – 8 E 2110/04, KTS 2006, 449 (451); so auch *VG Chemnitz*, Beschluss v. 27.08.2003 – 8 K 510/02, GewArch 2003, 484 (485); mit Verweis auf das Urteil des VGH Kassel vom 21.11.2002 auch *Heß*, in: Friauf, GewO, § 12 Rn. 14; im Ergebnis auch *Spieß*, in: Festschrift für Werner Frotscher, S. 467 (480); *Klement*, Anm. zu VG Gießen, Urteil v. 04.10.2005 – 8 E 2110/04, KTS 2006, 454 (462).

lässt prozessuale Folgen unberücksichtigt[458]. Darüber hinaus ist die Fortsetzung des verwaltungsgerichtlichen Verfahrens kein *„Anwenden"* der in § 12 GewO genannten Vorschriften[459]. Die Vorschrift des § 12 GewO ist daher auf ein verwaltungsgerichtliches Verfahren nicht anwendbar.

b) Verschiebung des maßgeblichen Zeitpunktes für die Beurteilung der Rechtmäßigkeit der Gewerbeuntersagung

Ungeachtet der prozessualen Wirkung des § 12 GewO stellt sich aber die Frage, ob eine nach dem Wirksamwerden des Verwaltungsakts eintretende Veränderung der Sach- und Rechtslage dazu führen kann, dass ein ursprünglich rechtmäßiger Verwaltungsakt im Zeitpunkt der gerichtlichen Entscheidung als rechtswidrig anzusehen ist[460].

aa) Maßgeblicher Zeitpunkt i.S.d. § 35 GewO

Nach der früheren Rechtsprechung des Bundesverwaltungsgerichts folgte aus der Rechtsnatur der Gewerbeuntersagung als Dauerverwaltungsakt, dass für die Beurteilung der Rechtmäßigkeit auf die Sach- und Rechtslage zum Zeitpunkt der letzten mündlichen Tatsachenverhandlung abzustellen ist[461]. Bei einem späteren Entfallen der Untersagungsvoraussetzungen konnte der Gewerbetreibende insoweit einen Anspruch auf Aufhebung der Gewerbeuntersagung *„ex nunc"* auch mit der zunächst auf Aufhebung *„ex tunc"* gerichteten Anfechtungsklage geltend machen[462].

Diese Rechtsprechung hat das Bundesverwaltungsgericht indes mit Urteil vom 2. Februar 1982 aufgegeben[463]. Seitdem gilt, dass für die Rechtmäßigkeit der Gewerbeuntersagung alleine der Zeitpunkt der letzten Verwaltungsentscheidung maßgeblich ist[464]. Das Bundesverwaltungsgericht begründete seine Abkehr von der bisher

---

458 So *Spieß*, in: Festschrift für Werner Frotscher, S. 467 (480); vgl. diesbezüglich BT-Drucks. 12/3803 S. 103, hier heißt es ausdrücklich: *„Verschiedene Vorschriften der Gewerbeordnung geben den Gewerbeüberwachungsbehörden..."*; im Ergebnis auch *VG Chemnitz*, Beschluss v. 27.08.2003 – 8 K 510/02, GewArch 2003, 484 (485).

459 *Klement*, Anm. zu VG Gießen, Urteil v. 04.10.2005 – 8 E 2110/04, KTS 2006, 454 (462).

460 Eingehend hierzu *Klement*, a.a.O., S. 462 ff.

461 Zur alten Rechtsprechung *BVerwG*, Urteil v. 27.06.1961 – I C 34.60, GewArch 1961, 166; Urteil v. 05.08.1965 – I C 69.62, GewArch 1966, 9; Urteil v. 15.11.1967 – I C 43.67, GewArch 1968, 53.

462 Hierzu ausführlich *Heß*, in: Friauf, GewO, § 35 Rn. 497.

463 *BVerwG*, Urteil v. 02.02.1982 – 1 C 146.80, GewArch 1982, 294.

464 seit dem Urteil v. 02.02.1982 ständige Rechtsprechung des BVerwG; Urteil v. 16.03.1982 – 1 C 124.80, GewArch 1982, 303; Urteil v. 29.01.1988 – 1 B 164.87, GewArch 1988, 162; Beschluss v. 14.05.1997 – 1 B 93.97, GewArch 1997, 478 ; *BVerwG*, Urteil v. 15.04.2015 – 8 C 6/14, NVwZ 2015, 1544 (1546); so auch *Brüning*, in: Beck´scher Online-Kommentar, GewO, § 35 Rn. 59; *Heß*, in: Friauf, GewO, § 35 Rn. 497 ff und 509; *Marcks*, in: Landmann/Rohmer, GewO, § 35 Rn. 21; *Scheidler*,

ständigen Rechtsprechung mit der Neufassung des § 35 Abs. 6 GewO. Hiernach ist die Wiedergestattung eines Gewerbes von einem an die Behörde zu richtenden Antrag abhängig. Nach Ansicht des Gerichts schließt dieses Antragserfordernis eine Berücksichtigung nachträglich eintretender Änderungen der Sach- und Rechtslage im verwaltungsgerichtlichen Verfahren aus. Zudem beabsichtige die Neufassung des § 35 Abs. 6 GewO eine Entlastung der Behörden dahingehend, dass die Initiative zur Wiedergestattung vom Gewerbetreibenden ausgehen müsse und die Behörde insoweit von einer laufenden Kontrolle der Rechtmäßigkeit ihrer Verfügung befreit sei. Dieser angestrebte Entlastungseffekt würde leer laufen, wenn die Behörde nach wie vor ihre Entscheidung unter Kontrolle halten müsste.

In späteren Entscheidungen betonte das Bundesverwaltungsgericht daher, dass sich bei Anfechtungsklagen der maßgebliche Beurteilungszeitpunkt ausschließlich nach dem einschlägigen materiellen Recht richte[465]. Für Gewerbeuntersagungsverfahren sei aufgrund der Regelung des § 35 Abs. 6 GewO insoweit alleine der Zeitpunkt der letzten Verwaltungsentscheidung maßgeblich[466].

bb) Anderer Beurteilungszeitpunkt durch § 12 GewO

Richtig ist, dass bei Verwaltungsakten, bei denen der Anspruch auf ein konkretes Verhalten des Adressaten im Zeitpunkt der Änderung der Sach- und Rechtslage schon erfüllt wäre, wenn der Adressat den Anordnungen der Behörde gefolgt wäre, eine Verschiebung des Beurteilungszeitpunktes nicht in Frage kommt. Eine Änderung der Sach- und Rechtslage, die nach dem Zeitpunkt eintritt, zu dem die Anordnung der Behörde durch den Adressaten des Verwaltungsaktes bereits hätte erfüllt sein müssen, kann nicht zur Rechtswidrigkeit des Verwaltungsaktes führen[467]. Andernfalls würde der rechtsuntreue Adressat bevorteilt.

Etwas anderes gilt nach Ansicht *Klements* aber im Falle einer Änderung der Sach- und Rechtslage bei einem Verwaltungsakt mit Dauerwirkung, bei dem die Regelung naturgemäß noch nicht endgültig befolgt sein kann[468]. In einem solchen Fall werde der Verwaltungsakt *ex nunc* rechtswidrig[469]. Denn es könne im Ergebnis keinen Unterschied machen, ob die zuständigen Behörden einen Verwaltungsakt mit umfassendem zeitlichen Regelungsanspruch erlassen würden oder aber zwei Verwaltungsakte, nämlich einen (rechtmäßigen) für den Zeitraum bis zur Änderung

---

GewArch 2007, 135 (137); a.A. *Laubinger*, VerwArch 1998, 145 (167) und *Klein*, NVwZ 1990, 633 ff.

465 *BVerwG*, Beschluss v. 23.11.1990 – 1 B 155.90, NVwZ 1991, 372 (373); Beschluss v. 14.05.1997 – 1 B 93.97, GewArch 1997, 478 (479).

466 *BVerwG*, Beschluss v. 14.05.1997 – 1 B 93.97, GewArch 1997, 478 (479).

467 *Klement*, Anm. zu VG Gießen, Urteil v. 04.10.2005 – 8 E 2110/04, KTS 2006, 454 (463).

468 *Klement*, a.a.O., S. 463; a.A. bezüglich einer Gewerbeuntersagungsverfügung *VG München*, Urteil v. 12.09.2011 – M 16 K 11.1391, juris; *VG Augsburg*, Urteil v. 16.08.2012 – Au 5 K 12.579, BeckRS 2012, 58560.

469 *Klement*, Anm. zu VG Gießen, Urteil v. 04.10.2005 – 8 E 2110/04, KTS 2006, 454 (463).

der Sach- und Rechtslage und einen weiteren (rechtswidrigen) für die Zeit danach[470]. Insofern müsse die für diese Konstellation erhebliche Änderung der Sach- und Rechtslage zu einer Aufhebung des Verwaltungsaktes durch das Gericht ab dem Änderungszeitpunkt führen[471]. Die nachträgliche Eröffnung des Insolvenzverfahrens und das Einsetzen der Sperrwirkung des § 12 Satz 1 GewO führe daher zur Rechtswidrigkeit der Untersagungsverfügung *ex nunc*[472].

Demgegenüber vertritt die Rechtsprechung und der überwiegende Teil der Literatur die Ansicht, dass die nach der letzten Behördenentscheidung eintretende Sperrwirkung des § 12 Satz 1 GewO keine Auswirkungen auf die Rechtmäßigkeit der bereits erfolgten Gewerbeuntersagung hat[473]. Insolvenzrechtliche Maßnahmen würden daher, unabhängig von der Rechtsnatur der Gewerbeuntersagung, als Dauerverwaltungsakt nicht die Rechtswidrigkeit der Verfügung auslösen[474]. § 12 Satz 1 GewO führe nicht dazu, dass sich der nach ständiger Rechtsprechung maßgebliche Zeitpunkt für die Beurteilung der Rechtmäßigkeit einer Gewerbeuntersagung auf den Zeitpunkt der letzten mündlichen Verhandlung verschiebe[475]. Die Bestimmung der letzten Verwaltungsentscheidung als maßgeblichen Beurteilungszeitpunkt sei

470 *Klement*, a.a.O., S. 463.

471 *Klement*, a.a.O., S. 463.

472 *Klement*, a.a.O., S. 463; so auch *Krumm*, GewArch 2010, 465 (469); offen gelassen von *Hahn*, GewArch 2000, 361 (365).

473 *BVerwG*, Urteil v. 15.04.2015 – 8 C 6/14, NVwZ 2015, 1544 (1546 ff); *OVG Münster*, Urteil v. 12.04.2011 – 4 A 1449/08, NVwZ-RR 2011, 553 (554 f); *VGH Kassel*, Urteil v. 21.11.2002 – 8 UE 3195/01, GewArch 2004, 162 (163); *VG Würzburg*, Urteil v. 04.03.2015 – BeckRS 2015, 44456; *VG Augsburg*, Urteil v. 16.08.2012 – Au 5 K 12.579, BeckRS 2012, 58560; *VG Regensburg*, Urteil v. 22.11.2012 – RN 5 K 21.26, BeckRS 45572; *VG München*, Urteil v. 12.09.2011 – M K 11.1391, juris und Urteil v. 31.08.2006 – M 16 K 05.6153, juris; *VG Saarlouis*, Urteil v. 14.06.2011 – 1 K 259/10, BeckRS 2011, 51782; *Ennuschat*, in: Tettinger/Wank/Ennuschat, GewO, § 12 Rn. 15; *Hoffmann*, in: Beck´scher Online-Kommentar, GewO, § 12 Rn. 63; offen gelassen von *VGH München*, Beschluss v. 14.02.2011 – 22 CS 11.34, NZI 2011, 339 mit ausführlicher Darstellung des Streites; ebenso im Beschluss v. 01.02.2012 – 22 C 11.2679, BeckRS 2012, 52954 einen Antrag auf Prozesskostenhilfe betreffend; *VG Gelsenkirchen*, Beschluss v. 31.03.2010 – 9 L 284/10, BeckRS 2010, 48025 und *OVG Berlin-Brandenburg*, Beschluss v. 03.11.2009 – 1 S 19.09, BeckRS 2009, 41240 haben die Frage einer Verschiebung des maßgeblichen Zeitpunkts durch § 12 GewO ebenfalls offen gelassen.

474 *OVG Münster*, Urteil v. 12.04.2011 – 4 A 1449/08, NVwZ-RR 2011, 553 (554 f); so auch *VGH Kassel*, Urteil v. 21.11.2002 – 8 UE 3195/01, GewArch 2004, 162 (163); *VG München*, Urteil v. 31.08.2006 – M 16 K 05.6153, juris.

475 *OVG Münster*, Urteil v. 12.04.2011 – 4 A 1449/08, NVwZ-RR 2011, 553 (554 f); *VG Saarlouis*, Urteil v. 14.06.2011 – 1 K 259/10, BeckRS 2011, 51782; *VG Augsburg*, Urteil v. 16.08.2012 – Au 5 K 12.579, BeckRS 2012, 58560.

der im materiellen Recht angelegten Trennung zwischen Untersagungs- und Wiedergestattungsverfahren geschuldet[476].

Das Bundesverwaltungsgericht vertritt in seiner lange erwarteten Grundsatzentscheidung zur Frage einer Verschiebung des maßgeblichen Beurteilungszeitpunkts für die Rechtmäßigkeit der Gewerbeuntersagung durch § 12 Satz 1 GewO vom 15. April 2015 die Rechtsauffassung, dass nach dem Abschluss des behördlichen Untersagungsverfahrens eintretende Änderungen der Verhältnisse alleine im Rahmen der Entscheidung über einen Antrag auf Wiedergestattung zu prüfen und zu berücksichtigen seien[477]. Die Vorschrift des § 12 Satz 1 GewO lasse die Anwendbarkeit des § 35 Abs. 6 GewO und die grundsätzliche Trennung unberührt. Sie erfasse § 35 Abs. 6 GewO schon deshalb nicht, weil es sich dabei um keine Vorschrift handele, *„welche die Untersagung eines Gewerbes ... ermöglicht"*. Eine Berücksichtigung nach Abschluss des behördlichen Untersagungsverfahrens eingetretener neuer Umstände würde die in § 35 Abs. 1 und Abs. 6 GewO normierte Systematik von Untersagungs- und Wiedergestattungsverfahren durchbrechen.

Klement hält dem entgegen, dass § 12 Satz 1 GewO für das Wiedergestattungsverfahren nach § 35 Abs. 6 GewO keine Bedeutung habe, so dass auch umgekehrt § 35 Abs. 6 GewO keine Bedeutung für die Regelung des § 12 Satz 1 GewO entfalten könne[478]. Dies sei nicht zuletzt auf die unterschiedlichen Tatbestände beider Normen zurückzuführen[479]. Damit passe auch der hinter der Regelung des § 35 Abs. 6 GewO stehende Gedanke, die Behörde müsse von der Last des ständigen Aktualisierens befreit werden, nicht auf die amtsgerichtlich öffentlich bekanntgemachte Eröffnung eines Insolvenzverfahrens[480]. Regelung und Zielsetzung des § 12 Satz 1 GewO führten insoweit dazu, dass eine Änderung der Sach- und Rechtslage die Rechtswidrigkeit des ursprünglich rechtmäßig erlassenen Verwaltungsaktes auslösten[481]. Insofern müsse das Verwaltungsgericht im nachfolgenden gerichtlichen Verfahren das Eintreten der Voraussetzungen des § 12 Satz 1 GewO noch bis zur Entscheidung berücksichtigen[482]. Andernfalls müsste das Gericht die behördliche Maßnahme bestätigen, ohne dass der Gewerbetreibende und seine Gläubiger in den Genuss der insolvenzrechtlichen Sanierungsbemühungen kommen würden[483].

---

476 *BVerwG*, Urteil v. 15.04.2015 – 8 C 6/14, NVwZ 2015, 1544 (1546); *OVG Münster*, Urteil v. 12.04.2011 – 4 A 1449/08, NVwZ-RR 2011, 553 (554 f.).

477 *BVerwG*, Urteil v. 15.04.2015 – 8 C 6/14, NVwZ 2015, 1544 (1546); vgl. hierzu auch die Anmerkung von *Deiseroth*, jurisPR-BVerwG 20/2015 Anm. 4.; wie das BVerwG auch *OVG Lüneburg*, Beschluss v. 04.02.2016 – 7 LB 81/14, BeckRS 2016, 42207.

478 *Klement*, a.a.O., S. 464; so auch *Hahn*, GewArch 2000, 361 (365).

479 *Klement*, a.a.O., S. 464.

480 *Klement*, a.a.O., S. 465.

481 *Klement*, a.a.O., S. 465.

482 *Klement*, a.a.O., S. 465; so auch *Hahn*, GewArch 2000, 361 (365); *Krumm*, GewArch 2010, 465 (488 f.).

483 *Klement*, a.a.O., S. 465; so auch *Hahn*, GewArch 2000, 361 (365).

Demgegenüber vertritt das Bundesverwaltungsgericht die Ansicht, dass auch der Sinn und Zweck des § 12 Satz 1 GewO keine Verschiebung des maßgeblichen Beurteilungszeitpunkts rechtfertige[484].

cc) Stellungnahme

Zum Schutze insolvenzrechtlicher Interessen sollte eine nach dem Wirksamwerden des Verwaltungsakts eintretende Änderung der Sach- und Rechtslage im Rahmen eines verwaltungsgerichtlichen Verfahrens berücksichtigt werden. Das Bundesverwaltungsgericht hat zwar aufgrund der Bestimmung des § 35 Abs. 6 GewO den Beurteilungszeitpunkt für die Rechtmäßigkeit einer Gewerbeuntersagungsverfügung auf den Zeitpunkt der letzten Verwaltungsentscheidung festgesetzt. Hingegen gehen *Hahn* und *Klement* richtigerweise davon aus, dass die Rechtsprechung auf den Fall einer Gewerbeuntersagungsverfügung bei nachträglicher Eröffnung des Insolvenzverfahrens aufgrund der Unterschiede zwischen § 35 Abs. 6 und § 12 Satz 1 GewO nicht anzuwenden ist[485].

Wenn aber das Bundesverwaltungsgericht davon ausgeht, dass die materiell-rechtliche Norm des § 35 Abs. 6 GewO Auswirkungen auf den Beurteilungszeitpunkt der Rechtmäßigkeit eines Verwaltungsakts hat, so muss gleiches auch für die materiell-rechtliche Vorschrift des § 12 GewO gelten[486]. Hierfür spricht, dass das Bundesverwaltungsgericht in seiner Entscheidung vom 23. November 1990 ausdrücklich entschieden hat, dass sich der maßgebliche Zeitpunkt stets nach materiellem Recht richtet[487]. Damit sind die Gerichte verpflichtet, den Beurteilungszeitpunkt auch aus der Regelung des § 12 Satz 1 GewO zu ermitteln. Hierdurch erhält § 12 GewO als materiell-rechtliche Norm keineswegs prozessrechtliche Bedeutung. Die Vorschrift verschiebt lediglich den Beurteilungszeitpunkt der Rechtmäßigkeit einer Untersagungsverfügung auf den Zeitpunkt der letzten mündlichen Verhandlung.

Auch das Verwaltungsgericht Gießen schien sich in seiner Entscheidung vom 4. Oktober 2005 der Bedeutung des § 12 Satz 1 GewO für den Beurteilungszeitpunkt nicht sicher gewesen zu sein. Ansonsten hätte es der Frage, ob § 12 GewO eine Verschiebung des Beurteilungszeitpunkts bewirkt, nicht grundsätzliche Bedeutung zugemessen und damit eine Sprungrevision begründet[488]. Das Bundesverwaltungsgericht hat die Revision allerdings seinerzeit mit Beschluss vom 18. Januar 2006 verworfen, da es an einer Zustimmung der Beklagten und der klagenden Gesellschaft

---

484 *BVerwG*, Urteil v. 15.04.2015 – 8 C 6/14, NVwZ 2015, 1544 (1547).

485 *Klement*, Anm. zu VG Gießen, Urteil v. 04.10.2005 – 8 E 2110/04, KTS 2006, 454 (464); *Hahn*, GewArch 2000, 361 (365).

486 So auch *Hahn*, GewArch 2000, 361 (365); a.A. *VG München*, Urteil v. 31.08.2006 – M 16 K 05.6153, juris, wonach § 12 GewO nicht entnommen werden kann, dass es zu einer Verschiebung des aus § 35 Abs. 6 GewO abgeleiteten Zeitpunkts kommen soll.

487 *BVerwG*, Beschluss v. 23.11.1990 – 1 B 155.90, NVwZ 1991, 372 (373).

488 So *Klement*, Anm. zu VG Gießen, Urteil v. 04.10.2005 – 8 E 2110/04, KTS 2006, 454 (464); Siehe hierzu *VG Gießen*, Urteil v. 04.10.2005 – 8 E 2110/04, KTS 2006, 449 (454).

fehlte[489]. Gleiches gilt für die Entscheidung des Verwaltungsgerichtshofs Kassel vom 21. Februar 2002[490]. Auch hier wurde die Revision aus gleichen Gründen wie im Urteil des Verwaltungsgerichts Gießen zugelassen, vom Kläger aber letztendlich nicht eingelegt.

Für eine Beurteilung der Rechtmäßigkeit einer Untersagungsverfügung zum Zeitpunkt der letzten mündlichen Verhandlung spricht zudem Sinn und Zweck des § 12 Satz 1 GewO[491]. Dieser soll im Interesse der Ziele des Insolvenzverfahrens trotz Unzuverlässigkeit des Gewerbetreibenden eine Fortführung des schuldnerischen Betriebes für die in § 12 Satz 1 GewO genannten Zeiträume ermöglichen. Zwar könnte der Gewerbebetrieb aufgrund des Verbots einer Vollstreckung noch nicht bestandskräftiger Untersagungsverfügungen auch während eines verwaltungsgerichtlichen Verfahrens fortgeführt werden[492]. Der Vollstreckungsschutz fällt aber mit Beendigung der in § 12 Satz 1 GewO geschützten Zeiträume weg. Ab diesem Zeitpunkt kann die durch rechtskräftiges Urteil bestätigte Gewerbeuntersagung vollzogen werden. Dies hätte zur Folge, dass alle bereits im Rahmen eines Insolvenzverfahrens erfolgten Sanierungsbemühungen beseitigt würden. Der Insolvenzverwalter wäre in einem solchen Fall damit belastet, einen Gewerbebetrieb fortzuführen, über dem das Damoklesschwert einer drohenden Gewerbeuntersagungsverfügung schwebt[493]. Insofern muss es im Vorfeld einer Sanierung möglich sein prozessual sicherzustellen, dass eine bestehende, aber noch nicht bestandskräftige Untersagungsverfügung aufgehoben wird. Nur dann werden sich auch die Insolvenzgläubiger des Schuldners für eine Fortführung und Sanierung des schuldnerischen Gewerbebetriebs entscheiden.

Hierdurch erleidet die Behörde auch keinen Nachteil. Sie hat es letztendlich in der Hand, ihre Verfügung aufgrund der geänderten Rechtslage wieder aufzuheben[494]. Der klagende Gewerbetreibende wird aufgrund des fehlenden Feststellungsinteresses

---

489 *BVerwG*, Beschluss v. 18.01.2006 – 6 C 21/05, GewArch 2006, 387.

490 *VGH Kassel*, Urteil v. 21.11.2002 – 8 UE 3195/01, zwar veröffentlicht in GewArch 2004, 162; die Zulassung zur Revision ist hier aber nicht mit abgedruckt. Insoweit wird auf BeckRS 2003, 20626 verwiesen.

491 So auch *Windel*, in: Jaeger, InsO, § 80 Rn. 265, der davon ausgeht, dass der Zweck des § 12 GewO einen möglichst späten Beurteilungspunkt erfordere, da andernfalls der Widerruf eines belastenden Verwaltungsaktes oder einer Neukonzessionierung notwendig werden könnte.

492 So zur Konfliktlösung vorgetragen von *OVG Münster*, Urteil v. 12.04.2011 – 4 A 1449/08, NVwZ-RR 2011, 553 (555); *VG München*, Urteil v. 12.09.2011 – M 16 K 11.1391, juris und Urteil v. 31.08.2006 – M 16 K 05.6153, juris; vgl. auch *Voß*, in: Graf-Schlicker, InsO, § 21 Rn. 4.

493 Vgl. insoweit auch *Klement*, Anm. zu VG Gießen, Urteil v. 04.10.2005 – 8 E 2110/04, KTS 2006, 454 (465), wonach ein Insolvenzverwalter, der sich rechtmäßig verhalten will, das Unternehmen auch dann nicht weiterführt, wenn er eine Vollstreckung des wirksamen Verbots nicht zu befürchten braucht.

494 *Krumm*, GewArch 2010, 465, 469; *Klement*, Anm. zu VG Gießen, Urteil v. 04.10.2005 – 8 E 2110/04, KTS 2006, 454 (465).

hierauf mit einer Erledigungserklärung reagieren[495]. Die zuständige Behörde wird sich anschließen, so dass der Kläger gem. § 161 Abs. 2 VwGO die Kosten des Verfahrens zu tragen hat, wenn die Klage ursprünglich unbegründet war[496]. Soweit der Gewerbetreibende im Rahmen des Insolvenzverfahrens seine Vermögensverhältnisse nicht konsolidiert hat, steht es der Behörde frei, nach Beendigung der in § 12 Satz 1 GewO genannten Zeiträume erneut eine Gewerbeuntersagung zu verfügen.

3. *Ergebnis*

§ 12 Satz 1 GewO hat keine prozessualen Auswirkung auf den Verwaltungsprozess. Die Gerichte müssen die Vorschrift aber bei der Ermittlung des richtigen Zeitpunkts für die Beurteilung der Rechtmäßigkeit der Untersagungsverfügung berücksichtigen. Dies führt im Ergebnis dazu, dass wenn die in § 12 Satz 1 GewO genannten insolvenzrechtlichen Maßnahmen erst in einem anschließenden gerichtlichen Verfahren eingreifen, die Untersagungsverfügung rechtswidrig wird. Nur hierdurch ist es dem Insolvenzverwalter möglich, eine Sanierung des schuldnerischen Betriebs auch über das Insolvenzverfahren hinaus zu Gunsten der Insolvenzgläubiger zu gewährleisten.

C. Ergebnisse des ersten Teils

1. Mit der Einführung des § 12 GewO wurde dem Insolvenzverfahren gegenüber dem Gefahrenabwehrrecht der Vorrang eingeräumt. Das bedeutet hingegen nicht, dass der Gesetzgeber eine Fortführung des Gewerbebetriebs unabhängig von für die Allgemeinheit bestehenden Risiken erlaubt. Eine Fortführung des Gewerbebetriebs wird vielmehr an einen Schutz der Allgemeinheit durch die Vorschriften des Insolvenzrechts geknüpft.
2. Der persönliche Anwendungsbereich des § 12 GewO erfasst nicht nur natürliche Personen. Die Vorschrift ist ebenso in der Insolvenz einer juristischen Person zu beachten. Dabei kann sich auch das vertretungsberechtigte Organ im Falle einer – aufgrund der Insolvenz der Gesellschaft – gegen es verfügten Untersagung auf § 12 Satz 1 GewO berufen. Dies gilt allerdings nur, soweit das vertretungsberechtigte Organ für die Gesellschaft und deren Fortführung unverzichtbar ist. Kann der Betrieb hingegen auch im Wege der Fremdgeschäftsführung fortgeführt werden, findet § 12 Satz 1 GewO keine Anwendung.
3. Entgegen herrschender Ansicht findet § 12 Satz 1 GewO auch im Falle der Insolvenz einer Personengesellschaft ohne Rechtspersönlichkeit Anwendung. Obgleich Gewerbetreibender und Insolvenzschuldner auseinander fallen, ist der Anwendungsbereich des § 12 Satz 1 GewO – abweichend zu seinem Wortlaut

---

495 *Krumm*, GewArch 2010, 465, (469).

496 *Krumm*, a.a.O., S. 469; *Klement*, Anm. zu VG Gießen, Urteil v. 04.10.2005 – 8 E 2110/04, KTS 2006, 454 (465).

– dem Sinn und Zweck nach eröffnet. Durch die umfassende Inpflichtnahme des Insolvenzverwalters werden in der Person der geschäftsführenden Gesellschafter begründete Zuverlässigkeitsdefizite – soweit diese in einem inneren Zusammenhang zur wirtschaftlichen Leistungsunfähigkeit stehen – kompensiert. Die für die Fortführung des Gewerbebetriebs benötigten Gesellschafter können sich insoweit im Falle einer Gewerbeuntersagung auf die Insolvenz der Gesellschaft und insoweit auf § 12 Satz 1 GewO berufen.

4. Der sachliche Anwendungsbereich des § 12 Satz 1 GewO beschränkt sich auf das Vorliegen ungeordneter Vermögensverhältnisse und hiermit in einem engen Zusammenhang stehender Unzuverlässigkeitsgründe. Der Gewerbetreibende kann sich im Falle doppelter Unzuverlässigkeit nicht auf § 12 Satz 1 GewO berufen, wenn neben den ungeordneten Vermögensverhältnissen ein Grund (z.B. Verstoß gegen Hygienevorschriften) vorliegt, der für sich genommen bereits seine Unzuverlässigkeit begründet. Etwas anderes gilt nur bei einem engen sachlichen Zusammenhang zur wirtschaftlichen Leistungsunfähigkeit und der Insolvenz des Schuldners, so z.B. bei Insolvenzstraftaten. Der Vorwurf einer unzulässigen Privilegierung ist dabei nicht zutreffend, da die Fortführung des Betriebes alleine im Interesse der Insolvenzgläubiger und eine Kompensierung auch dieses Unzuverlässigkeitsgrundes durch die insolvenzrechtlichen Vorschriften erfolgt.
5. Im eröffneten Insolvenzverfahren kompensieren der Übergang der Verwaltungs- und Verfügungsbefugnis sowie der Vorrang der Masseverbindlichkeiten die Unzuverlässigkeit des Gewerbetreibenden. Gleiches gilt im Insolvenzeröffnungsverfahren. Auch hier kann nur die Einsetzung eines vorläufigen starken Insolvenzverwalters einen hinreichenden Schutz der Allgemeinheit gewährleisten. Der Gesetzeswortlaut geht, soweit er allgemein die Anordnung von Sicherungsmaßnahmen nach § 21 InsO für einen Vorrang des Insolvenzrechts genügen lässt, zu weit. Ein die Privilegierung des insolvenzrechtlichen Sonderinteresses erst rechtfertigender Schutz der Allgemeinheit ist durch eine Anordnung der übrigen Sicherungsmaßnahmen nicht zu bewerkstelligen. Einzig der vorläufige starke Insolvenzverwalter vermag durch seine Rechtsstellung die wirtschaftliche Leistungsunfähigkeit des Gewerbetreibenden zu kompensieren und eine Gefährdung der Allgemeinheit auszuschließen. § 12 Satz 1 GewO ist insoweit im Wege der teleologischen Reduktion dahingehend zu reduzieren, dass nur die Bestellung eines starken vorläufigen Insolvenzverwalters die Anwendbarkeit der Sperrwirkung auslöst.
6. Sofern bereits während des Insolvenzeröffnungsverfahrens eine Gewerbeuntersagung droht, ist das Insolvenzgericht im Interesse der Insolvenzgläubiger verpflichtet, einen vorläufigen starken Insolvenzverwalter zu bestellen und so bereits in diesem Stadium den Erfolg des Insolvenzverfahrens zu sichern. Zu den nachteiligen Veränderungen i.S.d. § 21 InsO gehören nämlich auch diejenigen Konsequenzen, die sich für das Vermögen des Schuldners durch eine Untersagung des Gewerbebetriebs ergeben.

7. Mit der Bestätigung des Insolvenzplans durch das Insolvenzgericht ist davon auszugehen, dass der Untersagungsgrund der ungeordneten Vermögensverhältnisse in absehbarer Zeit entfällt. Zugunsten des Gewerbetreibenden ist anzuführen, dass er sich im Rahmen eines Sanierungsverfahrens in Absprache mit seinen Gläubigern um die Befriedigung der bestehenden Verbindlichkeiten bemüht. Vor diesem Hintergrund ist ein Fehlverhalten des Gewerbetreibenden nicht zu erwarten. Mangels ungeordneter Vermögensverhältnisse des Gewerbetreibenden bedarf es abweichend zum Wortlaut des § 12 Satz 1 GewO keiner Planüberwachung durch den Insolvenzverwalter. Daher sollte § 12 Satz 1 GewO dahingehend geändert werden, dass bereits mit der Bestätigung des Insolvenzplans durch das Insolvenzgericht die gewerberechtlichen Untersagungs- und Widerrufsvorschriften suspendiert werden.
8. Erteilt das Insolvenzgericht dem insolventen Gewerbetreibenden durch Beschluss die Restschuldbefreiung, so ist seine wirtschaftliche Leistungsfähigkeit wiederhergestellt. Eine Gewerbeuntersagung kann damit nicht mehr auf solche Forderungen gestützt werden, die durch die Restschuldbefreiung entfallen sind.
9. Während der auf dem Weg zur Restschuldbefreiung zu durchschreitenden Treuhandperiode kann einer Gewerbeuntersagung mangels insolvenzrechtlicher Schutzmechanismen nicht § 12 Satz 1 GewO entgegengehalten werden. Der Betrieb eines Gewerbes während dieser Zeit setzt damit alleine die Zuverlässigkeit des Gewerbetreibenden voraus. Als zuverlässig ist der Gewerbetreibende dann anzusehen, wenn er im Rahmen der Treuhandperiode allen seinen ihm obliegenden Verpflichtungen nachkommt, insbesondere seine pfändbaren Einkünfte an den Treuhänder abführt und deshalb nicht mit einer vorzeitigen Versagung der Restschuldbefreiung gerechnet werden muss. Aufgrund dieses Konzeptes besteht trotz bestehender Verbindlichkeiten für eine Gewerbeuntersagung kein Raum.
10. Keine Anwendung findet § 12 Satz 1 GewO für den Zeitraum der Eigenverwaltung oder des Schutzschirmverfahrens. Denn anders als im Insolvenzverfahren verbleibt die Verwaltungs- und Verfügungsbefugnis in diesem Fall beim Schuldner. Da auch anderweitig keine Kompensation der bestehenden Risiken für die Allgemeinheit erfolgt, ist ein Vorrang des Insolvenzrechts nicht gerechtfertigt.
11. § 12 Satz 1 GewO hat keine Bedeutung für Gewerbe, die der Schuldner nach dem Antrag auf Eröffnung des Insolvenzverfahrens beginnen will. Die Vorschrift soll dem Gewerbetreibenden nicht ermöglichen, trotz mangelnder wirtschaftlicher Leistungsunfähigkeit weitere Gewerbebetriebe zu eröffnen.
12. Keine Auswirkungen hat § 12 Satz 1 GewO auf bereits bestandskräftig abgeschlossene Verfahren. Hingegen sind Handlungen zur Vollstreckung der Verfügung in den durch § 12 Satz 1 GewO geschützten Zeiträumen – entgegen der Ansicht des Bundesverwaltungsgerichts – zumindest dann gesperrt, wenn die Ausübung des Gewerbes bis zu diesem Zeitpunkt von der Behörde ausdrücklich geduldet wurde. Die hierzu bisher maßgebliche Rechtsprechung des Oberverwaltungsgerichts Münster ist nicht übertragbar auf Gewerbebetriebe, die trotzt bestandkräftiger Untersagungsverfügung unter Missbil-

ligung der zuständigen Behörde und unter Missachtung der Rechtsordnung weiterbetrieben wurden. Andernfalls würde der rechtsuntreue Gewerbetreibende gegenüber einem rechtstreuen Gewerbetreibenden, der sein Gewerbe infolge der Untersagungsverfügung eingestellt hat, unzulässigerweise privilegiert. Ziel des § 12 Satz 1 GewO ist schließlich nicht die Fortführung unerlaubt betriebener Gewerbetriebe.

13. Ist dem Gewerbetreibenden trotz bestandskräftiger Untersagungsverfügung eine Abwicklungsfrist für sein Gewerbe eingeräumt worden und wird während dieser Zeit das Insolvenzverfahren über sein Vermögen eröffnet oder ein vorläufiger starker Insolvenzverwalter eingesetzt, müssen Vollstreckungshandlungen ausgesetzt werden. Mit Beendigung des Insolvenzverfahrens lebt die bestandskräftige Untersagungsverfügung wieder auf. Im Falle der Konsolidierung seiner Vermögensverhältnisse hat der Gewerbetreibende gem. § 49 VwVfG aber einen Anspruch auf Widerruf der Verfügung.
14. Für bereits eingeleitete, aber noch nicht durch einen bestandskräftigen Untersagungsbescheid abgeschlossene Verfahren muss eine Anwendbarkeit des § 12 Satz 1 GewO hingegen bejaht werden. Das Verfahren ist für den durch § 12 Satz 1 GewO geschützten Zeitraum auszusetzen und kann erst nach Aufhebung der entsprechenden insolvenzrechtlichen Schutzmechanismen wieder aufgenommen werden. Stellt die Behörde hiernach fest, dass der Gewerbetreibende nunmehr alle Forderungen getilgt hat oder sich im Rahmen einer an das Insolvenzverfahren anschließenden Restschuldbefreiung ernsthaft um ein erfolgsversprechendes Sanierungskonzept bemüht, besteht für eine Gewerbeuntersagung kein Bedürfnis mehr.
15. Eine entgegen § 12 Satz 1 GewO verfügte Gewerbeuntersagung führt unabhängig von der Kenntnis der Behörden von diesem Umstand als objektiver Verstoß gegen § 12 Satz 1 GewO zur Rechtswidrigkeit der gewerberechtlichen Maßnahme und ist nach § 48 VwVfG zurückzunehmen.
16. Ein laufendes verwaltungsgerichtliches Verfahren, welches eine Gewerbeuntersagung zum Streitgegenstand hat, ist mangels Betroffenheit der Insolvenzmasse nicht gem. § 240 ZPO, § 173 VwGO auszusetzen. Die Gewerbeuntersagung betrifft lediglich die Gewerbefreiheit des Gewerbetreibenden, die als höchstpersönliches Recht – genau wie eine Personalerlaubnis – nicht in die Insolvenzmasse fällt. Betroffen ist im Falle einer Gewerbeuntersagung insoweit nur die berufliche Betätigung des Insolvenzschuldners.
17. § 12 Satz 1 GewO enthält als materiell-rechtliche Norm keine Aussagen dazu, welche prozessrechtlichen Folgen sich aus einem Insolvenzverfahren für ein Gerichtsverfahren ergeben, welches eine Gewerbeuntersagung zum Streitgegenstand hat. Die Vorschrift ist insoweit auf ein verwaltungsgerichtliches Verfahren nicht anzuwenden.
18. Die Regelung des § 12 Satz 1 GewO führt aber dazu, dass eine Veränderung der Sach- und Rechtslage bis zum Zeitpunkt der letzten mündlichen Verhandlung im Verwaltungsprozess zu berücksichtigen ist. Die Verwaltungsgerichte müssen damit auch noch während des Verwaltungsprozesses den Eintritt der

in § 12 GewO genannten Voraussetzungen beachten. Nur hierdurch ist es dem Insolvenzverwalter möglich prozessual sicherzustellen, dass eine bestehende, aber noch nicht bestandskräftige Untersagungsverfügung aufgehoben wird, so dass er mit einer Sanierung des schuldnerischen Unternehmens beginnen kann.

Zweiter Teil
Die Insolvenz des Freiberuflers

Ebenso wie im Gewerberecht, sehen auch die Berufsordnungen der Freiberufler berufsrechtliche Konsequenzen bei fehlender Zuverlässigkeit des Berufsträgers vor. Wesentliches Zuverlässigkeitsmerkmal ist auch hier die wirtschaftliche Leistungsfähigkeit. Dabei wären die Ziele des Insolvenzverfahrens gefährdet, wenn der Berufsträger mit dem Eröffnungsbeschluss des Insolvenzgerichts die Zulassung verlieren würde. Denn eine effektive Gläubigerbefriedigung und Sanierung des insolventen Schuldners ist maßgeblich davon abhängig, dass die berufliche Tätigkeit weiter ausgeübt werden kann. Zu untersuchen ist, ob bzw. unter welchen Voraussetzungen dem jeweiligen Berufsträger die Zulassung infolge der Eröffnung des Insolvenzverfahrens entzogen werden kann. Im zweiten Schritt muss geklärt werden, welche Möglichkeiten sowohl auf Seiten des Insolvenzverwalters, als auch auf Seiten des Schuldners bestehen, den Widerruf der Zulassung abzuwenden. Maßgebliche Bedeutung wird dabei auch der Frage zukommen, ob die bestehenden Möglichkeiten in der Praxis tatsächlich umsetzbar sind. Die Untersuchung behandelt dabei die Berufsgruppe der Rechtsanwälte, der Steuerberater, der Notare, der Wirtschaftsprüfer, der Architekten und der Ärzte.

A. Berufsrechtliche Auswirkungen im Falle der Eröffnung eines Insolvenzverfahrens

Die Berufsrechte der Freiberufler sind nicht einheitlich in einem Gesetz, sondern in unterschiedlichen Berufsordnungen geregelt. Gemeinsam ist den Berufsordnungen der Rechtsanwälte, Steuerberater, Notare, Wirtschaftsprüfer, Architekten und Ärzte, dass die Aufnahme der entsprechenden Tätigkeit von unterschiedlichen Zulassungsvoraussetzungen abhängig und insoweit zulassungsbeschränkt ist. Dabei ist die Tätigkeit als Rechtsanwalt von der Zulassung zur Rechtsanwaltschaft nach § 4 BRAO abhängig. Als Steuerberater darf nur tätig werden, wer gem. § 40 Abs. 1 Satz 1 StBerG durch die zuständige Steuerberaterkammer als Steuerberater bestellt wurde. Vergleichbar hiermit darf das Amt eines Notars nur derjenige ausüben, der gem. § 12 Satz 1 BNotO durch die Aushändigung der Bestallungsurkunde seitens der Landesjustizverwaltung zum Notar bestellt wurde. Gleiches gilt für den Wirtschaftsprüfer gem. § 15 Satz 1 WPO. Die Aushändigung der Urkunde übernimmt hier die Wirtschaftsprüferkammer. Die Berufsbezeichnung „*Architekt*“ darf nur derjenige führen, der unter dieser Bezeichnung in die Architektenliste eines Bundeslandes eingetragen ist[497]. Voraussetzung für die Ausübung des ärztlichen Berufes ist nach § 2 Abs. 1 BÄO die Erteilung der Approbation. Für den Fall, dass sich der Berufsträger

497 Vgl. beispielsweise § 1 Abs. 1 NArchG oder § 2 Abs. 1 BauKaG NW.

in ungeordneten Vermögensverhältnissen befindet, enthalten die Berufsordnungen der Rechtsanwälte, Steuerberater, Notare, Wirtschaftsprüfer und Architekten – nicht aber die Berufsordnung der Ärzte – ausdrückliche Regelungen, die es den zuständigen Kammern erlauben, dem Berufsträger die weitere Ausübung seines Berufes zu untersagen[498]. Die hierfür jeweils geltenden Voraussetzungen sollen Gegenstand der nachfolgenden Untersuchung sein.

I. Widerruf der Zulassung bzw. Bestellung des Rechtsanwalts und des Steuerberaters

Für Rechtsanwälte heißt es in § 14 Abs. 2 Nr. 7 BRAO:

> *Die Zulassung zur Rechtsanwaltschaft ist zu widerrufen, wenn der Rechtsanwalt in Vermögensverfall geraten ist, es sei denn, dass dadurch die Interessen der Rechtsuchenden nicht gefährdet sind; ein Vermögensverfall wird vermutet, wenn ein Insolvenzverfahren über das Vermögen des Rechtsanwalts eröffnet oder der Rechtsanwalt in das vom Insolvenzgericht oder vom Vollstreckungsgericht zu führende Verzeichnis (§ 26 Abs. 2 der Insolvenzordnung, § 915 der Zivilprozeßordnung) eingetragen ist.*

Nahezu wortgleich bestimmt § 46 Abs. 2 Nr. 4 StBerG für Steuerberater:

> *Die Bestellung ist zu widerrufen, wenn der Steuerberater oder Steuerbevollmächtigte in Vermögensverfall geraten ist, es sei denn, dass dadurch die Interessen der Auftraggeber nicht gefährdet sind; ein Vermögensverfall wird vermutet, wenn ein Insolvenzverfahren über das Vermögen des Steuerberaters oder Steuerbevollmächtigten eröffnet oder der Steuerberater oder Steuerbevollmächtigten in das vom Insolvenzgericht oder vom Vollstreckungsgericht zu führende Verzeichnis (§ 26 Abs. 2 der Insolvenzordnung, § 915 der Zivilprozeßordnung) eingetragen ist.*

Die Vorschriften sind weitestgehend identisch[499]. Beide setzen einen Vermögensverfall des Berufsträgers bei gleichzeitiger Gefährdung der Mandanteninteressen voraus. Die Tatbestandsvoraussetzungen können daher gemeinsam behandelt werden.

1. *Vermögensverfall*

Nach allgemeiner Definition liegt ein Vermögensverfall stets dann vor, wenn der Berufsträger in ungeordnete, schlechte finanzielle Verhältnisse, die er in absehbarer Zeit nicht ordnen kann, geraten und außerstande ist, seinen Verpflichtungen

---

498 Die Widerrufsvorschriften im Überblick in *Frege/Keller/Riedel*, Handbuch der Rechtspraxis, Insolvenzrecht, Rn. 835.

499 Auch *Mutschler*, DStR 2010, 1307 (1308), geht in seiner Urteilsanmerkung zum Beschluss des BGH v. 09.11.2009 – AnwZ (B) 89/06 von einer Vergleichbarkeit der beiden Vorschriften aus.

nachzukommen[500]. Auf ein Verschulden des Rechtsanwalts oder Steuerberaters bezüglich seiner Vermögenssituation kommt es nicht an[501].

Das Vorliegen eines Vermögensverfalls wird ausweislich der Vorschriften des § 14 Abs. 2 Nr. 7 BRAO und § 46 Abs. 2 Nr. 4 StBerG vermutet, wenn über das Vermögen des Berufsträgers ein Insolvenzverfahren eröffnet wurde. Zur Widerlegung der Vermutung muss der Rechtsanwalt oder Steuerberater eine nachträgliche Konsolidierung seiner finanziellen Verhältnisse dartun[502]. Hierzu muss er seine Einkommens- und Vermögensverhältnisse in Gestalt einer Aufstellung sämtlicher gegen ihn erhobenen Forderungen vorlegen und den Nachweis erbringen, dass die Forderungen getilgt wurden, oder der Berufsträger sie zumindest in einer Weise zu erfüllen vermag, die seine Einkommens- und Vermögensverhältnisse wieder geordnet erscheinen lassen[503]. Darüber hinaus gelten die Vermögensverhältnisse nur dann als geordnet, wenn der Rechtsanwalt/Steuerberater frei über sein Vermögen verfügen kann[504].

2. Gefährdung der Interessen der Rechtsuchenden/Auftraggeber

Neben dem Vorliegen eines Vermögensverfalls setzt der Widerruf der Zulassung/Bestellung zwingend eine Gefährdung der Interessen der Rechtsuchenden/Auftraggeber voraus. Nicht erforderlich hierfür ist, dass eine Gefährdung bereits positiv festgestellt wurde[505].

Im Falle des Vermögensverfalls – mithin auch in der Insolvenz – begründet die Rechtsprechung die Gefährdung der Mandanteninteressen mit dem Umgang des Rechtsanwalts mit Fremdgeldern[506]. Der Gesetzgeber zeigt durch den in § 14 Abs. 2 Nr. 7 BRAO und § 46 Abs. 2 Nr. 4 StBerG gewählten Wortlaut *„es sei denn, dass dadurch die Interessen der Rechtsuchenden nicht gefährdet sind"*, dass der Ausschluss

---

500 *BGH*, Beschluss v. 21.03.2011 – AnwZ (B) 37/10, NZI 2011, 464; Beschluss v. 31.05.2010 – AnwZ (B) 27/09, ZinsO 2010, 1380 (1381); Beschluss v. 13.03.2000 – AnwZ (B) 28/99, NZI 2000, 262; *AGH Nordrhein-Westfalen*, Beschluss, v. 03.07.1998 – 1 ZU 26/97, AnwBl. 1999, 698; *Henssler*, in: Hennsler/Prütting, BRAO, § 14 Rn. 29; *Kleine-Cosack*, BRAO, § 14 Rn. 19; *Koch*, in: Koch/Killian, Anwaltliches Berufsrecht, S. 16; *Willerscheid*, in: Kuhls, StBerG, § 46 Rn. 18; *Ehlers*, NJW 2008, 1480; *Römermann*, AnwBl. 2005, 178.

501 Zum Rechtsanwalt *Kleine-Cosack*, BRAO, § 14 Rn. 23; zum Steuerberater *Gehre/Koslowski*, StBerG, § 46 Rn. 9.

502 *Henssler*, in: Hennsler/Prütting, BRAO, § 14 Rn. 31; vgl. auch *Willerscheid*, in: Kuhls, StBerG, § 46 Rn. 20.

503 Vgl. hierzu *Kleine-Cosack*, BRAO, § 14 Rn. 25 ff; *Koch*, in: Koch/Killian, Anwaltliches Berufsrecht, S. 17; *Henssler*, in: Hennsler/Prütting, BRAO, § 14 Rn. 31.

504 *BGH*, Beschluss v. 05.12.2005 – AnwZ (B) 13/05, NJW-RR 2006, 559; Beschluss v. 13.03.2000 – AnwZ (B) 28/99, NZI 2000, 262.

505 *Henssler*, in: Hennsler/Prütting, BRAO, § 14 Rn. 32.

506 So etwa *BGH*, Beschluss v. 18.10.2004 – AnwZ (B) 43/03, NJW 2005, 511; vgl. hierzu auch *Laufhütte*, DRiZ 1990, 431 (433).

einer Gefährdung trotz Vorliegens eines Vermögensverfalls lediglich eine Ausnahme darstellen soll[507]. Für die Annahme einer solchen Ausnahme muss der insolvente Rechtsanwalt oder Steuerberater substantiiert und glaubhaft vortragen, dass mit hinreichender Sicherheit trotz des Vermögensverfalls keine Gefahr besteht, dass dieser unter dem Druck der desolaten Vermögenslage seine Berufspflichten verletzt[508]. Diesen Nachweis wird der Rechtsanwalt/Steuerberater, wie noch zu zeigen wird, nur in seltenen Ausnahmefällen führen können[509].

Da § 14 Abs. 2 Nr. 7 BRAO und § 46 Abs. 2 Nr. 4 StBerG selbst keine Definition oder Regelbeispiele für das Vorliegen einer – fehlenden – Gefährdung der Rechtsuchenden enthalten, ist die Auslegung dieses Merkmals Rechtsprechung und Literatur überlassen worden. Für eine Gefährdung der Mandanten durch den Vermögensverfall des Berufsträgers werden dabei mehrere Gründe genannt.

a) Drohende Zwangsvollstreckung in Mandantengelder

Zunächst liegt bei einem in Vermögensverfall geratenen Berufsträger die Gefahr nahe, dass einzelne Gläubiger aufgrund titulierter Forderungen in Vermögenswerte vollstrecken, die eigentlich Mandanten gehören bzw. durch den Berufsträger treuhänderisch verwahrt werden[510]. Indes muss diese Gefahr für die Beurteilung einer Gefährdung der Mandanteninteressen in der Insolvenz des Rechtsanwalts oder Steuerberaters außer Acht bleiben. Denn mit dem Beschluss des Insolvenzgerichts zur Eröffnung des Insolvenzverfahrens besteht für die Gläubiger des Schuldners gem. § 89 Abs. 1 InsO ein Vollstreckungsverbot. Eine Gefährdung von Fremdvermögen durch die Vollstreckung einzelner Gläubiger ist insoweit nicht zu befürchten.

b) Veruntreuung von Mandantengeldern durch den Berufsträger

Eine Gefahr für die Interessen der Rechtsuchenden droht aber nicht nur aufgrund der Eingriffe Dritter. Nach Ansicht der Rechtsprechung stellt bereits der in Vermögensverfall geratene Berufsträger selbst eine Gefahr für seine Klienten dar. Im Falle eines Vermögensverfalls bestehe die Gefahr, dass der Rechtsanwalt selbst zur Tilgung bestehender Verbindlichkeiten gegenüber Dritten (z.B. Vermieter) auf

---

507 Der BGH betont aber in seinem Beschluss v. 18.10.2004 – AnwZ (B) 43/03, NJW 2005, 511, dass die Regelung des § 14 Abs. 2 Nr. 7 BRAO, nach der der Vermögensverfall die Gefährdung der Interessen der Rechtsuchenden indiziert, nicht im Sinne eines Automatismus zu verstehen ist, die Gefährdung daher nicht zwangsläufig und ausnahmslos aus dem Vorliegen des Vermögensverfalls folgt.

508 So zum Steuerberater *BFH*, Beschluss v. 05.06.2015 – VII B 181, juris; Beschluss v. 04.03.2004 – VII R 21/02, DStRE 2004, 733 (735); Urteil v. 06.06.2000 – VII R 68/99, BeckRS 2000, 30115903; mit Verweis auf die Entscheidungen des BFH auch *FG Niedersachsen*, Urteil v. 29.05.2008 – 6 K 433/07, DStRE 2009, 829 (830).

509 Vgl. insoweit auch *BGH*, Beschluss v. 18.10.2004 – AnwZ (B) 43/03, NJW 2005, 511; *Peitscher*, Anwaltsrecht, S. 61.

510 *Kleine-Cosack*, BRAO, § 14 Rn. 33; *Jessnitzer/Blumberg*, BRAO, § 14 Rn. 10.

Fremdgelder der Mandanten zugreife[511]. Bedingt durch die enormen finanziellen Probleme werde der Rechtsanwalt immer wieder in Versuchung sein, dem Drängen seiner Gläubiger nachzukommen und ihm anvertraute Gelder – wenigstens zeitweise – für eigene Zwecke zu verwenden[512].

c) Keine befreiende Zahlung von Honoraren an den insolventen Berufsträger

Eine weitere Gefahr für die Mandanten besteht darin, dass diese infolge des Übergangs der Verwaltungs- und Verfügungsbefugnis auf den Insolvenzverwalter das Honorar – vorbehaltlich ihres guten Glaubens – nicht mehr befreiend an den insolventen Berufsträger zahlen können[513]. Zahlt ein Mandant an den Schuldner und nicht an den Insolvenzverwalter, kann er sich gem. § 82 Satz 2 InsO nur bis zur öffentlichen Bekanntmachung des Eröffnungsbeschlusses auf seine Unkenntnis bezüglich der Insolvenzeröffnung berufen. Gegenteiliges Vortragen hat bis zu diesem Zeitpunkt der Insolvenzverwalter darzulegen[514]. Mit Bekanntmachung des Eröffnungsbeschlusses kehrt sich die Beweislast aber um, so dass der Leistende seine Unkenntnis vom Eröffnungsbeschluss nachweisen muss[515]. Gelingt dem Leistenden dieser Nachweis nicht, so ist er verpflichtet, das bereits an den insolventen Rechtsanwalt oder Steuerberater geleistete Honorar noch einmal an den Insolvenzverwalter zu entrichten.

Unabhängig von der Frage der Beweislast wird die Gefahr von Honorarzahlungen an den insolventen Schuldner aber besonders deutlich, wenn die Mandanten nicht gutgläubig sind, also Kenntnis von der Eröffnung des Insolvenzverfahrens haben, gleichwohl aber aus Unkenntnis der insolvenzrechtlichen Besonderheiten ihre Honorare an den Schuldner zahlen[516]. Für den Fall, dass der insolvente Rechtsanwalt diese Zahlungen nicht an den Insolvenzverwalter weiterleitet, wären diese Mandanten – die sich gerade aufgrund ihrer Unsicherheiten in rechtlichen Fragestellungen

---

511 *BGH*, Beschluss v. 21.09.1987 – AnwZ (B) 20/87, BeckRS 1987, 31182408; so auch *Vossebürger*, in: Feuerich/Weyland, BRAO, § 14 Rn. 64; *Henssler*, in: Hennsler/Prütting, BRAO, § 14 Rn. 34; *Kleine-Cosack*, BRAO, § 14 Rn. 34; *Willerscheid*, in: Kuhls, StBerG, § 46 Rn. 26.

512 *BGH*, Beschluss v. 21.09.1987 – AnwZ (B) 20/87, BeckRS 1987, 31182408.

513 *BGH*, Beschluss v. 05.12.2005 – AnwZ (B) 11/05, BeckRS 2006, 00660; Beschluss v. 18.10.2004 – AnwZ (B) 43/03, NJW 2005, 511; Beschluss v. 13.03.2000 – AnwZ (B) 28/99, NZI 2000, 262; *Vossebürger*, in: Feuerich/Weyland, BRAO, § 14 Rn. 63.

514 *Leithaus*, in: Andres/Leithaus, InsO, § 82 Rn. 4; *Kuleisa*, in: Hmb-Komm, InsO, § 82 Rn. 30; *Uhlenbruck*, in: Uhlenbruck, InsO, § 82 Rn. 12; *Ott/Vuia*, in: MüKo, InsO, § 82 Rn. 15.

515 *Leithaus*, in: Andres/Leithaus, InsO, § 82 Rn. 5; *Mock*, in: Uhlenbruck, InsO, § 82 Rn. 29; *Ott/Vuia*, in: MüKo, InsO, § 82 Rn. 15.

516 *Bartosch-Koch*, Versagung, Rücknahme und Widerruf der Zulassung zur Rechtsanwaltschaft wegen Vermögensverfalls, S. 78.

an einen Rechtsanwalt gewandt haben – verpflichtet, die gleiche Leistung noch einmal an die Insolvenzmasse zu bewirken[517].

d) Treuwidriges Verhalten und Annahme überfordernder Mandate

Vereinzelt wird für eine Gefährdung der Interessen der Rechtsuchenden/Auftraggeber auch angeführt, dass der Berufsträger im Falle eines Vermögensverfalls versucht sei, gegenüber dem Mandanten unzulässige oder erhöhte Gebührenforderungen geltend zu machen oder, um möglichst große Umsätze zu erzielen, Mandate übernehme, denen er wegen des Umfangs, der rechtlichen Schwierigkeiten oder der Zahl der Fälle nicht gewachsen sei[518].

3. Verfahren

a) Rechtsanwälte

Zuständig für den Widerruf der Berufszulassung ist gem. § 33 Abs. 1 BRAO die Rechtsanwaltskammer, der der Rechtsanwalt aktuell angehört. Für das Verwaltungsverfahren gilt gem. § 32 Satz 1 BRAO das Verwaltungsverfahrensgesetz, für das Gerichtsverfahren gelten gem. § 112c Abs. 1 Satz 1 BRAO die Vorschriften der Verwaltungsgerichtsordnung. Im ersten Rechtszug ist gem. § 112a Abs. 1 BRAO der Anwaltsgerichtshof sachlich zuständig. Über das Rechtsmittel der Berufung entscheidet gem. Abs. 2 Nr. 1 der Bundesgerichtshof.

Gegen den Verwaltungsakt der Rechtsanwaltskammer kann der betroffene Berufsträger Widerspruch einlegen oder, soweit das Landesrecht ein Widerspruchsverfahren nicht vorsieht, Anfechtungsklage erheben. Diese haben gem. § 80 Abs. 1 VwGO grundsätzlich aufschiebende Wirkung. Der insolvente Rechtsanwalt ist insoweit erst einmal zur weiteren Ausübung seines Berufes berechtigt.

Etwas anderes gilt nur dann, wenn die Rechtsanwaltskammer die sofortige Vollziehung der Verfügung nach § 80 Abs. 2 Nr. 4 VwGO anordnet. Hierfür bedarf es eines überwiegenden Interesses der Allgemeinheit[519]. Das bloße Vorliegen eines Vermögensverfalls kann für sich alleine genommen die Anordnung der sofortigen Vollziehung nicht rechtfertigen[520]. Spätestens mit Abschluss des gerichtlichen Verfahrens endet aber die aufschiebende Wirkung der Anfechtungsklage und der betroffene Berufsträger muss seine Tätigkeit als Rechtsanwalt aufgeben.

---

517 *Bartosch-Koch*, a.a.O., S. 78.

518 *BVerwG*, Urteil v. 03.05.1977 – I C 43.74, NJW 1977, 2178; a.A. *Bartosch-Koch*, Versagung, Rücknahme und Widerruf der Zulassung zur Rechtsanwaltschaft wegen Vermögensverfalls, S. 79.

519 *Henssler*, in: Henssler/Prütting, BRAO, § 14 Rn. 68.

520 Vgl. *BGH*, Beschluss v. 24.09.2001 – AnwZ (B) 34/01, NJW-RR 2002, 1718.

b) Steuerberater

Sachlich zuständig für den Widerruf der Bestellung eines Steuerberaters ist gem. § 46 Abs. 4 StBerG die Steuerberaterkammer. Die örtliche Zuständigkeit richtet sich nach der beruflichen Niederlassung.

Den Widerruf der Bestellung als Steuerberater kann der Berufsträger gem. § 33 Abs. 1 Nr. 3 FGO, § 348 Nr. 4 AO direkt im Wege der Anfechtungsklage vor dem Finanzgericht anfechten. Während dieser Zeit ist die Vollziehung des Widerrufs gem. § 164a Abs. 2 Satz 1 StBerG gehemmt. Damit kann der insolvente Steuerberater trotz Widerrufs der Bestellung seine Tätigkeit vorerst weiter ausüben. Etwas anderes ergibt sich nur dann, wenn die Steuerberaterkammer die sofortige Vollziehung anordnet. Voraussetzung hierfür ist allerdings ein besonderes öffentliches Interesse, welches das Interesse des Berufsträgers am Erhalt der Bestellung überwiegt[521]. Das den Widerrufsbescheid rechtfertigende öffentliche Interesse – und damit auch der Umstand der Eröffnung des Insolvenzverfahrens über das Vermögen des Steuerberaters – vermag ein besonderes öffentliches Interesse indes nicht zu begründen[522]. Die Anordnung der sofortigen Vollziehung setzt insoweit das hinzutreten weiterer gefährdender Umstände voraus.

Spätestens mit dem Zeitpunkt der Unanfechtbarkeit wird aber auch ohne die Anordnung der sofortigen Vollziehung die Verfügung der Steuerberaterkammer gem. § 164a Abs. 2 Satz 1 StBerG wirksam. Unterliegt der Steuerberater mit seiner Klage vor den Finanzgerichten, so verliert er seine Bestellung[523].

4. Rechtsfolgen des Widerrufs

Mit dem Widerruf der Zulassung oder Bestellung verlieren Rechtsanwälte und Steuerberater die Berechtigung, ihre Tätigkeit auszuüben. Hiermit verbunden ist gem. § 17 Abs. 1 Satz 1 BRAO bzw. § 47 Abs. 1 StBerG der Verlust der Berufsbezeichnung *„Rechtsanwalt"* oder *„Rechtsanwältin"* bzw. *„Steuerberater"* oder *„Steuerberaterin"*. Rechtsanwälte mit einem Fachanwalt verlieren mit der Bestandskraft des Zulassungswiderrufs darüber hinaus ihre Erlaubnis zum Führen der Fachanwaltsbezeichnung[524]. Die Erlaubnis lebt auch bei einer etwaigen Wiederzulassung des Anwalts nicht wieder auf[525].

Für die Praxis des betroffenen Berufsträgers wird im Interesse der Mandanten und der Sicherheit des Rechtsverkehrs gem. § 55 Abs. 5 BRAO bzw. § 70 Abs. 1 StBerG ein Praxisabwickler bestellt[526]. Diesem obliegt es, die schwebenden Angelegenheiten abzuwickeln und die laufenden Aufträge bis zum Mandatsende

---

521 *FG Niedersachsen*, Beschluss v. 17.01.2007 – 6 V 519/06, DStRE 2007, 933.
522 *FG Niedersachsen*, Beschluss v. 17.01.2007 – 6 V 519/06, DStRE 2007, 933.
523 Vgl. *Gehre/Koslowski*, StBerG, § 46 Rn. 14.
524 *BGH*, Urteil v. 02.07.2012 – AnwZ (Brfg) 57/11, BeckRS 2012, 16289.
525 *BGH*, Urteil v. 02.07.2012 – AnwZ (Brfg) 57/11, BeckRS 2012, 16289.
526 Zum Gesetzeszweck *Henssler*, in: Henssler/Prütting, BRAO, § 55 Rn. 2.

fortzuführen. Die Bestellung des Praxisabwicklers ist der Rechtsanwaltskammer bzw. der Steuerberaterkammer vorbehalten. Der Praxisabwickler führt sein Amt für Rechnung und auf Kosten des Berufsträgers und hat insoweit einen Anspruch auf angemessene Vergütung[527]. Nach § 55 Abs. 1 Satz 3 BRAO bzw. § 70 Abs. 2 StBerG wird der Praxisabwickler nicht länger als für die Dauer eines Jahres bestellt. Seine Bestellung endet, falls diese nicht verlängert wird, mit Zeitablauf[528].

II. Amtsenthebung des Notars

Für Notare ist im Falle wirtschaftlicher Schwierigkeiten zwischen einer Amtsenthebung nach § 50 Abs. 1 Nr. 6 und § 50 Abs. 1 Nr. 8 BNotO zu unterscheiden.

Gemäß § 50 Abs. 1 Nr. 6 BNotO ist der Notar seines Amtes zu entheben, wenn er in Vermögensverfall geraten ist; ein Vermögensverfall wird vermutet, wenn ein Insolvenzverfahren über das Vermögen des Notars eröffnet oder der Notar in das vom Vollstreckungsgericht zu führende Verzeichnis (§ 26 Abs. 2 der Insolvenzordnung, § 882 b der Zivilprozeßordnung) eingetragen ist.

Nach § 50 Abs. 1 Nr. 8 BNotO ist der Notar seines Amtes zu entheben, wenn seine wirtschaftlichen Verhältnisse, die Art seiner Wirtschaftsführung oder die Durchführung von Verwahrungsgeschäften die Interessen der Rechtsuchenden gefährden.

1. Voraussetzungen einer Amtsenthebung nach § 50 Abs. 1 Nr. 6 und Nr. 8 BNotO

Die Vorschriften des § 50 Abs. 1 Nr. 6 und Nr. 8 knüpfen für eine Amtsenthebung an unterschiedliche Voraussetzungen an. Beiden Tatbeständen ist aber gemein, dass die Amtsenthebung aufgrund *„wirtschaftlicher Schwierigkeiten"* des Notars erfolgt. Zu klären ist daher, welche Unterschiede zwischen einer Amtsenthebung nach Nr. 6 und Nr. 8 bestehen.

a) Tatbestandsvoraussetzungen des § 50 Abs. 1 Nr. 8 Alt. 1 und 2 BNotO

Eine Amtsenthebung nach § 50 Abs. 1 Nr. 8 BNotO stellt den in der Praxis wohl am häufigsten vorkommenden Fall der in § 50 enthaltenen Alternativen dar[529]. Der Notar ist hiernach immer dann seines Amtes zu entheben, wenn die wirtschaftlichen Verhältnisse (Alt. 1) oder die Art seiner Wirtschaftsführung (Alt. 2) die Interessen der Rechtsuchenden gefährden. Auf ein Verschulden des Notars diesbezüglich kommt es ebenso wie bei einem Rechtsanwalt oder Steuerberater nicht an[530].

527 *Gehre/Koslowski*, StBerG, § 70 Rn. 10.
528 *Gehre/Koslowski*, StBerG, § 70 Rn. 7.
529 *Lerch*, in: Arndt/Lerch/Sandkühler, BNotO, § 50 Rn. 27.
530 *Püls*, in: Schippel/Bracker, BNotO, § 50 Rn. 28.

aa) Wirtschaftliche Verhältnisse (Alt. 1) und Art der Wirtschaftsführung (Alt. 2)

Die wirtschaftlichen Verhältnisse des Notars, durch die die Interessen der Rechtsuchenden gefährdet werden, gelten als zerrüttet, wenn gegen ihn Zahlungsansprüche in erheblicher Größenordnung bestehen oder gerichtlich geltend gemacht werden, Pfändungs- und Überweisungsbeschlüsse gegen ihn erlassen, fruchtlose Pfändungsversuche unternommen, Verfahren zur Abgabe der eidesstattlichen Versicherung gem. § 807 ZPO eingeleitet oder Haftbefehle zur Erzwingung dieser Versicherung erlassen worden sind[531], ständige Zwangsvollstreckungsmaßnahmen erfolgen[532] sowie Zwangsversteigerungsverfahren hinsichtlich seiner Grundstücke anhängig sind[533]. Ein Notar, der sich mit finanziellen Schwierigkeiten solchen Ausmaßes konfrontiert sieht und nicht mehr in der Lage ist, auch nur geringe Schuldbeträge aufzubringen, gefährdet die Interessen der Rechtsuchenden[534]. Mandanten eines Notars kann nicht zugemutet werden, wegen Forderungen gegen den Notar in sein Vermögen zu vollstrecken. Der Notar ist als Organ der Rechtspflege zu geordneten wirtschaftlichen Verhältnissen verpflichtet. Nicht hinnehmbar ist es daher auch, dass der Notar die eidesstattliche Versicherung abgibt, geschweige denn ein Haftbefehl zur Erzwingung der Abgabe dieser Versicherung erlassen werden muss. Dabei spielt es – insbesondere im Hinblick auf das Ansehen des Berufstandes der Notare – auch keine Rolle, aus welchen Gründen der Notar die Forderungen seiner Gläubiger nicht befriedigt.

Die Art der Wirtschaftsführung, als zweite Alternative einer Amtsenthebung nach § 50 Abs. 1 Nr. 8 BNotO, gefährdet die Interessen der Rechtsuchenden auch dann, wenn sich schlechte wirtschaftliche Verhältnisse i.S.d. Alt. 1 nicht feststellen lassen[535]. Eine solche Gefährdung wird beispielsweise für den Fall angenommen, dass Gläubiger gezwungen sind, wegen berechtigter Forderungen gegen den Notar Zwangsmaßnahmen zu ergreifen[536]. Bereits der Umstand, dass der Notar in eine solche Lage gerät, ist nach Auffassung der Rechtsprechung nicht hinnehmbar, so

531 *BGH*, Beschluss v. 26.10.2009 – NotZ 14/08, BeckRS 2009, 29969; Beschluss v. 17.11.2008 – NotZ 130/07, NJW-RR 2009, 783; Beschluss v. 20.11.2000 – NotZ 19/00, DNotZ 2001, 571 (572); *OLG Frankfurt a.M.*, Beschluss v. 05.06.2008 – 2 Not 2/08, BeckRS 2009, 86010; vgl. auch *Lerch*, in: Arndt/Lerch/Sandkühler, BNotO, § 50 Rn. 27 f; *Schmittmann*, ZInsO 2006, 419 (420).

532 *OLG Celle*, Beschluss v. 19.01.2004 – Not 29/03, BeckRS 2004, 05882.

533 *BGH*, Beschluss v. 21.03.1977 – NotZ 15/76, DNotZ 1977, 567 f.

534 *Schmittmann*, ZInsO 2006, 419 (420).

535 *BGH*, Beschluss v. 26.10.2009 – NotZ 14/08, BeckRS 2009, 29969; Beschluss v. 20.11.2000 – NotZ 17/00, NJW-RR 2001, 1212; *Schmittmann*, ZInsO 2006, 419 (420).

536 *BGH*, Beschluss v. 15.11.2010 – NotZ 6/10, DNotZ 2011, 394 (395); Beschluss v. 17.11.2008 – NotZ 130/07, NJW-RR 2009, 783 (784); Beschluss v. 08.07.2002 – NotZ 1/02, NJW 2002, 2791; *Püls*, in: Schippel/Bracker, BNotO, § 50 Rn. 30.

dass eine Amtsenthebung gerechtfertigt sei[537]. Insoweit geht es um den allgemeinen Tatbestand der Unzuverlässigkeit aufgrund nicht ordnungsgemäßer Führung der Geschäfte[538]. Daher fließen in die Beurteilung der Wirtschaftsführung auch weitere, das geschäftliche Verhalten betreffende Umstände mit ein[539]. Hierzu gehören insbesondere falsche oder unvollständige Angaben gegenüber den Gläubigern oder einem Gericht, die Vernachlässigung insolvenzrechtlicher Mitwirkungspflichten oder das Vorenthalten der für die Kanzleiangestellten zu entrichtenden Sozialversicherungsbeiträge[540].

bb) Gefährdung der Interessen der Rechtsuchenden

Neben dem Vorliegen schlechter wirtschaftlicher Verhältnisse oder einer unordentlichen notariellen Geschäftsführung setzt eine Amtsenthebung nach § 50 Abs. 1 Nr. 8 BNotO voraus, dass eine Gefährdung der Interessen Rechtsuchender droht.

Im Falle schlechter wirtschaftlicher Verhältnisse droht dem Notar nach Ansicht der Rechtsprechung der Verlust der Integrität und Unabhängigkeit[541]. Es bestehe insoweit die Gefahr, dass der Notar fremde Vermögensinteressen nicht mit der gebotenen Sorgfalt wahrnehme und Versuchen Dritter, seine Amtsführung sachwidrig zu beeinflussen, nicht mit dem erforderlichen Nachdruck entgegentreten wolle oder könne[542]. Unabhängig hiervon begründeten die Zahlungsschwierigkeiten des Notars und insbesondere die gegen ihn geführten Maßnahmen der Zwangsvollstreckung die Gefahr, dass er Kostenvorschüsse nicht auftragsgemäß verwende oder sogar zweckwidrig zur Tilgung eigener Schulden auf ihm treuhänderisch anvertraute Gelder zurückgreife[543].

Ist zu erwarten, dass der betreffenden Notar zur Abtragung der längerfristig anwachsenden Schuldenlast nicht innerhalb eines überschaubaren Zeitraums in der Lage ist, so ist davon auszugehen, dass die Interessen der Rechtsuchenden gefährdet sind[544]. In diesem Fall wird der Notar gem. § 50 Abs. 1 Nr. 8 BNotO seines Amtes enthoben.

---

537 *BGH*, Beschluss v. 20.11.2000 – NotZ 17/00, NJW-RR 2001, 1212; Beschluss 12.10.1990 – NotZ 21/89, DNotZ 1991, 94; *OLG Frankfurt a.M.*, Beschluss v. 05.06.2008 – 2 Not 2/08, BeckRS 2009, 86010.

538 *BGH*, Beschluss v. 08.07.2002 – NotZ 1/02, NJW 2002, 2791.

539 *BGH*, Beschluss v. 17.11.2008 – NotZ 130/07, NJW-RR 2009, 783 (784).

540 *BGH*, Beschluss v. 17.11.2008 – NotZ 130/07, NJW-RR 2009, 783 (784).

541 *BGH*, Beschluss v. 17.11.2008 – NotZ 130/07, NJW-RR 2009, 783 (784); Beschluss v. 20.03.2000 – NotZ 19/99, NJW 2000, 2359.

542 *BGH*, Beschluss v. 17.11.2008 – NotZ 130/07, NJW-RR 2009, 783 (784); Beschluss v. 20.03.2000 – NotZ 19/99, NJW 2000, 2359.

543 *BGH*, Beschluss v. 17.11.2008 – NotZ 130/07, NJW-RR 2009, 783 (784).

544 *BGH*, Beschluss v. 20.03.2000 – NotZ 19/99, NJW 2000, 2359; *Schmittmann*, ZInsO 2006, 419 (421).

b) *Tatbestandsvoraussetzungen des § 50 Abs. 1 Nr. 6 BNotO*

Anders als im Falle einer Amtsenthebung nach § 50 Abs. 1 Nr. 8 BNotO setzt eine Amtsenthebung nach § 50 Abs. 1 Nr. 6 BNotO lediglich den Vermögensverfall des Notars voraus. Ein Vermögensverfall liegt vor, wenn über den Eintritt ungeordneter schlechter finanzieller Verhältnisse, die sich in absehbarer Zeit nicht beheben lassen (schlechte wirtschaftliche Verhältnisse i.S.d. § 50 Abs. 1 Nr. 8 1. Alt BNotO), der Notar außerstande ist, seinen laufenden Verpflichtungen nachzukommen[545]. Insoweit schließt der Vermögensverfall die schlechten wirtschaftlichen Verhältnisse als Tatbestandsvoraussetzung des § 50 Abs. 1 Nr. 8 BNotO mit ein. Das Vorliegen eines Vermögensverfalls wird parallel zu den Widerrufsvorschriften der BRAO und des StBerG gem. § 50 Abs. 1 Nr. 6 BNotO immer dann vermutet, wenn ein Insolvenzverfahren über das Vermögen des Notars eröffnet wurde.

Im Gegensatz zu einem Widerruf der Zulassung eines Rechtsanwalts nach § 14 Abs. 2 Nr. 7 BRAO oder dem Widerruf der Bestellung eines Steuerberaters gem. § 46 Abs. 2 Nr. 4 StBerG besteht bei einer Amtsenthebung des Notars wegen Vermögensverfalls kein Regel-Ausnahmeverhältnis. Das heißt, der Amtsenthebungsgrund nach § 50 Abs. 1 Nr. 6 BNotO entfällt nicht bereits dadurch, dass der Notar den Nachweis erbringt, dass trotz des Vorliegens eines Vermögensverfalls eine Gefährdung der Interessen Rechtsuchender ausgeschlossen ist. Bereits das Vorliegen des Vermögensverfalls indiziert die Gefährdung[546]. Eine Amtsenthebung vermag der Notar insoweit nur durch die Beseitigung des Vermögensverfalls zu vermeiden.

2. *Das Verhältnis zwischen § 50 Abs. 1 Nr. 6 BNotO und § 50 Abs. 1 Nr. 8 BNotO im Insolvenzverfahren*

Im Fall der Eröffnung eines Insolvenzverfahrens wird die Amtsenthebung eines Notars regelmäßig sowohl auf § 50 Abs. 1 Nr. 6 BNotO, als auch auf § 50 Abs. 1 Nr. 8 BNotO gestützt. Dies ist indes konsequent, wenn man überlegt, dass der Vermögensverfall i.S.d. § 50 Abs. 1 Nr. 6 BNotO die ungeordneten schlechten finanziellen Verhältnisse als Tatbestandsmerkmal (wirtschaftliche Verhältnisse i.S.d. § 50 Abs. 1 Nr. 8 1. Alt BNotO) mit einschließt. Darüber hinaus indiziert das Vorliegen des Vermögensverfalls die für eine Amtsenthebung nach § 50 Abs. 1 Nr. 8 BNotO erforderliche Gefährdung der Interessen der Rechtsuchenden. Das heißt, wird das Insolvenzverfahren über das Vermögen des Notars eröffnet, so führt die Vermutung

545 *BGH*, Beschluss v. 20.11.2006 – NotZ 26/06, NJW 2007, 1287; Beschluss v. 22.03.2004 – NotZ 23/03, NJW 2004, 2018; Beschluss v. 03.11.2003 – NotZ 15/03, NJW-RR 2004, 710; zum Begriff des Vermögensverfalls auch *Custodis*, in: Eylmann/Vaasen, BNotO, § 50 Rn. 32 f.

546 *BGH*, Beschluss v. 20.11.2006 – NotZ 26/06, NJW 2007, 1287; Beschluss v. 22.03.2004 – NotZ 23/03, NJW 2004, 2018; Beschluss v. 03.11.2003 – NotZ 15/03, NJW-RR 2004, 710; so auch *Custodis*, in: Eylmann/Vaasen, BNotO, § 50 Rn. 33; *Püls*, in: Schippel/Bracker, BNotO, § 50 Rn. 21; *Vallender*, in: Festschrift für Gero Fischer, S. 535 (540).

des Vermögensverfalls dazu, dass gleichzeitig auch ungeordnete schlechte finanzielle Verhältnisse angenommen werden. Neben einem Amtsenthebungsverfahren nach § 50 Abs.1 Nr. 6 BNotO wird daher auch ein Verfahren nach § 50 Abs. 1 Nr. 8 BNotO eingeleitet.

Kann der Notar die Vermutung des Vermögensverfalls widerlegen, so entfällt hiermit auch das Amtsenthebungsverfahren wegen ungeordneter schlechter finanzieller Verhältnisse. Ein bloßer Ausschluss der Gefährdung der Interessen Rechtsuchender führt hingegen im Falle einer Amtsenthebung aufgrund der Eröffnung eines Insolvenzverfahrens nicht zum Erhalt des Amtes. Eine solche Möglichkeit sieht § 50 Abs. 1 Nr. 6 BNotO nicht vor.

3. Verfahren

Zuständige Behörde für die Amtsenthebung eines Notars ist gem. § 50 Abs. 3 Satz 1 BNotO die Landesjustizverwaltung. Vor ihrer Entscheidung muss sie nach Satz 2 die zuständige Notarkammer anhören. Im Rechtszug erster Instanz ist gem. § 111 Abs. 1 BNotO das Oberlandesgericht zuständig. Über das Rechtsmittel der Berufung entscheidet nach Abs. 2 der Bundesgerichtshof.

a) Abschaffung des Vorschaltverfahrens durch Änderung des Verfahrensrechts

Bis zur Änderung des Verfahrensrechts sah die Bundesnotarordnung in § 50 Abs. 3 Satz 3 BNotO a.F. die Möglichkeit eines sog. Vorschaltverfahrens vor[547]. In diesem Verfahren wurde auf Antrag des Notars vor seiner Enthebung durch ein Disziplinargericht überprüft, ob die Voraussetzungen für eine Amtsenthebung tatsächlich vorliegen. Bis zum Schluss dieses Verfahrens konnte der betroffene Notar im Amt bleiben. Das Vorschaltverfahren war notwendig, da ein Antrag auf Anfechtung der Amtsenthebung nach § 111 BNotO a.F. keine aufschiebende Wirkung entfaltet hat[548]. Damit wäre der Notar ohne Vorschaltverfahren bereits vor der gerichtlichen Entscheidung zur Aufgabe seines Amtes – und damit auch seines Notariats – gezwungen gewesen.

Seit der Änderung des Verfahrensrechts gelten aber sowohl das Verwaltungsverfahrensgesetz (§ 64a Abs. 1 BNotO), als auch die Verwaltungsgerichtsordnung (§ 111 b Abs. 1 Satz 1 BNotO) für den Notar. Der betroffene Notar kann gegen die Amtsenthebung insoweit Widerspruch einlegen oder Anfechtungsklage erheben. Infolge des hiermit einhergehenden Suspensiveffekts bleibt der Notar bis zum Schluss der

547 Abgeschafft durch Art. 3 Nr. 8, Art. 10 das Gesetz zur Modernisierung von Verfahren im anwaltlichen und notariellen Berufsrecht, zur Errichtung einer Schlichtungsstelle der Rechtsanwaltschaft sowie zur Änderung sonstiger Vorschriften vom 30. Juli 2009 (BGBl. I S. 2449) mit Wirkung zum 01.09.2009.

548 Vgl. hierzu auch *Custodis*, DNotZ 2009, 895 (906) m.w.N.

gerichtlichen Entscheidung im Amt. Für ein Vorschaltverfahren besteht vor diesem Hintergrund kein Bedarf mehr[549]. Der Gesetzgeber hat es daher abgeschafft.

b) Vorläufige Amtsenthebung nach § 54 BNotO

Der Notar ist trotz Widerspruch und Anfechtungsklage indes dann nicht mehr zur Fortführung seines Amtes berechtigt, wenn die zuständige Aufsichtsbehörde ihn gem. § 54 BNotO vorläufig seines Amtes enthebt. Widerspruch und Anfechtungsklage haben nach Abs. 1 Satz 2 keine aufschiebende Wirkung gegen diese Maßnahme.

Mit dem Instrument der vorläufigen Amtsenthebung beabsichtigt der Gesetzgeber einen frühzeitigen Schutz der Rechtsuchenden, ohne den Notar durch ein sofortiges Berufsverbot irreparabel zu schädigen[550]. Daher kann die nach § 92 BNotO zu bestimmende Aufsichtsbehörde den Notar gem. § 54 Abs. 1 Satz 1 Nr. 2 BNotO auch dann seines Amtes entheben, wenn sie die Voraussetzungen einer Amtsenthebung wegen Vermögensverfalls für gegeben hält. Die vorläufige Amtsenthebung bedarf zur ihrer Rechtfertigung aber eines über den Umstand des Vermögensverfalls hinausgehenden zusätzlichen Grundes[551]. Beispiele hierfür sind fruchtlose Vollstreckungsmaßnahmen von Gläubigern des Notars, der Erlass von Haftbefehlen oder die Unmöglichkeit der Regulierung der bestehenden Verbindlichkeiten[552].

Für den Fall der Eröffnung des Insolvenzverfahrens hat der *Rechtsausschuss des Bundesrates* seinerzeit vorgeschlagen, diesen Umstand als gesetzlichen Grund für eine zwingende vorläufige Amtsenthebung zu regeln[553]. Indes hat sich dieser Vorschlag nicht durchgesetzt. Die Eröffnung des Insolvenzverfahrens alleine genügt insoweit nicht, um den Notar vorläufig seines Amtes zu entheben. Die vorläufige Amtsenthebung verlangt auch hier das Hinzutreten zusätzlicher Gründe, die einen Schutz der Rechtsuchenden im Besonderen begründen[554]. Nicht selten veranlassen erfolglose Zwangsvollsteckungsmaßnahmen im Vorfeld der Insolvenzeröffnung oder die Unmöglichkeit der Regulierung bestehender Verbindlichkeiten die Aufsichtsbehörden dazu, den Notar vorläufig seines Amtes zu entheben. An dieser Ent-

---

549 So auch *Püls*, in: Schippel/Bracker, BNotO, § 50 Rn. 39; *Custodis*, in: Eylmann/Vaasen, BNotO, § 50 Rn. 49.

550 *Lerch*, in: Arndt/Lerch/Sandkühler, BNotO, § 54 Rn. 2.

551 Zu den Anforderungen einer vorläufigen Amtsenthebung *BGH*, Beschluss v. 14.10.1985 – NotSt (B) 3/85, DNotZ 1986, 310; Beschluss v. 02.07.1984 – NotZ 4/84, DNotZ 1985, 487 (488); Beschluss v. 02.07.1984 – NotSt (B) 1/84, DNotZ 1985, 489 (490).

552 *Bracker*, in: Schippel/Bracker, BNotO, § 54 Rn. 6.

553 BR-Drucks. 700/1/08, S. 11 ff.

554 Vgl. zu diesen Fällen *BGH*, Beschluss v. 26.11.2007 – NotZ 89/07, juris; Beschluss v. 20.11.2006 – NotZ 26/06, NJW 2007, 1287; *OLG München*, Beschluss v. 25.08.2008 – VA-Not 2/08, BeckRS 2009, 29916; *OLG Frankfurt a.M.*, Beschluss v. 15.05.2007 – 2 Not 11/06, BeckRS 2008, 13843; *OLG Schleswig*, Beschluss v. 26.04.2007 – Not 6/06, BeckRS 2007, 10607.

scheidung hätte auch das nach altem Recht bestehende Vorschaltverfahren nichts geändert. Denn die Entscheidungen in einem solchen Verfahren waren nur für die endgültige Amtsenthebung relevant[555]. Die vorläufige Amtsenthebung als Eilmaßnahme konnte auch das Vorschaltverfahren nicht suspendieren[556].

Soweit eine Amtstätigkeit des Notars weiter erforderlich ist, muss durch die Aufsichtsbehörde entweder ein Notariatsverwalter oder Notariatsvertreter bestellt werden[557]. Im Falle der Insolvenz wird regelmäßig ein Notariatsverwalter bestellt[558]. Grund hierfür ist zum einen, dass der Notariatsverwalter durch die Notariatskammer vergütet wird, der insolvente Berufsträger damit keine Kosten tragen muss[559]. Zum anderen wird der Verwalter nicht als Vertreter des Notars, sondern an Stelle des Notars bestellt[560]. Eine Einmischung in die Geschäfte des Notariatsverwalters wird damit ausgeschlossen. Für den Notar und seine Insolvenzgläubiger ist allerdings nachteilig, dass durch die Bestellung eines Notariatsverwalters die Einnahmen aus dem Notariat nicht mehr der Insolvenzmasse zufließen[561]. Der Masse verbleiben insoweit lediglich Forderungen des Notars aus seiner vorangegangenen Amtstätigkeit[562]. Indes ist der Notariatsverwalter zur Vornahme neuer Notariatsgeschäfte befugt, so dass mit Aufhebung der vorläufigen Amtsenthebung der Notar gem. § 64 Abs. 1 Satz 1 BNotO ein wirtschaftlich ordnungsgemäß geführtes Notariat zurückerhält[563].

4. Rechtsfolgen der Amtsenthebung

Im Falle einer endgültigen Amtsenthebung des Notars nach § 50 Abs. 1 Nr. 6 BNotO muss der Notar sein Amt aufgeben. Gemäß § 56 Abs. 1 BNotO soll in diesem Fall in der Regel ein Notarassessor oder eine sonstige zum Amt eines Notars befähigte Person damit betraut werden, das Amt des Notars wahrzunehmen. Die Notariatsverwaltung ist nur vorübergehender Natur und soll nicht dazu führen, dass die Notarstelle auf unabsehbare Zeit nicht von einem Notar geführt wird[564].

III. Widerruf der Bestellung des Wirtschaftsprüfers

Die Wirtschaftsprüferordnung sieht vor, dass die Bestellung der Wirtschaftsprüfer oder Wirtschaftsprüferin gem. § 20 Abs. 2 Nr. 5 WPO zu widerrufen ist, wenn diese

555 *OLG München*, Beschluss v. 25.08.2008 – VA-Not 2/08, BeckRS 2009, 29916.
556 *OLG München*, Beschluss v. 25.08.2008 – VA-Not 2/08, BeckRS 2009, 29916.
557 Hierzu eingehend *Bracker*, in: Schippel/Bracker, BNotO, § 54 Rn. 26.
558 *Bracker*, in: Schippel/Bracker, BNotO, § 56 Rn. 30.
559 *Bracker*, a.a.O., § 54 Rn. 26.
560 *Bracker*, a.a.O., § 56 Rn. 2.
561 *Vallender*, in: Festschrift für Gero Fischer, S. 535 (539).
562 *Vallender*, in: Festschrift für Gero Fischer, S. 535 (539).
563 Vgl. *Bracker*, in: Schippel/Bracker, BNotO, § 56 Rn. 33.
564 *Bracker*, in: Schippel/Bracker, BNotO, § 56 Rn. 19.

sich nicht in geordneten Vermögensverhältnissen, insbesondere im Vermögensverfall (§ 16 Abs. 1 Nr. 7 WPO) befinden.

1. Änderung durch das Berufsaufsichtsreformgesetz

Die Vorschrift des § 20 Abs. 2 Nr. 5 WPO wurde durch das Berufsaufsichtsgesetz vom 3. September 2007 erheblich geändert. Ursprünglich war die Bestellung eines Wirtschaftsprüfers gem. § 20 Abs. 2 Nr. 5 a.F. nur dann wegen ungeordneter Vermögensverhältnisse zu widerrufen, wenn dieser nicht den Nachweis erbrachte, dass die Interessen seiner Auftraggeber oder Dritter nicht gefährdet sind. Insoweit bestand ein Gleichlauf mit den Berufsordnungen der Rechtsanwälte und Steuerberater. Mit Änderung durch das Berufsaufsichtsgesetz ist das ursprünglich in § 20 Abs. 2 Nr. 5 a.F. normierte Regel-Ausnahmeverhältnis in Nr. 5 entfallen.

Ein Vermögensverfall wird gem. § 16 Abs. 1 Nr. 7 WPO vermutet, wenn ein Insolvenzverfahren über das Vermögen des Wirtschaftsprüfers eröffnet oder eine Eintragung in das vom Insolvenzgericht oder vom Vollstreckungsgericht zu führende Verzeichnis (§ 26 Abs. 2 der Insolvenzordnung, § 915 der Zivilprozessordnung) vorliegt. Die Vermutung ist insoweit die Gleiche, wie in § 14 Abs. 2 Nr. 7 BRAO, § 46 Abs.2 Nr. 4 StBerG oder § 50 Abs. 1 Nr. 6 BNotO.

Die für einen Widerruf im Falle des Vermögensverfalls in Literatur und Rechtsprechung angeführten Gründe entsprechen weitestgehend den Gründen für einen Widerruf der Anwaltszulassung bzw. Bestellung des Steuerberaters wegen Vermögensverfalls. Demnach besteht im Falle einer wirtschaftlichen Notlage des Wirtschaftsprüfers potentiell die Gefahr, dass dieser seine Berufspflichten verletze und hierdurch Auftraggeber oder Dritte schädige[565]. Abgesehen von einer Gefährdung von Fremdgeldern bestehe zudem die Gefahr, dass der sich in finanziellen Schwierigkeiten befindende Wirtschaftsprüfer dazu neigen könnte, Aufträge anzunehmen, denen er aufgrund des Umfangs und der prüfungsspezifischen Schwierigkeiten nicht ausreichend gewachsen sei[566]. Darüber hinaus sei zu befürchten, dass der Wirtschaftsprüfer den Versuchen Dritter, seine Prüftätigkeit sachwidrig zu beeinflussen, infolge der wirtschaftlichen Schwierigkeiten nicht mit dem erforderlichen Nachdruck entgegentreten wolle bzw. könne[567]. Der Vermögensverfall lasse insoweit die Befürchtung zu, dass der Wirtschaftsprüfer bei der Erfüllung seiner Aufgaben nicht mehr unabhängig handelt, sondern vielmehr durch ein gesteigertes Interesse an der Erhaltung und Mehrung seiner Einkünfte gelenkt sei[568].

Gleichsam wie bei Rechtsanwälten und Steuerberatern bedarf es weder eines Verschuldens des Wirtschaftsprüfers bezüglich des Vermögensverfalls, noch einer

565 *BVerwG*, Urteil v. 17.08.2005 – 6 C 15/04, NJW 2005, 3795 (3797); *Hense/Ulrich*, WPO, § 20 Rn. 58.

566 *BVerwG*, a.a.O., S. 3798; *Hense/Ulrich*, a.a.O., Rn. 58.

567 *BVerwG*, a.a.O., S. 3798; *Hense/Ulrich*, a.a.O., Rn. 58.

568 *BVerwG*, a.a.O., S. 3798.

konkreten Gefährdung der Allgemeinheit[569]. Die Eröffnung des Insolvenzverfahrens führt insoweit zu einem Widerruf der Bestellung des Wirtschaftsprüfers.

2. Der neue Entlastungsbeweis gem. § 20 Abs. 4 Satz 4 WPO

Durch die Änderungen im Rahmen des Berufsaufsichtsreformgesetzes wurde allerdings auch in Abs. 4 ein neuer Satz 4 eingefügt. Dieser besagt, dass in den Fällen des Absatzes 2 Nr. 5 von einem Widerruf abgesehen werden *„kann"*, wenn der Wirtschaftsprüfer der zuständigen Wirtschaftsprüferkammer nachweist, dass durch die ungeordneten wirtschaftlichen Verhältnisse die Interessen Dritter nicht gefährdet sind. Anders als vor der Reform soll nunmehr bei einer fehlenden Gefährdung der Interessen Dritter nicht automatisch ein Widerruf unterbleiben, sondern der Widerruf trotz dieses Nachweises im Ermessen der Behörde stehen.

Diese Einschränkung ist indes bedenklich. *Fölsing* weist zu Recht daraufhin, dass ein Widerruf der Bestellung verfassungsrechtlich nicht zu rechtfertigen wäre, wenn der Wirtschaftsprüfer den Nachweis erbringt, dass eine Gefährdung seiner Auftraggeber und Dritter im konkreten Fall ausgeschlossen ist[570]. Eine solche Regelung verstößt gegen Art. 12 GG[571]. Darüber hinaus ist fraglich, ob der Gesetzgeber überhaupt eine Abkehr vom ursprünglichen Regel-Ausnahmeverhältnis des § 20 Abs. 2 Nr. 5 WPO a.F. gewollt hat[572]. Denn in der Begründung zum Regierungsentwurf des Berufsaufsichtsreformgesetzes heißt es ausdrücklich, dass *„dieser gesetzliche Ausnahmetatbestand...einen Widerruf auf die tatsächlichen wesentlichen Gefährdungssachverhalte beschränken"* soll[573]. Insofern ist mit *Fölsing* davon auszugehen, dass es sich bei der Formulierung *„kann abgesehen werden"* in § 20 Abs. 4 Satz 4 WPO n.F. um ein Redaktionsversehen handelt[574].

Unterstützung findet diese Ansicht auch durch ein Urteil des Verwaltungsgerichts Berlin vom 15. Januar 2009[575]. Hier heißt es ausdrücklich:

> *„Mit der Ausnahmeregelung in § 20 Abs. 4 Satz 4 WPO wird dem Wirtschaftsprüfer –* ***ebenso wie bereits mit der Vorgängerregelung in § 20 Abs. 2 Nr. 5 2. Halbsatz WPO a.F.*** *– die Möglichkeit eingeräumt, die gesetzliche Vermutung der Interessengefährdung zu widerlegen".*
>
> (Hervorhebung durch den Verfasser)

Das deutet daraufhin, dass auch nach der Reform ein Widerruf unterbleiben muss, wenn der betroffenen Wirtschaftsprüfer den Nachweis erbringt, dass trotz der Eröffnung des Insolvenzverfahrens eine Gefährdung Dritter ausgeschlossen ist.

---

569 *BVerwG*, a.a.O., S. 3798.
570 *Fölsing*, DStR 2009, 2386 (2389).
571 *Fölsing*, a.a.O., S. 2389.
572 *Fölsing*, a.a.O., S. 2389.
573 So ausdrücklich *Fölsing*, a.a.O., S. 2389.
574 *Fölsing*, a.a.O., S. 2389.
575 *VG Berlin*, Urteil v. 15.01.2009 – VG 16 K 32/09, BeckRS 2009, 36718.

Für eine solche Auslegung sprechen zudem die verfassungsrechtlichen Bedenken. Ein Ermessen der Behörde besteht demnach nicht.

3. *Dritter i.S.d. § 20 Abs. 4 Satz 4 WPO*

Anders als die bereits besprochenen Widerrufs- und Amtsenthebungsvorschriften stellt der Entlastungsbeweis nach § 20 Abs. 4 Satz 4 WPO nicht auf eine Gefährdung der Interessen der Rechtsuchenden/Auftraggeber, also der Vertragspartner des Berufsträgers ab, sondern verlangt die Beseitigung der Gefährdung *„Dritter"*. In diesem Zusammenhang stellt sich die Frage, wer Dritter i.S.d. § 20 Abs. 4 Satz 4 WPO ist.

Im Gegensatz zur Tätigkeit eines Rechtsanwalts, Steuerberaters oder Notars hat die Tätigkeit eines Wirtschaftsprüfers nicht nur für beteiligte Vertragspartner Konsequenzen. So testiert ein Wirtschaftsprüfer regelmäßig Jahresabschlüsse von Unternehmen, die nicht selten auch als Entscheidungsgrundlage für Dritte (z.B. Kreditinstitute) bezüglich etwaiger Vertragsabschlüsse (z.B. Kreditvergabe) dienen. Darüber hinaus verlassen sich auch Kapitalanleger oder Unternehmensgläubiger auf die ordnungsgemäße Arbeit des Wirtschaftsprüfers[576]. Seine Prüfungstätigkeit ist insoweit nicht nur für den Auftraggeber, sondern vielmehr auch für Außenstehende von Bedeutung, so dass die Tätigkeit des Wirtschaftsprüfers als drittbezogen bezeichnet werden muss[577].

Der Wirtschaftsprüfer muss dementsprechend darlegen, dass trotz des Vermögensverfalls nicht nur eine Gefährdung seiner Auftraggeber, sondern auch derjenigen Personen ausgeschlossen ist, die auf seine Arbeit vertrauen.

4. *Verfahren*

Zuständig für den Widerruf der Bestellung eines Wirtschaftsprüfers ist nach § 21 WPO die Wirtschaftsprüferkammer. Für das Verfahren gelten, vorbehaltlich besonderer Verfahrensbestimmungen der Wirtschaftsprüferordnung nach § 1 Abs. 1 Nr. 1 VwVfG, die Vorschriften des Verwaltungsverfahrensgesetzes. Für die Entscheidung über die Rechtmäßigkeit eines Widerrufs sind die Verwaltungsgerichte zuständig.

Der betroffene Berufsträger kann durch die Erhebung einer Anfechtungsklage einen Widerruf seiner Bestellung vorerst verhindern[578]. Infolge der hiermit einhergehenden aufschiebenden Wirkung kann die Wirtschaftsprüferkammer bis zu einer rechtskräftigen Entscheidung keine Rechtsfolgen aus dem Widerruf herleiten.

Etwas anderes gilt nur dann, wenn die Wirtschaftsprüferkammer gem. § 80 Abs. 2 Nr. 4 VwGO die sofortige Vollziehung anordnet. Voraussetzung hierfür ist, dass der Widerruf bereits vor Rechtskraft des Hauptverfahrens im überwiegenden öffentlichen Interesse als Präventivmaßnahme zum Schutze Dritter erforderlich

576 *BVerwG*, Urteil v. 17.08.2005 – 6 C 15/04, NJW 2005, 3795 (3797).
577 *Fölsing*, DStR 2009, 2386 (2390).
578 Ein Vorverfahren ist nach § 41 WPO nicht vorgesehen. Die Anfechtungsklage kann insoweit direkt erhoben werden.

ist[579]. Hierbei sind die Interessen des Berufsträgers an der Aufrechterhaltung der aufschiebenden Wirkung und das öffentliche Interesse an der sofortigen Vollziehung gegeneinander abzuwägen[580]. Dabei muss das besondere öffentliche Vollzugsinteresse über das bloße Erlassinteresse, welches den Widerrufsbescheid selbst rechtfertigt, hinausgehen[581]. Das bloße Vorliegen eines Vermögensverfalls vermag die Anordnung der sofortigen Vollziehung insoweit nicht zu rechtfertigen. Es müssen vielmehr zusätzliche Umstände hinzutreten, die eine konkrete Gefährdung Dritter nahelegen[582]. Die Eröffnung des Insolvenzverfahrens über das Vermögen des Wirtschaftsprüfers führt insoweit nicht zur Anordnung der sofortigen Vollziehung.

5. Rechtsfolgen des Widerrufs

Mit Bestandskraft eines Widerrufs der Bestellung erlöschen sämtliche Rechte und Pflichten des Wirtschaftsprüfers[583]. Seine Mitgliedschaft in der Wirtschaftsprüferkammer endet und er ist nicht mehr berechtigt, die Berufsbezeichnung *„Wirtschaftsprüfer"* zu führen[584]. Der Wirtschaftsprüfer ist fortan nicht mehr zur Ausübung seines Berufes und zur Fortführung seiner Praxis berechtigt. Eine Praxisabwicklung wie bei Rechtsanwälten, Steuerberatern und Notaren ist in der Wirtschaftsprüferordnung nicht vorgesehen.

IV. Löschung des Architekten aus der Architektenliste

Für die Berufsgruppe der Architekten fehlt es im Gegensatz zu den bisher besprochenen Berufsträgern an einer bundeseinheitlichen Regelung. Das Berufsrecht der Architekten ist Landesrecht. Darüber hinaus bedarf der Architekt zur Ausübung seines Berufes keiner Zulassung bzw. Bestellung wie etwa andere Berufsträger. Dennoch droht auch dem Architekten im Falle der Eröffnung des Insolvenzverfahrens bzw. des hierdurch vermuteten Vermögensverfalls ein berufsbeschränkender Eingriff.

1. Voraussetzungen

Für den Fall ungeordneter Vermögensverhältnisse ordnen die landesrechtlichen Regelungen – wenn auch nicht immer ausdrücklich – die Löschung des betroffenen

---

579 *Uhlmann*, in: Hense/Ulrich, WPO, § 20 Rn. 112 mit Verweis auf *BVerfG*, Beschluss v. 02.03.1977 – 1 BvR 124/76, BVerfGE 44, 105.

580 *Uhlmann*, a.a.O., Rn. 113 mit Verweis auf *BVerfG*, Beschluss v. 18.07.1973 – 1 BvR 155/73, BVerfGE 35, 383.

581 *Uhlmann*, a.a.O., Rn. 113.

582 Siehe hierzu *Uhlmann*, in: Hense/Ulrich, WPO, § 20 Rn. 114. Hiernach liegt eine konkrete Gefährdung Dritter beispielsweise dann vor, wenn der Wirtschaftsprüfer wiederholt Mandantengelder veruntreut hat oder anstelle des Insolvenzverwalters Gelder der Auftraggeber entgegennimmt.

583 *Uhlmann*, a.a.O., Rn. 141.

584 *Uhlmann*, a.a.O., Rn. 141.

Berufsträgers aus der Architektenliste an[585]. Im Einklang hiermit stellt auch die Eröffnung des Insolvenzverfahrens nach Ansicht von Literatur und Rechtsprechung einen Löschungsgrund dar[586]. Die Eröffnung des Insolvenzverfahrens indiziere, dass der Architekt nicht mehr die für die Eintragung in die Architektenliste erforderliche Zuverlässigkeit besitze[587]. Da dieser beträchtliche Vermögenswerte betreue, müsse eine Gefährdung seiner Auftraggeber verhindert werden[588].

Die seitens der Rechtsprechung für eine Löschung des Architekten angeführten Gründe sind vielseitig. Zum einen fehlt es dem insolventen Architekten ihrer Ansicht nach an der wirtschaftlichen Grundlage für die erforderliche berufliche Unabhängigkeit[589]. Zum anderen bestehe die Besorgnis, dass sich die ungeordneten Vermögensverhältnisse zu Lasten der Einhaltung der öffentlichen Sicherheit dienenden Regeln der Baukunst und der sonstigen baupolizeilichen Vorschriften

---

585 Zum Vergleich der landesrechtlichen Regelungen: Die Eintragung kann nach § 7 Abs. 2 ArchG BW gelöscht werden, wenn nach der Eintragung Versagungsgründe nach § 6 Abs. 2 ArchG BW eingetreten oder bekannt geworden sind. § 6 Abs. 2 Nr. 1 ArchG BW bestimmt ausdrücklich: *„Die Eintragung in die Architektenliste kann versagt werden, wenn der Bewerber sich im Vermögensverfall befindet; ein Vermögensverfall wird vermutet, wenn der Bewerber in das vom Insolvenzgericht oder vom Vollstreckungsgericht zu führende Verzeichnis (§ 26 Abs. 2 der Insolvenzordnung, § 915 der Zivilprozessordnung) eingetragen ist.“* Insoweit ist die Regelung des ArchG BW mit den Widerrufsvorschriften der BRAO, des StBerG oder der BNotO vergleichbar. Ähnlich auch das Architektengesetz des Saarlandes, das gem. § 5 Abs. 2 Nr. 1 i.V.m. § 4 Abs. 2 Nr. 1 SAIG im Falle der Eröffnung eines Insolvenzverfahrens die Löschung aus der Architektenliste vorsieht. Andere landesrechtliche Regelungen knüpfen hingegen lediglich an das Merkmal der Zuverlässigkeit an. Zum Beispiel: § 6 Abs. 1 S. 1 d i.V.m § 5 Abs. 1 BauKaG NRW; § 5 Abs. 1 HASG; Art. 6 Abs. 1 BauKaG Bay; § 6 Abs. 2 Nr. 4 i.V.m. § 5 S. 1 NArchG. Die Rechtsprechung geht aber auch hier vergleichbar dem Gewerberecht davon aus, dass die Eröffnung des Insolvenzverfahrens zur Unzuverlässigkeit des Architekten führt.

586 *OVG Münster*, Beschluss v. 05.01.2012 – 4 B 1250/11, BeckRS 2012, 45957; Beschluss v. 18.12.2009 – 4 B 995/09, BeckRS 2010, 46084; Beschluss v. 04.07.2007 – 4 E 633/07, BeckRS 2009, 33276; *OVG Saarlouis*, Beschluss v. 28.11.2007 – 1 A 177/07, ZInsO 2009, 146; *OVG Lüneburg*, Beschluss v. 23.11.2006 – 8 ME 146/06, BeckRS 2006, 27155; *VGH Kassel*, Beschluss v. 15.06.2004 – 11 TP 1440/04, NJW 2005, 919; *VG Köln*, Urteil v. 26.02.2010 – 1 K 4559/08, BeckRS 2011, 50839; *VG Gelsenkirchen*, Beschluss v. 12.06.2009 – 9 L 386/09, BeckRS 2009, 37868; *Hirte*, in: Uhlenbruck InsO, § 35 Rn. 295; zur Verfassungsmäßigkeit der Löschung *VGH Mannheim*, Beschluss v. 21.12.1992 – 9 S 1870/92, NVwZ-RR 1993, 183.

587 *OVG Münster*, Beschluss v. 05.01.2012 – 4 B 1250/11, BeckRS 2012, 45957; *VG Köln*, Urteil v. 26.02.2010 – 1 K 4559/08, BeckRS 2011, 50839.

588 *OVG Münster*, Beschluss v. 18.12.2009 – 4 B 995/09, BeckRS 2010, 46084; *OVG Saarlouis*, Beschluss v. 28.11.2007 – 1 A 177/07, ZInsO 2009, 146 (147).

589 *OVG Saarlouis*, Beschluss v. 28.11.2007 – 1 A 177/07, ZInsO 2009, 146 (147); *VGH Mannheim*, Beschluss v. 21.12.1992 – 9 S 1870/92, NVwZ-RR 1993, 183.

auswirken könnten[590]. Durch die wirtschaftlichen Schwierigkeiten bestehe die potentielle Gefahr, dass er unter dem Druck seiner finanziellen Notlage diese Belange zu Gunsten der Verbesserung seiner wirtschaftlichen Situation zurückstelle oder vernachlässige[591]. Die Eröffnung des Insolvenzverfahrens lasse daher typischerweise die Eignung für den Architektenberuf entfallen[592].

Die Eröffnung des Insolvenzverfahrens über das Vermögen eines Architekten führt aber nicht zwangsläufig zu einer Löschung aus der Architektenliste. Dem Architekten verbleibt die Möglichkeit zu belegen, dass trotz des durch die Eröffnung des Insolvenzverfahrens vermuteten Vermögensverfalls die Interessen seiner Auftraggeber oder Dritter nicht gefährdet sind[593]. Insoweit besteht eine Parallele zu den bisher besprochenen berufsrechtlichen Regelungen.

2. *Verfahren*

Zuständig für die Löschung des Architekten aus der Architektenliste sind die jeweiligen Architektenkammern der Länder, in denen der Architekt seinen Sitz hat. Über die Rechtmäßigkeit der Löschung aus der Architektenliste entscheiden die Verwaltungsgerichte.

3. *Rechtsfolgen einer Löschung aus der Architektenliste*

Die Löschung aus der Architektenliste hat für den Architekten nicht alleine nur zur Konsequenz, dass er die Berufsbezeichnung *„Architekt"* nicht mehr führen darf. Er ist darüber hinaus nicht mehr befugt, als eigenverantwortlicher Planverfasser zu arbeiten oder Bauprojekte zu führen, die durch spezielle Vorschriften den Architekten vorbehalten sind (z.B. die Erstellung von Bauvorlagen, sog. Planvorlageberechtigung: § 53 Abs. 5 BadWürttBauO, § 66 Abs. 2 Nr. 1 der Saarländischen LBauO, § 70 BauO NRW). Die bestehenden Aufträge des insolventen Architekten werden nicht automatisch durch einen Praxisabwickler fortgeführt. Entsprechende Regelungen wurden in den ArchG der Länder nicht getroffen.

---

590 *VGH Mannheim*, Beschluss v. 21.12.1992 – 9 S 1870/92, NVwZ-RR 1993, 183; *OVG Bautzen*, Urteil v. 18.09.2012 – 4 A 855/11, BeckRS 2013, 46281; vgl. auch *OVG Münster*, Beschluss v. 05.01.2012 – 4 B 1250/11, BeckRS 2012, 45957; *Schwentek*, Anm. zu OVG Münster, Beschluss v. 18.12.2009 – 4 B 995/09, IBR 2010, 405 bezeichnet die landesrechtlichen Vorschriften vor diesem Hintergrund insoweit als „gelebten Verbraucherschutz".

591 *VGH Kassel*, Beschluss v. 15.06.2004 – 11 TP 1440/04, NJW 2005, 919 (920); so auch *OVG Münster*, Beschluss v. 18.12.2009 – 4 B 995/09, BeckRS 2010, 46084; Beschluss v. 04.07.2007 – 4 E 633/07, BeckRS 2009, 33276.

592 *VG Köln*, Urteil v. 26.02.2010 – 1 K 4559/08, BeckRS 2011, 50839.

593 *OVG Lüneburg*, Beschluss v. 23.11.2006 – 8 ME 146/06, BeckRS 2006, 27155; mit Hinweis auf die voranstehende Entscheidung auch *OVG Saarlouis*, Beschluss v. 28.11.2007 – 1 A 177/07, ZInsO 2009, 146 (148).

V. Widerruf der Approbation und kassenärztlichen Zulassung des Arztes

Für Ärzte ist der Widerruf der Approbation in der Bundesärzteordnung geregelt. Die Approbation ist nach § 5 Abs. 2 i.V.m. § 3 Abs. 1 Satz 1 Nr. 2 BÄO zu widerrufen, wenn sich nach Erteilung der Approbation die Unzuverlässigkeit oder Unwürdigkeit des Arztes zur Ausübung des ärztlichen Berufes ergibt. Unwürdigkeit liegt vor, wenn der Arzt durch sein Verhalten nicht mehr das Ansehen und das Vertrauen besitzt, das zur Ausübung seines Berufes unabdingbar ist[594]. Dem Begriff der Unwürdigkeit liegt dabei das Vorstellungsbild eines integeren und rechtstreuen Berufsträgers zugrunde. Daher soll im Interesse des Einzelnen und der Volksgesundheit sichergestellt werden, dass sich Patienten, die aufgrund ihrer Erkrankung ihr ganzes Vertrauen in den Arzt als Helfer setzen, nicht durch ein irgend geartetes Misstrauen davon abhalten lassen, medizinische Hilfe in Anspruch zu nehmen[595]. Insoweit kommt es maßgeblich darauf an, ob das Fehlverhalten des Arztes mit den Vorstellungen in Übereinstimmung gebracht werden kann, die allgemein noch mit dem Berufsstand der Ärzte in Verbindung gebracht werden[596]. Unvereinbar mit diesen Vorstellungen ist dabei insbesondere die Begehung von Straftaten durch den Berufsträger[597].

Demgegenüber gilt der Arzt als unzuverlässig, wenn Tatsachen die Annahme rechtfertigen, dass dieser künftig seine berufsspezifischen Pflichten nicht beachten wird[598]. Die Begriffe Unwürdigkeit und Unzuverlässigkeit haben insoweit eine eigenständige Bedeutung in zeitlicher Hinsicht[599]. Während der Begriff der Unwürdigkeit einen in der Vergangenheit abgeschlossenen Zeitraum betrifft, kommt es bei dem auch im Gewerberecht gebräuchlichen Kriterium der Unzuverlässigkeit auf eine Prognose an, ob das zur Unzuverlässigkeit führende Verhalten des Arztes auch in Zukunft zu besorgen ist[600]. Die Eröffnung des Insolvenzverfahrens kann insoweit nicht die Unwürdigkeit, sondern allenfalls die Unzuverlässigkeit des Arztes begründen. Ausdrücklich sieht die Berufsordnung der Ärzte jedenfalls keinen Widerruf der Approbation bei Insolvenz des Arztes vor. Dennoch stellt sich die Frage, ob

594 *BVerwG*, Urteil v. 28.01.2003 – 3 B 149/02, BeckRS 2003, 21187; *Schelling*, in: Spickhoff, Medizinrecht, § 5 Rn. 18; *Schmuck/Huber*, NJOZ 2011, 1793.

595 *OVG Münster*, Urteil v. 25.05.1993 – 5 A 2679/91, MedR 1994, 72; *Schelling*, in: Spickhoff, Medizinrecht, § 5 Rn. 18.

596 *Schelling*, in: Spickhoff, Medizinrecht, § 5 Rn. 19.

597 Vgl. etwa bei Brandstiftung *OVG Münster*, Beschluss v. 12.11.2002 – 13 A 683/00, BeckRS 2003/20312 oder bei Betrug *VGH Kassel*, Beschluss v. 04.03.1985 – 11 TH 2782/84, NJW 1986, 2390.

598 *BVerwG*, Urteil v. 16.09.1997 – 3 C 12–95, NJW 1998, 2756 (2758); so auch *VG Düsseldorf*, Urteil v. 20.04.2009 – 7 K 17/08, BeckRS 2010, 49838.

599 *Schelling*, in: Spickhoff, Medizinrecht, § 5 Rn. 15; *Quaas/Zuck*, Medizinrecht, § 12 Rn. 26.

600 *Schelling*, a.a.O., Rn. 15; *Quaas/Zuck*, a.a.O., Rn. 26; *Zwoll/Mai/Eckardt/Rehborn*, Die Arztpraxis in Krise und Insolvenz, S. 104.

die Vermögenslosigkeit bzw. die Eröffnung des Insolvenzverfahrens nicht auch die Unzuverlässigkeit des Arztes auslöst.

Verfehlungen des Arztes sind, unabhängig davon, in welcher Sphäre sie begangen worden sind, nur dann rechtserheblich i.S.d. § 3 Abs. 1 Satz 1 Nr. 2 BÄO, wenn nach den gesamten Umständen des Falles daraus Schlüsse auf eine charakterlich bedingte mangelnde Bereitschaft zur ordnungsgemäßen, pflichtadäquaten Ausübung des Arztberufes gezogen werden müssen[601]. Für den Fall der Vermögenslosigkeit bzw. der Eröffnung eines Insolvenzverfahrens lehnen Rechtsprechung und Literatur übereinstimmend eine Unzuverlässigkeit des Arztes ab[602]. Diese Privilegierung gegenüber anderen Freiberuflern rechtfertigt die Rechtsprechung damit, dass der Arzt nicht mit der Wahrnehmung von Vermögensangelegenheiten in einem besonderen Vertrauensverhältnis betraut ist[603]. Die Eröffnung des Insolvenzverfahrens über das Vermögen des Arztes führt insoweit – zumindest nach Ansicht von Rechtsprechung und Literatur – nicht zu einem berufsrechtlichen Verfahren zwecks Widerrufs der Approbation[604]. Gleiches gilt für die kassenärztliche Zulassung des Arztes. Auch hier droht infolge des Vermögensverfalls kein Entzug nach § 95 Abs. 6 Satz 1 SGB V[605].

Inwieweit dies im Vergleich zu anderen Freiberuflern aus verfassungsrechtlicher, insolvenzrechtlicher und berufsrechtlicher Sicht zu rechtfertigen ist, wird sich noch zeigen.

VI. Zusammenfassung

Die Berufsordnungen der Rechtsanwälte, Steuerberater, Notare, Wirtschaftsprüfer und Architekten sehen allesamt im Falle des Vermögensverfalls eines Berufsträgers berufsrechtliche Konsequenzen vor. Lediglich für Ärzte hat der Vermögensverfall keine berufsbeschränkenden Auswirkungen. Die Eröffnung des Insolvenzverfahrens hat für sie daher weder zur Folge, dass ihre Approbation widerrufen wird, noch dass sie ihre kassenärztliche Zulassung verlieren.

Aber auch in den unterschiedlichen Berufsordnungen der übrigen Freiberufler sind die Rechtsfolgen eines Vermögensverfalls nicht einheitlich geregelt. Während Rechtsanwälten, Steuerberatern, Notaren und Wirtschaftsprüfern die Ausübung ihres Berufes infolge des Widerrufs der Zulassung bzw. der Bestellung oder einer

601 *OVG Koblenz*, Urteil v. 09.05.1989 – 6 A 124/88, NJW 1990, 1553.

602 *BFH*, Urteil v. 30.04.2004 – VII R 56/03, DStRE 2004, 1188 (1190); *Schmittmann*, ZInsO 2004, 725; *Zwoll/Mai/Eckardt/Rehborn*, Die Arztpraxis in Krise und Insolvenz, S. 105; *Runkel*, ZVI 2007, 45 (48); *Mai*, die Insolvenz des Freiberuflers, S. 101; *Harlfinger*, der Freiberufler in der Insolvenz, S. 89; *Niesert/Georgiev*, NZI 2013, 1007 (1008).

603 *BFH*, Urteil v. 30.04.2004 – VII R 56/03, DStRE 2004, 1188 (1190).

604 Vgl. auch *Mock*, in: Uhlenbruck, InsO, § 80 Rn. 46; *Ott/Vuia*, in: MüKo, InsO, § 80 Rn. 18; *Cervera*, in: Festschrift für Eberhardt Braun, S. 253 (259); *Bäuerle*, in: Braun, InsO, § 35 Rn. 65 f; so auch *Kayser*, in: HK-InsO, § 80 Rn. 26 nach dessen Ansicht der Widerruf der Approbation in der Insolvenzpraxis die Ausnahme bleiben wird.

605 *Zwoll/Mai/Eckardt/Rehborn*, Die Arztpraxis in der Insolvenz, S. 106.

Amtsenthebung verboten ist, wird der in Vermögensverfall geratene Architekt aus der Architektenliste gelöscht und verliert hierdurch seine Bauvorlageberechtigung. Ein Berufsverbot ist hiermit auf den ersten Blick nicht verbunden. Wie noch zu zeigen sein wird, trifft ihn diese Konsequenz aber vergleichbar hart wie der Zulassungswiderruf bei anderen Freiberuflern.

Vergleicht man die Widerrufstatbestände miteinander, so fällt auf, dass diese weitestgehend dem gleichen Schema folgen. Voraussetzung für einen Widerruf ist hiernach, dass sich der Berufsträger in Vermögensverfall befindet. Dies wird, handelt es sich bei der Person des Berufsträgers um einen Rechtsanwalt, Steuerberater, Notar oder Wirtschaftsprüfer, immer dann vermutet, wenn über das Vermögen des Berufsträgers das Insolvenzverfahren eröffnet wurde (vgl. § 14 Abs. 2 Nr. 7 BRAO, § 46 Abs. 2 Nr. 4 StBerG, § 50 Abs. 1 Nr. 6 BNotO und § 20 Abs. 2 Nr. 5 i.V.m. § 16 Abs. 1 Nr. 7 WPO). Für Architekten ergibt sich diese Vermutung entweder aus der landesrechtlichen Vorschrift (so z.B. § 6 Abs. 2 Nr. 1 ArchG BW) oder, soweit es an einer entsprechenden Vorschrift fehlt, aus der Rechtsprechung zum jeweiligen Landesrecht.

Teilweise setzt der Widerruf der Zulassung oder Bestellung neben dem Vorliegen eines Vermögensverfalls voraus, dass hierdurch die Interessen der Rechtsuchenden/Auftraggeber oder Dritter gefährdet werden (vgl. § 14 Abs. 2 Nr. 7 BRAO, § 46 Abs. 2 Nr. 4 StBerG, § 20 Abs. 4 Satz 4 WPO). Der jeweilige Berufsträger erhält hierdurch die Möglichkeit den Nachweis zu erbringen, dass trotz seiner finanziellen Schwierigkeiten keine Gefahr für seine Auftraggeber besteht und somit ein Berufsverbot nicht angeraten ist. Ausdrücklich geregelt ist dies für Rechtsanwälte, Steuerberater und Wirtschaftsprüfer. Für Architekten wird diese Möglichkeit durch die Rechtsprechung eröffnet. Einzig der Notar besitzt diese Möglichkeit nicht. § 50 Abs. 1 Nr. 6 BNotO setzt für eine Amtsenthebung lediglich den Eintritt des Vermögensverfalls voraus. Ein Regel-Ausnahmeverhältnis wie in anderen Berufsordnungen ist in der Bundesnotarordnung nicht geregelt.

Die Schutzrichtung der berufsrechtlichen Vorschriften ist davon abhängig, welcher Personenkreis von der Tätigkeit des Berufsträgers betroffen ist. Während die Tätigkeit eines Rechtsanwalts, Steuerberaters oder Notars nur die jeweiligen Auftraggeber betrifft, entfaltet die Tätigkeit eines Wirtschaftsprüfers oder Architekten auch gegenüber unbeteiligten Dritten Wirkung. Diesem Umstand trägt auch der Entlastungsbeweis für Architekten und Wirtschaftsprüfer Rechnung. Hier muss für eine weitere Tätigkeit trotz des Vermögensverfalls nicht nur der Nachweis erbracht werden, dass die Auftraggeber nicht gefährdet sind, sondern auch, dass für Dritte, die mit der Leistung des Berufsträgers in Kontakt kommen können, keine Gefahr besteht.

B. Konflikt zwischen Insolvenzrecht und Berufsrechten

Im Gegensatz zum Gewerberecht werden die berufsrechtlichen Vorschriften im Falle der Insolvenzeröffnung nicht durch eine dem § 12 Satz 1 GewO entsprechende Norm suspendiert. Das insolvenzrechtliche Interesse muss sich dem Berufsrecht insoweit unterordnen. Hierdurch wird eine effektive Gläubigerbefriedigung nachhaltig gefährdet.

Insolvenzrechtlichen Bedenken begegnet ein *„Vorrang des Berufsrechts"* gleich in doppelter Hinsicht. Zum einen entgeht der Insolvenzmasse durch den Fortfall der Erwerbstätigkeit des Schuldners dessen regelmäßiger Verdienst. Eben solcher trägt bei einem Freiberufler regelmäßig einen nicht unerheblichen Teil zur Massemehrung bei. Zum anderen, und das wird für die Befriedigungschancen der Gläubiger noch mehr von Bedeutung sein, wird durch das Berufsverbot eine Fortführung und Sanierung der schuldnerischen Praxis weitestgehend unmöglich sein.

Gerade im Fall der Insolvenz von Freiberuflern kommt der Fortführung und Sanierung der schuldnerischen Praxis eine evidente Bedeutung zu. Die Liquidation der Praxis bietet sich – zumindest bei Rechtsanwälten, Steuerberatern, Notaren, Wirtschaftsprüfern und Architekten – zur Befriedigung der Insolvenzgläubiger regelmäßig nicht an. Grund hierfür ist, dass in den allermeisten Fällen die Betriebs- und Geschäftseinrichtung nicht nennenswert werthaltig ist, oder bereits wegen Unpfändbarkeit aus der Insolvenzmasse heraus fällt[606]. Insbesondere bei rechts- und wirtschaftsberatenden Freiberuflern besteht die Büroeinrichtung überwiegend nur aus dem Büroinventar (Schreibtisch, Bürostuhl, Schränke etc.) und der EDV. Aus dem Verkauf dieser Gegenstände vermag der Insolvenzverwalter – insbesondere, wenn es sich hierbei nicht um neue bzw. neuwertige Gegenstände handelt – regelmäßig keinen großen Ertrag für die Masse zu erwirtschaften. Etwas anderes gilt allenfalls bei einem Arzt. Hier kommt der Praxiseinrichtung (z.B. Röntgen- oder Ultraschallgerät) ein wesentlich höherer Wert zu. Ein Konflikt zum Insolvenzrecht besteht hier demgegenüber nicht, da Ärzten trotz Insolvenzeröffnung die Approbation und kassenärztliche Zulassung erhalten bleibt.

Bei den übrigen Freiberuflern ist regelmäßig nur der Goodwill der Praxis werthaltig. Dieser besteht in erster Linie aus dem Mandantenstamm, sowie Ruf und Lage der Praxis[607]. Der Goodwill lässt sich aufgrund der zwischen einem Berufsträger und seinen Mandanten bestehenden Vertrauensbeziehung auch durch einen Verkauf der Praxis nicht immer realisieren[608]. Obgleich es sich hierbei zwar um einen veräußerlichen Vermögenswert handelt, bedarf die Weitergabe der Praxisunterlagen an den Käufer der Zustimmung der Mandanten[609]. Die Verschwiegenheitspflicht des Berufsträgers endet nicht mit der Eröffnung des Insolvenzverfahrens. Es hängt insoweit von den Mandanten ab, ob sie dem Nachfolger das gleiche Vertrauen entgegenbringen, welches sie dem bisherigen Berufsträger entgegengebracht haben. Abhängig hiervon wird sich der Insolvenzverwalter entweder zu einem Verkauf der Praxis oder einer Sanierung derselben durch Fortführung mit dem bestehenden Berufsträger entscheiden. Beide Verwertungswege setzen indes eine Fortführung der

606 Vgl. *Hirte*, in: Uhlenbruck, InsO, § 35 Rn. 282.

607 *Hirte*, in: Uhlenbruck, InsO, § 35 Rn. 282; zum Goodwill auch *Peters*, in: MüKo, InsO, § 35 Rn. 507; zur Verwertung des Goodwill *Tetzlaff*, ZInsO 2005, 393 (400).

608 *Hirte*, in: Uhlenbruck, InsO, § 35 Rn. 282.

609 *Peters*, in: MüKo, InsO, § 35 Rn. 509; zur Veräußerlichkeit des Goodwills eingehend *Uhlenbruck*, in: Festschrift für Wolfram Henckel, S. 877 (878 f).

schuldnerischen Praxis für den Zeitraum des Insolvenzverfahrens voraus. Eine auch nur vorübergehende Einstellung des Betriebes würde unweigerlich zu einem Verlust vieler Mandatsbeziehungen führen. Damit wäre eine Realisierung des Goodwills weder durch Verkauf, noch im Wege der Fortführung der schuldnerischen Praxis durch den Schuldner zu erreichen. Insoweit muss es – insbesondere im Hinblick auf eine bestmögliche Gläubigerbefriedigung – primäres Ziel sein, die Praxis des Freiberuflers auch im Insolvenzverfahren fortzuführen und damit den Weg für eine Sanierung offenzuhalten[610]. Andernfalls muss der Insolvenzverwalter – notgedrungen – die schuldnerische Praxis liquidieren, wodurch der Insolvenzmasse wesentliche Vermögenswerte verloren gingen.

Schlussendlich ist auch zu berücksichtigen, dass es Berufsträgern – trotz der Möglichkeit einer Wiederzulassung nach Ordnung der Vermögensverhältnisse – nur schwer möglich ist, sich in ihrem Beruf wieder zu integrieren. Dabei spielt zum einen der Wegfall des Mandantenstammes, zum anderen auch der Reputationsverlust eine wesentliche Rolle. Der Weg in eine erneute Selbstständigkeit wird dem Berufsträger zumindest in kleineren Städten nicht erneut gelingen. Hier ist die Insolvenz des Berufsträgers oftmals der Allgemeinheit bekannt. Die Mandanten sind zwischenzeitlich schon zu Kollegen des Betroffenen gewechselt. Damit verbleibt dem vormals insolventen Berufsträger nur die Anstellung in einer anderen Kanzlei/Praxis. In Ansehung der derzeitigen Arbeitsmarktsituation wird es aber nur einem Teil der Freiberufler möglich sein, ein solches Anstellungsverhältnis einzugehen. Verwehrt bleibt diese Möglichkeit oftmals älteren Berufsträgern. Dabei dient das Insolvenzverfahren – nicht zuletzt durch die Möglichkeit der Restschuldbefreiung – auch dazu, Schuldnern die Möglichkeit zu einem wirtschaftlichen Neuanfang zu gewährleisten. Gerade dieser Neuanfang wird durch die berufsrechtlichen Regelungen erschwert. Auch insoweit begegnet der Widerruf berufsrechtlicher Zulassungen im Falle der Insolvenzeröffnung Bedenken.

C. Fortführung der Praxis durch den Insolvenzverwalter oder einen Vertreter

Zu untersuchen ist, ob nicht alternativ zum insolventen Freiberufler der Insolvenzverwalter selbst oder ein Vertreter zur Fortführung der Praxis berechtigt ist. Problematisch ist hierbei, dass der Insolvenzverwalter, abweichend von § 80 InsO, nicht automatisch in die Rechtsstellung des Freiberuflers einrückt[611].

---

610 So auch *BVerfG*, Beschluss v. 31.08.2005 – 1 BvR 912/04, NJW 2005, 3057 (3058); ebenso *Uhlenbruck*, in: Festschrift für Wolfram Henckel, S. 877 (885), wonach es ökonomisch sinnvoll wäre, eine freiberufliche Praxis auch bei Konkurseröffnung über das Vermögen des Praxisinhabers zumindest zeitweilig fortzuführen; vgl. auch *Schick*, NJW 1990, 2359 (2361).

611 *BFH*, Beschluss v. 05.02.2003 – VII B 143/02, ZinsO 2003, 375 ff.

I. Fortführung der Praxis durch den Insolvenzverwalter

1. *Fachliche Qualifikation*

Die Fortführung der schuldnerischen Praxis durch den Insolvenzverwalter setzt zunächst einmal voraus, dass dieser die fachliche Qualifikation des insolventen Berufsträgers besitzt[612]. Bereits an diesem Erfordernis dürfte es in den meisten Fällen fehlen[613]. Allenfalls eine Zulassung als Rechtsanwalt oder die Bestellung zum Steuerberater können ein Teil der Insolvenzverwalter vorweisen[614]. Die wenigsten werden aber zur Ausübung des Berufes eines Notars, eines Wirtschaftsprüfers oder Architekten berechtigt sein. Bereits die für eine Fortführung der Praxis erforderliche Qualifikation spricht insoweit gegen die Möglichkeit einer Fortführung durch den Insolvenzverwalter.

2. *Einverständnis der Mandanten/Auftraggeber*

Die berufsrechtliche Qualifikation für sich allein genommen berechtigt den Insolvenzverwalter ohnedies nicht automatisch zur Fortführung der schuldnerischen Praxis[615]. Erforderlich wäre zudem das Recht, Einsicht in die vertraulichen Praxisunterlagen der Mandanten zu nehmen. Ein solches Recht besteht aufgrund der Geheimhaltungspflicht des Schuldners indes nicht[616]. Eine Übertragung der Mandate auf den Insolvenzverwalter wird durch das Insolvenzverfahren nicht bewirkt[617]. Die Überlassung der Unterlagen an den Insolvenzverwalter bedarf insoweit der Einwilligung der Mandanten[618].

Die Aussichten hierfür stehen hingegen tendenziell schlecht. Aufgrund der mit den Mandaten verbundenen sensiblen Informationen und der immensen Bedeutung für die jeweiligen Mandanten werden nur wenige von ihnen in eine Fortführung

---

612 So schon *BFH*, Urteil v. 22.03.1994 – VII R 58/93, ZIP 1994, 1283 (1285); *Zipperer*, in: Uhlenbruck, InsO, § 157 Rn. 16; *Hirte*, in: Uhlenbruck, InsO, § 35 Rn. 284; *Bäuerle*, in: Braun, InsO, § 35 Rn. 70; *Hess/Röpke*, NZI 2003, 233; *Onusseit*, in: Kübler/Prütting/Bork, InsO, § 157 Rn. 7; *Lwowski*, in: MüKo InsO, § 35 Rn. 159; *Graf/Wunsch*, ZIP 2001, 1029 (1033); eingehend hierzu auch *Schildt*, Die Insolvenz des Freiberuflers, S. 124; *Mai*, Die Insolvenz des Freiberuflers, S. 106.

613 So auch *Viniol*, in: Beck/Depré, § 42 Rn. 7, 14; vgl. auch *Schick*, NJW 1990, 2359 (2361); *Uhlenbruck*, in: Festschrift für Wolfram Henckel, S. 877 (889).

614 Vgl. *Kluth*, NJW 2002, 186 (188); *Schick*, NJW 1990, 2359 (2361).

615 *Lüdtke*, in: Hmb-Komm, InsO, § 35 Rn. 104; *Henckel*, in: Jaeger, InsO, § 35 Rn. 16; vgl. auch *Kluth*, NJW 2002, 186 (188); *Ries*, ZVI 2004, 221 (222).

616 *Schick*, NJW 1990, 2359 (2360); vgl. auch *Peters*, in: MüKo, InsO, § 35 Rn. 156 ff.

617 *Henckel*, in: Jaeger, InsO, § 35 Rn. 16.

618 *Kluth*, NJW 2002, 186 (188); *Lüdtke*, in: Hmb-Komm, InsO, § 35 Rn. 106; *Viniol*, in: Beck/Depré, § 42 Rn. 19; vgl. auch *Riering*, in: Nerlich/Römermann, InsO, § 315 Rn. 37.

durch den Insolvenzverwalter einwilligen[619]. Zu berücksichtigen ist hierbei auch, dass der Insolvenzverwalter, selbst wenn er über die erforderliche Qualifikation verfügt, regelmäßig über keine vertieften Kenntnisse in der das Mandat betreffenden Materie verfügt. So wird ein Insolvenzverwalter mit anwaltlicher Zulassung nur selten über vertiefte Kenntnisse z.B. im Bank- und Kapitalmarktrecht oder Familienrecht verfügen. Mandanten des hierauf spezialisierten Fachanwalts werden sich daher nur selten durch den Insolvenzverwalter beraten lassen. Eine Fortführung der schuldnerischen Praxis durch den Insolvenzverwalter bietet sich auch aus diesem Grund nicht an.

3. *Pflichtenkollision*

Bedenken begegnet die Fortführung der schuldnerischen Praxis durch den Insolvenzverwalter aber auch aus anderem Grund.

Durch die Fortführung der schuldnerischen Praxis nimmt der Insolvenzverwalter eine Doppelstellung ein. Auf der einen Seite vertritt er als Insolvenzverwalter die Interessen der Insolvenzgläubiger, während er auf der anderen Seite als Berufsträger die Interessen seiner Mandanten zu wahren hat. Zu einem ersten Interessenkonflikt kommt es bereits bei der Entscheidung zur Fortführung der Mandate. Grundsätzlich trifft der Insolvenzverwalter diese Entscheidung gem. § 103 InsO nach freiem Ermessen. Mandanten, die in Vertragsbeziehungen mit dem Schuldner stehen, sind indes Insolvenzgläubiger[620]. Sie zu vertreten bedeutet Erfüllungswahl[621]. Mit der Fortführung der schuldnerischen Praxis ist der Insolvenzverwalter aber bereits berufsrechtlich zur Fortführung dieser Mandate verpflichtet[622]. Das Wahlrecht des Insolvenzverwalters nach § 103 InsO würde insoweit ausgehebelt. Damit wäre der Insolvenzverwalter mit Übernahme der Mandate nicht mehr in der Lage, seinen in der Insolvenzordnung verankerten Pflichten nachzukommen[623]. Eine Fortführung der schuldnerischen Praxis durch den Insolvenzverwalter ist auch aus diesem Grund abzulehnen[624].

---

619 Vgl. auch *Kluth*, NJW 2002, 186 (188).

620 *Henckel*, in: Jaeger, InsO, § 35 Rn. 16.

621 *Henckel*, a.a.O., Rn. 16.

622 *Schildt*, Die Insolvenz des Freiberuflers, S. 126; vgl. auch *Henckel*, in: Jaeger, InsO, § 35 Rn. 16.

623 *Schildt*, a.a.O., S. 127; vgl. auch *Henckel*, a.a.O., Rn. 17, wonach der Insolvenzverwalter durch die Vertretung der Mandanten, anders als bei der Fortführung eines gewerblichen Unternehmens, in Interessenkonflikte und Pflichtenkollisionen geraten kann.

624 Vgl. *Hirte*, in: Uhlenbruck, InsO, § 35 Rn. 284; a.A. *Koch*, Die Insolvenz des selbstständigen Rechtsanwalts, S. 116.

4. *Zwischenergebnis*

Der Insolvenzverwalter ist aus mehreren Gründen zu einer Fortführung der schuldnerischen Praxis nicht berechtigt.

Zunächst einmal fehlt es ihm regelmäßig an der für eine Fortführung der Praxis erforderlichen berufsrechtlichen Qualifikation. Nur in den wenigsten Fällen wird der Insolvenzverwalter den Schuldner insoweit ersetzen können. Darüber hinaus setzt die Fortführung der schuldnerischen Praxis eine Einwilligung der Mandanten in die Mandatsübernahme voraus. Hiermit ist indes nur in wenigen Ausnahmefällen zu rechnen. Die Erfolgschancen einer Fortführung begrenzen sich vor diesem Hintergrund auf ein Minimum. Entscheidend gegen die Berechtigung des Insolvenzverwalters zur Fortführung der schuldnerischen Praxis spricht letztendlich aber auch der Umstand, dass eine Vertretung der Mandanten zu einer Kollision mit seinen insolvenzrechtlichen Pflichten führt. Damit wird bereits das zuständige Insolvenzgericht dem Insolvenzverwalter eine Fortführung der freiberuflichen Praxis verbieten.

II. Durch einen qualifizierten Vertreter

Möglicherweise lässt sich die Fortführung der schuldnerischen Praxis aber dadurch gewährleisten, dass anstelle des Insolvenzverwalters ein zur Berufsausübung des Schuldners qualifizierter Vertreter eingesetzt wird. Damit wäre zum einen dem Erfordernis der berufsrechtlichen Qualifikation genüge getan, und zum anderen die zuvor angeführte Interessenkollision beseitigt.

Die verschiedenen Berufsordnungen sehen die Bestellung eines Praxisvertreters indes nur zur vorübergehenden Fortführung bestehender Mandate vor[625]. Eine langfristige Fortführung, wie sie im Insolvenzverfahren vonnöten wäre, ist nicht vorgesehen[626]. Abgesehen hiervon besteht die Schwierigkeit, dass der Praxisvertreter – unabhängig von seiner Bestellung zum Vertreter des insolventen Berufsträgers – nicht dazu berechtigt ist, die bestehenden Mandate ohne Einwilligung der Mandanten fortzuführen[627]. Die Fortführung der schuldnerischen Praxis ist daher abermals von ihrer Entscheidung abhängig.

Gegen die Einsetzung eines Vertreters spricht zudem der Umstand, dass dieser zu Lasten der Masse entlohnt werden müsste[628]. Fehlt es an den hierfür erforderlichen Mitteln, scheidet die Einsetzung eines Vertreters von vornherein aus. Darüber hinaus wäre der Insolvenzverwalter im Zweifel dazu veranlasst, für die beabsichtigte Einsetzung eines Vertreters, als *„besonders bedeutsame Rechtshandlung"* die Zustimmung des Gläubigerausschusses bzw. der Gläubigerversammlung einzuholen[629]. Zumindest bis zu dieser Entscheidung dürfte die schuldnerische Praxis

---

625 Vgl. nur für den Rechtsanwalt §§ 161, 53 BRAO.
626 *Mai*, Die Insolvenz des Freiberuflers, S. 107.
627 *Henckel*, in: Jaeger, InsO, § 35 Rn. 17.
628 *Kluth*, NJW 2002, 186 (188); *Henckel*, in: Jaeger, InsO, § 35 Rn. 17.
629 So *Kluth*, NJW 2002, 186 (188).

nicht fortgeführt werden. Auch vor diesem Hintergrund stellt die Einsetzung eines entsprechend qualifizierten Vertreters keine Fortführungsmöglichkeit dar.

III. Ergebnis

Die Fortführung der schuldnerischen Praxis lässt sich weder durch den Insolvenzverwalter selbst, noch durch die Einsetzung eines berufsrechtlich qualifizierten Vertreters gewährleisten.

Gegen die Fortführung der Praxis durch den Insolvenzverwalter spricht – neben der regelmäßig fehlenden berufsrechtlichen Qualifikation und Einwilligung der Mandanten – vor allem der Konflikt zwischen dem Amt des Insolvenzverwalters und dessen berufsrechtlicher Stellung. Dieses Spannungsverhältnis lässt sich zwar durch die Einsetzung eines Vertreters aufheben, beseitigt aber keineswegs die Notwendigkeit der Einwilligung der Mandanten in die Fortführung ihrer Mandate. Darüber hinaus ist die Einsetzung eines Vertreters als besonders bedeutsame Rechtshandlung von der Zustimmung des Gläubigerausschusses bzw. der Gläubigerversammlung abhängig.

Letztendlich kann festgehalten werden, dass eine Fortführung der schuldnerischen Praxis ohne die Mitwirkung des Schuldners weitestgehend unmöglich ist[630]. Dessen Mitwirkung setzt indes voraus, dass dieser seine berufsrechtliche Zulassung trotz Eröffnung des Insolvenzverfahrens behält. Andernfalls wird eine Haftungsrealisierung zugunsten der Gläubiger, die auch den Goodwill der Praxis mitberücksichtigt, nur selten gelingen.

D. Möglichkeiten zur Fortführung der beruflichen Tätigkeit nach Maßgabe der berufsrechtlichen Bestimmungen

Nachdem festgestellt wurde, dass eine Fortführung der schuldnerischen Praxis bzw. eine effektive Befriedigung der Insolvenzgläubiger zwingend die Mitwirkung des Schuldners voraussetzt, stellt sich die Frage, welche Möglichkeiten diesem nach geltender Rechtslage zur Verfügung stehen, seinen freien Beruf trotz Eröffnung des Insolvenzverfahrens auszuüben. Mangels Suspendierung der einschlägigen berufsrechtlichen Vorschriften durch das Insolvenzrecht ist ein Erhalt der beruflichen Tätigkeit an den Ausschluss der jeweiligen Tatbestandsvoraussetzungen für einen Widerruf, eine Amtsenthebung oder eine Löschung aus der Architektenliste

630 So auch *Hess/Röpke*, NZI 2003, 233 (234), nach deren Ansicht die Fortführung des Betriebes regelmäßig nur Sinn macht, wenn sie unter Mitarbeit des Schuldners erfolgt; vgl. auch *Ries.* ZVI 2004, 221 (222) zu einem Workshop des Arbeitskreises der Insolvenzverwalter Deutschland e.V. am 1. April 2004. Auch hier wurde gemeinsam das Ergebnis vertreten, dass eine „Sanierung durch Fortführung" nur Sinn macht, wenn es gelingt, dem Schuldner die Zulassung zu erhalten.

geknüpft. Welche Maßnahmen der insolvente Freiberufler diesbezüglich ergreifen muss und ob diese in der Praxis tatsächlich realisiert werden können, ist Gegenstand der nachfolgenden Untersuchung.

I. Möglichkeiten zur Vermeidung berufsrechtlicher Konsequenzen

1. Für Rechtsanwälte und Steuerberater

Zwingende Voraussetzung für den Widerruf der Zulassung eines Rechtsanwalts oder der Bestellung eines Steuerberaters ist das Vorliegen eines Vermögensverfalls und einer hiermit einhergehenden Gefährdung der Interessen der Mandanten. Insoweit bestehen zwei Ansatzpunkte für den Erhalt der beruflichen Tätigkeit. Der betroffene Berufsträger kann entweder das Vorliegen des gesetzlichen vermuteten Vermögensverfalls widerlegen oder den Nachweis erbringen, dass trotz dieses Umstandes eine Gefährdung der Interessen seiner Mandanten ausgeschlossen ist.

a) Beseitigung des Vermögensverfalls

aa) Durch die Eröffnung des Insolvenzverfahrens

Diskutiert wird, ob eine Beseitigung des Vermögensverfalls bereits infolge der Eröffnung des Insolvenzverfahrens über das Vermögen des Rechtsanwalts oder Steuerberaters erfolgt. So vertritt *Schmittmann* die Auffassung, dass alleine der Übergang der Verwaltungs- und Verfügungsbefugnis auf den Insolvenzverwalter und das hiermit verbundene rechtsstaatliche Verfahren dazu führen, dass eine Ordnung der wirtschaftlichen Verhältnisse durch eine gleichmäßige Befriedigung der Gläubiger eintritt[631]. Dem Schuldner stünde ab diesem Zeitpunkt lediglich noch der pfändungsfreie Betrag seines Vermögens zur Verfügung[632]. Darüber hinaus trete eine Ordnung in den Vermögensverhältnissen des Schuldners bereits dadurch ein, dass die Gläubiger die Möglichkeit hätten, ihre Forderungen beim Insolvenzverwalter anzumelden[633].

Indes wird diese Ansicht von Rechtsprechung und dem überwiegenden Teil der Literatur zu Recht nicht geteilt[634]. Gegen eine Beseitigung des Vermögensverfalls

---

631 *Schmittmann*, NJW 2002, 182 (185); *ders.*, ZInsO 2004, 725 (726); *ders.*, ZInsO 2006, 419 (421); mit Hinweis auf *Schmittmann* andeutend auch *Viniol*, in: Beck/Depré, § 42 Rn. 15.

632 *Schmittmann*, NJW 2002, 182 (184).

633 *Schmittmann*, a.a.O., S. 184.

634 *BGH*, Beschluss v. 21.03.2011 – AnwZ (B) 37/10, NZI 2011, 464; Beschluss v. 31.05.2010 – AnwZ (B) 27/09, ZInsO 2010, 1380; Beschluss v. 25.06.2007 – AnwZ (B) 101/05, NJW 2007, 2924 (2925); Beschluss v. 18.10.2004 – AnwZ (B) 43/03, NJW 2005, 511; Beschluss v. 13.03.2000 –AnwZ (B) 28/99, NZI 2000, 262; *BFH*, Beschluss v. 04.04.2005 – VII B 304/04, BeckRS 2005, 25008165; Beschluss v. 16.11.2005 – VII B

durch die Eröffnung des Insolvenzverfahrens spricht, dass § 14 Abs. 2 Nr. 7 BRAO und § 46 Abs. 2 Nr. 4 StBerG die Eröffnung des Insolvenzverfahrens gerade als zusätzlichen Fall für einen Vermögensverfall anführen und dieser Umstand bereits deshalb nicht geeignet sein kann, die Vermutung eines Vermögensverfalls zu widerlegen.[635]. Zudem bewirkt die Eröffnung des Insolvenzverfahrens und der Übergang der Verwaltungs- und Verfügungsbefugnis auf den Insolvenzverwalter für sich allein genommen keine Ordnung der Vermögensverhältnisse des Insolvenzschuldners[636]. Hierfür ist vielmehr erforderlich, und dagegen spricht bereits der Übergang der Verwaltungs- und Verfügungsbefugnis auf den Insolvenzverwalter, dass der Schuldner selbst und frei über sein Vermögen verfügen kann[637]. Denn zu den Aufgaben eines Rechtsanwaltes gehört es auch, über ihm treuhänderisch überlassene Gelder zu verfügen. Diese Verfügungsbefugnis muss dem Berufsträger vorbehalten bleiben. Solange die Verwaltungs- und Verfügungsbefugnis beim Insolvenzverwalter liegt, der Berufsträger mithin nicht frei über sein Vermögen verfügt, kann von geordneten Vermögensverhältnissen nicht ausgegangen werden. Der Verlust der Verfügungsbefugnis ist daher allenfalls dazu geeignet, das Vorliegen eines Vermögensverfalls

---

67/05, DStRE 2006, 252 (252); Beschluss v. 04.03.2004 – VII R 21/02, DStRE 2004, 733 (734); Beschluss v. 28.08.2003 – VII B 79/02, DStR 2004, 974 (975); *FG Niedersachsen*, Urteil v. 11.11.2005 – 6 K 179/05, DStRE 2007, 455; Urteil v. 17.06.2004 – 6 K 632/02, BeckRS 2004, 26016327; *FG Kiel*, Urteil v. 16.06.2004 – 2 K 86/03, ZVI 2004, 535 (536 f); vgl. auch *Jatzke*, DStR 2010, 243; *Vossebürger*, in: Feuerich/Weyland, BRAO, § 14 Rn. 60; *Hirte*, in: Uhlenbruck, InsO, § 35 Rn. 291; *Janca*, ZInsO 2005, 242; *Mai*, Die Insolvenz des Freiberuflers, S. 103; *Harlfinger*, Der Freiberufler in der Insolvenz, S. 73; *Bartosch-Koch*, Versagung, Rücknahme und Widerruf der Zulassung zur Rechtsanwaltschaft wegen Vermögensverfalls, S. 36; einschränkend aber *Grau*, Die Insolvenz des selbstständigen Freiberuflers aus Sicht des Verwalters, S. 84, die aufgrund der derzeitigen Fassung der einschlägigen berufsrechtlichen Regelungen die Eröffnung des Insolvenzverfahrens als Ausschlussgrund für den Vermögensverfall ablehnt.

635 *BGH*, Beschluss v. 13.03.2000 –AnwZ (B) 28/99, NZI 2000, 262; so auch der *BFH*, Beschluss v. 04.03.2004 – VII R 21/02, DStRE 2004, 733 (734) im Hinblick auf § 46 Abs. 2 Nr. 4 StBerG; *FG Niedersachsen*, Urteil v. 11.01.2007 – 6 K 344/06, BeckRS 26022578; vgl. auch *Grau*, Die Insolvenz des selbstständigen Freiberuflers aus Sicht des Verwalters, S. 85, die aufgrund des Einklangs des Insolvenzverfahrens mit dem Wortlaut der Widerrufsvorschriften einen Ausschluss des Vermögensverfalls durch das Insolvenzverfahren ablehnt.

636 Vgl. *BGH*, Beschluss v. 13.03.2000 –AnwZ (B) 28/99, NZI 2000, 262; Beschluss v. 18.10.2004 – AnwZ (B) 43/03, NJW 2005, 511; *BFH*, Beschluss v. 19.05.2005 – VII B 194/04, BeckRS 2005, 25008391; zustimmend *Schildt*, Die Insolvenz des Freiberuflers, S. 143, die die Auffassung vertritt der Tatbestand der Widerrufsvorschrift würde ad absurdum geführt, wenn man gerade die Eröffnung des Insolvenzverfahrens als Ausschlussgrund anerkenne.

637 *BGH*, Beschluss v. 05.12.2005 – AnwZ (B) 13/05, NJW-RR 2006, 559; Beschluss v. 13.03.2000 –AnwZ (B) 28/99, NZI 2000, 262.

zu stützen, nicht ihn zu widerlegen[638]. Auch eine Befriedigung der Gläubiger in absehbarer Zeit ist nicht zwangsläufig durch ein Insolvenzverfahren gewährleistet[639]. Daran ändert auch der Umstand nichts, dass das Insolvenzverfahren unter anderem auf eine Befreiung des redlichen Schuldners von seinen restlichen Verbindlichkeiten abzielt (§ 1 Satz 2 InsO)[640]. Letztendlich ist nämlich während des Insolvenzverfahrens bis hin zur Schlussverteilung noch gänzlich offen, ob das Vermögen des Schuldners ausreicht, um die bestehenden Insolvenzforderungen zu erfüllen bzw. eine Entschuldung des betroffenen Berufsträgers im Wege der Restschuldbefreiung erfolgt. Dies ändert sich auch nicht bei Vorliegen eines (Insolvenz-) Gutachtens, dass eine Entschuldung des Berufsträgers im Rahmen des Insolvenzverfahrens prognostiziert. Denn letztendlich kann das Gutachten lediglich aufgrund Analyse der aktuellen Umstände eine Prognose hinsichtlich des Ausgangs des Verfahrens treffen. Später hinzutretende Umstände – wie etwa ein Mandantenrückgang infolge des Reputationsverlustes des Berufsträgers – können im Gutachten nicht berücksichtigt werden. Eine „sichere" Konsolidierung der Vermögensverhältnisse kann daher auch durch ein Gutachten nicht festgestellt werden.

Die Eröffnung des Insolvenzverfahrens führt demnach nicht zu einer Beseitigung des Vermögensverfalls.

bb) Im Rahmen der Restschuldbefreiung

In Rechtsprechung und Literatur wurde auch erwogen, ob eine Beseitigung des Vermögensverfalls nicht im Rahmen der Restschuldbefreiung erreicht werden kann. Hierbei ist zwischen dem Antrag auf Restschuldbefreiung, der Ankündigung der Restschuldbefreiung und der Erteilung der Restschuldbefreiung zu unterscheiden.

(1) Antrag auf Restschuldbefreiung

Möglicherweise führt bereits der Antrag des insolventen Rechtsanwalts oder Steuerberaters auf Restschuldbefreiung zu einer Ordnung der wirtschaftlichen Verhältnisse und Beseitigung des Vermögensverfalls. Hierfür spricht zumindest, dass der Schuldner sich mit dem Antrag dazu verpflichtet, sein Einkommen für die sechsjährige Laufzeit der Treuhandperiode an den Treuhänder abzutreten[641].

---

638 *BGH*, Beschluss v. 13.03.2000 – AnwZ (B) 28/99, NZI 2000, 262.

639 *BGH*, Beschluss v. 13.03.2000 –AnwZ (B) 28/99, NZI 2000, 262; im Ergebnis auch *BFH*, Beschluss v. 28.08.2003 – VII B 79/02, DStR 2004, 974 (975); *FG Niedersachsen*, Urteil v. 11.11.2005 – 6 K 179/05, DStRE 2007, 455; vgl. auch *Klose*, BRAK-Mitt. 1/2010, 6 (7).

640 *BGH*, Beschluss v. 13.03.2000 –AnwZ (B) 28/99, NZI 2000, 262.

641 So auch *Harlfinger*, Der Freiberufler in der Insolvenz, S. 74, der aufgrund der langen Zeitspanne der Treuhandperiode und der Ungewissheit der Schuldenbereinigung während der sechsjährigen Zeitspanne eine Beseitigung des Vermögensverfalls im Ergebnis aber ablehnt.

Mit dem überwiegenden Teil der Literatur und der höchstrichterlichen Rechtsprechung ist allerdings davon auszugehen, dass alleine der Antrag auf Restschuldbefreiung den Vermögensverfall nicht beseitigt[642]. Solange das Insolvenzverfahren läuft, ist die Grundlage der gesetzlichen Vermutung nicht entfallen[643]. Hieran ändert sich auch nichts durch den Umstand, dass das Insolvenzverfahren unter anderem auf eine Befreiung des redlichen Schuldners von seinen restlichen Verbindlichkeiten abzielt (§ 1 Satz 2 InsO)[644]. Zum Zeitpunkt der Antragstellung auf Restschuldbefreiung ist letztendlich fraglich, ob es tatsächlich zu einer Konsolidierung der Vermögensverhältnisse kommt[645]. Der Antrag auf Restschuldbefreiung eröffnet insoweit lediglich eine Möglichkeit zur Ordnung der Vermögensverhältnisse[646]. Diese Möglichkeit ist zum Zeitpunkt der Antragstellung aber noch nicht hinreichend konkretisiert[647]. Ein Ausschluss des Vermögensverfalls ist vor diesem Hintergrund nicht gerechtfertigt[648].

(2) Ankündigung der Restschuldbefreiung

Etwas anderes gilt im Falle der Ankündigung der Restschuldbefreiung.

Dabei ist zunächst zu beachten, dass vor Inkrafttreten des Gesetzes zur Verkürzung des Restschuldbefreiungsverfahrens und zur Stärkung der Gläubigerrechte vom 15. Juli 2013[649] dem Schuldner gemäß § 291 InsO a.F. im Schlusstermin bzw. nach der im schriftlichen Verfahren gesetzten Frist zur Geltendmachung von Versagungsgründen die Restschuldbefreiung angekündigt wurde. Durch den Beschluss

---

642 *BGH*, Beschluss v. 31.08.2008 – AnwZ (B) 33/07, BeckRS 2008, 07474; Beschluss v. 07.03.2005 – AnwZ (B) 7/04, NJW 2005, 1944; Beschluss v. 13.03.2000 –AnwZ (B) 28/99, NZI 2000, 262; *BFH*, Beschluss v. 18.08.2005 – VII B 20/05, BeckRS 2005, 25008729; Beschluss v. 04.03.2004 – VII R 21/02, DStRE 2004, 733 (734); *Janca*, ZInsO 2005, 242; *Vossebürger*, in: Feuerich/Weyland, BRAO, § 14 Rn. 60; *Römermann*, AnwBl. 2005, 178 (180); *ders.*, EWiR 2000, 857 (858); *Bartosch-Koch*, Versagung, Rücknahme und Widerruf der Zulassung zur Rechtsanwaltschaft wegen Vermögensverfalls, S. 36 f; *Grau*, Die Insolvenz des selbstständigen Freiberuflers aus Sicht des Verwalters, S. 84; im Ergebnis bezüglich des Antrags wohl auch *Schildt*, Die Insolvenz des Freiberuflers, S. 143; *Harlfinger*, Der Freiberufler in der Insolvenz, S. 73 f, lehnt eine Auswirkung der Restschuldbefreiungsverfahrens auf den Vermögensverfall gänzlich ab.

643 *BGH*, Beschluss v. 21.03.2011 – AnwZ (B) 37/10, NZI 2011, 464.

644 *BGH*, Beschluss v. 13.03.2000 – AnwZ (B) 28/99, NZI 2000, 262.

645 *BGH*, Beschluss v. 13.03.2000 – AnwZ (B) 28/99, NZI 2000, 262; vgl. auch *BFH*, Beschluss v. 18.08.2005 – VII B 20/05, BeckRS 2005, 25008729; *Vossebürger*, in: Feuerich/Weyland, BRAO, § 14 Rn. 60.

646 *Bartosch-Koch*, Versagung, Rücknahme und Widerruf der Zulassung zur Rechtsanwaltschaft wegen Vermögensverfalls, S. 39.

647 *Bartosch-Koch*, a.a.O., S. 39.

648 *Bartosch-Koch*, a.a.O., S. 39.

649 BGBl I S. 2379.

sollte für den Schuldner Klarheit geschaffen werden, dass er es nun allein in der Hand hat, eine Restschuldbefreiung zu erlangen, sofern er den Obliegenheiten des § 295 InsO nachkommt[650]. Nach Rechtskraft des Ankündigungsbeschlusses wurde das Insolvenzverfahren durch das Insolvenzgericht aufgehoben.

Mit Inkrafttreten des Gesetzes zur Verkürzung des Restschuldbefreiungsverfahrens und zur Stärkung der Gläubigerrechte vom 15. Juli 2013 ist § 291 InsO a.F. mit Wirkung zum 1. Juli 2014 weggefallen und § 287a InsO n.F. eingeführt worden. Die Neuregelung des § 287a InsO n.F. sieht vor, dass das Insolvenzgericht künftig auf Antrag des Schuldners eine Eingangsentscheidung über die Zulässigkeit des Antrags auf Restschuldbefreiung trifft[651]. Diese Entscheidung trifft das Gericht gleichzeitig mit der Entscheidung über die Eröffnung des Insolvenzverfahrens[652]. Mit der in § 287a Abs. 1 InsO eingeführten Zulässigkeitsprüfung soll frühzeitig Rechtsklarheit hergestellt und Aufwand und Kosten überflüssiger Insolvenzverfahren vermieden werden[653].

(a) Ankündigung der Restschuldbefreiung nach § 291 InsO a.F.

Mit Ankündigung der Restschuldbefreiung nach § 291 InsO a.F. und Aufhebung des Insolvenzverfahrens durch das zuständige Insolvenzgericht bestand nach überwiegender Ansicht kein Bedürfnis mehr für einen Widerruf der Zulassung/Bestellung des Rechtsanwalts oder Steuerberaters[654].

---

650 Begr. RegE, BT-Drucks. 12/2443, S. 191.

651 Begr. RegE, Drucks. 467/12, Nr. 20; *Römermann*, in: Nerlich/Römermann, InsO, § 287a Rn. 1.

652 Begr. RegE, Drucks. 467/1, Nr. 20.

653 *Kexel*, in Graf-Schlicker, InsO, § 287a Rn. 1.

654 *BGH*, Beschluss v. 28.10.2011 – AnwZ (BrfG) 20/11, NZI 2012, 106; Beschluss v. 18.07.2011 – AnwZ (B) 28/10, VIA 2011, 76; Beschluss v. 31.05.2010 – AnwZ (B) 27/09, ZInsO 1380 (1381); Beschluss v. 09.11.2009 – AnwZ (B) 89/06, BeckRS 2009, 87758; Beschluss v. 31.03.2008 – AnwZ (B) 33/07, BeckRS 2008, 07474; Beschluss v. 05.12.2005 – AnwZ (B) 13/05, NJW-RR 2006, 559; Beschluss v. 07.12.2004 – AnwZ (B) 40/04, NJW 2005, 1271; *FG Rheinland-Pfalz*, Urteil v. 16.12.2008 – 2 K 2084/08, BeckRS 2008, 26026468 unter Aufgabe seiner Rechtsprechung vom 11.02.2003 – 2 K 2424/02, DStRE 2003, 1254 f, wonach die gesetzliche Vermutung des Vermögensverfalls auch nach der Aufhebung des Insolvenzverfahrens fortbestand; *Kleine-Cosack*, BRAO, § 14 Rn. 38; *Vossebürger*, in: Feuerich/Weyland, BRAO, § 14 Rn. 60; *Hennsler*, in: Henssler/Prütting, BRAO, § 14 Rn. 33b; *Willerscheid*, in: Kuhls, StBerG, § 46 Rn. 25; *Schmittmann*, NJW 2002, 182 (184); *Graf/Wunsch*, ZVI 2005, 105 (107 f); *Schildt*, Die Insolvenz des Freiberuflers, S. 143; im Ergebnis auch *Bartosch-Koch*, Versagung, Rücknahme und Widerruf der Zulassung zur Rechtsanwaltschaft wegen Vermögensverfalls, S. 42 f; *Grau*, Die Insolvenz des selbstständigen Freiberuflers aus Sicht des Verwalters, S. 89; *Cervera*, in: Festschrift für Eberhardt Braun, S. 253 (258); *Mutschler*, KSI 2006, 177 (180).

Grund hierfür ist nach Ansicht des Bundesgerichtshofs in seiner Grundsatzentscheidung vom 7. Dezember 2004, dass die ursprünglich einer Annahme geordneter Vermögensverhältnisse entgegenstehende fehlende Verfügungsbefugnis des Schuldners mit Aufhebung des Insolvenzverfahrens wieder auf den Schuldner übergegangen sei[655]. Zudem habe sich die Möglichkeit einer Schuldbefreiung mit Beendigung des Insolvenzverfahrens und Ankündigung der Restschuldbefreiung zu einer konkreten Aussicht verdichtet. Der Schuldner könne, sofern er allen seine Obliegenheiten nach § 295 InsO nachkomme und keine Versagungsgründe nach § 297 oder § 298 InsO bestünden davon ausgehen, dass ihm am Ende der Treuhandperiode die Restschuldbefreiung erteilt werde. Voraussetzung für die Annahme geordneter Vermögensverhältnisse sei nicht, wie in früheren Entscheidungen angenommen, dass die Gläubiger in absehbarer Zeit befriedigt würden, sondern Voraussetzung sei vielmehr, dass nicht auf unabsehbare Zeit Forderungen offen blieben. Gerade dies sei durch das Restschuldbefreiungsverfahren gewährleistet, indem auch ohne die vollständige Befriedigung der Gläubiger nach Ablauf der Treuhandperiode die bestehenden Forderungen entfielen. Dies genüge zur Wiederherstellung geordneter Vermögensverhältnisse. Eine andere Auffassung stünde im Widerspruch zu dem das Insolvenzrecht maßgeblich prägenden Gedanken, dem Schuldner mit dem Durchlaufen des Insolvenzverfahrens eine dauerhaft gesicherte Existenz zu ermöglichen.

(b) Ankündigung der Restschuldbefreiung nach § 287a InsO n.F.

Der zuständige Anwaltssenat des Bundesgerichtshofs geht auch nach Wegfall des § 291 InsO a.F. und Einführung des § 287a InsO n.F. unverändert davon aus, dass mit der Ankündigung der Restschuldbefreiung wieder geordnete Vermögensverhältnisse des Berufsträgers vorliegen[656]. Dies unabhängig davon, dass die Ankündigung der Restschuldbefreiung gemäß § 287a InsO n.F. – anders als nach § 291 InsO a.F. – nicht erst im Anschluss an den Schlusstermin sondern bereits im Insolvenzeröffnungsverfahren erfolgt. Keine Voraussetzung für das Vorliegen geordneter Vermögensverhältnisse ist demnach – abweichend zur Grundsatzentscheidung des Bundesgerichtshofs vom 7. Dezember 2004 – dass neben der Ankündigung der Restschuldbefreiung auch das Insolvenzverfahren aufgehoben wird und der Berufsträger die Verwaltungs- und Verfügungsbefugnis über sein Vermögen zurückerhält. Denn anders als im Rahmen der Ankündigung der Restschuldbefreiung nach § 291a InsO a.F. – die im Anschluss an den Schlusstermin erfolgte – wird das Insolvenzverfahren nach Ankündigung der Restschuldbefreiung gemäß § 287a InsO n.F. – die nunmehr eine Eingangsentscheidung im Insolvenzeröffnungsverfahren darstellt – nicht aufgehoben.

Unklar ist, ob der Bundesgerichtshof – der ohne eine nähere Begründung die Ankündigung der Restschuldbereiung nach § 287a InsO n.F. mit der Ankündigung der

655 *BGH*, Beschluss v. 07.12.2004 – AnwZ (B) 40/04, NJW 2005, 1271.

656 *BGH*, Beschluss v. 17.03.2016 – AnwZ (Brfg) 6/16, juris; Beschluss v. 17.09.2015 – AnwZ (Brfg) 29/15, juris; Beschluss v. 03.06.2015 – AnwZ (Brfg) 11/15, NJOZ 2015, 1341.

Restschuldbefreiung nach § 291 InsO a.F. gleichsetzt – erkannt hat, dass nach neuem Recht mit dem Beschluss zur Ankündigung der Restschuldbefreiung das Insolvenzverfahren nicht aufgehoben wird. Nach Ankündigung der Restschuldbefreiung, aber vor der Aufhebung des Insolvenzverfahrens, entfiel der Vermögensverfall nach Ansicht des Bundesgerichtshofs bisher nur unter der zusätzlichen Voraussetzung, dass der Berufsträger aufgrund einer Negativerklärung des Insolvenzverwalters wieder frei über sein Vermögen verfügen kann[657]. Denn maßgebliche Voraussetzung für das Vorliegen geordneter Vermögensverhältnisse war nach Auffassung des Bundesgerichtshofs – nicht zuletzt aufgrund der treuhänderischen Tätigkeit des Rechtsanwalts und Steuerberaters – die freie Verfügungsbefugnis über alle in die Vermögenssphäre des Berufsträgers fallende Gelder.

Aus den bisher ergangenen Entscheidungen des Bundesgerichtshofs ist jedenfalls nicht ersichtlich, ob die Aufhebung des Insolvenzverfahrens auch weiterhin unverzichtbare Voraussetzung für das Vorliegen geordneter Vermögensverhältnisse des Berufsträgers sein soll. Es hätte jedenfalls erwartet werden können, dass der Bundesgerichtshof die Aufgabe seiner im Grundsatzurteil vom 7. Dezember 2004 vertretenen Aufassung kenntlich macht und diese Entscheidung gesondert begründet.

(c) Stellungnahme

Zu untersuchen ist, inwieweit nach der Aufhebung der Ankündigungsregelung des § 291 InsO a.F. und Einführung des § 287a InsO n.F. im Falle der Ankündigung der Restschuldbefreiung durch das Insolvenzgericht tatsächlich – wie nach alter Rechtslage – von geordneten Vermögensverhältnissen des Berufsträgers auszugehen ist.

Entgegen dem Bundesgerichtshof vertritt jedenfalls das Oberverwaltungsgericht Münster – in einem Verfahren, das die Löschung eines Architekten aus der Architektenliste wegen Vermögensverfalls betraf – die Ansicht, dass nach Aufhebung der Ankündigungsregelung des § 291 InsO a.F. und Inkrafttreten des § 287a InsO n.F. die Vertrauensschutzfunktion, die der Ankündigung nach § 291 InsO a.F. zugesprochen worden ist, entfällt[658]. Dies sei ausweislich der Gesetzesbegründung auch beabsichtigt gewesen. Die Restschuldbefreiung sei trotz der von Anfang an ausgesprochenen Feststellung nach § 287a Abs. 1 InsO n.F. während des Verfahrens nur noch eine abstrakte Möglichkeit, die sich vor einer abschließenden Entscheidung hierüber auch nicht mehr zu einer konkreten Aussicht verdichtet. Der Gesetzgeber habe das Vertrauen insbesondere des von der früheren Vertrauensstellung profitierenden unredlichen Schuldners nicht als schutzwürdig angesehen, weshalb nunmehr auch gem. § 297a InsO n.F. nach dem Schlusstermin noch nachträglich bekannt werdende Versagungsgründe der Restschuldbefreiung entgegengehalten werden können.

---

657 *BGH*, Beschluss v. 09.11.2009 – AnwZ (B) 89/06, BeckRS 2009, 87758; unter Hinweis auf den Beschluss des BGH auch *Ahrens*, KSzW 2012, 303 (304).

658 *OVG Münster*, Beschluss v. 16.09.2015 – 4 B 333/15, BeckRS 2015, 52897.

Es stellt sich mithin die Frage, inwieweit die bisher der Ankündigung der Restschuldbefreiung nach § 291 InsO a.F. zugesprochene Vertrauensschutzfunktion auch der Ankündigung der Restschuldbefreiung nach § 287a InsO n.F. innewohnt. Hierzu bedarf es zunächst eines Vergleiches der alten und neuen Rechtslage.

(aa) Entscheidung nach § 291 InsO a.F.

Nach alter Rechtslage stellte das Insolvenzgericht, soweit die formellen Voraussetzungen für den Antrag des Schuldners auf Erteilung der Restschuldbefreiung erfüllt und kein Insolvenzgläubiger bis zum Schlusstermin einen Versagungsantrag gestellt hat, gemäß § 291 InsO a.F. fest, dass der Schuldner die Restschuldbefreiung erlangt. Einen Ermessensspielraum hatte das Insolvenzgericht bei seiner Entscheidung nicht[659]. Der Schuldner hatte ein subjektives Recht auf Erteilung der Restschuldbefreiung, soweit er die Voraussetzungen dafür erfüllt[660].

Mit Rechtskraft des Ankündigungsbeschlusses wurde nach alter Rechtslage das Zulassungsverfahren beendet und die Treuhandperiode eingeleitet. Vorher konnte das Insolvenzverfahren durch das Insolvenzgericht nicht aufgehoben werden[661]. Mit der Aufhebung des Insolvenzverfahrens erlangte der Schuldner – mit Ausnahme der an den Treuhänder abgetretenen Bezüge – die volle Verfügungsmacht über sein Vermögen zurück[662].

Der Beschluss zur Ankündigung der Restschuldbefreiung nach § 291 InsO a.F. sollte für den Schuldner Klarheit schaffen, dass er es nun allein in der Hand hat, eine Restschuldbefreiung zu erlangen, sofern er den Obliegenheiten während der Treuhandperiode nachkommt und die Voraussetzungen für eine Versagung nach §§ 297, 298 InsO nicht vorliegen. Das Verhalten des Schuldners in der Vergangenheit war für die Erteilung einer Restschuldbefreiung nicht mehr von Relevanz, es sei denn, dieses Verhalten hätte im Verlauf der Treuhandphase zu einer Verurteilung geführt[663]. Den Insolvenzgläubigern war es nach dem Schlusstermin verwehrt, sich auf die Versagungsgründe des § 290 Abs. 1 Nr. 1 bis 6 zu berufen[664].

Der Ankündigung der Restschuldbefreiung nach § 291 InsO a.F. kam dadurch, dass der Schuldner es nach Rechtskraft des Ankündigungbeschlusses selbst in der Hand hatte, die Restschuldbefreiung zu erlangen, eine gewisse Vertrauensschutzfunktion zu[665].

659 *Stephan*, in: MüKo-InsO, § 291 Rn. 8; *Vallender*, in: Uhlenbruck, InsO, § 291 Rn. 2.
660 *Stephan*, in: MüKo-InsO, § 291 Rn. 8.
661 *Stephan*, in: MüKo-InsO, § 291 Rn. 32.
662 *Vallender*, in: Uhlenbruck, InsO, § 291 Rn. 33.
663 *Stephan*, in: MüKo-InsO, § 291 Rn. 2.
664 *Vallender*, in: Uhlenbruck, InsO, § 291 Rn. 1.
665 Vgl. BT-Drucks. 467/12, Seite 41.

(bb) Entscheidung nach § 287a InsO n.F.

Mit Einführung des § 287a InsO n.F. trifft das Insolvenzgericht nunmehr eine Eingangsentscheidung über die Zulässigkeit des Antrags des Schuldners auf Restschuldbefreiung[666].

Die Zulässigkeitsprüfung des Insolvenzgerichts nach § 287a Abs. 1 InsO n.F. beginnt zunächst – wie bisher auch – mit der Feststellung der örtlichen Zuständigkeit, der Vollständigkeit des Insolvenz- und des Restschuldbefreiungsantrags und der zutreffenden Verfahrensart. Im Anschluss hieran erfolgt die eigentliche Zulässigkeitsprüfung nach § 287a Abs. 2 InsO n.F. Das Insolvenzgerich hat hiernach von Amts wegen zu prüfen, ob dem Schuldner innerhalb von zehn Jahren vor dem Antrag auf Eröffnung des Insolvenzverfahrens oder nach diesem Antrag Restschuldbefreiung erteilt oder ihm die Restschuldbefreiung in den letzten fünf Jahren vor dem Antrag oder nach diesem Antrag gemäß § 297 InsO n.F. wegen einer Insolvenzstraftat bzw. in den letzten drei Jahren vor dem Antrag oder nach diesem Restschuldbefreiung nach § 290 Abs. 1 Nr. 5, 6 oder 7 InsO n.F. oder nach § 296 InsO versagt worden ist.

Gemäß § 290 Abs. 2 InsO n.F. können die Insolvenzgläubiger bis zum Schlusstermin oder bis zur Entscheidung nach § 211 Abs. 1 InsO bzw. wegen nachträglich bekannt gewordender Versagungsgründe gem. § 297a Abs. 1 InsO n.F. auch noch bis zum Zeitpunkt der Erteilung der Restschuldbefreiung einen Versagungsantrag stellen. Die vormals mit der Ankündigung der Restschuldbefreiung nach § 291 InsO a.F. einhergehende Vertrauensschutzfunktion ist damit entfallen.

(cc) Vergleich und Bewertung

Mit Aufhebung des § 291a InsO a.F. und Einführung des § 287a InsO n.F. ist zwar die ursprünglich der Ankündigung der Restschuldbefreiung zukommende Vertrauensschutzfunktion entfallen. Indes besagt dies wenig darüber, ob sich der Schuldner wieder in geordneten Vermögensverhältnissen befindet. Hierfür kommt es maßgeblich auf die Frage an, ob sich der Schuldner im Rahmen eines geeigneten Sanierungskonzepts bemüht seine Vermögensverhältnisse zu ordnen. Entscheidend ist daher der status quo, in dem sich der Schuldner befindet.

Die Rechtsprechung des Bundesgerichtshofs, wonach sich der Berufsträger bereits mit der Ankündigung der Restschuldbefreiung nach § 287a InsO n.F. wieder in geordneten Vermögensverhältnissen befindet, überzeugt nicht. Zum Zeitpunkt der Eröffnung des Insolvenzverfahrens besteht regelmäßig kein Überblick über die Vermögensverhältnisse und Verbindlichkeiten des Schuldners. Einem Großteil der Insolvenzgläubiger ist zu diesem Zeitpunkt die Insolvenz des Schuldners noch nicht einmal bekannt. Eine Konsolidierung der Vermögensverhältnisse des Berufsträgers ist damit zum Zeitpunkt der Ankündigung der Restschuldbefreiung nach § 287a InsO n.F. ungewiss.

---

666 BT-Drucks. 467/12, Seite 36.

Demgegenüber wäre es auch nicht richtig für eine Konsolidierung der Vermögensverhältnisse erst auf die Erteilung der Restschuldbefreiung durch das Insolvenzgericht abzustellen. Dies würde übersehen, dass sich der Schuldner mit Eintritt in die Treuhandperiode redlich bemüht seine Vermögensverhältnisse zu konsolidieren und mit Aufhebung des Insolvenzverfahrens auch seine Verwaltungs- und Verfügungsbefugnis über sein Vermögen zurückerlangt.

Vor diesem Hintergrund ist eine vermittelnde Lösung dahingehend zu befürworten, dass sich der Schuldner erst nach Ankündigung der Restschuldbefreiung gemäß § 287a InsO n.F. und Aufhebung des Insolvenzverfahrens wieder in geordneten Vermögensverhältnissen befindet. Der Aufhebung des Insolvenzverfahrens kommt damit – wie nach alter Rechtslage – die entscheidende Zäsurwirkung zu. Denn nach der Aufhebung des Insolvenzverfahrens können die Insolvenzgläubiger des Schuldners einen Versagungsantrag nur noch auf nachträglich bekannt gewordene Versagungsgründe stützen, was in der Praxis indes äußerst selten vorkommen dürfte. Der Schuldner befindet sich damit jedenfalls so lange in geordneten Vermögensverhältnissen, wie er seinen Obliegenheiten im Rahmen der Treuhandperiode ordnungsgemäß nachkommt und seine Gläubiger keinen Antrag auf Versagung der Restschuldbefreiung wegen nachträglich bekannt gewordener Versagungsgründe stellen.

(d) Ergebnis

Es ist weder sachgerecht, wie der Bundesgerichtshof eine Konsolidierung der Vermögensverhältnisse bereits mit Ankündigung der Restschuldbefreiung nach § 287a InsO n.F. anzunnehmen, noch kann der Ansicht des Oberverwaltungsgerichts Münster gefolgt werden, wonach mit Aufhebung des § 291 InsO a.F. eine Konsolidierung der Vermögensverhältnisse des Berufsträgers erst mit Erteilung der Restschuldbefreiung eintritt.

Im Ergebnis ist eine vermittelnde Lösung dahingehend zu befürworten, dass sich der Schuldner erst nach Ankündigung der Restschuldbefreiung gemäß § 287a InsO n.F. und Aufhebung des Insolvenzverfahrens wieder in geordneten Vermögensverhältnissen befindet. Diese Entscheidung steht in konsequentem Einklang mit der Entscheidung des Gesetzgebers, dem Schuldner im Wege der Restschuldbefreiung die Möglichkeit zu einem *„fresh start"* zu eröffnen und sich von seinen Verbindlichkeiten zu befreien. Diese Möglichkeit muss auch insolventen Rechtsanwälten und Steuerberatern eröffnet sein. Im Rahmen der Treuhandperiode arbeitet der Schuldner strukturiert und durch den Treuhänder begleitet an einer Konsolidierung seiner Vermögensverhältnisse. Zudem erhält der insolvente Rechtsanwalt oder Steuerberater nur bei einem Erhalt der Zulassung die Chance, einen nennenswerten und zudem von Seiten des Gesetzes (vgl. § 295 InsO) vorgesehenen Betrag zur Tilgung der bestehenden Insolvenzverbindlichkeiten zu leisten[667]. Insoweit besteht auch eine

667 *Schildt*, Die Insolvenz des Freiberuflers, S. 143.

Parallele zum Gewerberecht, wonach mit dem Eintritt in die Treuhandperiode die Zuverlässigkeit des Gewerbetreibenden als wiederhergestellt gilt.

(3) Erteilung der Restschuldbefreiung

Unzweifelhaft ist der Vermögensverfall mit Erteilung der Restschuldbefreiung durch das zuständige Gericht beseitigt. Die wirtschaftlichen Verhältnisse des Berufsträgers sind hierdurch wieder geordnet. Für einen Widerruf der Zulassung besteht insoweit kein Bedürfnis.

cc) Durch einen Insolvenzplan

Neben der Ankündigung der Restschuldbefreiung kann der betroffene Rechtsanwalt/Steuerberater auch im Wege eines Insolvenzplanverfahrens versuchen, seine Vermögensverhältnisse zu konsolidieren und hierdurch die Vermutung des Vermögensverfalls zu widerlegen.

(1) Exkurs: Ablauf des Insolvenzplanverfahrens

Gemäß § 218 Abs. 1 InsO sind nur der Schuldner und der Insolvenzverwalter zur Vorlage eines Insolvenzplans berechtigt. Regelmäßig wird der Plan gem. § 218 Abs. 2 InsO im Auftrag der Gläubigerversammlung vom Insolvenzverwalter ausgearbeitet, nachdem dieser die Aufstellung eines Insolvenzplans im Berichtstermin angeregt hat.

Nach Eingang des Insolvenzplans beim Insolvenzgericht, wird neben der Einhaltung der Formalvorlagen insbesondere dessen Plausibilität und Realisierbarkeit durch das Gericht geprüft. Erfüllt der Plan alle Voraussetzungen und gibt es keine Beanstandungen, so beruft das Insolvenzgericht gem. § 235 Abs. 1 Satz 1 InsO die Gläubigerversammlung zu Erörterung und Abstimmung über den Plan ein.

Ist der Plan von der Gläubigerversammlung angenommen worden, so prüft das Insolvenzgericht den Inhalt des Plans nach letztem Stand sowie die Ordnungsmäßigkeit des Verfahrens. Werden hierbei keine Verstöße festgestellt und hat auch der Schuldner zugestimmt, bestätigt das Insolvenzgericht gem. § 248 Abs. 1 InsO den Insolvenzplan und verkündet diese Entscheidung gem. § 252 InsO. Nach Eintritt der Rechtskraft des Beschlusses entfaltet der Insolvenzplan seine Wirkung und das Insolvenzverfahren wird gem. § 258 InsO durch das Insolvenzgericht aufgehoben.

(2) Anknüpfungspunkte für die Widerlegung des Vermögensverfalls

Wie die voranstehenden Ausführungen zeigen, kommen auch beim Insolvenzplan unterschiedliche Zeitpunkte bzw. Verfahrensstadien für eine Widerlegung des Vermögensverfalls in Betracht. Zu unterscheiden ist zwischen dem Stadium der Ausarbeitung des Insolvenzplans durch den Insolvenzverwalter, der Annahme des Plans durch die Gläubiger und der Bestätigung des Plans durch das Insolvenzgericht.

(a) Beauftragung des Insolvenzverwalters mit Ausarbeitung des Insolvenzplans

Alleine die Beauftragung des Insolvenzverwalters mit der Ausarbeitung des Insolvenzplans oder die Vorlage des Plans zur Abstimmung führt indes weder nach Ansicht der Rechtsprechung noch der Literatur dazu, dass die Vermutung des Vermögensverfalls widerlegt wird[668]. Zu diesem Zeitpunkt ist noch vollkommen ungewiss, ob der Insolvenzplan von den Gläubigern angenommen und vom Gericht bestätigt wird[669]. Vor diesem Hintergrund besteht keine Grundlage für die Annahme, die Vermögensverhältnisse des Schuldners würden in absehbarer Zeit konsolidiert[670]. Die Beauftragung des Insolvenzverwalters mit der Ausarbeitung eines Insolvenzplans soll die Schaffung geordneter Vermögensverhältnisse gerade erst vorbereiten[671]. Solange aber nicht mit hinreichender Sicherheit feststeht, dass der Insolvenzplan angenommen und bestätigt wird, kann nicht von geordneten wirtschaftlichen Verhältnissen gesprochen werden[672].

(b) Annahme des Insolvenzplans und Bestätigung durch das Insolvenzgericht

Etwas anderes könnte aber ab dem Zeitpunkt der Annahme des Insolvenzplans durch die Gläubiger gelten. So wird teilweise vertreten, dass bereits mit der Aufstellung und Annahme eines Insolvenzplans *„geordnete wirtschaftliche Verhältnisse“* vorliegen, da der Plan so ausgestaltet sein müsste, dass die Gläubiger gleichmäßig

668 *BGH*, Beschluss v. 22.03.2004 – NotZ 23/03, NJW 2004, 2018 (2019); *Willerscheid*, in: Kuhls, StBerG, § 46 Rn. 21; *Gehre/Koslowski*, StBerG, § 46 Rn. 9; *Grau*, Die Insolvenz des selbstständigen Freiberuflers aus der Sicht des Verwalters, S. 93; *Mai*, die Insolvenz des Freiberuflers, S. 138; a.A. *BVerfG*, Beschluss v. 31.08.2005 – 1 BvR 912/04, NJW 2005, 3057 (3058) in einem Einzelfall bezüglich der Amtsenthebung eines Notars. Das Gericht entschied im konkreten Fall, dass durch die Entscheidung der Gläubigerversammlung zur Fortführung des Notariats und Beauftragung des Insolvenzverwalters mit der Erstellung eines Insolvenzplans zu erwarten gewesen sei, dass der Notar in absehbarer Zeit schuldenfrei werde. Es sei insoweit durch die Entscheidung der Gläubigerversammlung vorgezeichnet, dass das Insolvenzverfahren nach § 258 Abs. 1 InsO aufgehoben würde und sich die Vermutung des Vermögensverfalls als grundlos erweise.

669 *BGH*, Beschluss v. 22.03.2004 – NotZ 23/03, NJW 2004, 2018 (2019); so auch *FG Münster*, Urteil v. 26.02.2003 – 7 K 2451/02, juris.

670 *BGH*, Beschluss v. 25.02.2010 – AnwZ (B) 81/07, BeckRS 2010, 06202.

671 *BGH*, Beschluss v. 22.03.2004 – NotZ 23/03, NJW 2004, 2018 (2019).

672 *BFH*, Beschluss v. 04.03.2004 – VII R 21/02, DStRE 2004, 733 (734); mit Hinweis auf die Entscheidung des BFH auch das *FG Sachsen-Anhalt*, Urteil v. 26.10.2004 – 6 K 3127/03, DStRE 2006, 890 (891); *FG Kiel*, Urteil v. 16.06.2004 – 2 K 86/03, ZVI 2004, 535 (537); nach Ansicht des *FG Niedersachsen*, Urteil v. 29.05.2008 – 6 K 433/07, DStRE 2009, 829 (830) muss sogar „zweifelsfrei“ feststehen, dass sich die Vermögensverhältnisse des Steuerberaters nachhaltig gebessert haben.

befriedigt würden[673]. In diesem Sinne vertrat auch das Bundesverfassungsgericht in einer gegen die Amtsenthebung eines Notars eingelegten Verfassungsbeschwerde die Auffassung, dass bereits infolge der Annahme des Insolvenzplans durch die Gläubigerversammlung in absehbarer Zeit mit einer Ordnung der Vermögensverhältnisse gerechnet werden kann[674].

Die h.M. verneint gleichwohl eine Widerlegung des Vermögensverfalls mit der Annahme des Plans durch die Gläubigerversammlung und stellt für die Annahme geordneter Vermögensverhältnisse auf den späteren Zeitpunkt der Bestätigung des Plans durch das Insolvenzgericht ab[675]. Denn solange nicht mit hinreichender Sicherheit feststehe, sondern völlig offen sei, ob die Bereinigung der desolaten wirtschaftlichen Situation eines Schuldners realisierbar sei, könne von geordneten wirtschaftlichen Verhältnissen und mithin einer Widerlegung des Vermögensverfalls nicht ausgegangen werden[676]. Anders sei dies mit Bestätigung des Insolvenzplans durch das Insolvenzgericht. Mit Rechtskraft dieses Beschlusses trete der Insolvenzplan in Kraft, so dass die über die Tilgungsquote hinausgehenden Insolvenzforderungen der Gläubiger erlöschen würden[677]. Darüber hinaus führe der Plan dazu, dass sich der Schuldner in der durch den Plan festgesetzten Zeit von seinen Verbindlichkeiten befreien könne[678]. Eine entsprechende Realisierbarkeit des Plans würde zum einen durch die in §§ 219 ff InsO aufgestellten Anforderungen an den Planinhalt, und zum anderen durch die qualifizierten Mehrheitserfordernisse gem. § 244 InsO gewährleistet[679]. Erst mit dem Zeitpunkt der Bestätigung des Insolvenzplans

673 *Custodis*, in: Eylmann/Vaasen, BNotO, § 50 Rn. 33c; *Schmittmann*, NJW 2002, 182 (185) allerdings abweichend im Hinblick auf die Rechtsprechung in ZInsO 2004, 725 (728).

674 *BVerfG*, Beschluss v. 31.08.2005 – 1 BvR 912/04, NJW 2005, 3057 (3058).

675 Ständige Rechtsprechung des *BGH*: vgl. hierzu Beschluss v. 15.03.2012 – AnwZ (BrfG) 4/12, BeckRS 2012, 08738; Beschluss v. 28.10.2011 – AnwZ (BrfG) 20/11, NZI 2012, 106; Beschluss v. 18.07.2011 – AnwZ (B) 28/10, VIA 2011, 76; Beschluss v. 31.05.2010 – AnwZ (B) 27/09, ZInsO 2010, 1380; Beschluss v. 25.02.2010 – AnwZ (B) 81/07, BeckRS 2010, 06202; so auch *BFH*, Beschluss v. 30.04.2009 – VII R 32/08, BeckRS 2009, 25015209; Beschluss v. 04.03.2004 – VII R 21/02, DStRE 2004, 733 (734); *FG Sachsen-Anhalt*, Urteil v. 26.10.2004 – 6 K 3127/03, DStRE 2006, 890 (891); *FG Kiel*, Urteil v. 16.06.2004 – 2 K 86/03, ZVI 2004, 535 (537); *FG Münster*, Urteil v. 26.02.2003 – 7 K 2451/02, juris; *Schmittmann*, ZInsO 2004, 725 (728); *Hess/Röpke*, NZI 2003, 233 (235); *Janca*, ZInsO 2005, 242; *Willerscheid*, in: Kuhls, StBerG, § 46 Rn. 21; *Gehre/Koslowski*, StBerG, § 46 Rn. 9; *Flöther/Wehner*, Anm. zu FG Hannover, Urteil v. 29.05.2008 – 6 K 433/07, jurisPR-InsR 25/2008, Anm. 5; so auch *Tetzlaff*, Anm. zu BFH, Beschluss v. 12.09.2005 – VII 240/04, jurisPR-InsR 7/2006, Anm. 5, nach dessen Ansicht nur bei Vorlage eines Insolvenzplans und zügiger Durchführung des Verfahrens mit Bestätigung des Plans durch das Gericht Aussichten bestehen, einen Widerruf der Bestellung zu verhindern.

676 *FG Kiel*, Urteil v. 16.06.2004 – 2 K 86/03, ZVI 2004, 535 (537).

677 *Graf/Wunsch*, ZVI 2005, 105 (107).

678 *Graf/Wunsch*, a.a.O., S. 107.

679 *Graf/Wunsch*, a.a.O., S. 107.

durch das Insolvenzgericht sei insoweit gewiss, dass der Schuldner sich von seinen Verbindlichkeiten befreie[680]. Zudem sei das Insolvenzgericht nach Bestätigung des Insolvenzplans gem. § 258 Abs. 1 InsO verpflichtet, das Insolvenzverfahren aufzuheben, wodurch gesichert sei, dass der Schuldner die Verfügungsbefugnis über sein Vermögen als Merkmal geordneter Vermögensverhältnisse zurückerlange[681].

Für die h.M. spricht, dass erst mit der Bestätigung des Insolvenzplans durch das Insolvenzgericht mit einer Konsolidierung der Vermögensverhältnisse in absehbarer Zeit zu rechnen ist. Vor diesem Zeitpunkt besteht nach wie vor die Möglichkeit, dass der Insolvenzplan an einem der in §§ 249 bis § 251 InsO geregelten Versagungsgründen scheitert. Zudem ist der Schuldner vor Aufhebung des Insolvenzverfahrens auch trotz der Annahme des Insolvenzplans durch das Insolvenzgericht nicht befugt, über sein Vermögen zu verfügen. Eine wesentliche Voraussetzung geordneter Vermögensverhältnisse ist damit noch nicht erfüllt. Insoweit bestimmt auch § 12 Abs. 2 RDG, dass ungeordnete Vermögensverhältnisse erst dann nicht mehr vorliegen, wenn einer *„Fortführung des Unternehmens auf der Grundlage eines Insolvenzplans zugestimmt und das Gericht den Plan bestätigt hat*". Damit entspricht es zumindest auch der Vorstellung des Gesetzgebers zum Rechtsdienstleistungsgesetz, geordnete Vermögensverhältnisse erst mit der gerichtlichen Bestätigung des Insolvenzplans anzunehmen.

Die Entscheidung des Bundesverfassungsgerichts vom 31. August 2005 ist vor dem Hintergrund der schweren Folgen einer Amtsenthebung des Notars ergangen. Anders als Rechtsanwälte oder Steuerberater kann der Notar nicht ohne weiteres erneut zugelassen oder wiederbestellt werden. Eine Abwägung der widerstreitenden Interessen, insbesondere unter Berücksichtigung der Berufsfreiheit des Notars nach Art. 12 GG, hat das Gericht seinerzeit dazu bewogen, bereits die Annahme des Insolvenzplans für das Vorliegen geordneter Vermögensverhältnisse ausreichen zu lassen. Mangels entsprechender Eingriffsintensität ist die Entscheidung des Gerichts auf Rechtsanwälte und Steuerberater nicht übertragbar. Zudem übersieht das Bundesverfassungsgericht, dass erst mit der Bestätigung des Insolvenzplans durch das Insolvenzgericht eine Realisierbarkeit des Plans und eine Konsolidierung der Vermögensverhältnisse belegt werden. Für Rechtsanwälte oder Steuerberater bleibt es insoweit dabei, dass erst mit der Bestätigung des Insolvenzplans durch das Insolvenzgericht eine Beseitigung des Vermögensverfalls angenommen werden kann.

ee) Im Rahmen der Eigenverwaltung

Eine Alternative zum Regelinsolvenzverfahren stellt die Eigenverwaltung nach §§ 270 ff InsO dar. Möglicherweise kann der insolvente Rechtsanwalt oder Steuerberater die Vermutung des Vermögensverfalls auch hierdurch widerlegen.

---

680 Vgl. *FG Sachsen-Anhalt*, Urteil v. 26.10.2004 – 6 K 3127/03, DStRE 2006, 890 (891).

681 *Grau*, Die Insolvenz des selbstständigen Freiberuflers aus Sicht des Verwalters, S. 92; so auch *FG Niedersachsen*, Urteil v. 29.05.2008 – 6 K 433/07, DStRE 2009, 829 (830).

Die Frage, ob die Anordnung der Eigenverwaltung zu einer Beseitigung des Vermögensverfalls führt, ist in Literatur und Rechtsprechung bisher nur wenig diskutiert worden. Dies mag damit zusammenhängen, dass in der Praxis von der Möglichkeit zur Eigenverwaltung nur sehr zurückhaltend Gebrauch gemacht wird[682]. Oftmals herrscht nämlich die Kritik, dass im Rahmen der Eigenverwaltung *„der Bock zum Gärtner"* gemacht würde[683]. Dem Schuldner wird vor dem Hintergrund der eingetretenen Insolvenz regelmäßig nicht zugetraut, seinen Betrieb zukünftig erfolgreich weiterzuführen[684].

Diejenigen, die sich aber mit der Frage beschäftigt haben, ob die Anordnung der Eigenverwaltung zu einer Beseitigung des Vermögensverfalls führt, lehnen dies ab[685]. Zwar könne der Berufsträger mit Anordnung der Eigenverwaltung wieder frei über sein Vermögen verfügen, so dass zumindest die freie Verwaltungs- und Verfügungsbefugnis als ein Element geordneter Vermögensverhältnisse gegeben sei[686]. Von einer Konsolidierung der Vermögensverhältnisse könne aber nicht sicher ausgegangen werden[687]. Die alleinige Anordnung der Eigenverwaltung habe keinen Einfluss auf die Verbindlichkeiten des Schuldners[688]. Die Vermutung des Vermögensverfalls würde daher nicht beseitigt[689].

Die Eigenverwaltung kann bereits aufgrund der nach wie vor bestehenden Verbindlichkeiten gegenüber dem Berufsträger nicht zu einer Beseitigung des Vermögensverfalls führen. Es gilt insoweit nichts anderes als bei der Eröffnung des Insolvenzverfahrens. Auch dieses führt, für sich genommen – wie bereits aufgezeigt – nicht zu einer Konsolidierung der Vermögensverhältnisse.

682 So vertritt z.B. das *AG Darmstadt* in seinem Beschluss v. 20.02.1999 – 9 IN 1/99, ZIP 1999, 1494 die Auffassung, die Eigenverwaltung solle im Insolvenzverfahren die seltene Ausnahme bleiben; Auch *Kluth*, NJW 2002, 186 (187) geht davon aus, dass die Insolvenzgerichte aufgrund des hohen Gefährdungspotenzials mit betonter Zurückhaltung nur ausnahmsweise zur Anordnung der Eigenverwaltung bereit sind.

683 *Graf/Wunsch*, ZIP 2001, 1029 (1032).

684 *Andres*, in: Andres/Leithaus, InsO, vor §§ 270–285, Rn. 2.

685 So *BGH*, Beschluss v. 18.07.2011 – AnwZ (B) 28/10, VIA 2011, 76; *AGH Nordrhein-Westfalen*, Beschluss v. 20.04.2009 – 1 AGH 27/09, BeckRS, 2011, 21076; im Ergebnis auch *Grau*, Die Insolvenz des selbstständigen Freiberuflers aus der Sicht des Verwalters, S. 85 f, die aber für massereiche Verfahren, denen eine günstige Prognose zur Erfüllung der Verbindlichkeiten zugrunde liegt, eine Ausnahme macht; offen gelassen durch *Mai*, Die Insolvenz des Freiberuflers, S. 130, die aber die Auffassung vertritt, die Eigenverwaltung müsse die Ausnahme bleiben; im Ergebnis auch *Kluth*, NJW 2002, 186 (187); *Sußner*, Anm. zu BGH, Beschluss v. 18.07.2011 – AnwZ (B) 28/10, VIA 2011, 76 f; *Johnigk*, Vermögensverfall und Insolvenzverfahren, S. 16.

686 *Grau*, Die Insolvenz des selbstständigen Freiberuflers aus der Sicht des Verwalters, S. 86.

687 *Grau*, a.a.O., S. 86.

688 *BGH*, Beschluss v. 18.07.2011 – AnwZ (B) 28/10, VIA 2011, 76.

689 *AGH Nordrhein-Westfalen*, Beschluss v. 20.04.2009 – 1 AGH 27/09, BeckRS, 2011, 21076.

ff) Infolge einer Negativerklärung nach § 35 Abs. 2 InsO

Ebenso wie im Gewerberecht kann der Insolvenzverwalter auch bei einem insolventen Freiberufler die Kanzlei oder Praxis durch eine Negativerklärung nach § 35 Abs. 2 InsO aus dem Insolvenzbeschlag befreien. Zwar wird die schuldnerische Praxis hierdurch aus der Insolvenzmasse ausgegliedert. Der Schuldner ist aber dennoch dazu verpflichtet, gem. §§ 35 Abs. 2 Satz 2, 295 Abs. 2 InsO Zahlungen in der Höhe an die Insolvenzmasse zu leisten, in der bei einem abhängig Beschäftigten Beträge pfändbar wären. Daher stellt sich auch hier die Frage, ob eine Negativerklärung des Insolvenzverwalters zu einer Beseitigung des Vermögensverfalls führt.

Rechtsprechung und Literatur lehnen dies hingegen ab[690]. Der Umstand, dass der Insolvenzverwalter die Kanzlei im Rahmen einer Negativerklärung nach § 35 Abs. 2 InsO vom Insolvenzbeschlag befreit habe, beseitige weder die Insolvenz, noch den Vermögensverfall des Berufsträgers[691]. Die Entscheidung des Insolvenzverwalters beruhe lediglich auf wirtschaftlichen Entscheidungen und lasse berufsrechtliche Gesichtspunkte außer Acht, so dass nicht von einer Konsolidierung der wirtschaftlichen Verhältnisse ausgegangen werden könne[692]. Es handele sich zudem um eine Maßnahme im Rahmen des Insolvenzverfahrens, dessen Eröffnung die gesetzliche Vermutung gerade erst auslöse[693]. Durch eine Negativerklärung würde dieses nicht

---

690 *BGH*, Beschluss v. 03.06.2015 – AnwZ (Brfg) 11/15, NJOZ 2015, 1341; Beschluss v. 28.09.2011 – AnwZ (Brfg) 29/11, ZInsO 2012, 140; Beschluss v. 21.03.2011 – AnwZ (B) 37/10, NZI 2011, 464; Beschluss v. 19.10.2010 – AnwZ (B) 53/09, BeckRS 2010, 28650; Beschluss v. 09.11.2009 – AnwZ (B) 89/06, BeckRS 2009, 87758; Beschluss v. 26.11.2007 – AnwZ (B) 96/06, BeckRS 2007, 65237; Beschluss v. 16.04.2007 – AnwZ (B) 6/06, BeckRS 2007, 08696; im Ergebnis auch *BGH*, Beschluss v. 16.03.2015 – AnwZ (Brfg) 47/14, BeckRS 2015, 07398 und Beschluss v. 07.01.2010 – AnwZ (B) 79/09, BeckRS 2010, 02734, wobei das Gericht hier nicht auf den Vermögensverfall sondern auf den Fortbestand der Gefährdung Rechtsuchender trotz Negativerklärung nach § 35 Abs. 2 InsO abstellt; *BFH*, Beschluss v. 20.04.2010 – VII B 235/09, BeckRS 2010, 25016216; Beschluss v. 13.01.2009 – VII B 108/08, BeckRS 2009, 25014628; Beschluss v. 27.08.2008 – VII B 16/08, BeckRS 2008, 25013998; Beschluss v. 24.01.2006 – VII B 141/05, juris; *FG Hamburg*, Urteil v. 30.06.2014 – 1 K 149/13, juris; *FG Niedersachsen*, Urteil v. 01.11.2012 – 6 K 240/12, BeckRS 2013, 94068; *AGH Niedersachsen*, Beschluss v. 29.08.2011 – AGH 17/08, BeckRS 2012, 02036; zum Notar auch *Püls*, in Schippel/Bracker, BNotO, § 50 Rn. 23; *Vossebürger*, in: Feuerich/Weyland, BRAO, § 14 Rn. 60; *Willerscheid*, in: Kuhls, StBerG, § 46 Rn. 24; *Klose*, BRAK-Mitt. 1/2010, 6, der aber unter gewissen Bedingungen zumindest einen Ausschluss der Gefährdung Rechtsuchender annimmt; verneinend – jedenfalls im praktischen Ergebnis – wohl auch *Pape*, WM 2013, 1145 (1151).

691 Statt vieler *BGH*, Beschluss v. 16.04.2007 – AnwZ (B) 6/06, BeckRS 2007, 08696.

692 *BFH*, Beschluss v. 24.01.2006 – VII B 141/05, juris, wonach die in Rede stehende Rechtsfrage zudem nicht grundsätzlich klärungsbedürftig sei, weil sie sich bereits nach dem Wortlaut des Gesetzes und anhand der Rechtsprechung des beschließenden Senats beantworten lasse.

693 *BFH*, Beschluss v. 20.04.2010 – VII B 235/09, BeckRS 2010, 25016216.

automatisch aufgehoben, so dass die gesetzliche Vermutung des Vermögensverfalls weiter fortbestehe[694]. Die bloße Erklärung des Insolvenzverwalters, die Kanzlei des Schuldners solle nicht zur Insolvenzmasse gehören, führe demnach nicht vergleichbar einem Insolvenzplan zu einer Beseitigung des Vermögensverfalls[695]. Insoweit bleibe die Tatsache bestehen, dass dem Schuldner nach wie vor die Möglichkeit fehle, seine Gläubiger in absehbarer Zeit zu befriedigen[696]. Gleichsam entfalle auch die Gefährdung der Rechtsuchenden nicht, da regelmäßig im Falle einer Negativerklärung in der Kanzlei des Schuldners mehr Kosten als Einnahmen zu erwarten seien, so dass für die Rechtsuchenden infolge der nunmehr wieder freien Verfügungsbefugnis des Berufsträgers ein unverändert hohes Risiko bestehe[697].

Dieser Auffassung kann nicht gefolgt werden. Die Rechtsprechung übersieht hierbei, dass die schuldnerische Praxis durch die Negativerklärung des Insolvenzverwalters aus der Insolvenzmasse entlassen wurde. Die bis zu diesem Zeitpunkt gegenüber dem Schuldner bestehenden Forderungen können als Insolvenzforderungen gem. § 38 InsO nur noch im Insolvenzverfahren geltend gemacht werden. Das Vermögen des Schuldners aus dem Neuerwerb bleibt von diesen Forderungen unberührt. Der Schuldner ist insoweit von seinen *„vorinsolvenzlichen Altlasten“* befreit[698]. Infolgedessen besteht weder die Gefahr, dass der betroffene Berufsträger sich auf Drängen seiner Gläubiger an Fremdgeldern vergreift, noch dass er sich anderweitig pflichtwidrig verhält. Der Schuldner ist vielmehr mit einem Berufsanfänger zu vergleichen, der weder über Forderungen, noch über Verbindlichkeiten verfügt. Er ist weder vermögend, noch verschuldet. Es wäre daher falsch, im Hinblick auf das Vorliegen eines Vermögensverfalls auf solche Forderungen abzustellen, die vor dem Zeitpunkt der Negativerklärung des Insolvenzverwalters entstanden sind. Andernfalls müsste die Berufszulassung aufgrund der bestehenden Insolvenzforderungen mit dem Zeitpunkt der Negativerklärung stets widerrufen werden. Dies hätte zur Folge, dass die Norm des § 35 Abs. 2 InsO, die den Schuldner eigentlich zu einer selbstständigen Tätigkeit motivieren soll, für Rechtsanwälte und Steuerberater bedeutungslos würde[699].

Für das Gewerberecht hat der Gesetzgeber daher in § 12 Satz 2 GewO festgelegt, dass eine Gewerbeuntersagung nicht auf solche Tatsachen gestützt werden darf, die vor der Negativerklärung des Insolvenzverwalters entstanden sind. Gleiches muss aufgrund des Gleichheitssatzes gem. Art. 3 Abs. 1 GG auch für die Berufsrechte der Freiberufler gelten. Soweit die Rechtsprechung hier die Auffassung vertritt,

694 *BGH*, Beschluss v. 09.11.2009 – AnwZ (B) 89/06, BeckRS 2009, 87758.

695 *BGH*, Beschluss v. 09.11.2009 – AnwZ (B) 89/06, BeckRS 2009, 87758.

696 *AGH Niedersachsen*, Beschluss v. 29.08.2011 – AGH 17/08, BeckRS 2012, 02036.

697 *BGH*, Beschluss v. 07.01.2010 – AnwZ (B) 79/09, BeckRS 2010, 02734.

698 Vgl. zum Gewerbetreibenden *Krumm*, GewArch 2010, 465 (473).

699 So auch *Niesert/Georgiev*, NZI 2013, 1007 (1008), wonach der Anwendungsbereich des § 35 Abs. 2 InsO gekürzt wäre, da die Regelung nur für solche Selbstständige gelten würde, die keiner Zulassung bedürfen; Vgl. insoweit entsprechend zum Gewerberecht: *VG Darmstadt*, Beschluss v. 07.02.2011 – 7 L 1768/10, NJW-Spezial 2011, 407.

die Negativerklärung beseitige nicht die Insolvenz des Berufsträgers[700], so muss ihr widersprochen werden. Zwar ist es richtig, dass der Berufsträger als Person weiterhin ein Insolvenzverfahren durchläuft. Dieses betrifft hingegen nicht seine durch die Negativerklärung aus dem Insolvenzbeschlag ausgegliederte Praxis. Zwischen der selbstständigen Tätigkeit des Freiberuflers und dem Insolvenzverfahren besteht eine strikte Trennung. Hierfür spricht auch, dass über das durch die Negativerklärung entstandene Sondervermögen ein zweites Insolvenzverfahren eröffnet werden kann[701]. Wenn aber die Möglichkeit zur Eröffnung eines zweiten Insolvenzverfahrens besteht, kann unmöglich, wie die Rechtsprechung behauptet, die Vermutung eines Vermögensverfalls durch das zuerst eröffnete Insolvenzverfahren weiter *„aufrechterhalten"* werden. Erst mit dem Zeitpunkt der Eröffnung eines zweiten Insolvenzverfahrens über das Vermögen des Freiberuflers aus seiner selbstständigen Tätigkeit kann die Berufszulassung widerrufen werden. Insoweit verbietet sich der Widerruf der Berufszulassung solange, wie der betroffene Berufsträger nicht erneut die Voraussetzungen eines Vermögensverfalls erfüllt. Führt er seine freiberufliche Praxis zumindest kostendeckend weiter, so besteht für einen Widerruf kein Bedürfnis.

gg) Zwischenergebnis

Die Möglichkeiten für einen insolventen Rechtsanwalt oder Steuerberater, den Verlust der Berufszulassung durch die Beseitigung des Vermögensverfalls zu vermeiden, sind stark limitiert. So zeigt die Auswertung von Rechtsprechung und Literatur, dass nur wenige Möglichkeiten anerkannt sind, die eine Konsolidierung der Vermögensverhältnisse bewirken und somit einen Widerruf der Zulassung/Bestellung ausschließen. Alleine die Eröffnung des Insolvenzverfahrens genügt dem Anspruch geordneter Vermögensverhältnisse nicht. Der Bundesgerichtshof vertritt in neuer Rechtsprechung die Auffassung, dass auch nach Aufhebung des § 291 InsO a.F. mit Ankündigung der Restschuldbefreiung nach § 287a InsO n.F. der Vermögensverfall des Berufsträgers entfällt, wobei derzeit unklar ist, ob der Bundesgerichtshof zusätzlich hierzu die Aufhebung des Insolvenzverfahrens und Wiedererlangung der Verwaltungs- und Verfügungsbefugnis durch den Berufsträger voraussetzt. Vorzugswüdig ist die vermittelnde Lösung, wonach mit einer Konsolidierung der Vermögensverhältnisse erst zu rechnen ist, wenn die Restschuldbefreiung nach § 287a InsO n.F. angekündigt und das Insolvenzverfahren aufgehoben wurde. Ein bloßer Antrag auf Restschuldbefreiung reicht aufgrund der ungewissen Aussichten hingegen nicht aus. Als weitere, wohl effizienteste Möglichkeit für den insolventen Rechtsanwalt oder Steuerberater zur Vermeidung des Vermögensverfalls hat sich der Insolvenzplan herausgestellt. Dieser ist nach höchstrichterlicher Rechtsprechung

---

700 Vgl. diesbezüglich nur *BGH*, Beschluss v. 16.04.2007 – AnwZ (B) 6/06, BeckRS 2007, 08696.

701 Zur Zulässigkeit eines zweiten Insolvenzverfahrens *Ahrens*, in: A/G/R, InsO, § 35 Rn. 161 m.w.N.

ausdrücklich für eine Ordnung der Vermögensverhältnisse geeignet. Zu beachten ist aber, dass erst mit Bestätigung des Plans durch das Insolvenzgericht die Vermutung des Vermögensverfalls widerlegt wird. Alleine die Beauftragung des Insolvenzverwalters mit der Ausarbeitung des Plans oder die Annahme des Plans durch die Gläubigerversammlung wird nicht als ausreichend für die Beseitigung des Vermögensverfalls angesehen. Insoweit geht die Rechtsprechung – analog zu ihrer Auffassung die Restschuldbefreiung betreffend – davon aus, dass erst, wenn konkrete Aussicht auf eine Konsolidierung der Vermögensverhältnisse besteht, ein Widerruf der Zulassung nicht mehr erfolgt.

Eine Beseitigung des Vermögensverfalls erfolgt auch nicht durch die alleinige Anordnung der Eigenverwaltung. Denn, vergleichbar mit der Eröffnung des Insolvenzverfahrens, hat diese keine Auswirkungen auf die Vermögenssituation des Schuldners. Entgegengetreten werden muss der Rechtsprechung, soweit diese die Beseitigung des Vermögensverfalls durch eine Negativerklärung des Insolvenzverwalters ablehnt. Hier können die bereits zuvor im Gewerberecht entwickelten Argumente auch für Freiberufler fruchtbar gemacht werden. Denn ebenso wie bei einem Gewerbetreibenden wird auch die schuldnerische Praxis durch die Ausgliederung aus der Insolvenzmasse von den bestehenden Insolvenzforderungen befreit. Für das Vorliegen eines Vermögensverfalls können diese insoweit nicht mehr angeführt werden. Soweit der Rechtsanwalt oder Steuerberater zumindest kostendeckend arbeitet und kein zweites Insolvenzverfahren über sein ausgegliedertes Vermögen eröffnet wird, muss ein Widerruf der Zulassung/Bestellung unterbleiben.

b) Ausschluss der Gefährdung der Rechtsuchenden/Auftraggeber

Neben der Möglichkeit, einen Widerruf der Zulassung bzw. Bestellung durch eine Beseitigung des Vermögensverfalls zu vermeiden, können Rechtsanwälte oder Steuerberater auch dann während des Insolvenzverfahrens ihren Beruf weiter ausüben, wenn sie nachweisen, dass trotz des hierdurch indizierten Vermögensverfalls eine Gefährdung Rechtsuchender/Auftraggeber ausgeschlossen ist. Der Maßstab für einen Ausschluss der Gefährdung wird sehr hoch angesetzt, so dass nach Ansicht der Rechtsprechung im Falle eines Vermögensverfalls regelmäßig von einer Gefährdung ausgegangen werden muss[702] und nur in Ausnahmefällen eine solche verneint werden kann. Vor diesem Hintergrund stellt sich die Frage, welche Möglichkeiten dem insolventen Rechtsanwalt oder Steuerberater zur Verfügung stehen um nachzuweisen, dass trotz des Vermögensverfalls eine Gefährdung der Rechtsuchenden/Auftraggeber ausgeschlossen ist.

702 Statt vieler *BGH*, Beschluss v. 18.10.2004 – AnwZ B 43/03, NJW 2005, 511.

aa) Durch die Eröffnung des Insolvenzverfahrens

Zu überlegen ist, ob nicht durch die Eröffnung des Insolvenzverfahrens und den Übergang der Verwaltungs- und Verfügungsbefugnis auf den Insolvenzverwalter eine Gefährdung von Mandanteninteressen ausgeschlossen wird.

Rechtsprechung und Literatur lehnen dies jedoch überwiegend ab[703]. Die Interessen der Rechtsuchenden/Auftraggeber sind nach Ansicht des Bundesgerichtshofs bereits dadurch gefährdet, weil diese – vorbehaltlich ihres guten Glaubens –, das anfallende Honorar nicht befreiend an den Rechtsanwalt zahlen könnten[704]. Hieran habe auch die Einführung der Insolvenzordnung nichts geändert[705]. Eine Interessengefährdung sei zudem nicht durch den Umstand ausgeschlossen, dass der Schuldner während des Insolvenzverfahrens nicht befugt sei, über sein Vermögen zu verfügen[706]. Denn abgesehen davon, dass ein Verfügungsverbot nicht immer zwingend vorgesehen sei (vgl. § 270 InsO), wäre der Übergang der Verwaltungs- und Verfügungsbefugnis auf den Insolvenzverwalter allenfalls geeignet, einen Widerruf der Zulassung zu stützen[707]. Dies belege bereits § 14 Abs. 2 Nr. 7 BRAO a.F., der früher den Widerruf der Zulassung im Falle einer Verfügungsbeschränkung angeordnet habe[708]. Im Ergebnis sei daher der Verlust der Verfügungsbefugnis vielmehr als ein Umstand zu verstehen, der den Widerruf auslöse, als ein solcher, der eine Gefährdung der Interessen der Rechtsuchenden ausschließe[709].

Nicht gefolgt werden kann der Argumentation der h.M. zumindest in dem Punkt, dass alleine die Vermutungswirkung des § 14 Abs. 2 Nr. 7 BRAO bzw. des § 46 Abs. 2 Nr. 4 StBerG gegen einen Ausschluss der Gefährdung der Rechtsuchenden spricht. Zwar ist die Eröffnung des Insolvenzverfahrens hier ausdrücklich als gesetzliche Vermutung für das Vorliegen eines Vermögensverfalls genannt. Indes handelt es sich bei dem Vermögensverfall und der Gefährdung der Rechtsuchenden ausdrücklich

703 *BGH*, Beschluss v. 21.03.2011 – AnwZ (B) 37/10, NZI 2011, 464; Beschluss v. 31.05.2010 – AnwZ (B) 27/09, ZInsO 2010, 1380; Beschluss v. 26.11.2007 – 5 W 869/07, AnwZ (B) 96/06, BeckRS 2007, 65237; Beschluss v. 25.06.2007 – AnwZ (B) 101/05, NJW 2007, 2924 (2925); Beschluss v. 18.10.2004 – AnwZ (B) 43/03, NJW 2005, 511; Beschluss v. 13.03.2000 – AnwZ (B) 28/99, NZI 2000, 262; *FG Münster*, Urteil v. 26.02.2003 – 7 K 2451/02, juris; *Janca*, ZInsO 2005, 242; *Vossebürger*, in: Feuerich/Weyland, BRAO, § 14 Rn. 63; a.A. wohl *Bartosch-Koch*, Versagung, Rücknahme und Widerruf der Zulassung zur Rechtsanwaltschaft wegen Vermögensverfalls, S. 107.

704 *BGH*, Beschluss v. 18.10.2004 – AnwZ (B) 43/03, NJW 2005, 511; Beschluss v. 13.03.2000 – AnwZ (B) 28/99, NZI 2000, 262.

705 *BGH*, Beschluss v. 18.10.2004 – AnwZ (B) 43/03, NJW 2005, 511.

706 *BGH*, Beschluss v. 13.03.2000 – AnwZ (B) 28/99, NZI 2000, 262; Beschluss v. 25.06.2007 – AnwZ (B) 101/05, NJW 2007, 2924 (2925); Beschluss v. 21.03.2013 – AnwZ (Brfg) 71/12, BeckRS 2013, 07090.

707 *BGH*, Beschluss v. 13.03.2000 – AnwZ (B) 28/99, NZI 2000, 262.

708 *BGH*, a.a.O., S. 262.

709 *BGH*, a.a.O., S. 262.

um zwei getrennte Tatbestandsmerkmale. Daher geht *Bartosch-Koch* auch davon aus, dass es zwar nicht besonders sinnvoll ist, ein Tatbestandsmerkmal einer Widerrufsvorschrift zu schaffen, dessen Vorliegen automatisch das Vorliegen eines andern Tatbestandsmerkmals ausschließt[710]. Gleichwohl stelle es unter Gesichtspunkten der Logik keinen Widerspruch dar, wenn ein Tatbestand, der eine Vermutung des einen Merkmals begründet, zugleich das andere ausschließe[711].

Für die Beantwortung der Frage, ob die Eröffnung des Insolvenzverfahrens eine Gefährdung der Interessen der Mandanten ausschließt, kommt es daher entscheidend darauf an, ob die eingangs beschriebenen Gefahren durch die insolvenzrechtlichen Sicherungsmaßnahmen ausgeschlossen werden.

(1) Schutzfunktion des Insolvenzrechts

(a) Zwangsvollstreckungsmaßnahmen der Gläubiger

Angenommen werden kann – wie bereits eingangs aufgezeigt[712] – ein solcher Gefährdungsausschluss zunächst einmal für die Gefahr, dass Gläubiger im Wege der Zwangsvollstreckung auf Mandantengelder zugreifen. Denn mit Eröffnung des Insolvenzverfahrens sind Einzelzwangsvollstreckungsmaßnahmen nach § 89 InsO gesperrt. Gläubigern des insolventen Berufsträgers bleibt insoweit ein Zugriff auf Mandantengelder verwehrt[713].

(b) Veruntreuung von Mandantengeldern

Schwieriger ist indes ein Schutz der Mandanten vor einer möglichen – durch die Rechtsprechung als potentielle Gefahr angeführten – Veruntreuung ihrer Gelder durch den Berufsträger. Zwar ist mit der Eröffnung des Insolvenzverfahrens die Verwaltungs- und Verfügungsbefugnis bezüglich des schuldnerischen Vermögens auf den Insolvenzverwalter übergegangen. Eine Kontrolle etwaiger Schuldnerzugriffe ist diesem aber lediglich im Hinblick auf solche Gelder möglich, die Mandaten auf die Konten des Berufsträgers eingezahlt haben. Alle übrigen Gelder, die Mandanten bar oder per Scheck dem Berufsträger zukommen lassen, kann der Insolvenzverwalter nicht vor einer zweckwidrigen Verwendung schützen[714].

---

710 *Bartosch-Koch*, Versagung, Rücknahme und Widerruf der Zulassung zur Rechtsanwaltschaft wegen Vermögensverfalls, S. 105.

711 *Bartosch-Koch*, a.a.O., S. 105; a.A. *Klose*, BRAK-Mitt. 1/2010, 6 (7), wonach eine Gefährdung der Interessen Rechtsuchender seit Geltung der Insolvenzordnung bereits aus Rechtsgründen besteht; *Johnigk*, Vermögensverfall und Insolvenzverfahren, S. 8; *Schildt*, Die Insolvenz des Freiberuflers, S. 143, geht davon aus, dass der Tatbestand ad absurdum geführt würde, wenn man gerade die Eröffnung des Insolvenzverfahrens als Ausschlussgrund anerkennt.

712 Vgl. S. 120.

713 So auch *Bartosch-Koch*, a.a.O., S. 106.

714 *Bartosch-Koch*, a.a.O., S. 106.

Dennoch vertritt *Bartosch-Koch* die Auffassung, dass sich die Gefahr einer Veruntreuung von Fremdgeldern durch die Eröffnung des Insolvenzverfahrens auf ein *„Mindestmaß"* reduzieren lasse[715]. Dadurch, dass Zwangsvollstreckungsmaßnahmen während des Insolvenzverfahrens gesperrt seien, könnten die Gläubiger den Schuldner nicht mehr unter Druck setzen[716]. Auch die Drohung mit einem Insolvenzantrag sei mit Eröffnung des Insolvenzverfahrens hinfällig geworden. Insoweit geht auch *Römermann* davon aus, dass das Stadium der Insolvenz eher eine Vermutung für Gesetzestreue mit sich bringt[717]. Ein Berufsträger, der bereit sei, sich durch den unbefugten Zugriff auf Fremdgelder der strafrechtlichen Verfolgung auszusetzen, habe dies in aller Regel bereits vor der Eröffnung des Insolvenzverfahrens getan. Demgegenüber zeige derjenige, der sich rechtzeitig unter den Schutz des Insolvenzverfahrens vor Vollstreckungshandlungen seiner Gläubiger stelle und die damit verbundenen erheblichen Einschnitte für seinen beruflichen Alltag in Kauf nehme, dass er stark genug sei, der Versuchung zu widerstehen. *Hackländer* vertritt zudem die Auffassung, die Anwesenheit eines Insolvenzverwalters sei vertrauensbildend[718]. Die zuständige Kammer könne insoweit sicher sein, dass dieser alle Zahlungen steuere und die Mandanten durch die Insolvenz des Berufsträgers keine Nachteile erleiden.

Zudem ist zu berücksichtigen, dass der insolvente Rechtsanwalt während des Insolvenzverfahrens gar kein Interesse daran haben wird, zusätzlich Gelder zur Tilgung seiner Verbindlichkeiten zur Verfügung zu stellen[719]. Denn während des laufenden Insolvenzverfahrens ist er lediglich dazu verpflichtet, die von ihm erwirtschafteten, den Pfändungsfreibetrag übersteigenden Einkünfte an den Insolvenzverwalter abzugeben. Die Motivation Fremdgelder zu veruntreuen, ist insoweit ebenso stark oder schwach wie bei geringverdienenden Berufsträgern und damit keine unmittelbare Folge des Vermögensverfalls[720]. Die Erfahrungen aus der Praxis haben zudem nicht ergeben, dass freiberufliche Schuldner häufiger Straftaten nach §§ 263 oder 266 StGB begehen, als andere Berufsangehörige[721]. Hierbei handelt es sich schlechterdings um eine Gefahr, die unabhängig von der beruflichen Qualifikation besteht und von der persönlichen Rechtstreue des Schuldners abhängt. Letztlich

---

715 *Bartosch-Koch*, a.a.O., S. 107; vgl. auch *OVG Lüneburg*, Beschluss v. 29.07.2011 – 8 ME 36/11, BeckRS 2011, 52987, wonach durch das Verbot von Zwangsvollstreckungsmaßnahmen nach § 89 Abs. 1 InsO, die mit dem Vermögensverfall verbundene Gefahr der Beeinträchtigung der unabhängigen Wahrnehmung der (Vermögens-) Interessen der Auftraggeber gemindert wird; a.A. *Metzler*, KSI 2006, 149, hiernach reicht der Insolvenzverwalter als Aufsicht nicht aus. Die Spielräume und Versuchungen seien zu groß.

716 So auch *Klose*, BRAK-Mitt. 1/2010, 6 (13).

717 *Römermann*, AnwBl. 2005, 178 (184).

718 *Hackländer*, KSI 2006, 149 (150).

719 So *Bartosch-Koch*, Versagung, Rücknahme und Widerruf der Zulassung zur Rechtsanwaltschaft wegen Vermögensverfalls, S. 108.

720 *Bartosch-Koch*, a.a.O., S. 108.

721 So *Niesert/Georgiev*, NZI 2013, 1007 (1010).

wird der insolvente Berufsträger es nicht riskieren, wegen der Veruntreuung von Fremdgeldern seine Zulassung zu verlieren. In diesem Fall würde ihm nämlich auch nach der Konsolidierung seiner Vermögensverhältnisse eine Rückkehr in den Beruf durch die zuständige Kammer verwehrt.

Im Ergebnis ist daher festzuhalten, dass die Eröffnung des Insolvenzverfahrens die Gefahr der Veruntreuung von Mandantengeldern hinreichend ausschließt.

(c) Treuwidriges Verhalten und Übernahme überfordernder Mandate

Oben anstehende Argumente gelten auch für die Gefahr, dass der Berufsträger überhöhte Gebührenrechnungen geltend macht oder Mandate annimmt, denen er aufgrund ihrer Komplexität und des hiermit verbundenen Arbeitsaufwandes nicht gewachsen ist[722]. Indes handelt es sich hierbei ohnedies um keine Gefahr, die spezifisch auf einem Vermögensverfall des Berufsträgers beruht[723]. So bestimmt § 3 Abs. 1 BRAO, dass der Rechtsanwalt der berufene unabhängige Berater und Vertreter in allen Rechtsangelegenheiten ist. Damit ist auch ein weniger erfahrener Rechtsanwalt oder Berufsanfänger berechtigt, schwierige Fälle zu bearbeiten. Nimmt man auch in diesen Fällen eine Gefährdung Rechtsuchender an, so hat der Gesetzgeber diesen Umstand zumindest *„sehenden Auges in Kauf genommen“*[724]. Ein alleine aufgrund der Insolvenz bestehendes Gefährdungspotenzial lässt sich hieraus zumindest nicht herleiten[725]. Darüber hinaus ist zu berücksichtigen, dass Risiken im Rahmen der Berufsausübung durch die Berufshaftpflicht-versicherung aufgefangen werden[726]. Eine Gefährdung der Auftraggeber durch eine fehlerhafte Beratung seitens des „überforderten“ Berufsträgers besteht auch aus diesem Grund nicht.

(d) Nichtbefreiende Zahlung von Honoraren

Nicht ausgeschlossen, sondern gerade erst ausgelöst wird durch die Eröffnung des Insolvenzverfahrens allerdings die Gefahr der nichtbefreienden Zahlung von Honoraren an den Berufsträger. Mandanten des insolventen Berufsträgers laufen im Falle einer Zahlung ihrer Honorare an den Berufsträger Gefahr, diese ein zweites Mal an den Insolvenzverwalter leisten zu müssen, soweit sie die fehlende Kenntnis von der Eröffnung des Insolvenzverfahrens nicht nachweisen können. Eben solche Pflicht trifft auch diejenigen Mandanten, die in Unkenntnis insolvenzrechtlicher Besonderheiten, aber in Kenntnis der Insolvenzeröffnung an den Schuldner

---

722 A.A. *Schmittmann/Theurich/Brune*, Das insolvenzrechtliche Mandat, § 7 Rn. 39, wonach eine Gefährdung im eröffneten Insolvenzverfahren nur dann nicht besteht, wenn der Berufsträger seine selbstständige Tätigkeit aufgegeben hat und nunmehr als Angestellter tätig ist.

723 *Bartosch-Koch*, Versagung, Rücknahme und Widerruf der Zulassung zur Rechtsanwaltschaft wegen Vermögensverfalls, S. 108.

724 So ausdrücklich *Klose*, BRAK-Mitt. 1/2010, 6 (11).

725 *Klose*, a.a.O., S. 11.

726 *Niesert/Georgiev*, NZI 2013, 1007 (1010).

geleistet haben und insoweit bösgläubig sind. Diese Gefahr lässt sich auch nicht dadurch verhindern, dass der Schuldner seine Mandanten von der Eröffnung des Insolvenzverfahrens informiert[727]. Denn hierbei handelt es sich letztendlich um eine freiwillige Selbstbeschränkung, die nicht kontrolliert werden kann[728]. Damit müsste der Insolvenzverwalter grundsätzlich selbst alle Mandanten des Berufsträgers anschreiben und diese auf die Insolvenzeröffnung und die hiermit auf ihn übergegangene Verwaltungs- und Verfügungsbefugnis hinweisen. Dabei stellt sich allerdings die Frage, inwieweit eine solche Information der Fortführung der schuldnerischen Praxis nicht mehr schadet, als dass sie einen Schutz der Mandanten gewährleisten kann. Zudem besteht zumindest für den Zeitraum, in dem sich der Insolvenzverwalter einen Überblick über den Mandantenstamm des Berufsträgers macht, die Gefahr von Zahlungen an den Schuldner.

(2) Zwischenergebnis

Die Eröffnung des Insolvenzverfahrens vermag zwar die Gefährdung von Fremdgeldern durch Zwangsvollstreckungsmaßnahmen der Gläubiger, die Veruntreuung von Mandantengeldern durch den Berufsträger und die Gefahr des treuwidrigen Verhaltens sowie der Übernahme überfordernder Mandate hinreichend auszuschließen. Nicht ausgeschlossen wird indes die Gefahr, dass die Gläubiger des insolventen Schuldners ihre Honorare mit nichtbefreiender Wirkung an den Schuldner leisten. Im Ergebnis handelt es sich hierbei allerdings um eine insolvenzimmanente Gefahr, die auch bei anderen Berufsgruppen als denen der Freiberufler vorliegt.

bb) Durch Einrichtung eines Anderkontos

Auch die Einrichtung eines Anderkontos bietet nach Ansicht von Rechtsprechung und Literatur keine Gewähr für einen Ausschluss der Interessengefährdung[729]. Schließlich würden nicht alle Geldbeträge auf das Konto überwiesen[730]. So komme es immer wieder vor, dass Zahlungen in bar oder per Scheck erfolgen würden[731]. In diesem Fall hänge es ausschließlich vom insolventen Rechtsanwalt oder Steuerberater

---

727 *Bartosch-Koch*, Versagung, Rücknahme und Widerruf der Zulassung zur Rechtsanwaltschaft wegen Vermögensverfalls, S. 110.

728 Hierzu ausführlich *Bartosch-Koch*, a.a.O., S. 110.

729 Ständige Rechtsprechung des BGH: Beschluss v. 21.09.1987 – AnwZ (B) 20/87, BeckRS 1987, 31182408; Beschluss v. 27.05.2002 – AnwZ (B) 39/01, BeckRS 2002, 30261615; Beschluss v. 03.11.2008 – AnwZ (B) 64/07, BeckRS 2008, 24707; so auch *FG Düsseldorf*, Urteil v. 05.05.2011 – 1 K 1029/08, BeckRS 2011, 95948; für die Literatur *Vossebürger*, in: Feuerich/Weyland, BRAO, § 14 Rn. 64; *Henssler*, in: Henssler/Prütting, BRAO, § 14 Rn. 34; *Kleine-Cosack*, BRAO, § 14 Rn. 34; *Jessnitzer/Blumberg*, BRAO, § 14 Rn. 10; *Roggenbuck*, NJ 1991, 206 (208); *Laufhütte*, DRiZ 1990, 431 (433).

730 *Vossebürger*, in: Feuerich/Weyland, BRAO, § 14 Rn. 64.

731 *BGH*, Beschluss v. 21.09.1987 – AnwZ (B) 20/87, BeckRS 1987, 31182408; Beschluss v. 27.05.2002 – AnwZ (B) 39/01, BeckRS 2002, 30261615.

ab, ob er die erhaltenen Beträge bestimmungsgemäß verwende, oder nicht[732]. Vor dem Hintergrund der desolaten wirtschaftlichen Situation des Berufsträgers ist nach Ansicht der Rechtsprechung nicht ausgeschlossen, dass der Berufsträger die Interessen seiner Mandanten vernachlässigt und damit seinen Beruf nicht in der gebotenen Weise durchführt wie er es täte, wenn seine wirtschaftlichen Verhältnisse geordnet wären[733]. Demnach bestehe weiterhin die Gefahr, dass der Rechtsanwalt fremde Gelder für eigene Zwecke ganz oder nur vorübergehend verwende[734].

cc) Durch Beschränkung auf Mandate, die nicht mit dem Empfang von Geldern verbunden sind

Neben der Möglichkeit zur Errichtung eines Anderkontos wurde auch überlegt, eine Interessengefährdung dadurch zu vermeiden, dass der von der Insolvenz betroffene Rechtsanwalt nur noch beratend tätig wird und insoweit nicht in den Kontakt mit Mandantengeldern kommt. Auch dieser Möglichkeit wurde aber von Rechtsprechung und Literatur eine Absage erteilt[735]. Nach Ansicht des Bundesgerichtshofs ist eine derartige Selbstbeschränkung rechtlich nicht durchsetzbar[736]. Es sei schlussendlich nicht zu kontrollieren, ob der Anwalt sich tatsächlich auf die Beratung beschränke oder in der Zukunft wieder solche anwaltlichen Tätigkeiten aufnehme, die mit dem Empfang von Fremdgeldern einhergingen.

dd) Durch die Aufnahme eines Anstellungsverhältnisses

Die bisherigen Ausführungen haben gezeigt, dass ein Ausschluss der Gefährdung der Interessen von Rechtsuchenden/Auftraggebern in allen bisher aufgezeigten Konstellationen abgelehnt wird[737]. Möglicherweise erfüllt aber die Aufnahme eines

---

732 *BGH*, Beschluss v. 03.11.2008 – AnwZ (B) 64/07, BeckRS 2008, 24707.

733 *BFH*, Beschluss v. 04.03.2004 – VII R 21/02, DStRE 2004, 733; mit Hinweis auf die Entscheidung des BFH auch *FG Düsseldorf*, Urteil v. 05.05.2011 – 1 K 1029/08, BeckRS 2011, 95948.

734 *Kleine-Cosack*, BRAO, § 14 Rn. 20.

735 *BGH*, Beschluss v. 27.05.1991 – AnwZ (B) 9/91, BeckRS 1991, 31173027 mit Verweis auf die Senatsbeschlüsse v. 25.06.1984 – AnwZ (B) 7/84, BRAK-Mitt. 1984, 194 und Beschluss v. 13.02.1989 – AnwZ (B) 56/88, BRAK-Mitt. 1987, 208; *FG Niedersachsen*, Urteil v. 07.03.2013 – 6 K 344/12, BeckRS 2013, 94765; *Janca*, ZInsO 2005, 242; *Vossebürger*, in: Feuerich/Weyland, BRAO, § 14 Rn. 64a; *Henssler*, in: Henssler/Prütting, BRAO, § 14 Rn. 34.

736 *BGH*, Beschluss v. 27.05.1991 – AnwZ (B) 9/91, BeckRS 1991, 31173027; so auch *Vossebürger*, in: Feuerich/Weyland, BRAO, § 14 Rn. 64a, wonach angesichts der nicht ausschließbaren Möglichkeit der Hereinnahme von Schecks oder Bargeld selbst die Nichtunterhaltung jeglicher eigener Konten eine Gefährdung der Rechtsuchenden nicht hinreichend sicher beseitige.

737 Vgl. zu weiteren Einzelfällen, in denen Literatur und Rechtsprechung eine Interessengefährdung für nicht ausgeschlossen hielten, *Römermann*, AnwBl. 2005, 178 (180).

Anstellungsverhältnisses durch den insolventen Berufsträger die hohen Anforderungen an einen Ausschluss der Interessengefährdung.

(1) Aufgabe der eigenen Praxis und Aufnahme einer Tätigkeit als angestellter Rechtsanwalt/Steuerberater

Die bloße Aufgabe der eigenen Praxis und die Aufnahme einer Tätigkeit als angestellter Rechtsanwalt/Steuerberater ist nach ständiger Rechtsprechung und Ansicht der Literatur nicht geeignet, eine Gefährdung der Mandanteninteressen auszuschließen[738]. Der angestellte Rechtsanwalt oder Steuerberater könne schließlich weiterhin Mandantengelder annehmen und sei zudem nicht daran gehindert, beim Fortbestand der Zulassung wieder selbstständig in einer eigenen Praxis oder zumindest nebenher auf eigene Rechnung tätig zu werden, ohne dass die zuständige Kammer oder der Arbeitgeber ihn hierbei kontrollierten[739]. Durch die alleinige Einschränkung des Betätigungsfeldes und der Vertretungsbefugnis sei nicht sichergestellt, dass sich der Berufsträger an die ihm auferlegten Einschränkungen halte[740]. Für einen Ausschluss der Gefährdung von Mandanteninteressen bedarf es nach Ansicht der Rechtsprechung insoweit einer ausreichenden engen tatsächlichen Überwachung um zu verhindern, dass der Berufsträger mit Mandantengeldern in Kontakt komme[741].

(2) Die Entscheidung des Bundesgerichtshofs vom 18. Oktober 2004 und weitere Entwicklung der Rechtsprechung

Lange Zeit war aufgrund der restriktiven Auslegung der Widerrufsvorschriften durch die Rechtsprechung unklar, ob überhaupt eine Möglichkeit für den Berufsträger besteht, im Falle der Eröffnung des Insolvenzverfahrens eine Gefährdung der Mandanteninteressen auszuschließen. Alle bisher von insolventen Rechtsanwälten oder Steuerberatern unternommenen Bemühungen konnten die Rechtsprechung nicht von einem Ausschluss der Gefährdung überzeugen. Erst in der

---

738 *BGH*, Beschluss v. 31.05.2010 – AnwZ (B) 27/09, ZInsO 2010, 1380 (1382); Beschluss v. 05.12.2005 – AnwZ (B) 13/05, NJW-RR 2006, 559 (560); Beschluss v. 13.03.2000 – AnwZ (B) 28/99, NZI 2000, 262; *BFH*, Beschluss v. 04.03.2004 – VII R 21/02, DStRE 2004, 733 (735); Beschluss v. 08.02.2000 – VII B 245/99, DStRE 2000, 670 (672); *FG Niedersachsen*, Urteil v. 11.11.2005 – 6 K 179/05, DStRE 2007, 455 (456); *FG Münster*, Urteil v. 26.02.2003 – 7 K 2451/02, juris; *FG Sachsen-Anhalt*, Urteil v. 25.03.2002 – 1 K 231/01, BeckRS 2002, 21010914; für die Literatur: *Vossebürger*, in: Feuerich/Weyland, BRAO, § 14 Rn. 64 b; *Willerscheid*, in: Kuhls, StBerG, § 46, Rn. 28; *Laufhütte*, DRiZ 1990, 431 (433); so auch *Schmittmann*, ZInsO 2004, 725 (728); im Ergebnis auch *Ehlers*, NJW 2008, 1480 (1481); *Römermann*, Anm. zu BGH, Beschluss v. 13.03.2000 – AnwZ (B) 25/99, EWiR 2000, 859 (860).

739 *BGH*, Beschluss v. 18.10.2004 – AnwZ (B) 43/03, NJW 2005, 511; *BFH*, Beschluss v. 04.03.2004 – VII R 21/02, DStRE 2004, 733 (735).

740 *FG Münster*, Urteil v. 26.02.2003 – 7 K 2451/02, juris.

741 *BGH*, Beschluss v. 31.05.2010 – AnwZ (B) 27/09, ZInsO 2010, 1380 (1382).

Grundsatzentscheidung des Bundesgerichtshofs vom 18. Oktober 2004 wurde erstmals ein Ausnahmefall anerkannt, bei dem trotz des Vorliegens eines Vermögensverfalls ein Ausschluss der Interessengefährdung gegeben war[742].

(a) Sachverhalt

Der Entscheidung des Bundesgerichtshofs lag folgender Sachverhalt zugrunde[743]:

Der von einem Widerruf der Zulassung betroffene Rechtsanwalt war seit 1987 als Rechtsanwalt zugelassen, als am 5. Dezember 2002 das zuständige Amtsgericht durch Beschluss das Insolvenzverfahren über sein Vermögen eröffnete. Daraufhin widerrief die Rechtsanwaltskammer am 6. März 2003 seine Zulassung wegen Vermögensverfalls. Ein Antrag auf Restschuldbefreiung hatte der betroffene Rechtsanwalt bereits gestellt, eine Ankündigung war aber noch nicht erfolgt. Die gegenüber dem Rechtsanwalt bestehenden Insolvenzforderungen resultierten im Wesentlichen aus privaten Belangen. Es bestanden keine Forderungen von Mandaten gegenüber dem Rechtsanwalt. Mit Beschluss des Anwaltsgerichtshofs vom 16. Mai 2003 wurde der Antrag auf eine gerichtliche Entscheidung in der Sache abgelehnt. Hiergegen legte der Rechtsanwalt eine sofortige Beschwerde zum Bundesgerichtshof ein. Zwischenzeitlich hatte der betroffene Rechtsanwalt seine Einzelkanzlei aufgegeben und einen Anstellungsvertrag mit einer vor Ort bekannten Sozietät abgeschlossen, in dem er sich weitreichenden Beschränkungen unterwarf. Der Arbeitgeber war über die Verhältnisse des Rechtsanwalts informiert. Zudem erschien der betroffene Rechtsanwalt weder auf dem Kanzleischild, noch auf dem Briefbogen, und durfte auch keine eigenen Mandate annehmen. Der Zahlungsverkehr wurde ausschließlich über die Kanzlei abgewickelt. Sowohl der betroffene Rechtsanwalt als auch die Sozietät verpflichteten sich unwiderruflich gegenüber der Rechtsanwaltskammer, ein etwaiges Ende oder jede Änderung des Arbeitsvertrages unverzüglich mitzuteilen.

Der Anwaltssenat des Bundesgerichtshofs befand, dass der betroffene Rechtsanwalt keine weiteren zusätzlichen Maßnahmen hätte treffen können, um eine Gefährdung der Mandanteninteressen auszuschließen. Das von der Anwaltskammer betriebene Widerrufsverfahren hatte daher keinen Erfolg. Der Bundesgerichtshof ging in diesem *„seltenen Ausnahmefall"* davon aus, dass eine Interessengefährdung aufgrund des Anstellungsvertrages und der hier getroffenen Regelungen ausgeschlossen sei.

(b) Voraussetzungen für die Annahme einer Ausnahme

Der seinerzeit ergangene Beschluss des Bundesgerichtshofs war ein Meilenstein in der Rechtsprechung zum Widerruf der Zulassung wegen Vermögensverfalls. Zeigte er doch erstmals auf, welche Aufwendungen der insolvente Rechtsanwalt für einen Erhalt seiner Zulassung betreiben muss. Nachfolgend soll anhand der

---

742 *BGH*, Beschluss v. 18.10.2004 – AnwZ (B) 43/03, NJW 2005, 511.

743 Zusammengefasst durch *Römermann*, AnwBl. 2005, 178 (182).

Grundsatzentscheidung des Bundesgerichtshofs und später ergangener Entscheidungen aufgezeigt werden, welche subjektiven und objektiven Voraussetzungen nach Ansicht der Rechtsprechung erfüllt sein müssen, damit die Zulassung trotz Vermögensverfalls erhalten bleibt. Die hier entwickelten Grundsätze gelten genauso als Kriterien für die Prüfung eines Entlastungsbeweises nach § 46 Abs. 2 Nr. 4 StBerG[744].

(aa) Subjektive Voraussetzungen

Neben den noch später darzulegenden objektiven Anforderungen an die Ausgestaltung des Anstellungsverhältnisses ist vorerst zu erörtern, welche persönlichen Voraussetzungen der insolvente Rechtsanwalt oder Steuerberater für die Annahme eines Ausnahmefalls erfüllen muss. Denn nicht alleine die Umstände des eröffneten Insolvenzverfahrens und die Beschränkungen im Rahmen des Anstellungsverhältnisses waren für die Entscheidung des Bundesgerichtshofs ausschlaggebend. Vielmehr nahm das Gericht auch eine Gesamtwürdigung der Person des Antragstellers vor. Dieser hatte in dem zu entscheidenden Fall seinen Beruf bisher ohne jede Beanstandung ausgeübt und den Insolvenzantrag als redlicher Schuldner selbst gestellt. Was konkret unter der Formulierung *„Beanstandungen“* zu verstehen ist, hat der Bundesgerichtshof allerdings offen gelassen. Hierunter dürften indes allenfalls schwer wiegende Verstöße gegen das Berufsrecht oder strafrechtliche Verurteilungen bei Verfehlung im Umgang mit Mandantengeldern zu verstehen sein[745]. Nach Auskunft des Insolvenzverwalters lagen zudem keine Anmeldungen von Forderungen aus Mandatsverhältnissen vor. Der Bundesgerichtshof hat in einem späteren Beschluss vom 25. Juni 2007 an den Anforderungen an die persönliche Zuverlässigkeit des Schuldners festgehalten[746]. Auch hier begründete er die Annahme eines Ausnahmefalls unter anderem damit, dass der Antragsteller sich in seiner langjährigen Berufszeit nichts zu Schulden habe kommen lassen und daher auch keine Mandanten zu seinen Gläubigern gehören würden. Zudem habe der Antragsteller sich nach Kräften bemüht, seine finanziellen Schwierigkeiten in den Griff zu bekommen.

---

744 Zur Anwendbarkeit der durch den BGH entwickelten Grundsätze auf den Steuerberater *FG Niedersachsen*, Urteil v. 12.05.2011 – 6 K 466/10, BeckRS 2011, 95939; *Rechner*, Anm. zu BGH, Beschluss v. 08.02.2010 – AnwZ (B) 67/08, DStR 2010, 1499 (1500).

745 *Janca*, ZInsO 2005, 242 (243); in einem Fall, in dem der Rechtsanwalt in den Jahren 1989, 1992 und 1994 wegen Untreuhandlungen zum Nachteil von insgesamt 47 Mandanten dreimal rechtskräftig zu Geld- und Freiheitsstrafen auf Bewährung verurteilt wurde, fehlte es jedenfalls nach Ansicht des *BGH*, Beschluss v. 03.06.2015 – AnwZ (Brfg) 11/15, NJOZ 2015, 1341 an einer beanstandungsfreien Berufsausübung.

746 *BGH*, Beschluss v. 25.06.2007 – AnwZ (B) 101/05, NJW 2007, 2924.

Im Ergebnis ist festzuhalten, dass die Annahme einer Ausnahme gem. § 14 Abs. 2 Nr. 7 2 HS und § 46 Abs. 2 Nr. 4 2. HS StBerG von dem Schuldner erfordert, dass er selbst einen Insolvenzantrag gestellt hat, keine Mandanten zu seinen Gläubigern gehören, er seinen Beruf bisher ohne jedwede Beanstandungen ausgeübt hat und er sich nach dem Eintritt des Vermögensverfalls redlich bemüht, seine wirtschaftlichen Verhältnisse zu ordnen.

(bb) Objektive Voraussetzungen

In objektiver Hinsicht stellt sich die Frage, welche Voraussetzungen das Anstellungsverhältnis erfüllen muss, damit eine Gefährdung der Mandanteninteressen auch nach Ansicht der Rechtsprechung hinreichend ausgeschlossen wird. In dem der Entscheidung des Bundesgerichtshofs vom 18. Oktober 2004 zugrundeliegenden Sachverhalt hatte sich der betroffene Rechtsanwalt im Arbeitsvertrag mit einer Anwaltskanzlei erheblichen Beschränkungen unterworfen. So wurde vereinbart, dass sein Name weder auf dem Briefkopf, noch auf dem Praxisschild erscheint. Zudem sollten alle Mandate im Auftrag und für Rechnung der Sozietät abgeschlossen werden. Eigene Mandate durfte der Rechtsanwalt nicht annehmen. Auch war es ihm untersagt, Zahlungen an die Sozietät anzunehmen. Für den Fall, dass es in Ausnahmen doch einmal zu Barzahlungen kommen sollte wurde vereinbart, dass der Rechtsanwalt entsprechend der Übung in der Sozietät einen Sozius und die Bürovorsteherin bzw. deren Vertreterin hinzuziehen müsse. Die Rechtsanwälte, die den Arbeitsvertrag mit dem insolventen Rechtsanwalt abgeschlossen hatten, verpflichteten sich vertraglich dazu, den pfändbaren Teil des Arbeitseinkommens des Antragstellers an den Insolvenzverwalter abzuführen. Darüber hinaus verpflichteten sie sich durch schriftliche Erklärung gegenüber der Rechtsanwaltskammer, jede Änderung des geschlossenen Anstellungsvertrages und ein etwaiges Ende des Anstellungsverhältnisses unverzüglich mitzuteilen.

Der Bundesgerichtshof entschied aufgrund dieser drastischen Beschränkung, denen sich der Rechtsanwalt unterworfen hat, dass unter Würdigung aller Umstände und unter Berücksichtigung der Berufsfreiheit nach Art. 12 GG es nicht gerechtfertigt sei, die Zulassung als Rechtsanwalt zu entziehen. Für das Gericht war in diesem Zusammenhang aber nicht nur die Ausgestaltung des Anstellungsverhältnisses für die Annahme eines Ausnahmefalls entscheidend. Eine entscheidende Rolle spielte seinerzeit auch der Umstand, dass es sich bei dem Vertragspartner des Rechtsanwalts um eine *„angesehene"* Kanzlei handelte. Der Bundesgerichtshof ging insoweit von einer ausreichenden Kontrolle des angestellten Rechtsanwalts durch die unterschiedlichen Sozien aus. Nicht ausreichen soll nach Ansicht des Gerichts die Anstellung eines Rechtsanwalts in einer Einzelkanzlei[747]. Ein solches

---

747 Ständige Rechtsprechung des BGH: Beschluss v. 05.12.2005 – AnwZ (B) 13/05, NJW-RR 2006, 559 (560); Beschluss v. 31.08.2008 – AnwZ (B) 33/07, BeckRS 2008, 07474; Beschluss v. 08.02.2010 – AnwZ (B) 67/08, DStRE 2010, 1222 (1224); Beschluss v. 22.03.2010 – AnwZ (B) 28/09, BeckRS 2010, 08907; Beschluss v. 24.10.2012

Anstellungsverhältnis erfülle schon deshalb nicht die Voraussetzungen für einen Ausschluss der Gefährdung von Mandanteninteressen, da bei einer urlaubs- oder krankheitsbedingten Abwesenheit des Einzelanwalts die Überwachung des insolventen Berufsträgers und der mit ihm vereinbarten Beschränkungen, anders als in einer Sozietät, nicht erfolgen könne[748]. Diesem Umstand kann nach Ansicht des Bundesgerichtshofs auch nicht dadurch entgegengewirkt werden, dass Angestellte der Kanzlei oder ein außenstehender Rechtsanwalt die Überwachung vertretungshalber übernehmen[749]. Es bedürfe insoweit für den Ausschluss der Gefährdung von Mandanteninteressen einer ausreichend engen tatsächlichen Überwachung durch eine Sozietät um zu verhindern, dass der Rechtsanwalt mit Mandantengeldern in Kontakt komme[750]. Insoweit lehnte der Bundesgerichtshof auch die Beschäftigung eines in Vermögensverfall geratenen Rechtsanwalts als freier Mitarbeiter in einer Einzelkanzlei mit gleichzeitiger Nennung auf dem Briefpapier für einen Ausschluss der Gefährdung der Interessen der Rechtsuchenden ab[751].

Auch in der Folgezeit blieb der Bundesgerichtshof bei seinen Anforderungen für einen Ausnahmefall. In einer Entscheidung vom 25. Juni 2007 bekräftigte er seine Entscheidung vom 18. Oktober 2004 und erkannte zum zweiten Mal ein Anstellungsverhältnis als Gefährdungsausschluss an[752]. Abweichend von seiner ersten Entscheidung machte er hier für einen Ausschluss der Gefährdung aber nicht zur Bedingung, dass der insolvente Rechtsanwalt auf dem Briefbogen der Kanzlei nicht

---

– AnwZ (Brfg) 43/12, BeckRS 2012, 23583; so auch *AGH Nordrhein-Westfalen*, Beschluss v. 20.04.2009 – 1 AGH 27/09, BeckRS 2011, 21076; Urteil v. 09.07.2010 – 1 AGH 33/10, BeckRS 2011, 16958; *AGH Niedersachsen*, Beschluss v. 29.08.2011 – AGH 17/08, BeckRS 2012, 02036; ebenso die Literatur, wie etwa *Hennsler*, in: Henssler/Prütting, BRAO, § 14 Rn. 35b; *Peitscher*, Anwaltsrecht, S. 61; a.A. *Römermann*, AnwBl. 2006, 237; zu einem Sonderfall, in dem der BGH das Anstellungsverhältnis mit nur einem Arbeitgeberanwalt als ausreichend betrachtet *BGH*, Beschluss v. 25.06.2007 – AnwZ (B) 101/05, NJW 2007, 2924 (2925); zu dieser Entscheidung *Römermann*, AnwBl. 2007, 715 (716).

748 *BGH*, Beschluss v. 22.03.2010 – AnwZ (B) 28/09, BeckRS 2010, 08907.

749 *BGH*, Beschluss v. 05.12.2005 – AnwZ (B) 13/05, NJW-RR 2006, 559 (560).

750 *BGH*, Beschluss v. 08.02.2010 – AnwZ (B) 67/08, DStRE 2010, 1222 (1224).

751 *BGH*, Beschluss v. 05.12.2005 – AnwZ (B) 14/05, AnwBl. 2006, 281; vgl. insoweit auch Beschluss v. 05.09.2012 – AnwZ (Brfg) 26/12, NJW-RR 2013, 175; a.A. *FG Niedersachsen*, Urteil v. 01.11.2012 – 6 K 240/12, BeckRS 2013, 94068; zur fehlenden Kontrollmöglichkeit bei Ortverschiedenheit von insolventem Berufsträger und überwachender Sozietät vgl. *BGH*, Beschluss v. 22.05.2013 – AnwZ (Brfg) 73/12, BeckRS 2013, 10825.

752 *BGH*, Beschluss v. 25.06.2007 – AnwZ (B) 101/05, NJW 2007, 2924 (2925); Nach Ansicht des *AGH Brandenburg*, Urteil v. 28.07.2014 – AGH I 8/12, BeckRS 2014, 22239, ist auch die Anstellung in einer Sozietät nicht ausreichend, wenn an dem Standort, an dem der angestellte Anwalt tätig ist, nur ein Mitglied der Sozietät tätig ist und die anderen Sozien an anderen Standorten.

genannt wurde. Der Bundesgerichtshof sah es als ausreichend an, dass der Rechtsanwalt auf dem Briefbogen als *„angestellter Rechtsanwalt“* ausgewiesen wurde.

Weiter verschärft hat der Bundesgerichtshof seine Rechtsprechung in seiner Entscheidung vom 8. Februar 2010[753]. Hiernach soll alleine der Abschluss eines der Rechtsprechung vom 18. Oktober 2004 nachgebildeten Anstellungsverhältnisses und eine positive Prognose für einen Ausschluss der Gefährdung nicht genügen[754]. Hierfür sei vielmehr zusätzlich erforderlich, dass im Zeitpunkt der Entscheidung eine sichere Prognose dahingehend getroffen werden könne, dass die mit einem Vermögensverfall typischerweise einhergehenden Gefahren sich nicht realisieren werden[755]. In diesem Zusammenhang sei insbesondere von Bedeutung, ob der Vertrag bisher nur bei Gericht vorgelegt worden sei, oder aber im Zeitpunkt der Entscheidung bereits über einen längeren Zeitraum beanstandungsfrei *„gelebt“* wurde[756]. Schließlich seien in beiden Fällen, in denen der Senat zugunsten des Rechtsanwalts entschieden habe, die Arbeitsverhältnisse bereits seit mehr als 1,5 bzw. 3 Jahren in Vollzug gesetzt gewesen[757]. Nur bei einem wenigstens für eine gewisse Dauer praktizierten Anstellungsverhältnis könne nachvollzogen werden, ob tatsächlich von einem ernsthaften und planmäßigen Bemühen um eine Vermeidung der Gefährdung von Mandanteninteressen ausgegangen werden könne[758]. Ein bisher nicht in Vollzug gesetztes Anstellungsverhältnis erlaube hingegen keine Feststellung, ob die dem angestellten Rechtsanwalt vertraglich auferlegten Beschränkungen in Zukunft auch eingehalten würden[759].

Im Ergebnis lassen sich aus der Rechtsprechung des Bundesgerichtshofs folgende Voraussetzung für die Ausgestaltung des Anstellungsverhältnisses festhalten[760]:

---

753 *BGH*, Beschluss v. 08.02.2010 – AnwZ (B) 67/08, DStRE 2010, 1222.

754 *BGH*, a.a.O., S. 1223; Beschluss v. 31.05.2010 – AnwZ (B) 27/09, ZInsO 2010, 1380 (1382) und *AGH Nordrhein-Westfalen*, Urteil v. 09.07.2010 – 1 AGH 33/10, BeckRS 2011, 16958; zustimmend auch *Rechner*, Anm. zu BGH, Beschluss v. 08.02.2010 – AnwZ (B) 67/08, DStR, 2010, 1499 (1500), die das Urteil des BGH vom 08.02.2010 begrüßt. Für einen Ausnahmefall gelten ihrer Ansicht nach strenge Regeln. Das Gericht schiebe dem Versuch, in letzter Minute einen Arbeitsvertrag als „Allheilmittel“ wie ein Kaninchen aus dem Hut zu zaubern, erfreulicherweise einen Riegel vor. Die Entscheidung könne auch auf das Berufsrecht der Steuerberater übertragen werden.

755 *BGH*, Beschluss v. 08.02.2010 – AnwZ (B) 67/08, DStRE 2010, 1222 (1223).

756 *BGH*, Beschluss v. 31.05.2010 – AnwZ (B) 27/09, ZInsO 2010, 1380 (1382).

757 *BGH*, Beschluss v. 08.02.2010 – AnwZ (B) 67/08, DStRE 2010, 1222 (1224): 1,5 Jahre in *BGH*, Beschluss v. 18.10.2004 – AnwZ (B) 43/03, NJW 2005, 511 und 3 Jahre in *BGH*, Beschluss v. 25.06.2007 – AnwZ (B) 101/05, NJW 2007, 2924.

758 *AGH Nordrhein-Westfalen*, Urteil v. 09.07.2010 – 1 AGH 33/10, BeckRS 2011, 16958.

759 Vgl. *BGH*, Beschluss v. 31.05.2010 – AnwZ (B) 27/09, ZInsO 2010, 1380 (1382).

760 Die Rechtsprechung des BGH hat gezeigt, dass nur solche Anstellungsverhältnisse die Voraussetzungen eines Entlastungsbeweises erfüllen, die der Senatsrechtsprechung vom 18.10.2004 nachgebildet wurden. Die Voraussetzungen können, obgleich es nach Ansicht des BHG auf eine „Gesamtwürdigung der Umstände“ ankommt,

- Der Anstellungsvertrag muss mit einer Sozietät abgeschlossen werden. Hierbei dürfte eine Sozietät mit zwei Sozien als ausreichend angesehen werden[761]. Eine Beschäftigung in einer Einzelkanzlei oder als freier Mitarbeiter ist hingegen nicht ausreichend.
- Der angestellte Rechtsanwalt darf keine eigenen Mandate mehr annehmen. Nur die Sozietät darf mandatiert werden.
- Die Abrechnung der Mandate muss durch die Sozietät erfolgen. Auf die Konten darf der angestellte Rechtsanwalt keinen Zugriff haben.
- Der Name des angestellten Rechtsanwalts darf nur dann auf dem Briefkopf oder auf dem Türschild erscheinen, wenn er hierbei als angestellter Rechtsanwalt ausgewiesen wird.
- Der angestellte Rechtsanwalt darf keine Zahlungen an die Sozietät entgegennehmen. Sollte es dennoch einmal zu einer Barzahlung kommen, muss entsprechend der Übung in der Sozietät ein Sozius und der Bürovorsteher bzw. dessen Vertreter hinzugezogen werden.
- Die Rechtsanwälte, die den Arbeitsvertrag mit dem insolventen Rechtsanwalt abgeschlossen haben, müssen sich vertraglich dazu verpflichten, den pfändbaren Teil des Arbeitseinkommens des Antragstellers an den Insolvenzverwalter abzuführen.
- Darüber hinaus müssen sie sich durch schriftliche Erklärung gegenüber der Rechtsanwaltskammer verpflichten, jede Änderung des geschlossenen Anstellungsvertrages und ein etwaiges Ende des Anstellungsverhältnisses unverzüglich mitzuteilen.
- Das Anstellungsverhältnis muss zum Zeitpunkt der Entscheidung schon in Vollzug gesetzt sein. Die Entscheidungen des Bundesgerichtshofs zeigen, dass für eine positive Prognose ein *„gelebtes Arbeitsverhältnis"* erforderlich ist, so dass ein erst seit kurzem betriebenes Anstellungsverhältnis wohl nicht ausreicht.

Bisher nicht durch den Bundesgerichtshof geklärt ist die Frage, inwieweit auch eine Überwachung durch einen nicht der Berufsgruppe der Rechtsanwälte angehörigen Freiberufler – etwa einen Steuerberater – eine Gefährdung der Interessen Dritter ausschließt[762]. Die Anwaltsgerichtsbarkeit hat dies für ein Anstellungsverhältnis bei einer Wirtschaftsprüfer- und Steuerberaterkanzlei jedenfalls abgelehnt[763]. Da es jedoch entscheidend um die Überwachung des Rechtsanwalts im Umgang mit

als verpflichtend angesehen werden; a.A. *Kleine-Cosack*, AnwBl. 2005, 442 (444); *AGH Niedersachsen*, Beschluss v. 29.08.2011 – AGH 17/08, BeckRS 2012, 02036.

761 *Bartosch-Koch*, AnwBl. 2008, 737 (742).

762 Offen gelassen hat dies der *BGH* in seinem Beschluss v. 22.05.2013 – AnwZ (Brfg) 73/12, BeckRS 2013, 10825.

763 *AGH München*, Urteil v. 11.05.2011 – BayAGH I-1/11, BeckRS 2011, 23070; vgl. auch *AGH Celle*, Urteil v. 20.11.2012 – AGH 34/11, BeckRS 2013, 10864.

Fremdgeldern geht, ist es nicht nachvollziehbar, warum nicht auch ein Steuerberater oder Wirtschaftsprüfer diese Funktion ausüben kann.

(c) Vereinbarkeit mit dem Berufsbild des Rechtsanwalts

Der Bundesgerichtshof ist im Rahmen seiner Entscheidung auch der Frage nachgegangen, ob ein Rechtsanwalt, der im Rahmen eines Anstellungsverhältnisses derart weitreichenden Beschränkungen unterworfen ist, überhaupt noch mit dem Berufsbild des Rechtsanwaltes nach §§ 1 bis 3 BRAO vereinbar ist. *Römermann* spricht in diesem Zusammenhang nicht ganz unpassend von einem *„Anwalt zweiter Klasse“*[764]. Nach Ansicht des Bundesgerichtshofs ist der Widerspruch zum Berufsbild des Rechtsanwalts aber aufgrund der nur vorübergehenden Natur der Beschränkungen hinnehmbar[765]. Mit Beendigung des Insolvenzverfahrens und Ankündigung der Restschuldbefreiung sei davon auszugehen, dass nach Durchlaufen der Treuhandperiode und Erteilung der Restschuldbefreiung eine Konsolidierung der Vermögensverhältnisse des Berufsträgers erreicht werde. Damit würden auch die Gründe entfallen, die zu den drastischen Beschränkungen im Anstellungsverhältnis geführt haben.

(d) Kritik

Die Rechtsprechung des Bundesgerichtshofs ist indes nicht ohne Kritik geblieben. Der Anwaltsgerichtshof Niedersachsen vertrat in seinem Beschluss vom 29. August 2011 die Auffassung, dass die inzwischen in gefestigter Rechtsprechung formulierten Anforderungen an die Ausgestaltung eines Anstellungsverhältnisse in ihrer Allgemeinheit erheblichen Bedenken im Hinblick auf den Schutzbereich des Art. 12 GG begegnen[766]. Das Vorliegen einer Gefährdung Rechtsuchender sei anhand einer Prognose im konkret vorliegenden Fall zu ermitteln. Insoweit könne es nicht von vornherein eine Rolle spielen, ob zum Schutze der Rechtsuchenden das Anstellungsverhältnis mit einer Sozietät oder mit einem Einzelwalt oder gar in freier Mitarbeiterschaft eingegangen wird. Auch Vereinbarungen, die die übrigen

---

764 *Römermann*, AnwBl. 2005, 178 (183), nach seiner Ansicht ist die in Rede stehende Fallkonstellation völlig legitim, alltäglich und berufsrechtlich unproblematisch. Er verweist zudem auf einen Beschluss des Bayerischen Obersten Landesgerichts zur Zulässigkeit der ersten Anwalts-GmbH. Das Gericht vertrat seinerzeit die Ansicht, dass es aufgrund der tiefgreifenden Veränderungen in der Anwaltschaft an „einem einheitlichen Berufsbild des Rechtsanwalts“ fehle. Daher lehnt *Römermann* eine Pflichtenbindung durch ein „Berufsbild“ ab; nach Ansicht von *Kleine-Cosack*, AnwBl. 2005, 442 (446) wird durch die Entscheidung des BGH Abschied genommen vom Ideal des einheitlichen Berufsbildes des freiberuflichen Rechtsanwalts, wie es in den §§ 1, 3 BRAO fixiert ist. Die freien Berufe würden sich hierdurch immer mehr dem Gewerberecht annähern.

765 *BGH*, Beschluss v. 18.10.2004 – AnwZ (B) 43/03, NJW 2005, 511.

766 *AGH Niedersachsen*, Beschluss v. 29.08.2011 – AGH 17/08, BeckRS 2012, 02036.

Mitarbeiter des Einzelanwalts oder der Sozietät in die Überwachung einbinden, dürften nicht von vornherein als nicht geeignet durch die Gerichte zurückgewiesen werden. Entscheidend sei vielmehr die Wirksamkeit der Sicherungsmaßnahmen, deren Nachweis und die Einrichtung von geeigneten Kontrollmechanismen. Insoweit könne der Rechtsanwalt auch nach außen als frei praktizierender Rechtsanwalt in Erscheinung treten, wenn intern eine geeignete Kontrolle erfolgt. Unerheblich für die Annahme eines Ausnahmefalls sei zudem, ob der Berufsträger selbst Insolvenzantrag gestellt habe, oder ob der Antrag von einem seiner Gläubiger gestellt wurde. Wer schlussendlich den Insolvenzantrag stelle, hänge im Einzelfall von so vielen unterschiedlichen Faktoren ab, dass hieraus keine Schlussfolgerungen bezüglich der charakterlichen Eigenschaft des Schuldners gezogen werden könnten. Vor diesem Hintergrund heißt es in der Entscheidung ausdrücklich:

> *„Wegen der* ***Schärfe der Grundrechtseinschränkung*** für den b*etroffenen Rechtsanwalt ist es geboten,* ***alle Maßnahmen auszuloten****, die erforderlich, aber auch ausreichend erscheinen, Sicherungen gegen solche Maßnahmen zu bieten, die die Interessen der Rechtsuchenden gefährden könnten. Dazu gehören nach Überzeugung des erkennenden Senats auch solche arbeitsvertraglichen oder sonstigen Vereinbarungen auch unter selbstständigen Rechtsanwälten, gleichviel ob Sozietät oder Einzelanwalt auf der anderen Seite, mit dem oder denen der betroffene Rechtsanwalt über Umgang und Kontakt mit Fremdgeld getroffen hat, auch solche, die die übrigen Mitarbeiter des Einzelanwalts oder der Sozietät in die Überwachung einbinden bis hin zu einem bestellten Vertreter des abwesenden oder verhinderten Rechtsanwalts.“*
>
> (Hervorhebung durch den Verfasser)

Die Entscheidung des Anwaltsgerichtshofs Niedersachsen macht deutlich, dass die zurzeit geltende Rechtsprechung und die hier entwickelten Voraussetzungen das Grundrecht des Rechtsanwalts aus Art. 12 GG nicht ausreichend berücksichtigen. Die in der Entscheidung des Bundesgerichtshofs vom 18. Oktober 2004[767] und in späteren Entscheidungen[768] übernommenen Anforderungen an die Ausgestaltung des Anstellungsverhältnisses können nicht generell als unverzichtbarer Standard angesehen werden[769]. Es kommt insoweit vielmehr darauf an, dass die Sicherungsmaßnahmen im konkreten Fall geeignet sind, eine Gefährdung Rechtsuchender auszuschließen. Dies kann je nach Einzelfall auch durch einen Einzelanwalt oder seine Mitarbeiter geschehen. In diesem Zusammenhang ist es auch – wie das Gericht ausdrücklich anmerkt – im Hinblick auf die Voraussetzungen in der Person des Schuldners unbeachtlich, ob dieser selbst oder einer seiner Gläubiger den Insolvenzantrag gestellt hat. Rückschlüsse auf die Zuverlässigkeit

767 *BGH*, Beschluss v. 18.10.2004 – AnwZ (B) 43/03, NJW 2005, 511.

768 *BGH*, Beschluss v. 25.06.2007 – AnwZ (B) 101/05, NJW 2007, 2924; Beschluss v. 08.02.2010 – AnwZ (B) 67/08, DStRE 2010, 1222.

769 So auch *Kleine-Cosack*, AnwBl. 2005, 442 (444), der die Auffassung vertritt, dass die vom BGH als relevant angesehenen Aspekte nicht als in jedem Fall unverzichtbarer Kanon angesehen werden dürften, der in Zukunft stets zu erfüllen sei.

des Schuldners können diesbezüglich lediglich im Einzelfall gezogen werden. Eine generelle Insolvenzantragstellung durch den insolventen Rechtsanwalt oder Steuerberater kann jedenfalls nicht unabdingbare Voraussetzung für die Annahme eines Ausnahmefalls sein.

Offen gelassen hat das Gericht die Frage, ob das Anstellungsverhältnis bereits seit längerer Zeit *„gelebt"* sein muss, damit eine Ausnahme nach § 14 Abs. 2 Nr. 7 BRAO anerkannt wird. Überträgt man allerdings die verfassungsrechtlichen Ansätze der Entscheidung auf diese Fragestellung, so erscheint auch dieses Merkmal im Hinblick auf Art. 12 GG bedenklich. Denn Voraussetzung für einen Ausschluss der Gefährdung durch ein Anstellungsverhältnis sollte lediglich sein, dass geeignete Sicherungsmaßnahmen getroffen werden, die einen Schutz der Rechtsuchenden gewährleisten. Nicht erforderlich ist, dass die Sicherungsmaßnahmen bereits seit längerer Zeit praktiziert werden. Nach zurzeit geltender Rechtsprechung des Bundesgerichtshofs wird ein an sich für einen Ausschluss der Gefährdung geeignetes Anstellungsverhältnis nur deshalb als ungeeignet zurückgewiesen, weil es durch die Vertragsparteien bisher nicht praktiziert wurde, mithin ein Praxistest noch nicht stattgefunden hat. Dabei übersieht der Bundesgerichtshof, dass es sich bei den Anforderungen an die Ausgestaltung des Anstellungsverhältnisses um objektive Voraussetzungen handelt. Erfüllt der Berufsträger diese Voraussetzungen, so ist eine Gefährdung der Rechtsuchenden ausgeschlossen. Dies bestreitet auch der Bundesgerichtshof nicht. Das Gericht fordert vielmehr einen Beweis, dass der Berufsträger sich im Rahmen des Anstellungsverhältnisses korrekt verhält und die gesetzten Restriktionen befolgt. Dies führt dazu, dass dem Berufsträger trotz des Ausschlusses der Gefährdung seiner Mandanten durch ausreichende Sicherungsmaßnahmen die Zulassung widerrufen wird. Der hierin liegende Eingriff in die Berufsfreiheit des Rechtsanwalts ist aber zu einem Zeitpunkt, zu dem bereits durch ein geeignetes Sicherungskonzept ein Schutz der Interessen der Mandanten gewährleistet ist, nicht mehr gerechtfertigt. Dadurch, dass der Berufsträger sowohl die subjektiven als auch die objektiven Voraussetzungen für die Annahme eines Ausnahmefalls erfüllt – mithin eine Gefährdung der Rechtsuchenden entfallen ist – fehlt es an der Erforderlichkeit für einen Eingriff in seine Rechte. Besonders wichtige Gemeinwohlinteressen gilt es nicht mehr zu schützen. Der Widerruf der Zulassung ist insoweit unverhältnismäßig und verstößt damit gegen Art. 12 GG. Mit Aufstellung eines zum Ausschluss der Gefährdung der Mandanten geeigneten Anstellungsverhältnisses entfällt die für den Eingriff in die Berufsfreiheit erforderliche Rechtfertigung.

Die zurzeit geltende Rechtsprechung des Bundesgerichtshofs zu den Anforderungen eines Anstellungsverhältnisses verstößt daher gegen Art. 12 GG.

ee) Zwischenergebnis

Die voranstehenden Ausführungen zeigen, dass es für insolvente Rechtsanwälte oder Steuerberater weitestgehend unmöglich ist, ihre Zulassung/Bestellung durch den Ausschluss einer Gefährdung der Mandanteninteressen zu vermeiden. Die Linie der höchstrichterlichen Rechtsprechung zu diesem Punkt ist klar. Die Zulassung/Bestellung soll im Falle eines Vermögensverfalls nur in seltenen Ausnahmen erhalten bleiben. Ein solcher Ausnahmefall wird von der Rechtsprechung dann angenommen, wenn der auch ansonsten redliche und integere Berufsträger sich Beschränkungen in einem Anstellungsverhältnis unterwirft, die das Berufsbild des Rechtsanwalts so weitgehend aushöhlen, dass selbst der Bundesgerichtshof eine solche Abkehr von der eigentlichen Stellung des Berufsträgers nur vorübergehend erlaubt. Allen ansonsten bisher durch die Berufsträger unternommenen Versuchen zum Erhalt der Zulassung/Bestellung, wie z.B. die Einrichtung eines Anderkontos oder die Beschränkung auf reine Beratungsmandate, hat die Rechtsprechung eine Absage erteilt. Die einzige Lösungsmöglichkeit für den insolventen Berufsträger bleibt daher die Annahme eines Anstellungsverhältnisses, welches hinsichtlich der hier geregelten Beschränkungen der Senatsrechtsprechung vom 18. Oktober 2004 und 25. Juni 2007 genügt und darüber hinaus schon seit längere Zeit besteht. Die diesbezüglich auch durch den Anwaltsgerichtshof Niedersachsen im Hinblick auf Art. 12 GG geübte Kritik an der Rechtsprechung des Bundesgerichtshofs hat bisher in keiner Entscheidung des Bundesgerichtshofs Berücksichtigung gefunden.

c) Zusammenfassung

Ein Rechtsanwalt oder Steuerberater, über dessen Vermögen das Insolvenzverfahren eröffnet wurde, hat in der Praxis aufgrund derzeitiger Rechtsprechung kaum Möglichkeiten, seine Zulassung/Bestellung zu erhalten. Ein Ausschluss des Vermögensverfalls ist erst mit Ankündigung der Restschuldbefreiung oder der Annahme und Bestätigung eines Insolvenzplans gewährleistet. Gelingt dem insolventen Berufsträger eine entsprechende Beseitigung des Vermögensverfalls nicht, so kann er allenfalls noch im Wege eines der Senatsrechtsprechung des Bundesgerichtshofs entsprechend ausgestalteten Anstellungsverhältnisses einen Ausschluss der Gefährdung von Mandanteninteressen erreichen. Andernfalls wird die zuständige Kammer ihm die Zulassung/Bestellung widerrufen.

2. Notare

Für Notare besteht – anders als für Rechtsanwälte und Steuerberater – lediglich die Möglichkeit, durch die Beseitigung des Vermögensverfalls eine Amtsenthebung im Insolvenzverfahren zu vermeiden. Einen Entlastungsbeweis, wie ihn § 14 Abs. 2 Nr. 7 BRAO und § 46 Abs. 2 Nr. 4 StBerG vorsehen, ist in § 50 Abs. 1 Nr. 6 BNotO nicht verankert. Insoweit beschränken sich die Bemühungen des Notars auf die Konsolidierung seiner Vermögensverhältnisse. Diesbezüglich sind die Ausführungen zum Rechtsanwalt und Steuerberater auf den Notar übertragbar.

In Rechtsprechung und Literatur ist allerdings anerkannt, dass zur Beseitigung des Vermögensverfalls für den Notar tatsächlich – nicht rechtlich – nur das

Insolvenzplanverfahren in Frage kommt[770]. Grund hierfür ist, dass sich nach Rechtsprechung des Bundesgerichtshofs die Rechtmäßigkeit einer Amtsenthebung am Zeitpunkt der letzten Verwaltungsentscheidung bestimmt[771]. Eine nachträgliche Berücksichtigung veränderter Umstände – wie etwa die Ankündigung der Restschuldbefreiung – kann hiernach im gerichtlichen Verfahren nicht berücksichtigt werden. Da das Amtsenthebungsverfahren regelmäßig bereits vor der Ankündigung der Restschuldbefreiung und Eintritt in die Treuhandperiode abgeschlossen ist[772], scheidet eine Fortführung des Notariats insoweit aus. Inwieweit an dieser Rechtsprechung noch festgehalten wird, soll später behandelt werden[773].

Der Notar muss daher versuchen, die durch die Eröffnung des Insolvenzverfahrens über sein Vermögen begründete Vermutung des Vermögensverfalls im Wege eines Insolvenzplanverfahrens zu widerlegen. Nicht ganz einheitlich wird hierbei aber die Frage beantwortet, ob für eine Beseitigung des Vermögensverfalls der Beschluss der Gläubigerversammlung zur Fortführung des Notariats und eine Beauftragung des Insolvenzverwalters zur Erstellung eines Insolvenzplans als ausreichend angesehen werden soll oder, ob analog zur Rechtsprechung bei Rechtsanwälten oder Steuerberatern, erst mit der Annahme des Insolvenzplans durch die Gläubigerversammlung und Bestätigung des Insolvenzplans durch das Insolvenzgericht die Vermutung des Vermögensverfalls widerlegt wird. Der Bundesgerichtshof vertrat hierzu die Ansicht, dass die Vermutung des Vermögensverfalls durch die Entscheidung der Gläubigerversammlung zur Fortführung des Notariats und die Beauftragung des Insolvenzverwalters zur Erstellung eines Insolvenzplans nicht widerlegt wird[774]. Hierdurch würde letztendlich die Schaffung geordneter Verhältnisse erst vorbereitet, ohne dass es als gesichert angesehen werden könnte, dass der noch zu erstellende Insolvenzplan die Zustimmung der Gläubiger und des Insolvenzgerichts finden wird[775].

Anders sah es das Bundesverfassungsgericht in einer gegen die Entscheidung des Bundesgerichtshofs eingelegten Verfassungsbeschwerde[776]. Die Annahme eines Vermögensverfalls sei nur begründet, wenn der Notar in ungeordnete, schlechte finanzielle Verhältnisse gerate, die er in absehbarer Zeit nicht ordnen könne[777]. In

---

770 So etwa *Schmittmann*, ZInsO 2006, 419 (423); *Vallender*, in: Festschrift für Gero Fischer, S. 535 (544), wonach der Notar einzig durch ein Insolvenzplanverfahren eine realistische Chance auf einen wirtschaftlichen Neuanfang hat.

771 *BGH*, Beschluss v. 22.03.2004 – NotZ 23/03, NJW 2004, 2018 (2019).

772 *Vallender*, Der Notar in der Insolvenz, in: Schröder, Notarielle Gestaltungspraxis im Insolvenzrecht – aktuelle Fragen 2008, S. 100; *ders.*, in: Festschrift für Gero Fischer, S. 535 (545).

773 Vgl. S. 195 ff. und 234 ff.

774 *BGH*, Beschluss v. 22.03.2004 – NotZ 23/03, NJW 2004, 2018 (2019); zustimmend *Püls*, in: Schippel/Bracker, BNotO, § 50 Rn. 22.

775 *BGH*, Beschluss v. 22.03.2004 – NotZ 23/03, NJW 2004, 2018 (2019).

776 *BVerfG*, Beschluss v. 31.08.2005 – 1 BvR 912/04, NJW 2005, 3057 (3058).

777 *BVerfG*, a.a.O., S. 3058.

dem der Entscheidung zu Grunde liegenden Fall sei aber durch den Beschluss der Gläubigerversammlung zur Fortführung des Notariats und der Beauftragung des Insolvenzverwalters mit der Erstellung eines Insolvenzplans zu erwarten gewesen, dass der Notar in absehbarer Zeit von seinen Schulden befreit würde[778]. Insoweit sei die Aufhebung des Insolvenzverfahrens absehbar gewesen, so dass sich die Vermutung des Vermögensverfalls als grundlos erweise[779]. Das Bundesverfassungsgericht betonte in seiner Entscheidung, dass insbesondere aufgrund der sich für einen Notar aus der Amtsenthebung ergebenden schweren Folgen bereits die Berufswahlfreiheit des Notars eine sorgfältige Prüfung verlange, ob aufgrund der Umstände des Einzelfalls die Vermutung des Vermögensverfalls nicht als widerlegt angesehen werden kann[780]. Ergäbe sich hierbei, dass die finanziellen Verhältnisse des Notars in absehbarer Zeit geordnet werden könnten, so fehle es an den Voraussetzungen für eine Amtsenthebung[781]. Als erstes Gericht erkannte das Bundesverfassungsgericht hierbei auch die Ziele des Insolvenzverfahrens an. Eine Amtsenthebung sei demnach auch vor dem Hintergrund zu beurteilen, dass diese einer bestmöglichen Gläubigerbefriedigung im Insolvenzverfahren entgegenstünde. Letztendlich diene die Fortführung des Notariats und die Erstellung eines Insolvenzplans auch den finanziellen Interessen der Rechtsuchenden[782].

Anders als bei insolventen Rechtsanwälten oder Steuerberatern kann der insolvente Notar den durch die Eröffnung des Insolvenzverfahrens vermuteten Vermögensverfall somit bereits dadurch widerlegen, dass die Gläubigerversammlung die Fortführung des Notariats beschließt und den Insolvenzverwalter mit der Erstellung eines Insolvenzplans beauftragt[783]. Die Abweichung lässt sich lediglich vor dem Hintergrund rechtfertigen, dass der Notar nach einer Amtsenthebung – anders als Rechtsanwälte oder Steuerberater – nicht ohne weiteres erneut bestellt wird. Denn anders als bei der Zulassung zur Rechtsanwaltschaft ist die Bestellung eines Notars von einem konkreten Bedürfnis nach § 4 BNotO abhängig. Das heißt, es werden nur so viele Notare bestellt, wie es den Erfordernissen einer geordneten Rechtspflege entspricht. Dabei wird im Rahmen einer Bedürfnisprüfung die Versorgung der

---

778 *BVerfG*, a.a.O., S. 3058; in dieser Linie auch *BGH*, Beschluss v. 20.11.2006 – NotZ 26/06, NJW 2007, 1287, wonach eine Ordnung der Vermögensverhältnisse im konkreten Fall nicht zu erwarten sei, da die Gläubiger den Insolvenzverwalter bisher nicht mit der Erstellung eines Insolvenzplans beauftragt hatten.

779 *BVerfG*, Beschluss v. 31.08.2005 – 1 BvR 912/04, NJW 2005, 3057 (3058).

780 *BVerfG*, a.a.O., S. 3058.

781 *BVerfG*, a.a.O., S. 3058.

782 *BVerfG*, a.a.O., S. 3058.

783 Vgl. insoweit auch *Smid*, Anm. zu BGH, Beschluss v. 22.05.2004 – NotZ 23/03, ZNotP 2004, 316 (318), wonach der Beschluss der Gläubigerversammlung zur Fortführung des Notariats und die Beauftragung des Insolvenzverwalters mit der Ausarbeitung eines Insolvenzplans das stärkste Indiz für eine Vermögensreorganisation des Notars darstellt.

Bevölkerung mit notariellen Leistungen untersucht[784]. Nur wenn es hier zu einer Unterdeckung kommt, wird eine neue Notarstelle ausgeschrieben. Hierauf muss sich der betroffen Notar gem. § 6b BNotO bewerben. Diese erhält er nur dann, wenn er sich gegen die Konkurrenz durchsetzt. Da bei der Auswahl der Notariatsbewerber gem. § 4 BNotO auch die Wahrung einer geordneten Altersstruktur mitberücksichtigt wird, ist es – zumindest für ältere Notare – vielfach ausgeschlossen, erneut bestellt zu werden. Im Gegensatz hierzu hat der Rechtsanwalt/Steuerberater bei Vorliegen geordneter Vermögensverhältnisse einen Anspruch, erneut zugelassen bzw. bestellt zu werden. Eine Übertragbarkeit der Entscheidung des Bundesverfassungsgerichts auf andere Berufsrechte ist daher mangels vergleichbarer Eingriffsintensität abzulehnen.

3. *Wirtschaftsprüfer*

Anders als bei Notaren besteht für Wirtschaftsprüfer, über deren Vermögen ein Insolvenzverfahren eröffnet wurde nicht nur die Möglichkeit, den Vermögensverfall zu beseitigen. Die WPO sieht, wie bereits aufgezeigt, auch nach der Reform in § 20 Abs. 4 Satz 4 WPO die Möglichkeit eines Entlastungsbeweises vor. Demnach kann der Wirtschaftsprüfer trotz Vermögensverfalls seine Bestellung erhalten, wenn er den Nachweis erbringt, dass durch seine Tätigkeit die Interessen Dritter nicht gefährdet werden. Die Rechtslage ist weitestgehend mit der Rechtslage der Rechtsanwälte oder Steuerberater im Insolvenzverfahren vergleichbar. Insoweit gelten die Vermögensverhältnisse des Wirtschaftsprüfers ebenso wie bei Rechtsanwälten oder Steuerberatern erst dann wieder als geordnet, wenn das Insolvenzgericht die Restschuldbefreiung angekündigt hat[785], wobei die bisher hierzu ergangenen Entscheidungen sich noch auf die Ankündigung der Restschuldbefreiung nach § 291 InsO a.F. beziehen. Es gilt insoweit das bereits zu Rechtsanwälten und Steuerberatern Gesagte[786]. Auch die Annahme eines Insolvenzplans durch die Gläubigerversammlung und die anschließende Bestätigung des Plans durch das Insolvenzgericht beseitigt den durch die Eröffnung des Insolvenzverfahrens vermuteten Vermögensverfall[787].

Neben der Widerlegung des Vermögensverfalls kann der insolvente Wirtschaftsprüfer, vergleichbar einem Rechtsanwalt oder Steuerberater, auch durch die Aufnahme einer Tätigkeit als Angestellter den Widerruf seiner Bestellung durch den Ausschluss der Gefährdung Dritter verhindern. Das Bundesverwaltungsgericht stellt hierbei in seinem Urteil vom 17. August 2005 ebenso wie der Bundesgerichtshof auf

784 Vgl. zur Bedürfnisprüfung *Bracker*, in: Schippel/Bracker, BNotO, § 4 Rn. 14 ff.

785 Mit Hinweis auf die Rechtsprechung des BGH *BVerwG*, Urteil v. 17.08.2005 – 6 C 15/04, NJW 2005, 3795 (3798); *VG Berlin*, Urteil v. 27.05.2005 – 10 A 98.05, juris; *Uhlmann* in: Hense/Ulrich, WPO, § 20, Rn. 83; *Schwoy*, in: Hense/Ulrich, WPO, § 16 Rn. 39.

786 Vgl. hierzu Seite 149 ff.

787 *Uhlmann* in: Hense/Ulrich, WPO, § 20, Rn. 83.

die Gesamtumstände des Einzelfalls ab[788]. In diesem Zusammenhang sei es von Bedeutung, aus welchen Gründen der Wirtschaftsprüfer in ungeordnete Verhältnisse gelangt sei, welche Anstrengungen er für eine Konsolidierung seiner Vermögensverhältnisse unternehme und ob er Mandanten seine Lage offen gelegt habe. In objektiver Hinsicht setzt das Bundesverwaltungsgericht voraus, dass der Wirtschaftsprüfer durch verbindliche Beschränkungen seiner beruflichen Betätigung eine Gefährdung Dritter ausschließt. Für die Ausgestaltung der Beschränkungen gebe § 44 Abs. 2 WPO einen Hinweis. Danach könne eine Tätigkeit als angestellter Wirtschaftsprüfer mit verbindlichen Vereinbarungen über Beschränkung der Tätigkeitsfelder und Gegenzeichnungspflicht durch einen anderen Wirtschaftsprüfer zur Anerkennung einer Ausnahme im Sinne des § 20 Abs. 2 Nr. 5 WPO (nunmehr § 20 Abs. 4 WPO n.F.) führen, wenn hierdurch eine hinreichend verlässliche Kontrolle gewährleistet sei. Anhand dieser Maßgaben sei eine Prüfung unter Einbeziehung der Gesamtumstände vorzunehmen. Hierbei sei abzuwägen, ob die Gesichtspunkte, die gegen einen Widerruf angeführt werden könnten, das durch den Vermögensverfall bestehende Risiko, insbesondere im Hinblick auf Art und Ausmaß der wirtschaftlichen Schwierigkeiten, hinreichend beseitigten.

Die durch das Bundesverwaltungsgericht aufgestellten Voraussetzungen für das Vorliegen eines Ausnahmefalls sind nicht so detailliert und weitreichend wie die des Bundesgerichtshofs an das Vorliegen eines Entlastungsbeweises nach § 14 Abs. 2 Nr. 7 BRAO. Zumindest aber im Hinblick auf die subjektiven Voraussetzungen in der Person des Wirtschaftsprüfers verweist die verwaltungsgerichtliche Rechtsprechung auf die durch den Bundesgerichtshof in seiner Entscheidung vom 18. Oktober 2004 aufgestellten Grundsätze[789]. Demnach kann auch ein insolventer Wirtschaftsprüfer den Beweis eines Ausnahmefalls nur dann antreten, wenn er selbst den Insolvenzantrag gestellt hat, es sich bei seinen Schulden lediglich um außerberufliche Verbindlichkeiten handelt, er seinen Beruf bisher ohne jedwede Beanstandungen ausgeübt hat und sich nunmehr redlich bemüht, seine Vermögensverhältnisse zu konsolidieren[790]. Hinsichtlich der Ausgestaltung des Anstellungsverhältnisses wird es – abgesehen von den durch das Bundesverwaltungsgericht festgeschriebenen Voraussetzungen – im Ergebnis darauf ankommen, dass der Wirtschaftsprüfer bei seiner Tätigkeit fortlaufend durch einen anderen Berufsangehörigen beaufsichtigt wird und damit eine Gefährdung Dritter ausgeschlossen ist[791]. Entgegen der

---

788 *BVerwG*, Urteil v. 17.08.2005 – 6 C 15/04, NJW 2005, 3795 (3799); mit Hinweis auf das Urteil des BVerwG auch *VG Berlin*, Urteil v. 15.01.2009 – VG 16 K 32/09, BeckRS 2009, 36718; zum Urteil des BVerwG *Fölsing*, DStR 2006, 1427.

789 *VG Berlin*, Urteil v. 15.01.2009 – VG 16 K 32/09, BeckRS 2009, 36718.

790 Zu einem Fall, indem der Wirtschaftsprüfer die subjektiven Voraussetzungen nicht erfüllt hat, *VG Berlin*, Urteil v. 27.05.2005 – 10 A 98.05, juris; so auch *Fölsing*, DStR 2009, 2386 (2390).

791 *OVG Münster*, Beschluss v. 29.07.2004 – 4 A 2591/02, GewArch 2004, 497 (498), wonach diese Vorgehensweise erforderlich sei um zu gewährleisten, dass der Wirtschaftsprüfer die Mandanteninteressen mit der notwendigen Unabhängigkeit und

Rechtsprechung des Bundesgerichtshofs reicht demnach für Wirtschaftsprüfer die Beaufsichtigung durch einen Kollegen aus. Die Anstellung in einer größeren Kanzlei ist demnach nicht erforderlich.

Inwieweit eine Differenzierung zwischen Rechtsanwälten und Wirtschaftsprüfern gerechtfertigt ist, lässt das Bundesverwaltungsgericht offen. Es bestehen objektiv keine Unterschiede zwischen beiden Berufen, die es rechtfertigen, an den Ausschluss der Gefährdung bei Wirtschaftsprüfern geringere Anforderungen zu stellen als bei Rechtsanwälten. Zu begrüßen ist, dass das Bundesverwaltungsgericht im Gegensatz zum Bundesgerichtshof keinen unverzichtbaren Kanon für die Ausgestaltung eines Anstellungsverhältnisses aufstellt[792]. Vielmehr ist nach Ansicht des Gerichts auf die Gesamtumstände des Einzelfalls abzustellen. Das Bundesverwaltungsgericht trägt damit der Berufsfreiheit nach Art. 12 GG Rechnung. Für den Schutz der Mandanten ist es unerheblich, ob der Berufsträger in einer Einzelkanzlei oder in einer großen Sozietät beschäftigt ist. Entscheidend ist, dass der Berufsträger der Kontrolle – sei es durch einen Kollegen, sei es durch sonstige Mitarbeiter – unterliegt.

4. Architekten

Anders als im Vergleich zu den bisher besprochenen Freiberuflern, hat sich die Literatur und Rechtsprechung mit der Frage, welche Möglichkeiten einem Architekten zur Vermeidung einer durch die Eröffnung des Insolvenzverfahrens bedingten Löschung aus der Architektenliste zur Verfügung stehen, nur wenig beschäftigt. Auch hier hat sich aber die bisher zu dieser Problematik ergangene Judikatur im Wesentlichen an der Rechtsprechung des Bundesgerichtshofs und Bundesfinanzhofs für Rechtsanwälte und Steuerberater orientiert.

Unter Verweis auf die Rechtsprechung des Bundesgerichtshof ging die verwaltungsgerichtliche Rechtsprechung bis zum Inkraftreten des Gesetzes zur Verkürzung des Restschuldbefreiungsverfahrens und zur Stärkung der Gläubigerrechte vom 15. Juli 2013[793] auch für Architekten davon aus, dass die Ankündigung der Restschuldbefreiung die durch den Vermögensverfall des Architekten bedingte Unzuverlässigkeit

Nachhaltigkeit vertritt, Fremdgelder ordnungsgemäß verwaltet und Gebühren im zulässigen Rahmen erhebt.

792 So auch das *OVG Berlin-Brandenburg*, Beschluss v. 02.03.2009 – OVG 12 N 65.08, 12 N 65/08, BeckRS 2010, 54779, wonach die Frage, welchen arbeitsvertraglichen Beschränkungen sich der Wirtschaftsprüfer unterwerfen muss, damit eine Interessengefährdung ausgeschlossen ist, und wie die Kontrollmechanismen aussehen müssen, die die Einhaltung der eingegangene arbeitsvertraglichen Beschränkungen gewährleisten sollen, einer Verallgemeinerung und grundsätzlichen Klärung nicht zugänglich ist. Hierbei komme es auf den Einzelfall an.

793 BGBl I S. 2379.

beseitigt[794]. Vorher handele es sich bei der Restschuldbefreiung nur um eine abstrakte Möglichkeit der Schuldenbefreiung[795]. Mit Wegfall des § 291 InsO a.F. und Einführung des § 287a InsO n.F. hat jedenfalls das Oberverwaltungsgericht Münster diese Ansicht aufgegeben, da nach Aufhebung der Ankündigungsregelung des § 291 InsO a.F. und Inkrafttreten des § 287a InsO n.F. die Vertrauensschutzfunktion, die der Ankündigung nach § 291 InsO a.F. zugesprochen worden ist, entfallen sei[796]. Dies sei ausweislich der Gesetzesbegründung auch beabsichtigt gewesen. Die Restschuldbefreiung sei trotz der von Anfang an ausgesprochenen Feststellung nach § 287a Abs. 1 InsO n.F. während des Verfahrens nur noch eine abstrakte Möglichkeit, die sich vor einer abschließenden Entscheidung hierüber auch nicht mehr zu einer konkreten Aussicht verdichte. Der Gesetzgeber habe das Vertrauen insbesondere des von der früheren Vertrauensstellung profitierenden unredlichen Schuldners nicht als schutzwürdig angesehen, weshalb nunmehr auch gem. § 297a InsO n.F. nach dem Schlusstermin noch nachträglich bekannt werdende Versagungsgründe der Restschuldbefreiung entgegengehalten werden können. Für Architekten bedeutete dies, dass geordnete Vermögensverhältnisse erst mit der Erteilung der Restschuldbefreiung vorliegen und eine Löschung aus der Architektenliste auch noch nach der Ankündigung der Restschuldbefreiung erfolgen kann.

Neben der Möglichkeit der Restschuldbefreiung kann der Architekt nach Ansicht des Oberverwaltungsgerichts Lüneburg auch im Wege eines Insolvenzplans die durch die Eröffnung des Insolvenzverfahrens vermutete Unzuverlässigkeit widerlegen[797]. Abweichend zur ansonsten an der Rechtsprechung des Bundesgerichtshofs für Rechtsanwälte orientierten verwaltungsgerichtlichen Entscheidungen verweist das Gericht in seinem Beschluss auf die Entscheidung des Bundesverfassungsgerichts vom 31. August 2005, in dem das Gericht für Notare davon ausging, dass bereits der Beschluss der Gläubigerversammlung zur Fortführung des Notariats und eine Beauftragung des Insolvenzverwalters mit der Ausarbeitung eines Insolvenzplans für die Beseitigung des Vermögensverfalls ausreichen. In der Entscheidung des Oberverwaltungsgerichts Lüneburg heißt es:

> *„Zudem ist die so begründete Vermutung der Unzuverlässigkeit widerlegt, wenn im Einzelfall, etwa auf der Grundlage eines tragfähigen Sanierungs- oder Insolvenzplans, die begründete Erwartung besteht, die finanziellen Verhältnisse des Architekten werden in*

---

794 *OVG Bautzen*, Urteil v. 24.05.2005 – 4 B 987/04, BeckRS 2005, 28612 unter Hinweis auf *BGH*, Beschluss v. 07.12.2004 – AnwZ (B) 40/04; so auch *OVG Saarlouis*, Beschluss v. 28.11.2007 – 1 A 177/07, ZInsO 2009, 146 (148); *OVG Münster*, Beschluss v. 05.01.2012 – 4 B 1250/11, BeckRS 2012, 45957; seinerzeit offen gelassen im Beschluss v. 18.12.2009 – 4 B 995/09, BeckRS 2010, 46084.

795 *OVG Bautzen*, Urteil v. 24.05.2005 – 4 B 987/04, BeckRS 2005, 28612.

796 *OVG Münster*, Beschluss v. 16.09.2015 – 4 B 333/15, BeckRS 2015, 52897.

797 *OVG Lüneburg*, Beschluss v. 23.11.2006 – 8 ME 146/06, BeckRS 2006, 27155; vgl. auch *Batzlaff*, in: Festschrift für Sigmar-Jürgen Samwer, S. 247 (249).

absehbarer Zeit wieder geordnet sein (vgl. BVerfG, Beschl. v. 31.8.2005 – 1 BvR 912/04 –, NJW 2005, 3057 f, für Notare, m.w. Nachw.).“

Unklar ist, ob das Gericht durch diesen Verweis zum Ausdruck bringen wollte, dass auch bei einem Architekten die Vermögensverhältnisse bereits mit der Beauftragung des Insolvenzverwalters zur Ausarbeitung eines Insolvenzplans als in absehbarer Zeit geordnet gelten, oder ob hiermit nur allgemein in Übereinstimmung mit dem Bundesverwaltungsgericht der Insolvenzplan als Möglichkeit zur Beseitigung des Vermögensverfalls benannt wird. Indes spricht die Formulierung *„tragfähiger Sanierungs- oder Insolvenzplan“* dafür, dass auf den Zeitpunkt der Bestätigung des Insolvenzplans durch das Gericht abzustellen ist. Denn vor einer eingehenden Prüfung durch das Insolvenzgericht ist vollkommen offen, ob es sich tatsächlich um ein *„tragfähiges“* Konzept handelt. Zudem ist zu berücksichtigen, dass die Entscheidung des Bundesverwaltungsgerichts eine Amtsenthebung eines Notars zum Gegenstand hatte und daher vor dem Hintergrund der für diesen schwerwiegenden Eingriffs in die Berufswahlfreiheit nach Art. 12 GG ergangen ist. Im Gegensatz zu einer Amtsenthebung eines Notars bedeutet die Löschung eines Architekten aus der Architektenliste aber kein *„lebenslanges Berufsverbot“*. Die Entscheidung des Bundesverwaltungsgerichts ist insoweit nicht ohne weiteres auf den Architekten übertragbar. Daher ist davon auszugehen, dass auch für Architekten die Vermutung der Unzuverlässigkeit analog der Rechtsprechung für Rechtsanwälte und Steuerberater erst dann als widerlegt gilt, wenn der Insolvenzplan durch die Gläubigerversammlung angenommen und durch das zuständige Insolvenzgericht bestätigt wurde[798].

Gelingt dem Architekten die Widerlegung der Vermutung nicht, so verbleibt ihm die Möglichkeit nachzuweisen, dass trotz seines Vermögensverfalls eine Gefährdung der Interessen seiner Auftraggeber oder Dritter ausgeschlossen ist. Auch hier orientiert sich die verwaltungsgerichtliche Rechtsprechung an der Judikatur des Bundesgerichtshofs und Bundesfinanzhofs für Rechtsanwälte und Steuerberater. Ein Ausnahmefall soll demnach dann gegeben sein, wenn der Architekt ein Anstellungsverhältnis in einem größeren Büro eingeht und im Rahmen seiner Tätigkeit keine wesentlichen eigenständigen Entscheidungsbefugnisse besitzt[799].

Im Ergebnis ist festzuhalten, dass sich die Löschung aus der Architektenliste nur dann vermeiden lässt, wenn ein Insolvenzplan durch die Gläubigerversammlung angenommen und durch das Gericht bestätigt wird oder der insolvente Architekt ein Anstellungsverhältnis in einem größeren Büro annimmt und hierbei keine wesentlichen Entscheidungskompetenzen besitzt. Die Ankündigung der Restschuldbefreiung nach § 287a InsO n.F. stellt jedenfalls nach Ansicht des Oberwaltungsgerichts Münster lediglich eine abstrakte Möglichkeit zur Konsolidierung der Vermögensverhältnisse dar. Diesbezüglich gilt das zu Rechtsanwälten und Steuerberatern Gesagte[800].

798 Im Ergebnis auch *Tetzlaff*, Anm. zu OVG Lüneburg, Beschluss v. 23.11.2006 – 8 ME 146/06, jurisPR-InsR 3/2007 Anm. 6 zur Entscheidung des OVG Lüneburg.

799 *OVG Lüneburg*, Beschluss v. 23.11.2006 – 8 ME 146/06, BeckRS 2006, 27155.

800 Vgl. hierzu Seite 149 ff.

5. Vergleich der Rechts- und Gefährdungslage

Die Vorschriften der Berufsordnungen zum Zulassungswiderruf bei Insolvenzeröffnung sind für alle untersuchten Freiberufler weitestgehend identisch. Lediglich für Notare ist ein Regel-Ausnahmeverhältnis in § 50 Abs. 1 Nr. 6 BNotO nicht normiert worden. Gleichwohl zeigt die Untersuchung der derzeitigen Rechtslage, dass die Möglichkeiten der unterschiedlichen Freiberufler zum Erhalt der Berufszulassung nur teilweise miteinander verglichen werden können.

Während die Rechtsprechung die Ankündigung der Restschuldbefreiung jedenfalls für Rechtsanwälte, Steuerberater und Wirtschaftsprüfer als Möglichkeit für eine Beseitigung des Vermögensverfalls ansieht, wird dies nach Wegfall des § 291 InsO a.F. und Einführung des § 287a InsO n.F. für Architekten durch das Oberverwaltungsgericht Münster ausdrücklich verneint. In diesem Zusammenhang ist allerdings nach wie vor unklar, ob der Anwaltssenat des Bundesgerichtshofs – der auch eine Ankündigung der Restschuldbefreiung nach § 287a InsO n.F. für das Vorliegen geordneter Vermögensverhältnisse ausreichen lässt – die Unterschiede zwischen einer Ankündigung der Restschuldbefreiung nach § 291 InsO a.F. und einer Ankündigung der Restschuldbefreiung gem. § 287a InsO n.F. erkannt und das Vorliegen geordneter Vermögensverhältnisse somit – unter Aufgabe seiner bisherigen Rechtsprechung –nicht mehr von einer Aufhebung des Insolvenzverfahrens abhängig macht. Aus den bisher hierzu ergangenen Entscheidungen des Bundesgerichtshofs lässt sich nicht erkennen, ob er noch an seiner Rechtsauffassung festhält, wonach geordnete Vermögensverhältnisse des Berufsträgers erst dann wieder vorliegen, wenn das Insolvenzverfahren aufgehoben wird und der Berufsträger wieder frei über sein Vermögen verfügen kann. Unklar ist auch, ob sich die für Notare, Wirtschaftsprüfer und Steuerberater zuständigen Gerichte der Rechtsprechung des Bundesgerichtshofs anschließen oder, ob sie mit dem Oberverwaltungsgericht Münster die Konsolidierung der Vermögensverhältnisse durch einen Ankündigungsbeschluss nach § 287a InsO a.F. ablehnen. Dies bleibt abzuwarten.

In Rechtsprechung und Literatur wird auch der Insolvenzplan als taugliches Instrument zur Konsolidierung der Vermögensverhältnisse des Freiberuflers anerkannt. Indes kann der Notar bereits mit der Entscheidung der Gläubigerversammlung zur Fortführung des Notariats und Beauftragung des Insolvenzverwalters zur Ausarbeitung eines Insolvenzplans einen Wegfall des Vermögensverfalls belegen[801]. Demgegenüber geht die verwaltungsgerichtliche Judikatur für Wirtschaftsprüfer[802] und Architekten[803] sowie der Anwaltssenat des Bundesgerichtshofs für

801 Vgl. hierzu S. 180 ff; *BVerfG*, Beschluss v. 31.08.2005 – 1 BvR 912/04, NJW 2005, 3057.

802 *BVerwG*, Urteil v. 17.08.2005 – 6 C 15/04, NJW 2005, 3795 (3798); *VG Berlin*, Urteil v. 27.05.2005 – 10 A 98.05, juris.

803 Dies ergibt sich aus der – zu konkretisierenden – Entscheidung des *OVG Lüneburg*, Beschluss v. 23.11.2006 – 8 ME 146/06, BeckRS 2006, 27155.

Rechtsanwälte[804] und der Bundesfinanzhof für Steuerberater[805] davon aus, dass erst mit Bestätigung des Insolvenzplans von geordneten Vermögensverhältnissen ausgegangen werden kann. Die Gerichte knüpfen insoweit an unterschiedliche Verfahrensstadien des Insolvenzplanverfahrens an. Inwieweit dies für den Erhalt der Zulassung von Bedeutung ist, wird noch zu klären sein[806].

Unterschiede zeigen sich auch hinsichtlich der Möglichkeit einen Zulassungswiderruf durch den Nachweis eines Gefährdungsausschlusses abzuwenden. Hier ist die Aufnahme eines Anstellungsverhältnisses für die Freiberufler geeignetes Mittel zum Erhalt der Zulassung. Allerdings divergieren die Anforderungen an die Ausgestaltung einer entsprechend abhängigen Tätigkeit je nach Berufsgruppe. Zwar orientiert sich die Rechtsprechung im Wesentlichen an den durch den Anwaltssenat des Bundesgerichtshofs aufgestellten Voraussetzungen[807], jedoch sieht die verwaltungsgerichtliche Judikatur für Wirtschaftsprüfer weniger einschneidende Auflagen vor[808]. So ist die Anstellung in einer größeren Sozietät nicht unabdingbare Voraussetzung für den Erhalt der Bestellung. Es reicht vielmehr die Überwachung durch einen Kollegen aus. Zudem verzichtet die verwaltungsgerichtliche Rechtsprechung – im Gegensatz zum Anwaltssenat des Bundesgerichtshofs – auf die Festsetzung unverzichtbarer Standards für die Ausgestaltung des Anstellungsverhältnisses. Auch insoweit fehlt es – zumindest für einen Teil der Freiberufler – an einer einheitlichen Rechtslage.

Dabei fehlt es für eine divergierende Rechtslage an sachlichen Argumenten. Die Gefährdungslage, die von der Insolvenz des Schuldners ausgeht, ist bei allen Freiberuflern im Ergebnis die gleiche. Unabhängig von der beruflichen Tätigkeit des jeweiligen Freiberuflers besteht die Gefahr, dass Auftraggeber ihre Honorare nicht mit befreiender Wirkung an den Insolvenzschuldner zahlen. Diese Gefahr trifft Mandanten eines Rechtsanwalts oder Notars ebenso wie die Auftraggeber eines Steuerberaters, Wirtschaftsprüfers oder Architekten. Es ist schlechterdings eine insolvenzimmanente Gefahr. Kein Unterschied besteht auch insoweit, als die Rechtsprechung die potentielle Gefahr der Veruntreuung von Fremdgeldern für einen Widerruf berufsrechtlicher Zulassungen ins Feld führt. Dabei kommen Wirtschaftsprüfer ebenso wie Rechtsanwälte, Steuerberater und Notare – Architekten sicherlich nur bedingt und abhängig von den ihnen übertragenen Aufgaben – in

---

804 *BGH*, Beschluss v. 15.03.2012 – AnwZ (BrfG) 4/12, BeckRS 2012, 08738; Beschluss v. 28.10.2011 – AnwZ (BrfG) 20/11, NZI 2012, 106; Beschluss v. 18.07.2011 – AnwZ (B) 28/10, VIA 2011, 76; Beschluss v. 31.05.2010 – AnwZ (B) 27/09, ZInsO 2010, 1380; Beschluss v. 25.02.2010 – AnwZ (B) 81/07, BeckRS 2010, 06202.

805 *BFH*, Beschluss v. 30.04.2009 – VII R 32/08, BeckRS 2009, 25015209; Beschluss v. 04.03.2004 – VII R 21/02, DStRE 2004, 733 (734).

806 Vgl. hierzu S. 200 ff.

807 Vgl. zu den Anforderungen an die Ausgestaltung eines Anstellungsverhältnisses für Rechtsanwälte S. 170 ff.

808 Vgl. zu den Anforderungen an die Ausgestaltung eines Anstellungsverhältnisses für Wirtschaftsprüfer S. 184 ff.

Kontakt mit Fremdgeld, welches grundsätzlich veruntreut werden kann. Gleichwohl sind die Anforderungen an die Ausgestaltung des Anstellungsverhältnisses für Wirtschaftsprüfer nicht so detailliert und einschneidend wie etwa beim Rechtsanwalt. Dies ist widersprüchlich. Denn im Ergebnis sind die durch die Rechtsprechung genannten Gründe im Wesentlichen die gleichen. Stets wird der Widerruf der Zulassung/Bestellung bzw. eine Amtsenthebung oder Löschung aus der Architektenliste auf die potentielle Gefahr der Veruntreuung von Fremdgeld, der Gefahr nichtbefreiender Zahlung von Honoraren, der Gefahr sachwidriger Beeinflussung des Berufsträgers sowie die Gefahr der Annahme überfordernder Aufträge und ähnlichen treuwidrigen Verhaltens gestützt. Wenn aber die Gefahrenlage bei den Freiberuflern vergleichbar ist, muss auch die Rechtslage diesem Umstand Rechnung tragen.

6. Zwischenergebnis

Die Möglichkeiten für die im Rahmen der Untersuchung behandelten Freiberufler, trotz der Eröffnung des Insolvenzverfahrens ihren Beruf weiter auszuüben, sind stark limitiert. Eine Hoffnung besteht nur dann, wenn das Insolvenzgericht vor der Entscheidung über ein Berufsverbot dem Berufsträger die Restschuldbefreiung ankündigt und das Insolvenzverfahren aufhebt oder die Gläubigerversammlung einen Insolvenzplan annimmt und dieser durch das Insolvenzgericht bestätigt wird. Für den Notar wird es aufgrund der Eingriffsintensität einer Amtsenthebung als ausreichend betrachtet, dass die Gläubigerversammlung die Fortführung des Notariats beschließt und den Insolvenzverwalter mit der Ausarbeitung eines Plans beauftragt. Daneben besteht für alle Freiberufler – ausgenommen für den Notar – die Möglichkeit, trotz des Vermögensverfalls in einem Anstellungsverhältnis ihrem Beruf nachzugehen, wenn durch die hier geregelten Beschränkungen eine Gefährdung der jeweiligen Schutzbedürftigen ausgeschlossen ist. Die seitens der Rechtsprechung an die Ausgestaltung des Anstellungsverhältnisses aufgestellten Anforderungen divergieren abhängig von der ausgeübten Tätigkeit des Freiberuflers.

II. Maßgeblicher Zeitpunkt

Nachdem die den Freiberuflern zur Verfügung stehenden Möglichkeiten für einen Erhalt ihrer Berufstätigkeit dargestellt wurden, stellt sich nachfolgend die Frage, bis zu welchem Zeitpunkt die besprochenen Maßnahmen vorgenommen werden müssen.

1. Rechtsanwälte

a) Ursprüngliche Rechtslage

Die Rechtsprechung vertritt seit jeher bei Rechtsanwälten die Ansicht, dass der Zeitpunkt der letzten Verwaltungsentscheidung für die Beurteilung der Sach- und

Rechtslage maßgebend ist[809]. Abweichend von diesem Grundsatz war ein Widerruf nach früher ständiger Rechtsprechung aber auch dann ausgeschlossen, wenn der Widerrufsgrund während des gerichtlichen Verfahrens entfiel[810]. Dies setzte voraus, dass der Wegfall des Widerrufsgrundes *„zweifelsfrei"* feststand[811]. Die Rechtsprechung begründete diese Vorgehensweise mit verfahrensökonomischen Gründen. Andernfalls müsse der betroffene Rechtsanwalt mit Fortfall des Widerrufsgrundes sogleich wieder zur Rechtsanwaltschaft zugelassen werden[812]. Insoweit sollte eine zeit- und kostenaufwändige Verdopplung der Verfahren vermieden werden[813].

Rechtsanwälte hatten demnach auch nach dem Widerruf ihrer Zulassung die Möglichkeit, den Wegfall des Widerrufsgrundes noch bis zum Schluss der letzten mündlichen Verhandlung geltend zu machen.

b) Aufgabe der bisherigen Rechtsprechung bei Rechtsanwälten durch Änderung des Verfahrensrechts

Die bisher geltende, ständige Rechtsprechung hat der Bundesgerichtshof für Rechtsanwälte mit Änderung des Verfahrensrechts zum 1. September 2009 aufgegeben[814].

---

809 *BGH*, Beschluss v. 12.02.2001 – AnwZ (B) 7/00, BeckRS 2001, 02411; Beschluss v. 27.05.1991 – AnwZ (B) 9/91, BeckRS 1991, 31173027; Beschluss v. 21.09.1987 – AnwZ (B) 20/87, BeckRS 1987, 31182408.

810 Mit Verweis auf das Grundsatzurteil *BGH*, Beschluss v. 12.11.1979 – AnwZ (B) 16/79, NJW 1980, 841 = BGHZ 75, 356, 357 die ständige Rechtsprechung des BGH: *BGH*, Beschluss v. 18.07.2011 – AnwZ (B) 28/10, VIA 2011, 76; Beschluss v. 03.08.2010 – AnwZ (B) 100/09, NJW 2011, 457 (458); Beschluss v. 31.05.2010 – AnwZ (B) 27/09, ZInsO 2010, 1380 (1381); Beschluss v. 08.02.2010 – AnwZ (B) 67/08, DStRE 2010, 1222; Beschluss v. 07.01.2010 – AnwZ (B) 79/09, BeckRS 2010, 02734; Beschluss v. 03.11.2008 – AnwZ (B) 64/07, BeckRS 2008, 24707; Beschluss v. 15.09.2008 – AnwZ (B) 97/06, BeckRS 2008, 21845; Beschluss v. 16.04.2007 – AnwZ (B) 6/06, BeckRS 2007, 08696; Beschluss v. 05.12.2005 – AnwZ (B) 11/05, BeckRS 2006, 00660; Beschluss v. 12.02.2001 – AnwZ (B) 7/00, BeckRS 2001, 02411; Beschluss v. 27.05.1991 – AnwZ (B) 9/91, BeckRS 1991, 31173027; Beschluss v. 21.09.1987 – AnwZ (B) 20/87, BeckRS 1987, 31182408.

811 *BGH*, Beschluss v. 31.05.2010 – AnwZ (B) 27/09, ZInsO 1380 (1381); Beschluss v. 21.09.1987 – AnwZ (B) 20/87, BeckRS 1987, 31182408; nach Ansicht der Finanzgerichte musste zum Zeitpunkt der gerichtlichen Entscheidung lediglich eine Rechtspflicht für eine sofortige Wiederbestellung bestehen, vgl. diesbezüglich *FG Niedersachsen*, Urteil v. 17.06.2004 – 6 K 632/02, BeckRS 2004, 26016327; Urteil v. 11.01.2007 – 6 K 344/06, BeckRS 2007, 26022578.

812 Vgl. *BGH*, Beschluss v. 07.01.2010 – AnwZ (B) 79/09, BeckRS 2010, 02734; Beschluss v. 31.05.2010 – AnwZ (B) 27/09, ZInsO 1380 (1381).

813 So *BGH*, Beschluss v. 12.11.1979 – AnwZ (B) 16/79, NJW 1980, 841 (842); Beschluss v. 04.12.2006 – AnwZ (B) 94/05, BeckRS 2007, 00966.

814 So ausdrücklich der BGH in seiner Grundsatzentscheidung v. 29.06.2011 – AnwZ (Brfg) 11/10, NJW 2011, 3234; vgl. zur Änderung des Verfahrensrechts auch *Schlick*, in: Festschrift für Hans Gerhard Ganter, S. 537.

Seitdem ist nicht mehr das Gesetz über die Angelegenheiten der freiwilligen Gerichtsbarkeit, sondern die Verwaltungsgerichtsordnung für berufsrechtliche Verfahren anwendbar. Nach Auffassung des Bundesgerichtshofs bestimmt sich daher die Beurteilung der Rechtmäßigkeit eines Widerrufs analog zum maßgeblichen Beurteilungszeitpunkt für die gerichtliche Überprüfung von Verwaltungsakten nach dem Zeitpunkt der letzten behördlichen Entscheidung[815]. Insoweit sei zukünftig alleine die Sach- und Rechtslage zum Zeitpunkt des durch die Rechtsanwaltskammer erlassenen Widerspruchbescheids maßgeblich[816]. Nur soweit das neue Recht kein Vorverfahren vorschreibe, sei auf den Ausspruch der Widerrufsverfügung abzustellen[817]. Alle nach Erlass des Widerspruchsbescheids bzw. nach Ausspruch der Widerrufsverfügung eingetretenen Änderungen seien für die Beurteilung der Rechtmäßigkeit des Widerrufs unbeachtlich und blieben der Beurteilung in einem Wiederzulassungsverfahren vorbehalten[818].

Zur Begründung seiner Abkehr von der bisherigen Rechtsprechung führt der Bundesgerichtshof in seiner Grundsatzentscheidung vom 29. Juni 2011[819] aus, dass der Senat auch zuvor nach ständiger Rechtsprechung im Einklang mit der verwaltungsgerichtlichen Rechtsprechung davon ausgegangen sei, dass im anwaltlichen Berufsrecht für die gerichtliche Nachprüfung der Rechtmäßigkeit einer Widerrufsverfügung grundsätzlich die Sach- und Rechtslage im Zeitpunkt ihres Erlasses maßgebend sei. Der Senat habe es vormals lediglich aus prozessökonomischen Erwägungen zugelassen, einen zweifelsfrei feststehenden nachträglichen Wegfall des Widerrufsgrundes auch noch im laufenden Gerichtsprozess zu berücksichtigen. Diese Möglichkeit sei dem Senat deswegen eröffnet gewesen, da das nach §§ 40 Abs. 4, 42 Abs. 6 BRAO a.F. entsprechend anwendbare Recht der Freiwilligen Gerichtsbarkeit das einzuhaltende Verfahren nur in Grundzügen geregelt habe. Insoweit seien die Gerichte befugt gewesen, das Verfahren nach den Erfordernissen

815 Seit der Entscheidung *BGH*, Beschluss v. 29.06.2011 – AnwZ (BrfG) 11/10, NJW 2011, 3234 (3235) ständige Rechtsprechung des BGH: Beschluss v. 28.10.2011 – AnwZ (Brfg) 20/11, NZI 2012, 106; Beschluss v. 23.01.2012 – AnwZ (Brfg) 11/11, BeckRS 2012, 04154; Beschluss v. 06.02.2012 – AnwZ (Brfg) 42/11, BeckRS 2012, 05867; Beschluss v. 15.03.2012 – AnwZ (Brfg) 4/12, BeckRS 2012, 08738; Beschluss v. 02.04.2012 – AnwZ (Brfg) 9/12, BeckRS 2012, 09565; Beschluss v. 04.04.2012 – AnwZ (Brfg) 1/12, BeckRS 2012, 10261; Bechluss v. 24.10.2012 – AnwZ (Brfg) 36/12, BeckRS 2012, 23749; Beschluss v. 19.11.2012 – AnwZ (Brfg) 41/12, BeckRS 2012, 25043; Beschluss v. 05.11.2013 – AnwZ (Brfg) 36/13, BeckRS 2013, 20764; ausdrücklich offen gelassen von *AGH Nordrhein-Westfalen*, Urteil v. 30.09.2011 – 1 AGH 25/11, BeckRS 2012, 11324.

816 *BGH*, Beschluss v. 29.06.2011 – AnwZ (Brfg) 11/10, NJW 2011, 3234 (3235).

817 *BGH*, a.a.O., S. 3235.

818 *BGH*, a.a.O., S. 3235; Beschluss v. 28.10.2011 – AnwZ (Brfg) 20/11, NZI 2012, 106; Beschluss v. 15.03.2012 – AnwZ (Brfg) 4/12, BeckRS 2012, 08738; Beschluss 19.11.2012 – AnwZ (BrfG) 41/12; noch offengelassen im Beschluss v. 23.03.2011 – AnwZ (BrfG) 9/10, NJOZ 2012, 852.

819 *BGH*, Beschluss v. 29.06.2011 – AnwZ (Brfg) 11/10, NJW 2011, 3234 (3235 ff).

des konkreten Falls flexibel und sachgemäß zu gestalten. Mit der Entscheidung des Gesetzgebers, das Verfahren bei verwaltungsgerichtlichen Anwaltssachen mit Wirkung ab 1. September 2009 den Regeln der Verwaltungsgerichtsordnung zu unterwerfen, sei diese aus prozessökonomischen Gründen entwickelte Rechtsprechung aber nicht mehr vereinbar. Das anwaltliche Berufsrecht sehe auch in materieller Hinsicht keine Besonderheiten vor, aus denen sich ein anderes Ergebnis ergeben würde[820]. Eine Hinausschiebung des Zeitpunkts für die Beurteilung der Rechtmäßigkeit eines Widerrufs sei zudem aus verfassungsrechtlichen Erwägungen nicht geboten. Der Rechtsanwalt habe schließlich die Möglichkeit, bei einer nachträglichen Konsolidierung seiner Vermögensverhältnisse im Rahmen eines Wiederzulassungsverfahrens seine Zulassung zurückzuerhalten. Ein solcher Umweg sei aufgrund des durch den nachträglichen Wegfall des Widerrufsgrundes bedingten Anspruchs des Rechtsanwalts auf Wiederzulassung auch nicht unverhältnismäßig und verstoße nicht gegen die nach Art. 12 GG garantierte Berufsfreiheit.

In der Praxis gilt für Rechtsanwälte insoweit, dass für alle Sachverhalte, auf die das neue Verfahrensrecht anwendbar ist, eine Änderung der Sach- und Rechtslage nur noch bis zum Abschluss des Widerrufsverfahrens beachtlich ist. Damit müssen die Bestrebungen zur Beseitigung eines Vermögensverfalls oder zum Ausschluss der Gefährdung Rechtsuchender bis zum Erlass des Widerspruchsbescheids bzw. bis zum Ausspruch der Widerrufsverfügung abgeschlossen sein.

c) Ergebnis

Für die gerichtliche Beurteilung der Rechtmäßigkeit eines Widerrufs ist für Rechtsanwälte der Zeitpunkt maßgeblich, zu dem der Widerspruchsbescheid erlassen bzw. die Widerrufsverfügung ausgesprochen wurde. Eine nachträgliche Veränderung der Sach- und Rechtslage ist seit der Modernisierung des Verfahrensrechts im Gerichtsprozess unbeachtlich.

2. Steuerberater

Ebenso wie bei Rechtsanwälten ist auch bei Steuerberatern für die Beurteilung der Rechtmäßigkeit eines Widerrufs die Sach- und Rechtslage zum Zeitpunkt der letzten Verwaltungsentscheidung maßgeblich[821]. Abweichend zur Rechtsprechung des Bundesgerichtshofs berücksichtigen die Finanzgerichte indes eine nachträgliche Veränderung der Sach- und Rechtslage auch noch bis zum Zeitpunkt der letzten mündlichen Verhandlung[822]. Anders als der Bundesgerichtshof, der eine

---

820 Im Gegensatz zu der im gewerberechtlichen Teil infolge der materiell-rechtlichen Norm des § 12 GewO durch den Verfasser befürworteten Verschiebung des maßgeblichen Zeitpunkts für die Beurteilung der Rechtmäßigkeit einer Gewerbeuntersagung.

821 *BFH*, Urteil v. 22.08.1995 – VII R 63/94, NJW 1996, 2598.

822 *BFH*, Beschluss v. 18.08.2005 – VII B 20/05, BeckRS 2005, 25008729; Urteil v. 22.08.1995 – VII R 63/94, NJW 1996, 2598; Urteil v. 01.07.1981 – VII R 84/80, BeckRS

Berücksichtigung nachträglicher Veränderungen auch früher nur aus prozessökonomischen Gründen zuließ, begründen die Finanzgerichte ihre Entscheidung zudem mit einem andernfalls drohenden Verstoß gegen Treu und Glauben[823].

3. *Notare*

Der Senat für Notarsachen des Bundesgerichtshofs vertrat in seiner Entscheidung vom 22. März 2004 die Auffassung, dass für die Beurteilung der Rechtmäßigkeit einer Amtsenthebung auf den Zeitpunkt des Erlasses der Amtsenthebungsverfügung abzustellen ist[824]. Ein nachträglicher Wegfall der Amtsenthebungsgründe sei insoweit für die Entscheidung des Gerichts unbeachtlich. Da es sich bei der Amtsenthebung um einen gestaltenden Verwaltungsakt handele, müsste aus Gründen der Rechtssicherheit eine spätere Veränderung der Rechtslage unberücksichtigt bleiben. Verfassungsrechtliche Bedenken wies der Bundesgerichtshof im Hinblick auf die Möglichkeit eines Vorschaltverfahrens nach § 50 Abs. 3 Satz 3 BNotO zurück[825].

In einer gegen diese Entscheidung eingelegten Verfassungsbeschwerde befand das Bundesverfassungsgericht, dass die in ständiger Rechtsprechung vertretene Auffassung des Bundesgerichtshofs zum maßgeblichen Zeitpunkt für die Beurteilung der Rechtmäßigkeit einer Amtsenthebung im Hinblick auf die Berufswahlfreiheit des Notars verfassungsrechtlichen Bedenken begegne[826]. Der Notar habe schließlich nur die Möglichkeit, bei Vorliegen eines Bedürfnisses (§ 4 BNotO), nach Ausschreibung einer Notarstelle (§ 6b BNotO) und bei Bestehen der Konkurrenz mit anderen Bewerbern erneut bestellt zu werden. Im Gegensatz zu anderen Berufsgruppen, die lediglich auf ein Wiederzulassungsverfahren verwiesen würden, sei der Notar insoweit ungleich stärker von einer Amtsenthebung betroffen.

Mangels Entscheidungsrelevanz im streitgegenständlichen Fall hat das Bundesverfassungsgericht die Frage des maßgeblichen Zeitpunkts letztendlich nicht abschließend entschieden und es bei einem Hinweis auf die verfassungsrechtlichen Bedenken belassen[827]. Auch die zeitlich auf die Entscheidung des Bundesverfassungsgerichts folgenden Entscheidungen des Bundesgerichtshofs ließen die aufgeworfene

---

1981, 22005794; *FG Kiel*, Urteil v. 16.06.2004 – 2 K 86/03, ZVI 2004, 535 (536); *FG Niedersachsen*, Urteil v. 16.11.2006 – 6 K 107/06, DStRE 2008, 61 (63); Urteil v. 11.11.2005 – 6 K 179/05, DStRE 2007, 455 (456); Urteil v. 17.06.2004 – 6 K 632/02, BeckRS 2004, 26016327.

823 So *FG Kiel*, Urteil v. 16.06.2004 – 2 K 86/03, ZVI 2004, 535 (536).

824 *BGH*, Beschluss v. 22.03.2004 – NotZ 23/03, NJW 2004, 2018 (2019)

825 Das früher geltende Vorschaltverfahren ist durch Einführung des § 111 b Abs. 1 S. 1 BNotO entfallen.

826 *BVerfG*, Beschluss v. 31.08.2005 – 1 BvR 912/04, NJW 2005, 3057 (3058).

827 Abweichend hiervon noch *BVerfG*, Beschluss v. 28.04.2004 – 1 BvR 912/04, AnwBl 2004, 525, wonach der Eindruck entsteht, dass ein nachträglicher Wegfall des Amtsenthebungsgrundes sehr wohl im gerichtlichen Verfahren beachtlich erscheint.

Fragestellung allesamt unbeantwortet[828]. Lediglich das Oberlandesgericht Schleswig hat sich in seiner Entscheidung vom 26. April 2007 zu der Frage geäußert, ob infolge der Entscheidung des Bundesverfassungsgerichts nunmehr auch ein nachträglicher Wegfall des Amtsenthebungsgrundes beachtlich ist[829]. Das Gericht folgte in seiner Entscheidung dem Hinweis des Bundesverfassungsgerichts und entschied, dass im Hinblick auf die Berufswahlfreiheit des Notars zumindest dann eine nachträgliche Änderung nach der letzten Verwaltungsentscheidung zu berücksichtigen sei, wenn der Wegfall des Amtsenthebungsgrundes zweifelsfrei feststehe. Zur Begründung führte das Gericht an, dass es vor dem Hintergrund des für den Notar besonders schweren Grundrechtseingriffs unverhältnismäßig und verfassungsrechtlich nicht gerechtfertigt wäre, wenn das Gericht eine Amtsenthebung bestätige, obwohl der Grund hierfür erwiesenermaßen bereits entfallen sei. Insoweit seien auch spätere maßgebliche Änderungen – wie z.B. die Beseitigung des Vermögensverfalls durch einen Insolvenzplan – im gerichtlichen Verfahren beachtlich.

Indes ist zu beachten, dass die Entscheidung des Oberlandesgerichts Schleswig noch zum alten Verfahrensrecht der Bundesnotarordnung erging. Mit Inkrafttreten des Gesetzes zur Modernisierung von Verfahren im anwaltlichen und notariellen Berufsrecht zur Errichtung einer Schlichtungsstelle der Rechtsanwaltschaft sowie zur Änderung sonstiger Vorschriften am 1. September 2009 findet nunmehr für das gerichtliche Verfahren die Verwaltungsgerichtsordnung Anwendung[830]. Der Anwaltssenat des Bundesgerichtshofs sah sich aus diesem Grunde veranlasst, seine Rechtsprechung bezüglich des maßgeblichen Zeitpunkts für die Beurteilung der Rechtmäßigkeit eines Zulassungswiderrufs nach § 14 Abs. 2 Nr. 7 BRAO zu ändern[831]. Ob auch der beim Bundesgerichtshof für Notare zuständige Senat insoweit an seiner Rechtsprechung vom 22. März 2004 festhält, kann nicht mit Bestimmtheit gesagt werden. Der zuständige Senat hat es bisher vermieden, zu den durch das Bundesverfassungsgericht geäußerten verfassungsrechtlichen Bedenken und der abweichenden Rechtsprechung des Oberlandesgerichts Schleswig Stellung zu nehmen. Es fehlt insoweit an einer aktuellen höchstrichterlichen Rechtsprechung zur Frage des maßgeblichen Zeitpunkts für die Beurteilung der Rechtmäßigkeit einer Amtsenthebung nach § 50 Abs. 1 Nr. 6 BNotO.

Indes dürfte die Änderung des Verfahrensrechts nicht gegen die Rechtsprechung des Oberlandesgerichts Schleswig sprechen. Zwar findet in gerichtlichen Verfahren seitdem die Verwaltungsgerichtsordnung Anwendung. Dennoch sind nach wie vor die

---

828 So offen gelassen von *BGH*, Beschluss v. 20.04.2009 – NotZ 12/08, BeckRS 2009, 11475; Beschluss v. 20.11.2006 – NotZ 34/06, BeckRS 2006, 15198; Beschluss v. 20.11.2006 – NotZ 31/06, BeckRS 2006, 15328.

829 *OLG Schleswig*, Beschluss v. 26.04.2007 – Not 6/06, BeckRS 2007, 10607.

830 Vgl. § 111 b Abs. 1 S. 1 BNotO.

831 Siehe hierzu *BGH*, Beschluss v. 29.06.2011 – AnwZ (Brfg) 11/10, NJW 2011, 3234; aus dieser Entscheidung folgert *Beck*, ZVI 2013, 81 (82), dass auch für Notare maßgeblicher Beurteilungszeitpunkt für das Vorliegen eines Vermögensverfalls der Zeitpunkt des Abschlusses des behördlichen Amtsenthebungsverfahrens ist.

Zivil- und nicht die Verwaltungsgerichte für die gerichtliche Entscheidung zuständig. Diese trifft keine Verpflichtung, sich der Rechtsprechung der Verwaltungsgerichte zum maßgeblichen Zeitpunkt für die Beurteilung der Rechtmäßigkeit eines Verwaltungsaktes anzuschließen[832]. So geht auch *Püls* davon aus, dass es in den Fällen des 50 Abs. 1 Nr. 6, 7 und 8 im Lichte des Art. 12 GG geboten sein kann, Veränderungen auch noch im Rahmen der Anfechtungsklage bis zum Schluss der mündlichen Verhandlung zu berücksichtigen[833]. Die gleiche Auffassung vertritt die Bundesnotarkammer[834].

Die besseren Gründe sprechen insoweit für die Rechtsprechung des Oberlandesgerichts Schleswig und eine Berücksichtigung nachträglicher Umstände bis zum Ende der letzten mündlichen Verhandlung. Gleiches gilt im Falle der vorläufigen Amtsenthebung. Da diese keine statusrechtliche Entscheidung enthält, sondern eine solche nur vorbereiten soll, ist auf die wirtschaftlichen Verhältnisse des Notars zum Zeitpunkt der gerichtlichen Entscheidung abzustellen[835]. Damit kann der Notar noch bis zum Schluss der letzten mündlichen Verhandlung Maßnahmen zur Beseitigung des Vermögensverfalls ergreifen.

4. *Wirtschaftsprüfer*

Für Wirtschaftsprüfer vertritt die verwaltungsgerichtliche Rechtsprechung die Ansicht, dass einzig die Sach- und Rechtslage zum Zeitpunkt der letzten Verwaltungsentscheidung für die Beurteilung der Rechtmäßigkeit eines Widerrufs maßgeblich ist[836]. Ein späterer Wegfall des Widerrufsgrundes ist demnach im gerichtlichen Verfahren unbeachtlich. Etwas anderes ergibt sich nach Ansicht des Bundesverwaltungsgerichts auch nicht aus materiellem Recht[837]. Die Wirtschaftsprüferordnung differenziere bewusst zwischen den Fällen des Widerrufs einer Wirtschaftsprüferbestellung nach § 20 Abs. 2 WPO und einer Wiederbestellung nach § 23 WPO[838]. Der nachträgliche Wegfall des Widerrufsgrundes sei insoweit nur im Verfahren der Wiederbestellung zu berücksichtigen[839]. Anders als für andere Berufsträger höchstrichterlich entschieden, würden auch prozessökonomische Erwägungen nicht dazu

---

832 A.A. *BGH*, Beschluss v. 29.06.2011 – AnwZ (Brfg) 11/10, NJW 2011, 3234 (3235 ff).

833 *Püls*, in: Schippel/Bracker, BNotO, § 50 Rn. 46b; a.A. *Sandkühler*, in: Arndt/Lerch/Sandkühler, BNotO, § 111b Rn. 112.

834 DNotZ 2005, 562 (564).

835 *Sandkühler*, in: Arndt/Lerch/Sandkühler, BNotO, § 111b Rn. 113.

836 *BVerwG*, Urteil v. 17.08.2005 – 6 C 15/04, NJW 2005, 3795 (3796); *OVG Berlin-Brandenburg*, Beschluss v. 27.05.2004 – 1 N 8.04, juris; *OVG Münster*, Beschluss v. 29.07.2004 – 4 A 2591/02, GewArch 2004, 497; Beschluss v. 20.05.2003 – 4 A 1673/02, BeckRS 2003, 22620; *VG Berlin*, Urteil v. 15.01.2009 – 16 K 32/09, BeckRS 2009, 36718; Urteil v. 30.08.2007 – 13 A 50.07, juris; *VG Dessau*, Urteil v. 23.07.1997 – 2 A 50/95, BeckRS 1997, 31369262.

837 *BVerwG*, Urteil v. 17.08.2005 – 6 C 15/04, NJW 2005, 3795 (3796).

838 *BVerwG*, a.a.O., S. 3796.

839 *BVerwG*, a.a.O., S. 3796; vgl. auch *VG Dessau*, Urteil v. 23.07.1997 – 2 A 50/95, BeckRS 1997, 31369262.

führen, dass ein zweifelsfrei feststehender Wegfall des Widerrufsgrundes noch im gerichtlichen Verfahren zu beachten sei[840].

Maßnahmen zur Beseitigung des Vermögensverfalls oder zum Ausschluss der Gefährdung Dritter muss der insolvente Wirtschaftsprüfer damit bis zum Abschluss des Widerrufsverfahrens durchgeführt haben. Nach diesem Zeitpunkt eintretende Veränderungen berücksichtigen die Gerichte nicht mehr. Die Bestellung des Wirtschaftsprüfers wird insoweit unabhängig von einer zwischenzeitlichen Konsolidierung seiner Vermögensverhältnisse widerrufen. Der Wirtschaftsprüfer wird diesbezüglich auf ein Wiederbestellungsverfahren verwiesen.

5. Architekten

Auch bei Architekten geht die verwaltungsgerichtliche Rechtsprechung davon aus, dass für die Beurteilung der Rechtmäßigkeit einer Löschung aus der Architektenliste der Zeitpunkt der letzten Behördenentscheidung maßgeblich ist[841]. Nach Ansicht der Rechtsprechung *„verbiete"* es sich daher, nach Abschluss des Verwaltungsverfahrens eintretende Umstände oder Entwicklungen im gerichtlichen Verfahren noch zu berücksichtigen[842]. Die in anderen Berufsordnungen hiergegen hervorgebrachten Argumente der Prozessökonomie bzw. des Grundsatzes von Treu und Glauben seien nicht geeignet, einen anderen Beurteilungszeitpunkt als den der letzten Behördenentscheidung zu begründen[843]. Etwas anderes ergibt sich nach Ansicht des Bundesverwaltungsgerichts auch nicht aus der Entscheidung des

---

840 *OVG Münster*, Beschluss v. 20.05.2003 – 4 A 1673/02, BeckRS 2003, 22620; offen gelassen von *BVerwG*, Urteil v. 17.08.2005 – 6 C 15/04, NJW 2005, 3795 (3796).

841 *BVerwG*, Beschluss v. 30.09.2005 – 6 B 51.05, GewArch 2006, 77; *VGH Kassel*, Beschluss v. 11.01.2010 – 7 A 568/09.Z, BeckRS 2010, 46067; *VGH Mannheim*, Beschluss v. 17.05.2006 – 9 S 2538/05, GewArch 2006, 381; Beschluss v. 21.12.1992 – 9 S 1870/92, NVwZ-RR 1993, 183; *OVG Münster*, Beschluss v. 05.01.2012 – 4 B 1250/11, BeckRS 2012, 45957; Beschluss v. 04.05.2011 – 4 A 697/10, juris; Beschluss v. 18.12.2009 – 4 B 995/09, BeckRS 2010, 46084,; *OVG Magdeburg*, Beschluss v. 18.03.2011 – 1 L 17/11, BeckRS 2011, 49604; *OVG Saarlouis*, Beschluss v. 28.11.2007 – 1 A 177/07, ZInsO 2009, 146 (147); *OVG Lüneburg*, Beschluss v. 23.11.2006 – 8 ME 146/06, BeckRS 2006, 27155; *OVG Bautzen*, Urteil v. 24.05.2005 – 4 B 987/04, BeckRS 2005, 28612.

842 So ausdrücklich *OVG Magdeburg*, Beschluss v. 18.03.2011 – 1 L 17/11, BeckRS 2011, 49604.

843 *VGH Kassel*, Beschluss v. 11.01.2010 – 7 A 568/09.Z, BeckRS 2010, 46067, nach dessen Ansicht es selbst dann an einem Verstoß gegen den Grundsatz von Treu und Glauben fehlt, wenn der Löschungsgrund „zweifelsfrei" weggefallen ist; offen gelassen von *BVerwG*, Beschluss v. 30.09.2005 – 6 B 51.05, GewArch 2006, 77; *OVG Bautzen*, Beschluss v. 29.08.2012 – 4 A 158/12, BeckRS 2013, 46280; Urteil v. 24.05.2005 – 4 B 987/04, BeckRS 2005, 28612; *VGH Mannheim*, Beschluss v. 17.05.2006 – 9 S 2538/05, GewArch 2006, 381.

Bundesverfassungsgerichts vom 31. August 2005 zum Recht der Notare[844]. Denn anders als Notare, bei denen eine Amtsenthebung einem Berufsverbot gleichkomme, könne dem Grundrecht der Berufsfreiheit im Falle einer Löschung des Architekten aus der Architektenliste durch eine erneute Eintragung, auf die nach Erfüllung der Eintragungsvoraussetzungen ein Anspruch bestehe, genüge getan werden[845].

Demnach kommt es ebenso wie bei Wirtschaftsprüfern und Rechtsanwälten für die Beurteilung der Rechtmäßigkeit einer Löschung aus der Architektenliste auf die Sach- und Rechtslage zum Zeitpunkt der letzten Behördenentscheidung an. Eine nachträglicher Beseitigung des Vermögensverfalls oder ein Ausschluss der Gefährdung der Interessen Dritter findet im gerichtlichen Verfahren insoweit keine Beachtung.

6. Zwischenergebnis

Im Ergebnis lässt sich festhalten, dass eine einheitliche Rechtsprechung zum maßgeblichen Zeitpunkt für die Beurteilung der Rechtmäßigkeit behördlicher Verfügungen nicht existiert. Die Rechtsprechung unterlag hierbei in den letzten Jahren einem steten Wandel.

Während für Notare ursprünglich der Zeitpunkt der letzten Behördenentscheidung maßgeblich war, hat das Oberlandesgericht Schleswig in Anlehnung an die Entscheidung des Bundesverfassungsgerichts entschieden, dass auch nachträglich Umstände im gerichtlichen Verfahren berücksichtigt werden müssen, wenn hierdurch der Amtsenthebungsgrund zweifelsfrei entfällt. Umgekehrt hat der Bundesgerichtshof für Rechtsanwälte infolge der Änderung des Verfahrensrechts seine ständige Rechtsprechung, wonach auch ein nachträglicher Wegfall des Widerrufsgrundes im gerichtlichen Verfahren beachtlich war, aufgegeben und stellt nunmehr einzig und alleine auf die Sach- und Rechtslage zum Zeitpunkt der letzten behördlichen Entscheidung ab. Die Finanzgerichte sind der Rechtsprechung des Bundesgerichtshofs bis dato nicht gefolgt. Für Steuerberater ist ein nachträglicher Wegfall des Widerrufsgrundes insoweit bis zur letzten mündlichen Verhandlung beachtlich.

Keinen Veränderungen unterlag die ständige Rechtsprechung der Verwaltungsgerichte für Wirtschaftsprüfer und Architekten. Unbeirrt wird hier in Parallele zur gewerberechtlichen Rechtsprechung – unter Hinweis auf § 35 Abs. 6 GewO – der Zeitpunkt der letzten Behördenentscheidung für die Beurteilung der Rechtmäßigkeit des Verwaltungsaktes herangezogen.

Demnach ist es nur Steuerberatern und Notaren möglich, eine Beseitigung des Vermögensverfalls oder einen Ausschluss der Gefährdung ihrer Auftraggeber noch nachträglich im Gerichtsverfahren für den Wegfall des Widerrufsgrundes anzuführen. Alle anderen Freiberufler müssen dessen Wegfall bis zum Abschluss

---

844 *BVerwG*, Beschluss v. 30.09.2005 – 6 B 51.05, GewArch 2006, 77; *VGH Mannheim*, Beschluss v. 17.05.2006 – 9 S 2538/05, GewArch 2006, 381.

845 *BVerwG*, Beschluss v. 30.09.2005 – 6 B 51.05, GewArch 2006, 77.

des behördlichen Verfahrens darlegen. Andernfalls wird der Widerruf ihrer Zulassung/Bestellung oder eine Löschung aus der Architektenliste gerichtlich bestätigt, unabhängig davon, ob zwischenzeitlich die Voraussetzungen für die behördliche Verfügung entfallen sind.

7. Prozessökonomische Bewertung

Die Rechtsprechung der Gerichte, die bei Rechtsanwälten, Wirtschaftsprüfern und Architekten einen späteren Wegfall des Widerrufs- oder Löschungsgrundes im gerichtlichen Verfahren unberücksichtigt lässt, begegnet aus prozessökonomischen Gründen Bedenken. Der betroffene Berufsträger wird überflüssig wie kostspielig darauf verwiesen, in einem neuen Verfahren die Wiederzulassung zu seinem Beruf zu beantragen. Im Falle einer Zurückweisung seines Antrags muss in einem gesonderten Verfahren über die Rechtmäßigkeit der behördlichen Entscheidung befunden werden. Nicht selten wird sowohl über den Entzug der Berufszulassung, als auch über die Ablehnung des Wiederzulassungsantrags zeitgleich vor demselben Gericht zu entscheiden sein[846]. Die Nichtberücksichtigung der nachträglichen Änderung der Sach- und Rechtslage führt insoweit zu einer zeit- und kostenaufwändigen Verdoppelung der Verfahren[847].

Ursprünglich hat daher auch der Bundesgerichtshof im gerichtlichen Verfahren über den Zulassungsentzug bei Rechtsanwälten einen nachträglichen Wegfall des Widerrufsgrundes noch bis zum Zeitpunkt der letzten mündlichen Verhandlung berücksichtigt. Mit Änderung des Verfahrensrechts zum 1. September 2009 hat der Bundesgerichtshof diese Rechtsprechung aufgegeben. Aufgrund der gesetzlichen Neuordnung des Prozessrechts sei der Berücksichtigung prozessökonomischer Überlegungen die Grundlage entzogen[848]. Dies ändert aber nichts daran, dass ein Wegfall des Widerrufsgrundes nach dem Zeitpunkt der letzten Verwaltungsentscheidung grundsätzlich aus prozessökonomischen Erwägungen zu berücksichtigen sein sollte[849].

III. Umsetzbarkeit der anerkannten Möglichkeiten in der Praxis

Die für Freiberufler durch die Rechtsprechung anerkannten Möglichkeiten, ihren Beruf trotz der Eröffnung eines Insolvenzverfahrens weiter auszuüben, sind auf wenige Maßnahmen beschränkt. Zu diesen Maßnahmen gehören die Beseitigung des Vermögensverfalls durch die Ankündigung der Restschuldbefreiung, die Bestätigung eines Insolvenzplans sowie der Ausschluss der Gefährdung von Mandanten

846 *Kleine-Cosack*, NJW 2004, 2473 (2476).
847 *Kleine-Cosack*, a.a.O., S. 2476.
848 *BGH*, Beschluss v. 29.06.2011 – AnwZ (BrfG) 11/10, NJW 2011, 3234 (3236).
849 So auch *Grau*, Die Insolvenz des selbstständigen Freiberuflers aus der Sicht des Verwalters, S. 106; *Maier*, Die Insolvenz des Rechtsanwalts, S. 231.

oder Dritten durch die Aufnahme eines Anstellungsverhältnisses. Zu untersuchen ist, ob die genannten Möglichkeiten für den Freiberufler in der Praxis überhaupt rechtzeitig umsetzbar sind. Denn entscheidend für die Beurteilung der Erfolgschancen eines Insolvenzverfahrens ist nicht die Tatsache, dass theoretisch eine Möglichkeit zur weiteren Berufsausübung besteht, sondern dass die Maßnahmen in der Praxis tatsächlich eine Fortführung der schuldnerischen Praxis durch den insolventen Berufsträger gewährleisten können. Hieran bestehen insbesondere im Hinblick auf den maßgeblichen Beurteilungszeitpunkt ernsthafte Zweifel.

1. *Ankündigung der Restschuldbefreiung*

Die Vermögensverhältnisse der Freiberufler gelten nach Ansicht eines Teils der Literatur und Rechtsprechung dann als geordnet, wenn das zuständige Insolvenzgericht dem betroffenen Berufsträger die Restschuldbefreiung angekündigt hat. Dabei ist zu berücksichtigen, dass sich das Schrifttum und ein Großteil der Rechtsprechung bisher nur zur Frage einer Konsolidierung der Vermögensverhältnisse durch die Ankündigung der Restschuldbefreiung nach § 291 InsO a.F. verhält. Ein entsprechender Beschluss erfolgt allerdings erst im Schlusstermin am Ende des Insolvenzverfahrens. Damit stellte sich bisher die Frage, ob die Ankündigung der Restschuldbefreiung für die Beurteilung der Rechtmäßigkeit eines Widerrufs, einer Amtsenthebung oder einer Löschung aus der Architektenliste nicht zu spät erfolgt. Die Beantwortung dieser Frage hing maßgeblich davon ab, auf welchen Zeitpunkt die Gerichte für die Beurteilung der Rechtmäßigkeit der behördlichen Entscheidung abstellen.

Mit Ausnahme von Notaren und Steuerberatern stellt die Rechtsprechung für die hier behandelten Freiberufler auf den Zeitpunkt der letzten Behördenentscheidung ab. Das heißt: Maßgeblich für die Beurteilung der Rechtmäßigkeit von Widerruf oder Löschung ist die Sach- und Rechtslage zum Zeitpunkt der letzten Verwaltungsentscheidung.

Der Erlass einer Widerrufs- oder Löschungsverfügung erfolgt jedoch oftmals bereits wenige Monate nach Eröffnung des Insolvenzverfahrens[850], so dass der Beschluss des Insolvenzgerichts zur Ankündigung der Restschuldbefreiung nach § 291 InsO a.F. zu diesem Zeitpunkt regelmäßig noch nicht erfolgt war. Gleiches

---

850 Vgl. hierzu etwa für Rechtsanwälte: *BGH*, Beschluss v. 31.03.2008 – AnwZ (B) 33/07, BeckRS 2008, 07474 (5 Tage); Beschluss v. 09.11.2009 – AnwZ (B) 89/06, DStR 2010, 1307 (ca. 3 Monate); Beschluss v. 22.03.2010 – AnwZ (B) 28/09, BeckRS 2010, 08907 (ca. 1 Monat); Beschluss v. 18.10. 2004 – AnwZ B 43/03, ZInsO 2005, 213 (ca. 3 Monate); *AGH Niedersachsen*, Beschluss v. 29.08.2011 – AGH 17/08, BeckRS 02036 (ca. 1 Monat); für Steuerberater: *FG Niedersachsen*, Urteil v. 11.01.2007 – 6 K 344/06, BeckRS 2007, 26022578 (ca. 2,5 Monate); Urteil v. 01.11.2012 – 6 K 240/12, BeckRS 2013, 94068 (ca. 3 Monate); für Notare: *BGH*, Beschluss v. 22.03.2004 – NotZ 23/03, NJW 2004, 2018 (ca. 3 Monate); *OLG Schleswig*, Beschluss v. 26.04.2007 – Not 6/06, BeckRS 2007, 10607 (ca. 2, 5 Monate); für Wirtschaftsprüfer: *VG Berlin*, Urteil v. 30.08.2007 – 13 A 50.07, juris (ca. 1,5 Monate).

gilt, soweit das Landesrecht ein Widerspruchsverfahren vorsieht. Auch zu diesem Zeitpunkt hat der Schlusstermin regelmäßig noch nicht stattgefunden. Der Beschluss des Insolvenzgerichts wurde insoweit im gerichtlichen Verfahren nicht berücksichtigt. Dies hatte zur Folge, dass die Ankündigung der Restschuldbefreiung zwar theoretisch geeignet war, einen Vermögensverfall zu beseitigen, praktisch aber aufgrund des frühen maßgeblichen Beurteilungspunktes von den Gerichten nicht beachtet wurde. Der betroffene Freiberufler konnte sich daher lediglich in einem Verfahren auf erneute Zulassung/Bestellung/Eintragung auf die Ordnung seiner Vermögensverhältnisse im Rahmen der Treuhandperiode berufen. Die Ankündigung der Restschuldbefreiung nach § 291 InsO a.F. war daher nicht geeignet, Rechtsanwälten, Wirtschaftsprüfern oder Architekten ihre Berufsausübung auch während des Insolvenzverfahrens zu sichern.

Für Steuerberater und Notare war die Situation hier schon besser. Die Rechtsprechung berücksichtigt bei diesen Freiberuflern auch einen nachträglichen Wegfall des Widerrufsgrundes. Das heißt, die Restschuldbefreiung muss bis zum Zeitpunkt der letzten mündlichen Verhandlung angekündigt werden. Problematisch ist hier lediglich, dass der Berufsträger selbst keinen Einfluss auf die Dauer des Insolvenzverfahrens bis zum Beschluss des Insolvenzgerichts zur Ankündigung der Restschuldbefreiung hat. In jedem Fall werden die Gerichte mit ihrer Entscheidung nicht abwarten, bis der Berufsträger eine Konsolidierung seiner Vermögensverhältnisse nachweisen kann[851]. Insoweit hing die Möglichkeit zur Beseitigung des Vermögensverfalls im Rahmen der Restschuldbefreiung davon ab, dass der Beschluss des Insolvenzgerichts noch bis zum Termin der letzten mündlichen Verhandlung erfolgte.

Mit Aufhebung des § 291 InsO a.F. und Einführung des § 287a InsO n.F. hat sich die Situtation für Freiberufler geändert. Die Restschuldbefreiung wird dem Schuldner nunmehr bereits im Rahmen einer Eingangsentscheidung im Eröffnungsverfahren angekündigt. Folgt man der Ansicht des Bundesgerichtshofs so würden damit die Vermutung für das Vorliegen eines Vermögensverfalls – die Eröffnung des Insolvenzverfahrens – und die Konsolidierung der Vermögensverhältnisse – durch Ankündigung der Restschuldbefreiung nach § 287a InsO n.F. – zusammenfallen. Die Ankündigung der Restschuldbefreiung wäre demnach eine Möglichkeit für den insolventen Freiberufler den Vermögensverfall zu beseitigen und einen Widerruf der Zulassung zu vermeiden.

Da eine Konsolidierung der Vermögensverhältnisse nach vorzugswürdiger Ansicht jedoch erst mit Ankündigung der Restschuldbefreiung nach § 287a InsO n.F. und Aufhebung des Insolvenzverfahrens eintritt[852], bleibt es für den Freiberufler bei der Eingangs geschilderten Problematik, dass der Widerruf der Zulassung bereits vor

851 So *BFH*, Beschluss v. 20.04.2010 – VII B 235/09, BeckRS 2010, 25016216, wonach die gerichtliche Entscheidung über die Widerrufsverfügung nicht bis zum ungewissen Zeitpunkt einer Konsolidierung der Vermögensverhältnisse des Steuerberaters zurückzustellen ist.

852 Vgl. hierzu Seite 154 ff.

der Ankündigung der Restschuldbefreiung und Aufhebung des Insolvenzverfahrens erfolgt und dies in einem Gerichtsverfahren regelmäßig keine Berücksichtigung mehr findet.

2. *Insolvenzplan*

Eine weitere, von Rechtsprechung und Literatur anerkannte Möglichkeit zur Konsolidierung der Vermögensverhältnisse stellt der Insolvenzplan dar. Die Vermutung eines Vermögensverfalls gilt aber, ausgenommen bei Notaren, erst dann als beseitigt, wenn der Insolvenzplan durch das Insolvenzgericht bestätigt wurde. Auch hier ist zu überprüfen, ob unter diesen Voraussetzungen in der Praxis überhaupt ein Erhalt der Berufstätigkeit gesichert werden kann.

Problematisch ist erneut, dass in einem gerichtlichen Verfahren bei Rechtsanwälten, Wirtschaftsprüfern und Architekten der Widerrufsgrund bis zur letzten Behördenentscheidung entfallen sein muss. Das heißt, der Insolvenzplan muss durch das Insolvenzgericht bis zum Erlass der Widerrufsverfügung bzw. des Widerspruchsbescheids bestätigt werden. Ernstliche Zweifel hieran bestehen vor dem Hintergrund, dass in einer Vielzahl von Verfahren zwischen der Eröffnung des Insolvenzverfahrens und dem Widerruf der Zulassung nur eine kurze Zeitspanne liegt[853]. Die Erstellung eines Insolvenzplans bis hin zu seiner Annahme durch die Gläubigerversammlung und Bestätigung durch das Insolvenzgericht lässt sich in einer solch kurzen Zeit regelmäßig nicht bewerkstelligen. Hieran ändert auch der nach § 4 InsO im Insolvenzverfahren geltende Beschleunigungsgrundsatz nichts[854]. Zwar kommt diesem im Insolvenzverfahren über das Vermögen eines Freiberuflers aufgrund der einschlägigen berufsrechtlichen Konsequenzen eine besondere Bedeutung zu[855]. Jedoch vermag auch eine Verfahrensbeschleunigung nichts an dem Umstand zu ändern, dass ein Insolvenzplanverfahren von der Aufstellung durch den Insolvenzverwalter über die Annahme durch die Gläubiger bis hin zu seiner

---

853 Vgl. zu Verfahren mit kurzer Zeitspanne zwischen Eröffnung des Insolvenzverfahrens und Widerruf etwa für Rechtsanwälte: *BGH*, Beschluss v. 31.03.2008 – AnwZ (B) 33/07, BeckRS 2008, 07474 (5 Tage); Beschluss v. 09.11.2009 – AnwZ (B) 89/06, DStR 2010, 1307 (ca. 3 Monate); Beschluss v. 22.03.2010 – AnwZ (B) 28/09, BeckRS 2010, 08907 (ca. 1 Monat); Beschluss v. 18.10. 2004 – AnwZ B 43/03, ZInsO 2005, 213 (ca. 3 Monate); *AGH Niedersachsen*, Beschluss v. 29.08.2011 – AGH 17/08, BeckRS 02036 (ca. 1 Monat); für Steuerberater: *FG Niedersachsen*, Urteil v. 11.01.2007 – 6 K 344/06, BeckRS 2007, 26022578 (ca. 2,5 Monate); Urteil v. 01.11.2012 – 6 K 240/12, BeckRS 2013, 94068 (ca. 3 Monate); für Notare: *BGH*, Beschluss v. 22.03.2004 – NotZ 23/03, NJW 2004, 2018 (ca. 3 Monate); *OLG Schleswig*, Beschluss v. 26.04.2007 – Not 6/06, BeckRS 2007, 10607 (ca. 2, 5 Monate); für Wirtschaftsprüfer: *VG Berlin*, Urteil v. 30.08.2007 – 13 A 50.07, juris (ca. 1,5 Monate).

854 Zur Geltung des Beschleunigungsgrundsatz im Insolvenzverfahren *BayObLG*, Beschluss v. 04.09.2001 – 4 Z BR 18/01, NZI 2001, 656.

855 So *Maier*, Die Insolvenz des Rechtsanwalts, S. 227.

Bestätigung durch das Insolvenzgericht einiger Zeit bedarf. Dies gilt insbesondere für Verfahren mit einer großen Anzahl von Insolvenzgläubigern.

Vielfach wird daher der Insolvenzplan bis zum Zeitpunkt des Widerrufs der Zulassung/Bestellung oder der Löschung aus der Architektenliste noch nicht durch das Insolvenzgericht bestätigt sein. Eine Ausnahme hiervon mag allenfalls dann gelten, wenn mit dem Antrag auf Eröffnung des Insolvenzverfahrens ein sog. *„prepackaged plan"* eingereicht wird[856]. Indes steht auch in diesem Fall noch die Annahme des Plans durch die Insolvenzgläubiger und dessen Bestätigung durch das Insolvenzgericht aus. Insoweit hängt der Erhalt der berufsrechtlichen Zulassung von Faktoren ab, die der Berufsträger nicht beeinflussen kann. Hinzu kommt, dass ein prepackaged plan nur dann in Frage kommt, wenn der Berufsträger den Insolvenzantrag selbst gestellt hat. Oftmals wird ein solcher aber nicht durch den Berufsträger, sondern durch einen seiner Gläubiger, wie etwa das Finanzamt, gestellt. In diesem Fall fehlt es regelmäßig – mangels Vorbereitungszeit – an einem prepackaged plan, der mit der Antragstellung vorgelegt werden kann.

Für den insolventen Rechtsanwalt, Wirtschaftsprüfer oder Architekten beginnt insoweit mit dem Antrag auf Eröffnung des Insolvenzverfahrens ein Wettlauf gegen die Zeit. Ergeht die Widerrufsverfügung vor der Bestätigung des Insolvenzplans, ist alle Arbeit vergebens gewesen. Vor diesem Hintergrund stellt das Insolvenzplanverfahren für Rechtsanwälte, Wirtschaftsprüfer und Architekten keine zuverlässige Möglichkeit zum Erhalt ihrer Zulassung, Bestellung oder Eintragung in der Architektenliste dar.

Etwas anderes gilt für Steuerberater und Notare. Steuerberater haben die Möglichkeit, die Bestätigung eines Insolvenzplans durch das zuständige Insolvenzgericht noch bis zum Zeitpunkt der letzten mündlichen Verhandlung für eine Beseitigung des Vermögensverfalls anzuführen. Insoweit wird es für den Erfolg eines Insolvenzplanverfahrens darauf ankommen, dass der Plan spätestens bis zum Schluss des gerichtlichen Verfahrens bestätigt wird. Für Notare hat es das Bundesverfassungsgericht als zulässig erachtet, dass die Gläubigerversammlung die Fortführung des Notariats beschließt und den Insolvenzverwalter mit der Ausarbeitung eines Insolvenzplans beauftragt. Der von einer Amtsenthebung betroffene Notar muss daher bis zur letzten mündlichen Verhandlung nachweisen, dass die Gläubigerversammlung den Insolvenzverwalter mit der Ausarbeitung eines Insolvenzplans beauftragt hat und daher mit einer Konsolidierung seiner Vermögensverhältnisse und einer Aufhebung des Insolvenzverfahrens in absehbarer Zeit zu rechnen ist.

Aufgrund der Rechtsprechung des Bundesfinanzhofs und des Oberlandesgerichts Schleswig, einen Wegfall des Widerrufsgrundes bis zum Schluss des gerichtlichen Verfahrens zu berücksichtigen, haben Steuerberater und Notare als einzige eine realistische Chance, im Wege eines Insolvenzplanes einen Widerruf ihrer Bestellung bzw. eine Amtsenthebung zu vermeiden. Für die übrigen hier behandelten

856 Zu den Vorgaben an einen Musterinsolvenzplan für Freiberufler, *Ehlers/Schmid-Sperber*, ZInsO 2008, 879.

Freiberufler wird die Bestätigung des Insolvenzplans durch das Insolvenzgericht regelmäßig zu spät erfolgen. Ein Widerruf ihrer berufsrechtlichen Zulassungen lässt sich durch einen Insolvenzplan insoweit nicht mit hinreichender Sicherheit vermeiden.

3. *Anstellungsverhältnis*

Eine lediglich theoretische Möglichkeit zum Erhalt der Berufstätigkeit während des Insolvenzverfahrens liegt in der Eingehung eines Anstellungsverhältnisses durch den jeweiligen Berufsträger. Insbesondere für Rechtsanwälte hat der Bundesgerichtshof die Anforderungen an die Ausgestaltung eines Anstellungsverhältnisses in den letzten Jahren derart verschärft, dass ein Gefährdungsausschluss durch eine abhängige Beschäftigung so gut wie ausgeschlossen ist. Vor diesem Hintergrund verwundert es nicht, dass in der umfangreichen Judikatur des Bundesgerichtshofs erst in zwei Fällen ein Ausnahmefall anerkannt wurde.

Kritik muss sich die Rechtsprechung in zweierlei Hinsicht gefallen lassen. Zum einen sind die an das Vorliegen einer Ausnahme geknüpften Voraussetzungen zu hoch. In der Praxis wird es dem durchschnittlichen Rechtsanwalt, über dessen Vermögen das Insolvenzverfahren eröffnet wurde, nur höchst selten gelingen, ein Anstellungsverhältnis mit einer, wie der Bundesgerichtshof verlangt, *„größeren Sozietät"* einzugehen[857]. Die in einer solchen Kanzlei tätigen Partner werden sich insbesondere im Hinblick auf ihre Verantwortung für den insolventen Rechtsanwalt gegenüber der Rechtsanwaltskammer und der hiermit einhergehenden Haftung bei Verstößen nicht darum *„reißen"*, den Rechtsanwalt in ihrer Sozietät aufzunehmen[858]. Insoweit wird diese Möglichkeit weitestgehend solchen Rechtsanwälten vorbehalten sein, die bereits vor Insolvenzeröffnung in der Sozietät gearbeitet haben, und zu denen daher ein besonders Vertrauen besteht. Abgesehen von der Schwierigkeit

---

857 Vgl. hierzu z.B. *BGH*, Beschluss v. 05.09.2012 – AnwZ (Brfg) 26/12, NJW-RR 2013, 175 (176). In dem der Entscheidung zugrundeliegenden Sachverhalt war es dem Rechtsanwalt unmöglich, eine Anstellung als Angestellter in einer Anwaltskanzlei zu erhalten. Der BGH hat gleichwohl einen Zulassungswiderruf als verhältnismäßig betrachtet. Eine vom Kläger behauptete Altersdiskriminierung lag nach Ansicht des BGH nicht vor. Auch in seinem Beschluss v. 05.11.2013 – AnwZ (Brfg) 36/13, BeckRS 2013, 20764 vertrat der BGH die Auffassung, der Eingriff in Art. 12 GG sei verhältnismäßig, da es einem Rechtsanwalt, der in wirtschaftliche Schwierigkeiten gerät, möglich sei, eine den Anforderungen der Senatsrechtsprechung zum Ausschluss der Gefährdung der Interessen Rechtsuchender entsprechende Tätigkeit aufzunehmen, bevor es zu einem Widerruf der Zulassung komme. Die gerichtlichen Entscheidungen gehen dabei an jeder Realität vorbei.

858 Eine solche Haftung ergibt sich aus § 43 BRAO. Nach Ansicht von *Johnigk*, Vermögensverfall und Insolvenzverfahren, S. 13, muss derjenige, der gegenüber der RAK zur Abwehr eines Widerrufs wegen Vermögensverfalls eines Kollegen diesen anstellt und berufsrechtliche Restriktionen verspricht, für deren Einhaltung unter dem Gesichtspunkt der gewissenhaften Berufsausübung haften.

des insolventen Rechtsanwalts, überhaupt in seiner derzeitigen Lebenslage ein Anstellungsverhältnis einzugehen, setzt der Bundesgerichtshof zum anderen voraus, dass das Anstellungsverhältnis bereits seit einiger Zeit *„gelebt"* wurde. Wie lange dieser Zeitraum sein muss, kann derzeit nicht gesagt werden. Fest steht nur, dass in den zwei bisher anerkannten Ausnahmefällen die Anstellungsverträge 1,5 und 3 Jahre bestanden. Hinzu kommt, dass der Bundesgerichtshof nach der Änderung des Verfahrensrechts für die Beurteilung der Rechtmäßigkeit des Widerrufs nunmehr parallel zum Verwaltungsverfahren auf den Zeitpunkt der letzten Behördenentscheidung abstellt. Für den Rechtsanwalt, über dessen Vermögen ein Insolvenzverfahren eröffnet wurde bedeutet dies, dass er zum Zeitpunkt der Erteilung des Widerrufs durch die Rechtsanwaltskammer bereits seit längerer Zeit in einem Anstellungsverhältnis gearbeitet haben muss.

Die Rechtsprechung des Bundesgerichtshofs geht hier an jeder Wirklichkeit vorbei. In der Praxis ist nämlich ein großer Teil der Rechtsanwälte selbstständig tätig[859]. Das heißt, der betroffene Rechtsanwalt wird frühestens mit dem Antrag auf Insolvenzeröffnung in ein Anstellungsverhältnis wechseln bzw. sich um einen solchen Wechsel bemühen. Zu diesem Zeitpunkt ist es aber nach der Rechtsprechung des Bundesgerichtshofs längst zu spät für den Abschluss eines Anstellungsverhältnisses, denn der Widerruf der Zulassung erfolgt regelmäßig bereits kurze Zeit nach Insolvenzeröffnung. Insoweit ist es weitestgehend unmöglich, zu diesem Zeitpunkt ein *„bereits seit längerer Zeit gelebtes Anstellungsverhältnis"* nachzuweisen. Für einen Ausschluss der Gefährdung der Mandanteninteressen verlangt die Rechtsprechung damit de facto, dass der Rechtsanwalt bereits vor der Antragstellung, quasi mit *„hellseherischen Fähigkeiten"* die drohende Insolvenz erkennt und daraufhin seine auf Grundlage der eigenen Kanzlei basierende Existenz aufgibt. Das würde bedeuten, dass der Rechtsanwalt bereits beim Vorliegen der ersten wirtschaftlicher Schwierigkeiten ein Anstellungsverhältnis eingehen müsste, damit ihm dieser Ausweg im Falle einer eventuell später erfolgenden Insolvenzeröffnung nicht verschlossen bleibt. Das kann von einem Berufsträger – insbesondere im Hinblick auf die verfassungsrechtlich geschützte Berufsfreiheit aus Art. 12 GG und sein Eigentumsrecht aus Art. 14 GG – nicht verlangt werden. Die Eingehung eines Anstellungsverhältnisses stellt vor diesem Hintergrund eine lediglich theoretische Möglichkeit zum Erhalt der Zulassung dar[860].

---

859 Vgl. hierzu *Hommerich/Killian*, AnwBl. 2010, 277 wonach ausweislich einer Statistik des Statistischen Bundesamtes der Anteil der Rechtsanwälte, die ihre Einkünfte aus selbstständiger Tätigkeit erzielten, im Zeitraum von 1977 bis 2004 zurückging, der Anteil aber immer noch bei 39,5 % lag. Ausweislich der STAR-Erhebung 2008 (Statistisches Berichtssystem für Rechtsanwälte) lag der Anteil ausschließlich oder überwiegend selbstständiger Rechtsanwälte 2006 bei 62 %.

860 Vgl. auch die Anmerkung von *Mutschler* zum Beschluss des BGH v. 25.06.2007, DStR 2007, 2183 (2184); *Nitschke*, in: Peres/Senft, Sozietätsrecht, § 42 Rn. 49, wonach es sich um seltene Ausnahmefälle handelt, in denen ein Widerruf der Zulassung bzw. Bestellung tatsächlich durch geeignete Gestaltung vermieden werden

Nichts anderes gilt für die anderen besprochenen Freiberufler. Zwar ist es Steuerberatern möglich, den Nachweis eines Wegfalls des Widerrufsgrundes noch bis zum Zeitpunkt der letzten mündlichen Verhandlung nachzuweisen. Dennoch wird auch hier die Schwierigkeit bestehen, als insolventer Berufsträger eine Anstellung in einer größeren Kanzlei zu erhalten. Auch hier wird die Nachfrage nach einem Anstellungsverhältnis regelmäßig Skepsis begegnen. Gleiches gilt für Wirtschaftsprüfer und Architekten. Der Nutzen, der sich für eine Sozietät aus der Anstellung eines unselbstständigen und von jedweden Entscheidungsbefugnissen entbundenen Berufsträgers ergibt, wiegt regelmäßig nicht so stark, dass er die mit einer Anstellung verbundenen Risiken überwiegt. Damit wird trotz der für diese Freiberufler weniger strengen Voraussetzungen an eine Ausgestaltung des Anstellungsverhältnisses eine abhängige Beschäftigung nur in seltenen Fällen zu bewerkstelligen sein.

4. Zwischenergebnis

Das Ergebnis ist ernüchternd. Von den wenigen bisher von der Rechtsprechung zugelassenen Möglichkeiten zur Fortführung des Berufes verspricht einzig der Insolvenzplan, und dieser nur für Notare und Steuerberater, Erfolg. Für Rechtsanwälte, Wirtschaftsprüfer und Architekten wird der Beschluss des Insolvenzgerichts zur Bestätigung des Insolvenzplans regelmäßig erst nach dem Zeitpunkt der letzten Verwaltungsentscheidung vorliegen, so dass eine hierdurch eintretende Ordnung der Vermögensverhältnisse im gerichtlichen Verfahren unbeachtlich ist. Gleiches gilt für eine Beseitigung des Vermögensverfalls durch die Ankündigung der Restschuldbefreiung und Aufhebung des Insolvenzverfahrens. Auch dies erfolgt regelmäßig erst nach dem für die Beurteilung der Rechtmäßigkeit eines Widerrufs oder einer Löschung maßgeblichen Zeitpunkts. Lediglich Steuerberater und Notare können hoffen, dass das zuständige Insolvenzgericht die Restschuldbefreiung noch bis zum Schluss des gerichtlichen Verfahrens ankündigt und das Insolvenzverfahren aufhebt. Da die Dauer des Insolvenzverfahrens aber nicht in der Hand des Schuldners liegt, kann von einer sicheren Möglichkeit zur Vermeidung eines Widerrufs oder einer Amtsenthebung keine Rede sein. Etwas anderes gilt nur dann, wenn man wie der Bundesgerichtshof bereits die Ankündigung der Restschuldbefreiung nach § 287a InsO n.F. für eine Konsolidierung der Vermögensverhältnisse ausreichen lässt, wobei derzeit noch unklar ist, ob der Bundesgerichtshof zusätzlich zur Ankündigung der Restschuldbefreiung auch eine Aufhebung des Insolvenzverfahrens voraussetzt.

Kaum Erfolgschancen für die weitere Ausübung des Berufes verspricht zudem die Aufnahme eines Anstellungsverhältnisses. Insbesondere für Rechtsanwälte hat der Bundesgerichtshof in den letzten Jahren systematisch daran gearbeitet, diesen Lösungsweg zu verschließen. Obgleich die Aussichten für einen insolventen

kann; *Schmittmann*, Anm. zu *AGH Frankfurt a.M.*, Urteil v. 04.03.2013 – 2 AGH 7/12,VIA 2014, 15; vgl. auch *AGH NRW*, Urteil v. 13.06.2014 – 1 AGH 34/13, wonach „alles in allem" die nach der Rechtsprechung des Bundesgerichtshofes zuzulassenden Ausnahmefälle restirktiv zu handhaben seien.

Rechtsanwalt ohnedies bereits gering waren, ein der Entscheidung des Bundesgerichtshofs vom 18. Oktober 2004 entsprechendes Anstellungsverhältnis einzugehen, hat es der Bundesgerichtshof durch das zusätzliche Erfordernis eines bereits seit einiger Zeit bestehenden Arbeitsverhältnisses dem Rechtsanwalt nunmehr nahezu unmöglich gemacht, einen Widerruf durch den Wechsel in eine Sozietät zu vermeiden. Dies gilt umso mehr, seitdem der Bundesgerichtshof für die Beurteilung der Rechtmäßigkeit alleine auf den Zeitpunkt der letzten Verwaltungsentscheidung abstellt und den insolventen Rechtsanwalt hinsichtlich eines späteren Wegfalls des Widerrufsgrundes auf das Wiederzulassungsverfahren verweist. Der Rechtsanwalt muss demnach bereits zum Zeitpunkt des Widerrufs ein seit längerer Zeit gelebtes Arbeitsverhältnis nachweisen. Dies wird nur in den seltensten Fällen gelingen.

Aber auch für Steuerberater, Wirtschaftsprüfer und Architekten wird der Wechsel in ein Anstellungsverhältnis oftmals mit Schwierigkeiten verbunden sein. Mögliche Arbeitgeber werden einen insolventen Berufsträger regelmäßig bereits aufgrund der sie selbst treffenden Aufsichtspflichten nicht einstellen. Hinzu kommt, dass ein insolventer Freiberufler aufgrund der erforderlichen Beschränkungen, denen er sich unterwerfen muss, im Gegensatz zu anderen Mitbewerbern nur eingeschränkt einsetzbar ist. Im Ergebnis wird der Freiberufler daher, auch im Hinblick auf den ohnedies überfüllten Arbeitsmarkt, in der Praxis nur sehr selten eine Anstellung finden. Die Eingehung eines Anstellungsverhältnisses stellt demnach auch hier keine gesicherte Lösung zum Erhalt der Zulassung dar.

IV. Letzter Ausweg: Negativerklärung nach § 35 Abs. 2 InsO

Obgleich Rechtsprechung und Literatur eine Konsolidierung der Vermögensverhältnisse durch eine Negativerklärung des Insolvenzverwalters nach § 35 Abs. 2 InsO ablehnen, stellt diese Vorgehensweise nach Ansicht des Verfassers eine letzte Möglichkeit zum Erhalt der beruflichen Tätigkeit des Freiberuflers dar. Aus den bereits genannten Gründen kann ein Widerruf der Zulassung/Bestellung eine Amtsenthebung oder eine Löschung aus der Architektenliste nach einer Ausgliederung der freiberuflichen Praxis aus der Insolvenzmasse nicht mit solchen Tatsachen begründet werden, die vor der Erklärung des Insolvenzverwalters entstanden sind[861].

Insofern hat der Insolvenzverwalter die Möglichkeit, im Wege der Negativerklärung einen Widerruf der Berufszulassung und damit eine Einstellung des Praxisbetriebs zu verhindern. Die Ausgliederung der freiberuflichen Tätigkeit aus der Insolvenzmasse dient damit nicht nur dem Schutz der Masse vor Neuverbindlichkeiten, sondern kann auch als Instrument für einen Erhalt der Zulassung selbstständig tätiger Freiberufler genutzt werden. Diese Vorgehensweise bietet sich in erster Linie für solche Schuldner an, bei denen die Eröffnung des Insolvenzverfahrens auf außerbetriebliche Gründe zurückzuführen ist. So etwa bei einer Insolvenzeröffnung aufgrund privater Verschuldung durch Fehlinvestitionen am Kapitalmarkt. In anderen

---

861 Vgl. hierzu S. 161 ff.

Fällen, in denen die Eröffnung des Insolvenzverfahrens der fehlenden Rentabilität der freiberuflichen Tätigkeit geschuldet war, kann durch eine Ausgliederung der Praxis zwar der Widerruf der Zulassung vermieden werden. Indes sollte der Insolvenzverwalter berücksichtigen, dass die innerbetrieblichen Gründe regelmäßig bereits kurze Zeit nach der Ausgliederung der Praxis aus der Insolvenzmasse die Eröffnung eines zweiten Insolvenzverfahrens erforderlich machen. Ein erneuter Widerruf seitens der Kammern ist damit vorprogrammiert.

Die Ausgliederung der freiberuflichen Praxis aus der Insolvenzmasse stellt damit zumindest für die Fälle, in denen der Schuldner einer rentablen freiberuflichen Tätigkeit nachgeht, einen letzten Ausweg zum Erhalt der berufsrechtlichen Zulassung dar. Eine Negativerklärung bietet sich damit insbesondere in den Fällen an, in denen andere Möglichkeiten zur Beseitigung des Vermögensverfalls, wie etwa die Bestätigung eines Insolvenzplans oder die Ankündigung der Restschuldbefreiung aufgrund des *„engen Zeitfensters"* zu spät erfolgen würden, um einen Widerruf zu vermeiden. Zwar entfällt hierdurch die Möglichkeit zur Veräußerung der Praxis. Indes ist eine solche Veräußerung aufgrund der notwendigen Einwilligung der Mandanten in eine Fortführung ihrer Mandate durch einen anderen Berufsträger ohnedies nicht immer zu realisieren. Im Falle einer Negativerklärung des Insolvenzverwalters werden die Insolvenzgläubiger zudem durch die Pflicht des Schuldners zur Abgabe eines Teils seiner Einkünfte nach §§ 35 Abs. 2 Satz 2, 295 Abs. 2 InsO entschädigt.

V. Ergebnis

Fazit ist, dass zumindest Rechtsanwälte, Wirtschaftsprüfer und Architekten im Falle der Eröffnung eines Insolvenzverfahrens über ihr Vermögen in der Praxis regelmäßig keine Möglichkeiten haben, ihren Beruf weiter auszuüben. Die bisher von der Rechtsprechung aufgezeigten Möglichkeiten zur Beseitigung eines Vermögensverfalls oder zum Ausschluss einer Gefährdung der Mandanten oder Dritter sind lediglich auf theoretischer Ebene geeignet, einen Widerruf oder eine Löschung zu vermeiden. Nur Steuerberater und Notare haben aufgrund des Umstandes, dass ein nachträglicher Wegfall des Widerrufsgrundes noch bis zum Zeitpunkt der letzten mündlichen Verhandlung beachtlich ist, die Möglichkeit, durch Ankündigung der Restschuldbefreiung und Aufhebung des Insolvenzverfahrens oder im Wege eines Insolvenzplanverfahrens einen Widerruf oder eine Amtsenthebung zu vermeiden. Bezüglich des Insolvenzplanverfahrens wird es für Steuerberater darauf ankommen, dass der Beschluss des Insolvenzgerichts zur Bestätigung des Insolvenzplans bis zum Schluss des gerichtlichen Verfahrens vorliegt. Für Notare muss lediglich ein Beschluss der Gläubigerversammlung zur Fortführung des Notariats sowie ein Auftrag an den Insolvenzverwalter zur Ausarbeitung des Plans vorliegen. Andernfalls lässt sich auch das Amt eines Notars oder die Bestellung eines Steuerberaters nicht aufrechterhalten. In Anbetracht der Tatsache, dass sich die Dauer eines Insolvenzverfahrens oder die Aufstellung eines Insolvenzplans bis hin zu seiner Bestätigung nicht vom Schuldner selbst beeinflussen lässt, besteht aber auch hier die Gefahr einer gerichtlichen Bestätigung des Widerrufs der Bestellung oder einer Amtsenthebung noch vor dem Wegfall des Widerrufsgrundes.

Ein letzter Ausweg zur Vermeidung eines Widerrufs stellt nach Ansicht des Verfassers die Ausgliederung der freiberuflichen Praxis aus der Insolvenzmasse im Wege der Negativerklärung gem. § 35 Abs. 2 InsO dar. Diese Möglichkeit wird indes von Literatur und Rechtsprechung einheitlich abgelehnt. Vor dem Hintergrund der restriktiven Rechtsprechung zum Zulassungswiderruf stellt die Eröffnung des Insolvenzverfahrens insoweit nach wie vor ein unabwägbares Risiko für den Fortbestand der freiberuflichen Tätigkeit dar.

E. Ergebnisse des zweiten Teils

1. Mit Eröffnung des Insolvenzverfahrens wird vermutet, dass sich der Freiberufler in Vermögensverfall befindet. In diesem Fall droht ihm der Widerruf seiner Berufszulassung durch die zuständige Kammer. Ausschließlich Ärzte müssen weder einen Widerruf ihrer Approbation, noch der kassenärztlichen Zulassung befürchten.
2. Der Insolvenzverwalter ist nicht dazu berechtigt, die schuldnerische Praxis fortzuführen. Eine solche Tätigkeit kollidiert mit seinen Berufspflichten als Insolvenzverwalter. Auch die Einsetzung eines entsprechend qualifizierten Vertreters scheitert regelmäßig an der fehlenden Einwilligung der Mandanten in eine Fortführung ihrer Mandate.
3. Dem Erhalt der schuldnerischen Praxis kommt in der Insolvenz eines Freiberuflers besondere Bedeutung zu, da deren wesentlicher Wert in Form des Goodwills in der Regel nur durch den Freiberufler selbst realisiert werden kann. Damit besteht aus insolvenzrechtlicher Sicht ein gesondertes Interesse am Erhalt der Zulassung.
4. Rechtsanwälte, Steuerberater, Wirtschaftsprüfer und Architekten müssen für einen Erhalt ihrer Zulassung entweder darlegen, dass der Vermögensverfall beseitigt wurde oder, dass trotz dieses Umstandes eine Gefährdung ihrer Mandanten ausgeschlossen ist.
5. Die Berufsordnung der Notare knüpft für eine Amtsenthebung ausschließlich an den Vermögensverfall des Notars an. Einen Entlastungsbeweis, wie ihn die übrigen Berufsordnungen der Freiberufler vorsehen, hat die BNotO nicht geregelt. Der Nachweis fehlender Gefährdung der Mandanten ist für das Amtsenthebungsverfahren insoweit ohne Belang.
6. Der Vermögensverfall lässt sich nur durch die Bestätigung eines Insolvenzplans oder durch die Ankündigung der Restschuldbefreiung und Aufhebung des Insolvenzverfahrens beseitigen.
7. Entgegen der Auffassung des Verfassers führt eine Negativerklärung des Insolvenzverwalters nach § 35 Abs. 2 Satz 1 InsO nach überwiegender Ansicht nicht zu einer Beseitigung des Vermögensverfalls.
8. Eine Gefährdung der Mandanten wird nach h.M. nur durch die Aufnahme eines Angestelltenverhältnisses ausgeschlossen, welches den Anforderungen der

Rechtsprechung des Bundesgerichtshofs vom 18. Oktober 2004 entspricht. Die durch den Bundesgerichtshof entwickelten Voraussetzungen sind unterdessen so hoch, dass sich nur in wenigen Ausnahmefällen ein Zulassungswiderruf durch eine angestellte Tätigkeit vermeiden lässt. Der Bundesgerichtshof hat einen Ausschluss der Gefährdung insoweit erst in zwei Entscheidungen angenommen.

9. Die Eröffnung des Insolvenzverfahrens schließt nach Ansicht der Rechtsprechung eine Gefährdung nicht aus. Der Verfasser vertritt – ebenso wie ein Teil der Literatur – diesbezüglich eine andere Auffassung. Die Gefährdung wird durch die Eröffnung des Insolvenzverfahrens hinreichend reduziert. Es ist damit nicht gerechtfertigt, berufsrechtliche Zulassungserfordernisse nach Eröffnung des Insolvenzverfahrens zu widerrufen.
10. Der maßgebliche Zeitpunkt für die Beurteilung der Rechtmäßigkeit eines Zulassungswiderrufes wird durch die Gerichte unterschiedlich bestimmt. Für Rechtsanwälte, Wirtschaftsprüfer und Architekten vertreten Bundesgerichtshof und Bundesverwaltungsgericht die Ansicht, die Rechtmäßigkeit eines Zulassungswiderrufes beurteile sich parallel zur verwaltungsrechtlichen Judikatur ausschließlich nach der Sach- und Rechtslage zum Zeitpunkt der letzten Verwaltungsentscheidung. Bei Notaren und Steuerberatern geht die Rechtsprechung zwar vom gleichen Zeitpunkt aus, dennoch wird diesen Berufsträgern die Möglichkeit eröffnet, bis zum Zeitpunkt der letzten mündlichen Gerichtsverhandlung Tatsachen vorzutragen, die einen Zulassungswiderruf ausschließen.
11. Notare und Steuerberater können damit noch bis zum Zeitpunkt der letzten mündlichen Verhandlung den Nachweis erbringen, dass der Vermögensverfall beseitigt wurde. Steuerberater können darüber hinaus auch einen Ausschluss der Gefährdung bis zu diesem Zeitpunkt nachweisen.
12. Rechtsanwälte, Wirtschaftsprüfer und Architekten müssen den Vermögensverfall bereits zum Zeitpunkt des Zulassungswiderrufs beseitigt oder eine Gefährdung ausgeschlossen haben. Nach diesem Zeitpunkt eintretende Umstände werden im Rahmen eines Gerichtsverfahrens nicht berücksichtigt.
13. Die geltende Rechtslage begegnet auch aus prozessökonomischen Erwägungen erheblichen Bedenken. So wird der Berufsträger überflüssige wie kostspielige auf ein erneutes Wiederzulassungsverfahren verwiesen, nur weil die Rechtsprechung einen nachträglichen Wegfall des Widerrufsgrundes während des Gerichtsverfahrens bei Rechtsanwälten, Wirtschaftsprüfern und Architekten unberücksichtigt lässt.
14. Die durch die Rechtsprechung zugelassenen Möglichkeiten für die Beseitigung eines Vermögensverfalls oder den Ausschluss einer Gefährdung sind nicht zuletzt aufgrund des für die Beurteilung der Rechtmäßigkeit eines Zulassungswiderrufes maßgeblichen Zeitpunkts ungeeignet, eine Fortführung der freiberuflichen Tätigkeit während des Insolvenzverfahrens zu gewährleisten.
15. Die Möglichkeit, einen Vermögensverfall durch einen Insolvenzplan auszuschließen, scheitert regelmäßig bereits daran, dass ein Widerruf der Zulassung oftmals kurze Zeit nach der Eröffnung des Insolvenzverfahrens ergeht. Bis zu diesem, für die Beurteilung der Rechtmäßigkeit des Widerrufs maßgeblichen

Zeitpunkt, hat das Insolvenzgericht den Insolvenzplan im Regelfall noch nicht bestätigt. Ausschließlich für Notare und Steuerberater stellt der Insolvenzplan aufgrund der Möglichkeit, eine Beseitigung des Vermögensverfalls noch bis zum Zeitpunkt der letzten mündlichen Verhandlung nachzuweisen, eine geeignete Lösung dar. Indes hängt die Möglichkeit der weiteren beruflichen Tätigkeit auch hier davon ab, dass die Insolvenzgläubiger der Annahme des Plans zustimmen und das Insolvenzgericht diesen zeitnah bestätigt.

16. Ebenso wie der Insolvenzplan stellt auch die Restschuldbefreiung keine realistische Möglichkeit zum Erhalt der Zulassung dar. Die Ankündigung der Restschuldbefreiung und Aufhebung des Insolvenzverfahrens erfolgt erst zu einem Zeitpunkt, zu dem die Zulassung bereits widerrufen wurde.
17. Der Ausschluss der Gefährdung durch ein Anstellungsverhältnis ist spätestens seit der Änderung des Verfahrensrechts ausgeschlossen. Der Bundesgerichtshof verlangt für den Ausschluss der Gefährdung durch ein Anstellungsverhältnis, dass dieses bereits seit längerer Zeit durch die Vertragsparteien praktiziert wird. Gleichzeitig verlangt er aber auch, dass das Anstellungsverhältnis spätestens zum Zeitpunkt der letzten Verwaltungsentscheidung besteht. Der Freiberufler, über dessen Vermögen das Insolvenzverfahren eröffnet wurde, müsste insoweit zum Zeitpunkt des Widerrufs bereits ein seit längerer Zeit gelebtes Anstellungsverhältnis vorweisen können. In den bisher vom Bundesgerichtshof entschiedenen Fällen bestand das Anstellungsverhältnis seit 1,5 und 3 Jahren. Eine Anstellung über solch einen Zeitraum unter Einhaltung der durch die Rechtsprechung geforderten Restriktionen kann ein insolventer Freiberufler im Regelfall nicht vorweisen. Die Rechtsprechung verlangt von einem Freiberufler insoweit nichts anderes, als dass er seine selbstständige Tätigkeit bereits geraume Zeit vor der Eröffnung des Insolvenzverfahrens aufgibt und ein Anstellungsverhältnis aufnimmt, welches den Voraussetzungen der Rechtsprechung des Bundesgerichtshof vom 18. Oktober 2004 entspricht.

Dritter Teil
Anwendbarkeit des § 12 GewO auf die Berufsgruppe der Freiberufler

Voranstehende Ausführungen haben gezeigt, dass, anders als bei Gewerbetreibenden, Freiberufler, über deren Vermögen das Insolvenzverfahren eröffnet wurde, nicht ohne weiteres zur Fortführung ihrer Tätigkeit berechtigt sind. Naheliegend ist insoweit die Frage, ob nicht ebenso wie im Gewerberecht auch im Rahmen von Freiberuflerinsolvenzen § 12 GewO zur Durchsetzung insolvenzrechtlicher Interessen Anwendung finden sollte.

A. Direkte Anwendung

Ausweislich des Wortlauts von § 12 Satz 1 GewO findet die Vorschrift nur auf Gewerbetreibende Anwendung. Die Vorschrift ist demnach nicht auf die Berufsrechte der Freiberufler anwendbar. Demgegenüber heißt es in der Gesetzesbegründung zunächst[862]:

> *„Der Anwendungsbereich des neuen § 12 ist nicht auf die Gewerbeordnung selbst beschränkt.“*

Dies ließe die Vermutung zu, dass der Gesetzgeber eine Anwendung des § 12 GewO über die Gewerbeordnung hinaus auch auf andere vergleichbare Sachverhalte beabsichtigt hat. In der Gesetzesbegründung heißt es aber weiterhin:

> *„In zahlreichen Nebengesetzen, die ebenfalls Vorschriften über die Untersagung eines Gewerbes oder die Rücknahme oder den Widerruf gewerberechtlicher Erlaubnisse enthalten, wird die Gewerbeordnung insofern für ergänzend anwendbar erklärt, als nicht in diesen Gesetzen besondere Bestimmungen getroffen worden sind (z.B. Gaststättengesetz). Auch bei Fehlen einer ausdrücklichen Verweisung kann die Gewerbeordnung ergänzend Anwendung finden (z.B. im Falle der Handwerksordnung).“*

Aus dem Kontext der Begründung ergibt sich, dass der Gesetzgeber eine Anwendung des § 12 GewO über die Gewerbeordnung hinaus lediglich auf solche Nebengesetze beabsichtigt, die den Betrieb spezieller Gewerbe regeln[863]. Unabdingbare Voraussetzung ist demnach die Ausübung eines Gewerbes.

---

862 BT-Drucks 12/3803 S. 103.

863 *BVerwG*, Beschluss v. 17.03.2008 – 6 B 7/08, BeckRS 2008, 34007; mit Verweis auf die Entscheidung des BVerwG auch *Hahn*, GewArch 2008, 265 (266); *Ennuschat*, in: Tettinger/Wank/Ennuschat GewO, § 12 Rn. 3; *Heß*, in: Friauf GewO, § 12 Rn. 5a.

Der Gewerbebegriff wird vom Gesetz selbst nicht definiert. Rechtsprechung und Literatur gehen aber übereinstimmend vom Vorliegen eines Gewerbes aus, wenn es sich um eine erlaubte, auf Gewinnerzielung und auf Dauer angelegte selbstständige Tätigkeit handelt, die nicht der Urproduktion, ***den freien Berufen*** oder der bloßen Verwaltung eigenen Vermögens zuzurechnen ist[864]. Freiberufler betreiben der Definition nach kein Gewerbe. Für Rechtsanwälte, Steuerberater, Notare und Wirtschaftsprüfer bestimmen zudem die Berufsordnungen, dass ihre Tätigkeit den freien Berufen zuzurechnen ist und keine Gewerbeausübung darstellt[865]. Für Architekten ist die Klassifizierung als freier Beruf zwar nicht in den landesrechtlichen Gesetzen geregelt, gleichwohl ist allgemein anerkannt, dass diese einen freien Beruf und kein Gewerbe ausüben[866].

I. Annäherung der Freiberufler an das Gewerbe

Es stellt sich aber die Frage, ob eine solche Betrachtungsweise vor dem Hintergrund der seit Jahren zu beobachtenden Annäherung der Freiberufler an die Gewerbetreibenden[867] noch zu rechtfertigen ist. Untersucht werden muss insoweit, ob trotz des eingetretenen gesellschaftlichen Wandels weiterhin zwischen den freien Berufen auf der einen Seite, und den Gewerbetreibenden auf der anderen Seite unterschieden werden kann.

1. Begriff des Freien Berufs

Bei dem Begriff des Freien Berufs handelt es sich nicht um einen eindeutigen allgemeinen Rechtsbegriff, sondern um einen soziologischen Begriff[868], der weder in der Gewerbeordnung, noch in anderen Gesetzen definiert ist. Lediglich § 6 Abs. 1 Satz 1 GewO, § 1 Abs. 2 Satz 2 PartGG und § 18 Abs. 1 Nr. 1 Satz 2 EStG enthalten eine Aufzählung einzelner freier Berufe[869]. Nach Ansicht der gewerberechtlichen

---

864 Ständige Rechtsprechung des *BVerwG*, Urteil v. 01.07.1987 – 1 C 25.85, NVwZ 1988, 56; Beschluss v. 16.02.1995 – 1 B 205.93, GewArch 1995, 152 (153); Beschluss v. 11.03.2008 – 6 B 2.08, GewArch 2008, 301; *Kahl*, in: Landmann/Rohmer, GewO, § 1 Rn. 3; *Pielow*, in: Beck´scher Online-Kommentar, GewO, § 1 Rn. 135.

865 So § 2 BRAO; § 32 Abs. 2 StBerG; § 2 BNotO; § 1 Abs. 2 WPO.

866 So *Marcks*, in: Landmann/Rohmer, GewO, § 14 Rn. 26a m.w.N.

867 *BFH*, Beschluss v. 04.03.2004 – VII R 21/02, DStRE 2004, 733 (734); Vgl. hierzu auch *Gesellensetter*, Die Annäherung des freien Arztberufes an das Gewerbe; Bericht der Bundesregierung über die Lage der Freien Berufe 2002, BT-Drucks. 14/9499, S. 11, wonach die Grenze zwischen den Freien Berufen und dem Gewerbe fließender wird.

868 *BVerfG*, Beschluss v. 25.02.1960 – 1 BvR 239/52, NJW 1960, 619 (620); *OVG Lüneburg*, Urteil v. 29.08.2007 – 7 LC 125/06, GewArch 2008, 301; mit Hinweis auf die Entscheidung des BVerfG auch *Mann*, NJW 2008, 121 (122); *ders.*, AnwBl. 2010, 551 sowie ausführlich zur Genese der Freien Berufe.

869 Nach § 6 Abs.1 S. 1 GewO sind das: die Fischerei, die Errichtung und Verlegung von Apotheken, die Erziehung von Kindern gegen Entgelt, das Unterrichtswesen, Rechtsanwälte, Notare, Rechtsbeistände, Wirtschaftsprüfer, Buchprüfer,

Rechtsprechung ist für die Annahme eines Freien Berufs darauf abzustellen, ob es sich um eine wissenschaftliche, künstlerische oder schriftstellerische Tätigkeit höherer Art oder eine Dienstleistung höherer Art handelt, die eine höhere Bildung, das heißt grundsätzlich ein abgeschlossenes Hochschul- oder Fachholschulstudium erfordert, und die persönlich, eigenverantwortlich und fachlich unabhängig im Interesse des Auftraggebers und der Allgemeinheit erbracht wird[870]. Diesen durch das Gewerberecht entwickelten Begriffsmerkmalen kommt hingegen nicht die Wirkung einer Definition zu. Es handelt sich vielmehr rechtsmethodisch um einen Typusbegriff, so dass nicht alle Begriffsmerkmale in jedem Detail vorliegen müssen[871]. Für die Annahme eines Freien Berufes genügt es vielmehr, wenn die Tätigkeit unter Beachtung der Merkmale insgesamt das Gepräge eines freien Berufes aufweist[872]. Ausschlaggebend ist insoweit eine Gesamtbewertung[873].

2. Abgrenzung von Freiberuflern gegenüber Gewerbetreibenden

Zu untersuchen ist, ob sich die Tätigkeit eines Rechtsanwalts, Steuerberaters, Notars, Wirtschaftsprüfers oder Architekten auch unter Berücksichtigung der sozialen und gesellschaftlichen Entwicklung noch klar von einer gewerblichen Tätigkeit unterscheidet.

Steuerberater, Auswandererberater und Seelotsen; Nach § 1 Abs. 2 S. 1 PartGG: Ärzte, Zahnärzte, Tierärzte, Heilpraktiker, Krankengymnasten, Hebammen, Heilmasseure, Diplom-Psychologen, Mitglieder der Rechtsanwaltskammer, Patentanwälte, Wirtschaftsprüfer, Steuerberater, beratende Volks- und Betriebswirte, vereidigte Buchprüfer (vereidigte Buchrevisoren), Steuerbevollmächtigte, Ingenieure, Architekten, Handelschemiker, Lotsen, hauptberufliche Sachverständige, Journalisten, Bildberichterstatter, Dolmetscher, Übersetzer und ähnliche Berufe, Wissenschaftler, Künstler, Schriftsteller, Lehrer und Erzieher; Nach § 18 Abs. 1 Nr. 1 S. 2 EStG: selbstständig ausgeübte wissenschaftliche, künstlerische, schriftstellerische, unterrichtende oder erzieherische Tätigkeiten, die selbstständige Berufstätigkeit der Ärzte, Zahnärzte, Tierärzte, Rechtsanwälte, Notare, Patentanwälte, Vermessungsingenieure, Ingenieure, Architekten, Handelschemiker, Wirtschaftsprüfer, Steuerberater, beratende Volks- und Betriebswirte, vereidigte Buchprüfer, Steuerbevollmächtigte, Heilpraktiker, Dentisten, Krankengymnasten, Journalisten, Bildberichterstatter, Dolmetscher, Übersetzer, Lotsen und ähnliche Berufe.

870 *BVerwG*, Beschluss v. 11.03.2008 – 6 B 2.08, GewArch 2008, 301; Urteil v. 15.01.1970 – I C 17.68, GewArch 1970, 125 (127).

871 *OVG Lüneburg*, Beschluss v. 29.11.2007 – 7 LC 229/06, 5 LA 273/07, BeckRS 2007, 28159; vgl. auch *OVG Münster*, Urteil v. 20.12.2011 – 4 A 812/09, GewArch 2012, 209; *Mann*, NJW 2008, 121 (122 ff); *ders.*, AnwBl. 2010, 551 (552); *Taupitz*, Die Standesordnungen der Freien Berufe, S. 23 ff; zum Freien Beruf als Typusbegriff ausführlich *Sodan*, Freie Berufe als Leistungserbringer im Recht der gesetzlichen Krankenversicherung, S. 13 und *Hummes*, Die rechtliche Sonderstellung der freien Berufe im Vergleich zum Gewerbe, S. 83 f.

872 *OVG Lüneburg*, Beschluss v. 29.11.2007 – 7 LC 229/06, 5 LA 273/07, BeckRS 2007, 28159.

873 *OVG Lüneburg*, Beschluss v. 29.11.2007 – 7 LC 229/06, 5 LA 273/07, BeckRS 2007, 28159.

Diese Frage beschäftigte in der Vergangenheit insbesondere das Steuerrecht. Hierbei ging es um die Frage, ob die den Gewerbetreibenden treffende Pflicht zur Abgabe von Gewerbesteuer nicht auch die Freiberufler treffen muss. Vereinzelt wurde in diesem Zusammenhang angeführt, dass sich in weiten Bereichen eine Unterscheidung zwischen Freiberuflern und Gewerbetreibenden nicht mehr treffen lasse[874]. Betriebsgrößen von Freiberuflern würden nicht selten ein Vielfaches derjenigen von Gewerbetreibenden erreichen, wodurch die Infrastruktur ebenso wie bei Gewerbetreibenden belastet würde[875]. Teilweise wird daher zumindest steuerrechtlich dafür plädiert, die Freiberufler mit Gewerbetreibenden gleichzusetzen.

Hierfür spricht auf den ersten Blick, dass eine Reihe von Freiberuflern heutzutage in ihrer Tätigkeit gewerbsmäßige Ausprägungen erkennen lassen. Hierbei tritt neben die ideelle Motivation des Berufsträgers ein wie bei Gewerbetreibenden typisches Gewinnstreben.

Das Bundesverfassungsgericht lehnt eine gewerbesteuerrechtliche Gleichbehandlung von Freiberuflern und Gewerbetreibenden gleichwohl ab[876]. Es vertritt die Ansicht, dass trotz der voranschreitenden Konvergenz von freien Berufen und Gewerbetreibenden nach wie vor typusmäßig ein deutlicher Unterschied zwischen den Berufsgruppen vorliege[877]. Dieser ergäbe sich aus der im Regelfall für die Freiberufler erforderlichen akademischen oder vergleichbar besonderen beruflichen Qualifikation, der besonderen Bedeutung der persönlichen, eigenverantwortlichen und fachlich unabhängigen Erbringung der Arbeit, verbunden mit einem häufig höchstpersönlichen Vertrauensverhältnis zum Auftraggeber, aber auch aus der spezifisch staatlichen, vielfach auch berufsautonomen Reglementierung zahlreicher freier Berufe, insbesondere im Hinblick auf berufsrechtliche Pflichten und Honorarbedingungen[878].

Indes bestehen, unabhängig von der steuerrechtlichen Betrachtungsweise, die aufgrund des unterschiedlichen Regelungszwecks zwischen Gewerbe- und Steuerrecht ohnedies nur Indizwirkung für die gewerberechtliche Beurteilung freiberuflicher Tätigkeit haben kann[879], auch aus anderen Gründen ernsthafte Bedenken gegen eine Einordnung der Freiberufler unter den Begriff des Gewerbes.

Trotz einer Annäherung der Freiberufler an die Gewerbetreibenden bestehen nach wie vor signifikante Unterschiede zwischen den Berufsgruppen, die sowohl eine steuerrechtliche, als auch berufsrechtlich unterschiedliche Behandlung rechtfertigen. Zum einen ist hier die persönliche fachliche unabhängige Erbringung der Arbeit durch den Freiberufler zu nennen. Die Freiheit ist insoweit wesentliches Element der freiberuflichen Tätigkeit, wobei sie sich im Kern auf die geistige Entscheidungsfreiheit und auf

874 *Güroff*, in: Glanegger/Güroff, GewStG, § 1 Rn. 12.
875 *Güroff*, in: Glanegger/Güroff, GewStG, § 1 Rn. 12.
876 *BVerfG*, Beschluss v. 15.01.2008 – 1 BvL 2/04, DStRE 2008, 1003.
877 *BVerfG*, a.a.O., S. 1005 f.
878 *BVerfG*, a.a.O., S. 1006.
879 Vgl. *Mann*, NJW 2008, 121 (122); *Kanther*, GewArch 2002, 362 (363).

das eigenverantwortliche, unabhängige Handeln der Berufsträger bezieht[880]. Anders als bei Gewerbetreibenden kann der Auftraggeber eines Freiberuflers diesem zwar den Auftrag erteilen, auf die genaue Art der Ausführung kann er hingegen keinen Einfluss nehmen[881]. Er kann insoweit das *„Was"*, nicht aber das *„Wie"* bestimmen[882]. Das heißt, der Mandant eines Rechtsanwalts kann ihm zwar den Auftrag erteilen, ihn gerichtlich oder außergerichtlich zu vertreten. Es ist ihm aber nicht vorbehalten, die rechtlichen oder prozessualen Handlungen des Anwalts zu bestimmen. Gleiches gilt für andere Berufsträger. So können Patienten eines Arztes dem Berufsträger nicht vorschreiben, sie zu operieren, oder Auftraggeber eines Architekten die statische Bauweise eines Gebäudes bestimmen. Hintergrund ist, dass etwa ein Arzt, Rechtsanwalt, Steuerberater, Notar, Wirtschaftsprüfer oder Architekt besser entscheiden kann, was für den Patienten, Mandanten oder Auftraggeber im Einzelfall die bessere Lösung ist, wobei Notare und Wirtschaftsprüfer gleichzeitig ihre Unparteilichkeit zu wahren haben[883]. Dies bringen auch die berufsrechtlich relevanten Gesetze – indem sie die Unabhängigkeit und Eigenverantwortlichkeit der Berufsträger betonen – ausdrücklich zum Ausdruck[884]. So heißt es in § 1 BRAO: *„Der Rechtsanwalt ist ein unabhängiges Organ der Rechtspflege"*. In § 3 BRAO heißt es weiterhin: *„Der Rechtsanwalt ist der berufene unabhängige Berater und Vertreter in allen Rechtsangelegenheiten"*. Der Rechtsanwalt dient damit nicht alleine dem Mandanteninteresse, sondern ist Teil der Rechtspflege[885]. Ebenso ist der Notar gem. § 1 BNotO *„unabhängiger Träger eines öffentlichen Amtes"*. Vergleichbare Regelungen die Unabhängigkeit betonend treffen auch die übrigen Berufsordnungen[886]. Die fachlich unabhängige Erbringung der Arbeit ist somit bereits in den Berufsordnungen verankert.

Zum anderen besteht zwischen dem Freiberufler und seinem Auftraggeber regelmäßig ein besonderes Vertrauensverhältnis. So z.B. bei einem Rechtsanwalt und seinem Mandanten oder einem Arzt und seinem Patienten. Für die Auftraggeber ist daher, anders als im Verhältnis zu einem Gewerbetreibenden, die persönliche

880 So der Bericht der Bundesregierung über die Lage der Freien Berufe 2013, BT-Drucks. 17/13074, S. 3.

881 *Mann*, NJW 2008, 121 (123).

882 *Taupitz*, Die Standesordnung der Freien Berufe, S. 44 f; *OVG Lüneburg*, Beschluss v. 29.11.2007 – 7 LC 229/06, 5 LA 273/07, BeckRS 2007, 28159; vgl. auch *OVG Münster*, Urteil v. 20.12.2011 – 4 A 812/09, GewArch 2012, 209 (210).

883 Vgl. *Taupitz*, Die Standesordnung der Freien Berufe, S. 44 f.

884 *OVG Lüneburg*, Beschluss v. 29.11.2007 – 7 LC 229/06, 5 LA 273/07, BeckRS 2007, 28159.

885 *Mann*, in: Berufsethik der Steuerberater, S. 54 (58).

886 Gleiches gilt aber auch für die Steuerberater gem. § 57 Abs. 1 StBerG, wonach Steuerberater und Steuerbevollmächtigte ihren Beruf *„unabhängig, eigenverantwortlich, gewissenhaft, verschwiegen und unter Verzicht auf berufswidrige Werbung auszuüben"* haben. Wirtschaftsprüfer haben ihren Beruf gem. § 43 Abs. 1 WPO *„unabhängig, gewissenhaft, verschwiegen und eigenverantwortlich auszuüben"*. Vgl. hierzu auch *Mann*, in: Berufsethik der Steuerberater, S. 54 (58 f).

Leistungserbringung durch den Freiberufler von höchster Priorität. Der teilweise hiergegen hervorgebrachte Einwand, dass infolge der immer größer werdenden Praxen die Arbeiten auf Mitarbeiter des Freiberuflers verschoben werden und es insoweit an der für den Freiberufler charakteristischen Eigenverantwortlichkeit fehlt, geht fehl[887]. Der Freiberufler ist nicht daran gehindert, Routinearbeiten an seine Mitarbeiter zu delegieren[888]. Eine höchstpersönliche Erledigung dieser Aufgaben erwarten die Auftraggeber auch nicht[889]. Alleine das Endprodukt, mithin die Gesamtleistung, muss durch den Freiberufler leitend und eigenverantwortlich erbracht werden[890]. Unschädlich ist insoweit z.B., dass ein Rechtsanwalt sich im Rahmen eines größeren Mandates der Mithilfe mehrerer Mitarbeiter, etwa zur Durchführung einer Due Diligence, bedient.

Daneben ist für die Freiberufler nach wie vor charakteristisch, dass sie nicht nur im Interesse des Auftraggebers, sondern auch im Interesse der Allgemeinheit tätig werden[891]. Insoweit handeln der Rechtsanwalt oder Arzt nicht nur im Interesse ihrer Mandanten und Patienten, sondern auch als *„unabhängige Organe der Rechtspflege“* (§ 1 BRAO) bzw. zur *„Gesundheit des einzelnen Menschen und des gesamten Volkes“* (§ 1 BÄO)[892]. Die Betonung liegt hierbei auf dem Worte *„auch“*[893]. Nicht verlangt werden kann, dass sich der Freiberufler in der heutigen Zeit alleine altruistisch verhält und sein Gewinnstreben hierdurch in den Hintergrund stellt[894]. Die freiberufliche Tätigkeit dient letztlich dem Erwerb der Lebensgrundlage[895]. Das Gewinnstreben muss vielmehr in Relation zu anderen Interessen gesehen und bewertet werden[896]. Die teilweise auftretende *„Vermarktungstendenz“* mag zwar dem

---

887 Vgl. zur persönlichen Leistungserbringung als Merkmal des Freien Berufs *Kluth*, in: Jahrbuch des Kammer- und Berufsrechts, S. 273.

888 *Korn*, DStR 1995, 1249 (1252); vgl. insoweit auch *Cervera*, in: Festschrift für Eberhard Braun, S. 253 (255).

889 *Korn*, a.a.O., S. 1252.

890 *Korn*, a.a.O., S. 1252.

891 Vgl. insoweit auch *Mann*, in: Berufsethik der Steuerberater, S. 54 (56), wonach die rechtliche Sonderbehandlung der Freien Berufe alleine durch den spezifischen Bezug zum Gemeinwohl gerechtfertigt ist.

892 *Mann*, NJW 2008, 121 (124); *ders.*, AnwBl 2010, 551 (552).

893 Vgl. auch die Entscheidung des Reichsgerichts RGZ 66, 143 (148). Das Gericht urteilt hier: *„Dem durchschnittlichen Maßstab, dem Anstandsgefühl aller billig und gerecht Denkenden, ist es anstößig, wenn der Beruf des Arztes und des Rechtsanwalts lediglich zum Zwecke des Geldverdienens und nach den Antrieben dieses Zweckes ausgeübt wird“* (Unterstrichen durch den Verfasser). Durch das Wort „lediglich“ lässt sich der Entscheidung entnehmen, dass das Gewinnstreben zumindest auch Beweggrund freiberuflichen Handelns sein darf.

894 Vgl. hierzu auch *Hummes*, Die rechtliche Sonderstellung der freien Berufe im Vergleich zum Gewerbe, S. 64 m.w.N.; *Pfordten*, in: Berufsethik der Steuerberater, S. 25 (35), wonach das Gemeinwohl sicherlich nicht das alleinige oder hauptsächliche Ziel des Steuerberaters sein kann.

895 *Killian*, AnwBl 2010, 544 (547).

896 *Ahrens*, AnwBl 1992, 247 (249).

klassischen Berufsbild der unterschiedlichen Freiberufler entgegenstehen, ist aber aufgrund der bestehenden Marktveränderungen unvermeidlich[897]. Keineswegs kann alleine dieser Umstand dazu führen, dass die Typentrennung zwischen Gewerbetreibenden und Freiberuflern aufgehoben wird. Der spezifische Gemeinwohlbezug rechtfertigt eine Sonderbehandlung der Freiberufler[898]. Abstand zu nehmen ist lediglich von der *„überidealisierten Auffassung"* des allein altruistisch handelnden Freiberuflers[899]. Die herkömmliche Zielsetzung der Freiberuflichkeit bedarf insoweit einer Anpassung an den Wandel der Zeit.

Im Ergebnis ist daher trotz einer den gesellschaftlichen Veränderungen geschuldeten Annäherung der freien Berufe an die Gewerbetreibenden die Tätigkeit eines Freiberuflers nicht als Gewerbe zu qualifizieren. Damit kann § 12 GewO nicht direkt auf den Freiberufler angewandt werden.

II. Ausnahme: gewerbsmäßige Tätigkeit des Freiberuflers

Anders beurteilt werden müssen hingegen solche Fälle, in denen der Freiberufler neben seiner eigentlichen Tätigkeit zusätzlich ein Gewerbe ausübt[900]. Zu nennen sind hier z.B. der Architekt, der sich auch als Bauträger betätigt oder der Rechtsanwalt, der Darlehen und Grundstücke vermittelt und dabei seine rechtsberatende Tätigkeit völlig in den Hintergrund treten lässt. Die Ausübung des Gewerbes kann in diesen Fällen durch die zuständigen Gewerbeüberwachungsbehörden untersagt bzw. die gewerberechtlichen Erlaubnisse können dem Berufsträger entzogen werden. Im Falle der Eröffnung des Insolvenzverfahrens findet insoweit auch § 12 GewO Anwendung. Der Berufsträger verliert damit zwar seine berufsrechtliche Zulassung, seine Gewerbetätigkeit kann er hingegen aufgrund der Sperrwirkung des § 12 GewO weiter ausüben.

III. Ergebnis

Eine direkte Anwendbarkeit des § 12 GewO auf Freiberufler scheitert aufgrund der fehlenden Gewerbequalität der freiberuflichen Tätigkeiten. Die Vorschrift erfasst nur gewerbliche Tätigkeiten, die der Freiberufler neben seinem eigentlichen Beruf ausübt.

B. Analoge Anwendung

Eine andere Frage ist, ob die Vorschrift des § 12 GewO analog auf die Berufsrechte der Freiberufler angewandt werden kann.

---

897 Vgl. *Stober*, Wirtschaftsverwaltungsrecht II, Rn. 671.
898 *Mann*, AnwBl 2010, 551 (555).
899 *Killian*, AnwBl 2010, 544 (547).
900 Dies selbstverständlich nur, soweit die Berufsordnungen die Aufnahme einer gewerblichen Tätigkeit zulassen. Zu beachten ist hier insbesondere das Verbot einer gewerblichen Tätigkeit für Steuerberater gem. § 57 Abs. 4 Nr. 1 StBerG.

Unter einer Gesetzesanalogie versteht man die Übertragung einer bestimmten gesetzlichen Regelung, genauer ihre Rechtsfolge, auf einen vom Gesetz nicht geregelten *„ähnlichen“* Tatbestand[901]. Bei gleichen Voraussetzungen soll auch die gleiche Rechtsfolge eintreten. Die Analogie ist insoweit Hilfsmittel *„zu einer gerechten und gesetzmäßigen Behandlung von Lebensvorgängen, wo ein unmittelbar auf sie anwendbares Gesetz fehlt oder versagt“*[902].

I. Gesetzeslücke

Die richterliche Rechtsfortbildung im Wege der Analogie setzt zunächst einmal das Vorliegen einer Gesetzeslücke voraus[903]. Zum Begriff der Lücke führt *Canaris* aus[904]:

> *„Eine Lücke ist eine planwidrige Unvollständigkeit innerhalb des positiven Rechts (d.h. des Gesetzes im Rahmen seines möglichen Wortsinnes und des Gewohnheitsrechts) gemessen am Maßstab der gesamten geltenden Rechtsordnung. Oder: Eine Lücke liegt vor, wenn das Gesetz innerhalb der Grenzen seines möglichen Wortsinnes und das Gewohnheitsrecht eine Regelung nicht enthalten, obwohl die Rechtsordnung in ihrer Gesamtheit eine solche fordert.“*

Zu untersuchen ist insoweit, ob die Berufsordnungen der Freiberufler eine solche planwidrige Unvollständigkeit aufweisen.

---

901 *Larenz*, Methodenlehre der Rechtswissenschaften, S. 381; vgl. auch *Bydlinski*, Juristische Methodenlehre und Rechtsbegriff, S. 477; *Röhl*, Allgemeine Rechtslehre, S. 634; *Sauer*, Juristische Methodenlehre, S. 308, wonach Analogie die („entsprechende“) Behandlung eines Sachverhalts, beim Fehlen einer auf ihn unmittelbar anwendbaren („passenden“) Rechtsnorm, gemäß einer für einen rechtsähnlichen Fall gegebenen („passenden“) Rechtsnorm zur Ermöglichung einer gerechten, dem Gemeinwohl möglichst genügenden Regelung ist; vgl. allgemein zur Analogie auch *Langheim*, Das Prinzip der Analogie als juristische Methode.

902 *Sauer*, Juristische Methodenlehre, S. 304.

903 *Larenz*, Methodenlehre der Rechtswissenschaften, S. 370; *Sauer*, Juristische Methodenlehre, s. 304 f; *Bydlinski*, Juristische Methodenlehre und Rechtsbegriff, S. 473; *Canaris*, Die Feststellung von Lücken im Gesetz, S. 25; a.A. *Röhl*, Allgemeine Rechtslehre verzichtet auf das Vorliegen einer Lücke als Voraussetzung für eine Analogie und stellt alleine auf Ähnlichkeit und Gleichbehandlung ab; wohl auch *Pawlowski*, Methodenlehre für Juristen, S. 213; *ders.*, Einführung in die Juristische Methodenlehre, S. 110.

904 *Canaris*, Die Feststellung von Lücken im Gesetz, S. 39; vgl. zum Begriff der Lücke auch *Larenz*, Methodenlehre der Rechtswissenschaften, S. 370 ff; *Bydlinski*, Juristische Methodenlehre und Rechtsbegriff, S. 473, wonach eine Gesetzeslücke bedeutet, dass der Rechtsfall nach dem Gesetz nicht beurteilt werden kann, jedoch rechtlich einer Beurteilung im Sinne der Festlegung von Rechtsfolgen bedarf.

1. *„Unvollständigkeit" der Berufsordnungen*

Von einer Unvollständigkeit spricht man im Allgemeinen immer dann, wenn etwas fehlt. Einer Briefmarkensammlung fehlt zu ihrer Vollständigkeit eine letzte Marke. Die Fußballmannschaft ist unvollständig, weil ihr Torwart fehlt. Ein Buch ist unvollständig, da einige Seiten fehlen.

Eine vergleichbare Unvollständigkeit wie bei oben genannten Beispielen weisen auch die Berufsordnungen auf. Ihre Unvollständigkeit folgt aus dem Umstand, dass bislang keine Regelungen getroffen wurden, die es den Freiberufler ermöglichen, im Interesse des Insolvenzverfahrens ihre Tätigkeit weiter auszuüben. Hierdurch wird die Zielsetzung des Insolvenzverfahrens, die Insolvenzgläubiger bestmöglich zu befriedigen und den Schuldner von seinen Verbindlichkeiten zu befreien, nachhaltig vereitelt. Denn eine effektive Befriedigung der Insolvenzgläubiger hängt davon ab, dass der Schuldner auch nach Insolvenzeröffnung seiner Erwerbstätigkeit nachgehen kann. Hinzu kommt, dass durch den Widerruf der Zulassung eine Praxisfortführung durch den Berufsträger ausscheidet. Da sich ein Verkauf der Praxis in der Insolvenz als schwierig gestaltet – zumindest ein Teil des Goodwills verloren geht – verschlechtern sich die Befriedigungsaussichten der Insolvenzgläubiger zusehends[905]. Die in § 1 InsO normierten Ziele können nicht verwirklicht werden. Damit sind Berufsordnungen und Insolvenzordnung nicht hinreichend aufeinander abgestimmt. Die Zielsetzung der Insolvenzordnung läuft hierdurch ins Leere. Im Gegensatz zur Gewerbeordnung *„fehlt"* eine mit § 12 GewO vergleichbare Vorschrift. Die Berufsordnungen sind im Hinblick auf eine Harmonisierung mit der Insolvenzordnung insoweit *„unvollständig"*.

2. *„Planwidrigkeit" der Lücke*

Indes kann alleine aus der Unvollständigkeit eines Gesetzes noch nicht auf das Vorliegen einer Gesetzeslücke geschlossen werden. Voraussetzung ist vielmehr weiterhin, dass diese Unvollständigkeit planwidrig vorliegt. Mit dem Merkmal der Planwidrigkeit wird die *„Lücke"* vom rechtspolitischen Fehler abgegrenzt. Deren Feststellung beinhaltet insoweit stets ein Werturteil[906].

Die h.L. stellt für die Frage, ob die Unvollständigkeit eines Gesetzes planwidrig ist, auf die dem Gesetz zugrundeliegende Regelungsabsicht ab[907]. Maßgeblich ist insoweit der Plan des Gesetzgebers[908].

Mit dem Einführungsgesetz zur Insolvenzordnung hat der Gesetzgeber nicht nur § 12 GewO eingeführt, sondern auch die Widerrufsvorschriften in den

---

905 Vgl. hierzu S. 139 ff.

906 *Canaris*, Die Feststellung von Lücken im Gesetz, S. 31.

907 *Larenz*, Methodenlehre der Rechtswissenschaften, S. 370; *Wank*, Grenzen richterlicher Rechtsfortbildung, S. 70; *Engisch*, Einführung in das juristische Denken, S. 241; *Canaris*, Die Feststellung von Lücken im Gesetz, S. 32 m.w.N.

908 Vgl. *Sauer*, Juristische Methodenlehre, S. 314.

Berufsordnungen geändert[909]. Anders als in der Gewerbeordnung hat er sich dazu entschlossen, für Freiberufler die Eröffnung des Insolvenzverfahrens als Vermutung für das Vorliegen eines Vermögensverfalls und somit eines Widerrufsgrundes zu regeln. Dem Insolvenzverfahren sollte insoweit bewusst kein Vorrang vor den Berufsrechten eingeräumt werden. Damit kann dem Gesetzgeber auch kein Versehen unterstellt werden. Letztendlich beweist gerade die Einführung des § 12 GewO durch ein und das selbe Gesetz, durch das auch die Berufsordnungen geändert wurden, dass der Gesetzgeber die mit § 12 GewO verbundene Rechtsfolge für Freiberufler nicht beabsichtigt hat[910]. Der Konflikt mit der Insolvenzordnung wurde insoweit nicht *„übersehen"*, sondern ist bewusst eingegangen worden. Von einer *„planwidrigen"* Unvollständigkeit der Berufsordnungen kann vor diesem Hintergrund keine Rede sein.

II. Ergebnis

Der Gesetzgeber hat bewusst darauf verzichtet, eine mit § 12 GewO vergleichbare Vorschrift auch für Freiberufler zu erlassen. Die Berufsordnungen weisen insoweit keine planwidrige Unvollständigkeit auf[911]. Eine analoge Anwendung des § 12 GewO kommt daher nicht in Betracht[912].

909 BT-Drucks. 12/3803.

910 Vgl. auch *Graf/Wunsch*, ZVI 2005, 105 (106), die davon ausgehen, dass der Gesetzgeber dadurch, dass er die Eröffnung des Insolvenzverfahrens als Vermutung für einen Vermögensverfall in den gesetzlichen Vorschriften normiert hat, *„diametral von § 12 GewO abgewichen"* ist.

911 Das Vorliegen einer planwidrigen Regelungslücke wird einheitlich verneint: für Steuerberater *BFH*, Beschluss v. 04.03.2004 – VII R 21/02, DStRE 2004, 733 (734); *FG Niedersachsen*, Urteil v. 17.06.2004 – 6 K 632/02, BeckRS 2004, 26016327; für Architekten *BVerwG*, Beschluss v. 17.03.2008 – 6 B 7/08, BeckRS 2008, 34007; *OVG Münster*, Beschluss v. 05.01.2012 – 4 B 1250/11, BeckRS 2012, 45957; *OVG Saarlouis*, Beschluss v. 28.11.2007 – 1 A 177/07, ZInsO 2009, 146 (149); für Wirtschaftsprüfer *BVerwG*, Urteil v. 17.08.2005 – 6 C 15/04, NJW 2005, 3795 (3797); für Ärzte und andere Freiberufler allgemein auch *OVG Lüneburg*, Beschluss v. 04.12.2009 – 8 LA 197/09, BeckRS 2009, 42273; für die Literatur: *Depré/Kothe*, in: Beck/Depré, § 36, Rn. 111; *Schmittmann*, ZInsO 2004, 725 (727); *Johnigk*, Vermögensverfall und Insolvenzverfahren, S. 14; *Schildt*, Die Insolvenz des Freiberuflers, S. 138; *Harlfinger*, Der Freiberufler in der Insolvenz, S. 71; eine analoge Anwendung des § 12 GewO im Ergebnis wohl ablehnend, auch *Ahrens*, KSzW 2012, 303; *Mutschler*, KSI 2007, 115 (119); *Lenger/Bauchowitz*, NZI 2015, 494 (497).

912 Vgl. insoweit auch *Bydlinski*, Juristische Methodenlehre und Rechtsbegriff, S. 475, wonach es an einer Möglichkeit zur ergänzenden Rechtsfindung da fehlt, wo für einen bestimmten Sachverhalt eine bestimmte Rechtsfolge von der Gesetzgebungsinstanz bewusst abgelehnt wurde.

C. Ergebnisse des dritten Teils

1. § 12 GewO ist nicht direkt auf den Freiberufler anwendbar. Unabhängig von einer Annäherung der Freiberufler an das Gewerbe bestehen nach wie vor signifikante Unterschiede zwischen den Berufsgruppen. Die freiberufliche Tätigkeit erfüllt damit nicht die Voraussetzungen eines Gewerbes.
2. Indes findet § 12 GewO auf den Freiberufler insoweit Anwendung, als dieser neben seiner freiberuflichen Tätigkeit – soweit von den Berufsordnungen erlaubt – zusätzlich ein Gewerbe betreibt. Im Falle der Eröffnung eines Insolvenzverfahrens über das Vermögen des Freiberuflers hat dies zur Konsequenz, dass die zuständigen Behörden ihm zwar die berufsrechtliche Zulassung entziehen können, die Ausübung der gewerblichen Tätigkeit kann ihm aber aufgrund der Sperrwirkung des § 12 Satz 1 GewO nicht untersagt werden.
3. § 12 GewO ist nicht analog auf den Freiberufler anwendbar. Hierzu fehlt es an einer planwidrigen Unvollständigkeit der Berufsordnungen. Der Gesetzgeber hat eine mit § 12 GewO vergleichbare Regelung für die Freiberufler bewusst nicht getroffen.

Vierter Teil
Verfassungsrechtliche Bewertung der geltenden Rechtslage bei Freiberuflern und Vorschlag zur Harmonisierung von Insolvenz- und Berufsrecht

Der Widerruf der Zulassung/Bestellung, die Amtsenthebung oder die Löschung aus der Architektenliste aufgrund des durch die Eröffnung des Insolvenzverfahrens vermuteten Vermögensverfalls berühren immer auch grundrechtlich geschützte Rechte des betroffenen Berufsträgers sowie seiner Insolvenzgläubiger. Gerechtfertigt wird der Eingriff mit dem Schutz der Interessen Dritter. Nachfolgend soll überprüft werden, welche verfassungsrechtlichen Rechte von den berufsrechtlichen Maßnahmen konkret betroffen sind, und ob ein Eingriff in diese Rechte gerechtfertigt ist.

A. Berufsfreiheit Art. 12 Abs. 1 GG

Zu vorerst ist die verfassungsrechtliche Rechtfertigung für einen Eingriff in die Berufsfreiheit nach Art. 12 Abs. 1 GG zu untersuchen. Das Grundrecht sichert *„die Freiheit des Bürgers, jede Tätigkeit, für die er sich geeignet glaubt, als Beruf zu ergreifen, d.h. zur Grundlage seiner Lebensführung zu machen“*[913]. Dabei gliedert sich das Grundrecht der Berufsfreiheit in die Freiheit der Berufswahl und die Freiheit der Berufsausübung[914]. Voraussetzung für einen Schutz durch Art. 12 Abs. 1 GG ist zunächst, dass die Tätigkeit der Freiberufler in den sachlichen Schutzbereich dieses Grundrechts fällt.

I. Schutzbereich

Als Beruf ist gemeinhin jede Tätigkeit einzustufen, die auf Dauer angelegt ist und der Schaffung und Erhaltung der Lebensgrundlage dient[915]. Dabei ist unerheblich,

913 *BVerfG*, Beschluss v. 16.03.1971 – 1 BvR 52, 665, 667, 754/66, BVerfGE 30, 292 (334); unter Hinweis auf die Entscheidung des BVerfG *Jarass*, in: Jarass/Pieroth, GG, Art. 12 Rn. 2.

914 Vgl. insoweit auch *Kämmerer*, in: Münch/Kunig, GG, Art. 12 Rn. 1.

915 Vgl. zum verfassungsrechtlichen Begriff des Berufes *BVerfG*, Urteil v. 11.06.1958 – 1 BvR 596/56, BVerfGE 7, 377 (397); Urteil v. 01.03.1979 – 1 BvR 532, 533/77, 419/78 und 1 BvL 21/78, BVerfGE 50, 290 (362); Beschluss v. 18.06.1980 – 1 BvR 697/77, BVerfGE 54, 301 (313); Beschluss v. 26.06.2002 – 1 BvR 558, 1428/91, BVerfGE 105, 252 (265); Urteil v. 28.03.2006 – 1 BvR 1054/01, BVerfGE 115, 276 (300); *Mann*, in: Sachs, GG, Art. 12 Rn. 45; *Kämmerer*, in: Münch/Kunig, GG, Art. 12 Rn. 15; *Jarass*, in: Jarass/Pieroth, GG, Art. 12 Rn. 5.

ob die Tätigkeit selbstständig oder unselbstständig ausgeübt wird[916]. Insofern unterfällt auch die – selbstständige – Tätigkeit des Rechtsanwalts, Steuerberaters, Notars, Wirtschaftsprüfers oder Architekten dem Schutzbereich des Art. 12 Abs. 1 GG. Dies gilt für Rechtsanwälte und Notare unabhängig davon, dass Rechtsanwälte gem. § 1 BRAO als *„Organe der Rechtspflege"* bezeichnet werden und Notare gem. § 1 BNotO unabhängige *„Träger eines öffentlichen Amtes"* sind. Der Grundrechtsschutz wird deshalb nicht durch Art. 33 Abs. 5 GG zurückgedrängt[917]. Das Bundesverfassungsgericht hat in seiner Entscheidung vom 08. Oktober 1974 zwar ausgeführt, dass dem Rechtsanwalt eine *„amtsähnliche Stellung"* zukomme[918]. In einer späteren Entscheidung stellte das Gericht aber klar, dass hierdurch kein besonderer Eingriffstatbestand geschaffen werden sollte[919]. Für Notare entschied das Bundesverfassungsgericht, dass zwar die Nähe zum öffentlichen Dienst für diesen Beruf grundsätzlich Sonderregelungen ermögliche[920]. Daraus ergebe sich aber nicht, dass an die nach Art. 12 Abs. 1 GG gebotenen gesetzlichen Regelungen geringere Anforderungen zu stellen seien, als bei anderen Berufen. Art. 12 Abs. 1 GG ist insoweit auch auf den *„staatlich gebundenen"* Beruf des Notars anwendbar[921].

II. Eingriff durch die Widerrufsvorschriften der Berufsordnungen

Durch den Widerruf berufsrechtlicher Zulassungsvoraussetzungen greifen die berufsrechtlichen Regelungen massiv in die Berufsfreiheit der in Vermögensverfall geratenen Freiberufler ein. Die weitere Ausübung ihres Berufes ist den betroffenen Berufsträgern bis zur Ordnung ihrer Vermögensverhältnisse und Wiederzulassung durch die zuständigen Stellen verwehrt. Damit wird den Betroffenen nicht nur die Möglichkeit zur Ausübung der erlernten Tätigkeit, sondern zugleich auch die finanzielle Lebensgrundlage genommen[922]. Besonders hart trifft den Notar eine Amtsenthebung. Anders als andere Freiberufler – wie etwa Rechtsanwälte und Steuerberater – vermag der Notar nicht nach Ordnung seiner Vermögensverhältnisse neu bestellt zu werden. Voraussetzung ist vielmehr weiterhin das Vorliegen eines Bedürfnisses

---

916 *BVerfG*, Urteil v. 11.06.1958 – 1 BvR 596/56, BVerfGE 7, 377 (398 f); Beschluss v. 18.06.1980 – 1 BvR 697/77, BVerfGE 54, 301 (322); *Jarass*, in: Jarass/Pieroth, GG, Art. 12 Rn. 5.

917 Vgl. für den Rechtsanwalt ausführlich *Bartosch-Koch*, Versagung, Rücknahme und Widerruf der Zulassung zur Rechtsanwaltschaft wegen Vermögensverfalls, S. 13 f.

918 *BVerfG*, Beschluss v. 08.10.1974 – 2 BvR 747/73, BVerfGE 38, 106 (119).

919 *BVerfG*, Beschluss v. 08.03.1983 – 1 BvR 1078/80, NJW 1983, 1535 (1536).

920 *BVerfG*, Beschluss v. 20.04.2004 – 1 BvR 838/01, 1303/01, 340/02, 1436/01 und 1450/01, BVerfGE 110, 304 (321).

921 Unter Hinweis auf die zuvor zitierte Entscheidung auch *BVerfG*, Beschluss v. 31.08.2005 – 1 BvR 912/04, NJW 2005, 3057.

922 So auch *Bartosch-Koch*, Versagung, Rücknahme und Widerruf der Zulassung zur Rechtsanwaltschaft wegen Vermögensverfalls, S. 15.

(§ 4 BNotO), die Ausschreibung einer Notarstelle (§ 6b BNotO) und das Bestehen gegenüber konkurrierenden Bewerbern (§ 6b BNotO).

III. Verfassungsrechtliche Rechtfertigung

Beeinträchtigungen der Berufsausübung müssen gem. Art. 12 Abs. 1 Satz 2 GG *„durch ein Gesetz oder aufgrund eines Gesetzes"* erfolgen. Entgegen seinem Wortlaut betrifft der Gesetzesvorbehalt nicht nur die Berufsausübung, sondern die gesamte Berufsfreiheit[923]. Jeder Eingriff bedarf insoweit einer gesetzlichen Grundlage.

Der Widerruf berufsrechtlicher Zulassungen wegen Vermögensverfalls erfolgt aufgrund der jeweils einschlägigen Vorschriften der Berufsordnungen, mithin durch formelles Gesetz. Keine Bedenken bestehen im Hinblick auf das im Rechtsstaatsprinzip nach Art. 20 Abs. 3 GG verankerte Gebot hinreichender Bestimmtheit[924]. Der Gesetzgeber ist nicht daran gehindert, wertungsabhängige Begriffe wie etwa den Begriff *„Vermögensverfall"* oder *„Gefährdung Rechtsuchender"* zu verwenden. Die Auslegungsbedürftigkeit eines Tatbestandsmerkmals führt nur dann zur Unbestimmtheit der Vorschrift, wenn die Betroffenen die Rechtslage nicht erkennen und ihr Verhalten danach ausrichten können[925]. Die unbestimmten Tatbestandsmerkmale *„Vermögensverfall"* und *„Gefährdung Rechtsuchender"* werden aber im Wege richterlicher Auslegung konkretisiert. Für die Betroffenen ist aus der Judikatur der Gerichte die Rechtslage klar erkennbar. Die Widerrufsvorschriften stellen insoweit hinreichend bestimmte gesetzliche Regelungen dar. Der Regelungsvorbehalt des Art. 12 Abs. 1 Satz 2 GG ist damit gewahrt.

Der Eingriff ist allerdings nur dann verfassungsrechtlich gerechtfertigt, wenn die berufsrechtlichen Regelungen auch dem Grundsatz der Verhältnismäßigkeit entsprechen.

1. Beeinträchtigungsstufe

Dabei gilt es zunächst anhand der Stufentheorie zu untersuchen, auf welcher Ebene die Widerrufsvorschriften in das Grundrecht der Berufsträger nach Art. 12 GG eingreifen. Unterschieden wird zwischen Berufsausübungsbeschränkungen, subjektiven Berufswahlbeschränkungen und objektiven Berufswahlbeschränkungen[926]. Die verfassungsrechtliche Rechtfertigung der gesetzlichen Regelungen muss sich bei steigender Eingriffsintensität an entsprechend höherwertigen Gemeinwohlbelangen

---

923 *BVerfG*, Beschluss v. 19.07.2000 – 1 BvR 539/96, BVerfGE 102, 197 (213); Beschluss v. 20.04.2004 – 1 BvR 838, 1303, 1436, 1450/01, 340/02, BVerfGE 110, 304 (321).

924 So zu § 20 Abs. 2 Nr. 5 WPO: *BVerwG*, Urteil v. 17.08.2005 – 6 C 15/04, NJW 2005, 3795 (3800).

925 *BVerfG*, Beschluss v. 18.05.1988 – 2 BvR 579/84, NJW 1988, 2593 (2594) m.w.N.

926 Vgl. zur Stufentheorie und den unterschiedlichen Eingriffsstufen *Mann*, in: Sachs, GG, Art. 12 Rn. 125 ff; *Jarass*, in: Jarass/Pieroth, GG, Art. 12 Rn. 34 ff; *Wieland*, in: Dreier, GG, Art. 12 Rn. 92 ff.

ausrichten[927]. Während bloße Berufsausübungsregelungen bereits durch vernünftige Erwägungen des Gemeinwohls gerechtfertigt sind[928], müssen subjektive Zulassungsbeschränkungen dem Schutz besonders wichtiger Gemeinschaftsgüter[929] und objektive Zulassungsbeschränkungen zur Abwehr nachweisbar oder höchstwahrscheinlich schwerwiegender Gefahren für ein überragend wichtiges Gemeinschaftsgut[930] dienen.

Der Gesetzgeber hat dadurch, dass er in den Berufsordnungen den Widerruf wegen Vermögensverfalls des Berufsträgers angeordnet hat, eine subjektive Zulassungsvoraussetzung begründet[931]. Die Fortführung der beruflichen Tätigkeit ist an das Vorliegen *„geordnete Vermögensverhältnisse“* geknüpft. Hierbei handelt es sich um eine im Verantwortungsbereich des Berufsträgers liegende subjektive Voraussetzung, mithin um eine persönliche Qualifikation.

2. *Verhältnismäßigkeit*

Eine subjektive Berufszulassungsvoraussetzung ist nur dann verfassungsgemäß, wenn sie geeignet und erforderlich ist, um besonders wichtige Gemeinwohlinteressen zu schützen, und darüber hinaus nicht außer Verhältnis zum angestrebten Zweck steht[932].

a) Vermögensverfall

Die Widerrufsvorschriften müssten zunächst einmal einem besonders wichtigen Gemeinwohlinteresse dienen. Im Falle eines Rechtsanwalts, Notars oder Steuerberaters ist dies die Funktionsfähigkeit der Rechts- bzw. Steuerrechtspflege[933]. Vergleichbares

927 *Mann*, in: Sachs, GG, Art. 12 Rn. 125.

928 *BVerfG*, Urteil v. 16.01.2002 – 1 BvR 1236/99 BVerfGE 104, 357 (364); *Mann*, in: Sachs, GG, Art. 12 Rn. 126; *Jarass*, in: Jarass/Pieroth, GG, Art. 12 Rn. 45; *Wieland*, in: Dreier, GG, Art. 12 Rn. 93.

929 *BVerfG*, Beschluss v. 01.07.1986 – 1 BvL 26/83, BVerfGE 73, 301 (316 ff); Beschluss v. 09.08.1995 – 1 BvR 2263/94 und 229, 534/95, BVerfGE 93, 213 (235); Beschluss v. 03.07.2007 – 1 BvR 2186/06, BVerfGE 119, 59 (82f.); *Mann*, in: Sachs, GG, Art. 12 Rn. 131; *Wieland*, in: Dreier, GG, Art. 12 Rn. 106; *Jarass*, in: Jarass/Pieroth, GG, Art. 12 Rn. 46 spricht insoweit von überragenden Gemeinschaftsgütern.

930 *BVerfG*, Beschluss v. 29.10.1997 – 1 BvR 780/87, BVerfGE 97, 12 (32); Beschluss v. 19.07.2000 – 1 BvR 539/96, BVerfGE 102, 197 (214); *Mann*, in: Sachs, GG, Art. 12 Rn. 133.

931 Vgl. insoweit auch *BVerwG*, Urteil v. 17.08.2005 – 6 C 15/04, NJW 2005, 3795 (3800); *FG Hessen*, Urteil v. 15.02.2005 – 13 K 1698/04, BeckRS 2005, 26018009.

932 *BVerfG*, Beschluss v. 09.08.1995 – 1 BvR 2263/94 und 229, 534/95, BVerfGE 93, 213 (235); Beschluss v. 29.10.1997 – 1 BvR 780/87, BVerfGE 97, 12 (26); Beschluss v. 19.07.2000 – 1 BvR 539/96 , BVerfGE 102, 197 (213).

933 So für den Rechtsanwalt: *BVerfG*, Beschluss v. 04.04.1984 – 1 BvR 1287/83, NJW 1984, 2341; *Henssler*, in: Henssler/Prütting, BRAO, § 14 Rn. 3; *Vossebürger*, in: Feuerich/Weyland, BRAO, § 14 Rn. 3; Für den Steuerberater *BFH*, Urteil v. 04.07.2000 – VII R 103/99, BeckRS 2000, 25004939; mit Hinweis auf die Entscheidung des

gilt auch für Wirtschaftsprüfer und Architekten[934]. Auch diese Freiberufler bedienen wichtige Gemeinschaftsbelange. Dabei ist der Schutz der Auftraggeber notwendige Voraussetzung für den Erhalt des allgemeinen Vertrauens der Bevölkerung in die jeweilige Tätigkeit der Freiberufler[935]. Andernfalls würde die Bevölkerung aufgrund der potentiellen Gefährdung eigener Interessen die Dienste der Freiberufler nicht mehr in Anspruch nehmen. Ein besonders wichtiges Gemeinwohlinteresse ist insoweit gegeben.

Dabei ist ein Widerruf der Zulassung auch geeignet, um den Schutz der Auftraggeber zu gewährleisten. Mit Rechtskraft der verwaltungsrechtlichen Entscheidung ist der Berufsträger nicht mehr berechtigt, seinen Beruf auszuüben. Eine Gefährdung der Auftraggeber wird hierdurch zukünftig ausgeschlossen. Die Verhältnismäßigkeit verlangt im Übrigen aber auch, dass der Eingriff in die Rechte des betroffenen Grundrechtsträgers erforderlich und angemessen ist. Dabei ist grundsätzlich kein milderes Mittel denkbar, welches die Interessen der Auftraggeber – bei geringerer Beeinträchtigung der Rechte des Berufsträgers – gleichwertig vor den Gefahren eines Vermögensverfalls schützt. Aufgrund der fehlenden Kontrollmöglichkeiten führen weder Auflagen, noch sonstige Beschränkungen zu einem hinreichenden Ausschluss der Gefährdung. Vor dem Hintergrund der mit einem Vermögensverfall einhergehenden potentiellen Gefahren ist der Eingriff in die Rechte des betroffenen Freiberuflers insoweit angemessen[936]. Das Interesse des Berufsträgers an der Fortführung seines Berufes muss, gegenüber dem Allgemeininteresse eine solche Gefährdung zu vermeiden, zurücktreten[937]. Die Ordnung seiner Vermögensverhältnisse hat jeder Berufsträger selbst in der Hand. Er trägt damit alleine die Verantwortung, dass er den Anforderungen des Gesetzgebers Rechnung trägt[938]. Der Zulassungswiderruf aufgrund eines Vermögensverfalls stellt insoweit einen verhältnismäßigen Eingriff in das Grundrecht aus Art. 12 GG dar. Dabei ist insbesondere zu beachten, dass die Regelungen – mit Ausnahme des § 50 Abs. 1 Nr. 6 BNotO – ein Regel-Ausnahmeverhältnis enthalten. Das Vorliegen einer Gefährdung wird insoweit zwar grundsätzlich durch den Vermögensverfall indiziert, der Berufsträger hat aber die Möglichkeit, einen Ausschluss der Gefährdung im Einzelfall zu belegen. Ein Widerruf der Zulassung unterbleibt in diesem Fall.

BFH auch *FG Hessen*, Urteil v. 15.02.2005 – 13 K 1698/04, BeckRS 2005, 26018009; vergleichbar für Notare *BVerfG*, Beschluss v. 31.08.2005 – 1 BvR 912/04, NJW 2005, 3057.

934 So für Wirtschaftsprüfer *BVerwG*, Urteil v. 17.08.2005 – 6 C 15/04, NJW 2005, 3795 (3800).

935 So für den Rechtsanwalt *Bartosch-Koch*, Versagung, Rücknahme und Widerruf der Zulassung zur Rechtsanwaltschaft wegen Vermögensverfalls, S. 19.

936 Vgl. insoweit auch *Henssler*, in: Henssler/Prütting, BRAO, § 14 Rn. 3, wonach es im Hinblick auf das Schutzgut – Funktionsfähigkeit der Rechtspflege – verfassungsrechtlich nicht zu beanstanden ist, einem Rechtsanwalt, der eine der Voraussetzungen des § 14 BRAO nicht erfüllt, die Berufsausübung zu untersagen.

937 Vgl. *BFH*, Urteil v. 04.07.2000 – VII R 103/99, BeckRS 2000, 25004939.

938 Vgl. *BFH*, a.a.O.

b) Zwischenergebnis

Der Zulassungswiderruf aufgrund Vermögensverfalls stellt einen verhältnismäßigen Eingriff in das Grundrecht des Berufsträgers aus Art. 12 Abs. 1 GG dar.

c) Eröffnung des Insolvenzverfahrens

Zu untersuchen ist, ob der Eingriff in die Berufsfreiheit auch dann noch gerechtfertigt ist, wenn das Insolvenzverfahren – mit den hiermit einhergehenden Sicherungsmechanismen – über das Vermögen eines Freiberuflers eröffnet wurde.

aa) Geeignetheit und Erforderlichkeit des Eingriffs

An der Geeignetheit des Zulassungswiderrufes zur Abwehr insolvenzimmanenter bzw. vermögensverfall bedingter Gefahren bestehen keine Zweifel. Der Eingriff in die Berufsfreiheit des Freiberuflers müsste aber auch erforderlich sein. Durch die Einsetzung des Insolvenzverwalters bzw. der hiermit übergehenden Verwaltungs- und Verfügungsbefugnis unterliegt der insolvente Schuldner einer weitreichenden Kontrolle[939]. Wesentliche Gefahren, wie etwa die Zwangsvollstreckung in Mandantengelder oder die Veruntreuung fremder Vermögenswerte durch den Berufsträger werden durch das Insolvenzverfahren hinreichend ausgeschlossen. Demgegenüber kann die Gefahr, dass Mandanten des Berufsträgers ihre Honorare mit Insolvenzeröffnung nicht mehr befreiend an den Schuldner zahlen, nicht hinreichend ausgeschlossen werden. Dieser Gefahr vermag der Insolvenzverwalter nicht vorzubeugen. Der Eingriff in die Berufsfreiheit ist mithin weiter erforderlich.

bb) Angemessenheit des Eingriffs

Indes ist der Eingriff in die Berufsfreiheit der Freiberufler nur dann verfassungsrechtlich gerechtfertigt, wenn neben der Geeignetheit und Erforderlichkeit bei einer Gesamtabwägung zwischen der Schwere des Eingriffs und dem Gewicht der ihn rechtfertigenden Gründe, die Grenze der Zumutbarkeit noch gewahrt ist[940]. Die Zumutbarkeit ergibt sich aus einer Abwägung zwischen der Schwere des Eingriffs und dem Gewicht der ihn rechtfertigenden Gründe[941]. Eingriffszweck und Eingriffsintensität müssen insoweit in einem angemessenen Verhältnis stehen[942].

Gerechtfertigt wird der Eingriff in die Berufsfreiheit der Freiberufler mit dem Schutz der Auftraggeber vor den insolvenzimmanenten Gefahren. Nur durch einen Zulassungswiderruf könne das Vertrauen in die Rechtspflege aufrechterhalten werden. Zu diesem Zweck wird einem insolventen Freiberufler nicht nur die

---

939 Vgl. S. 165 ff.

940 *BVerfG*, Beschluss v. 22.01.1997 – 2 BvR 1915/91, NJW 1997, 2871 (2872); vgl. zur umfassend angelegten Verhältnismäßigkeitsprüfung *Mann*, in: Sachs, GG, Art. 12 Rn. 142.

941 *BVerfG*, Beschluss v. 11.02.1992 – 1 BvR 1531/90, BVerfGE 85, 248 (261).

942 *BVerfG*, Beschluss v. 03.07.2003 – 1 BvR 238/01, BVerfGE 108, 150 (160).

Möglichkeit zur Ausübung der erlernten Tätigkeit, sondern auch seine finanzielle Lebensgrundlage genommen. Den meisten Betroffenen wird es – mangels anderweitiger fachlicher Qualifikation oder schlichtweg aufgrund des Alters – nicht möglich sein, einen anderen Beruf auszuüben. Der Zulassungswiderruf zerstört insoweit die Existenzgrundlage des Freiberuflers und seiner Familie. Der Eingriff in die Berufsfreiheit wiegt vor diesem Hintergrund besonders schwer. Dabei wird die Grenze der Zumutbarkeit im Falle der Eröffnung des Insolvenzverfahrens überschritten. Durch die Aufsicht des Insolvenzverwalters sowie die Verwaltungs- und Verfügungsmacht über das schuldnerische Vermögen werden weitgehend alle Gefahren eines Vermögensverfalls beseitigt[943]. Ausgenommen der Gefahr, dass Auftraggeber des Freiberuflers ihre Honorare nicht mit befreiender Wirkung an den Berufsträger zahlen, kompensiert der Insolvenzverwalter die angenommenen Zuverlässigkeitsdefizite. Zudem ist es unwahrscheinlich, dass ein insolventer Freiberufler seine Auftraggeber während des Insolvenzverfahrens schädigt. Es besteht lediglich theoretisch ein Restrisiko, dass der Freiberufler in bar oder per Scheck erfolgende Honorarzahlungen veruntreut. Ein Freiberufler, über dessen Vermögen das Insolvenzverfahren eröffnet wurde, wird sich regelmäßig darum bemühen, seine Vermögensverhältnisse im Rahmen der Insolvenz zu ordnen und sich im Wege der Restschuldbefreiung von seinen Verbindlichkeiten zu befreien. Das Insolvenzrecht ermöglicht ihm auf diesem Wege die Möglichkeit für einen wirtschaftlichen Neuanfang. Diese Chance wird sich der Freiberufler nicht dadurch zerstören, dass er sich während des Insolvenzverfahrens treuwidrig verhält.

Wägt man insoweit die Schwere des Eingriffs mit dem Gewicht der ihn rechtfertigenden Gründe ab, so stellt man fest, dass der Grundsatz der Verhältnismäßigkeit nicht mehr gewahrt ist. Denn letztendlich sind die Gefahren, die von einem insolventen Freiberufler ausgehen, auf ein Minimum reduziert. Alleine die Gefahr der nichtbefreienden Zahlung von Honoraren an den Berufsträger kann für sich genommen den Widerruf der Zulassung, und damit den Verlust der Existenzgrundlage, nicht rechtfertigen. Anderweitig müsste jedem Insolvenzschuldner während des Insolvenzverfahrens die Ausübung einer selbstständigen beruflichen Tätigkeit untersagt werden. Denn bei der Gefahr nicht befreiender Zahlungen an den Insolvenzschuldner handelt es sich um eine insolvenzimmanente Gefahr, die keine Besonderheit bei Freiberuflern darstellt.

Im Hinblick auf den Berufsstand der Notare ist weiterhin zu berücksichtigen, dass auch nach einer Konsolidierung der Vermögensverhältnisse die Chancen für eine Neubestellung verschwindend gering sind[944]. Damit würde ein Notar in den meisten Fällen dauerhaft seines Amtes enthoben, nur um die Rechtsuchenden vor Gefahren zu schützen, die weitestgehend durch die Einsetzung eines Insolvenzverwalters kompensiert wurden. Die den Eingriff rechtfertigenden Gründe wiegen nicht so

943 Vgl. S. 166 ff.
944 Vgl. S. 183 f.

schwer, dass sie die Schwere des Eingriffs rechtfertigen könnten. Eingriffszweck und Eingriffsintensität stehen insoweit nicht in einem angemessenen Verhältnis.

Die berufsrechtlichen Vorschriften verstoßen – soweit sie einen Zulassungswiderruf auch bei Eröffnung des Insolvenzverfahrens anordnen – gegen Art. 12 Abs. 1 GG.

cc) Angemessenheit des Eingriffs bei Architekten

Der Architekt ist auch nach der Löschung aus der Architektenliste zur gestaltenden, technischen und wirtschaftlichen Planung von Bauwerken berechtigt[945]. Vor diesem Hintergrund wird die Ansicht vertreten, ein Eingriff in die Berufsfreiheit sei bereits dadurch gerechtfertigt, dass einem Architekten durch die Löschung aus der Architektenliste nicht die Ausübung seiner Tätigkeit untersagt werde[946]. Die Löschung aus der Architektenliste führe lediglich zu einem Verlust der Bauvorlageberechtigung und der Berufsbezeichnung *„Architekt"*[947]. Dem betroffenen Berufsträger sei es aber weiterhin möglich, die typischen Berufsaufgaben eines Architekten – sei es selbstständig, sei es angestellt – zu erfüllen[948]. Damit wäre die Schwere des Eingriffs abgeschwächt, die Angemessenheit mithin anders zu bewerten als bei den übrigen Freiberuflern. Die Frage ist allerdings, ob es einem Berufsträger ohne die Berufsbezeichnung *„Architekt"* und ohne eine Bauvorlageberechtigung überhaupt möglich ist, in der Praxis seinen Beruf weiter auszuüben.

Zumindest für eine selbstständige Tätigkeit wird dies regelmäßig verneint werden können. Dies folgt aus zweierlei Gründen. Zum einen werden potentielle Auftraggeber einen Architekten suchen, der eine ebensolche Bezeichnung führt. Fehlt diese Bezeichnung auf dem Türschild, der Visitenkarte oder im Branchenbuch, so wird ein Großteil potentieller Auftraggeber sich regelmäßig für einen anderen Berufsträger entscheiden. Darüber hinaus verliert der Berufsträger durch die Löschung aus der Architektenliste die Befugnis, an Architektenwettbewerben teilzunehmen. Eine Akquisition neuer Aufträge wird nur noch eingeschränkt möglich sein[949]. Wesentlich schwerer wiegt aber noch die fehlende Bauvorlageberechtigung des Berufsträgers. Gerade von einem Architekten erwarten sich die Auftraggeber,

---

945 Vgl. hierzu auch *OVG Münster*, Beschluss v. 05.01.2012 – 4 B 1250/11, BeckRS 2012, 45957.

946 Vgl. hierzu und zur Ungleichbehandlung mit Gewerbetreibenden *BVerwG*, Beschluss v. 17.03.2008 – 6 B 7/08, BeckRS 2008, 34007; *OVG Münster*, Beschluss v. 05.01.2012 – 4 B 1250/11, BeckRS 2012, 45957, im Ergebnis wohl auch *OVG Bautzen*, Urteil v. 24.05.2005 – 4 B 987/04, BeckRS 2005, 28612, wonach die Regelung des § 12 GewO „verfassungsrechtlich unbedenklich" im Sächsischen Architektengesetz keine Entsprechung gefunden hat.

947 *OVG Münster*, Beschluss v. 05.01.2012 – 4 B 1250/11, BeckRS 2012, 45957, so auch *Batzlaff*, in: Festschrift für Sigmar-Jürgen Samwer, S. 247 (250).

948 *BVerwG*, Beschluss v. 17.03.2008 – 6 B 7/08, BeckRS 2008, 34007; *OVG Münster*, Beschluss v. 05.01.2012 – 4 B 1250/11, BeckRS 2012, 45957.

949 *Batzlaff*, in: Festschrift für Sigmar-Jürgen Samwer, S. 247.

dass er neben der Planung des Bauvorhabens auch dazu berechtigt ist, in eigener Verantwortung die entsprechenden Bauvorlagen bei der Behörde einzureichen. Ein Architekt, der hierzu nicht mehr in der Lage ist, wird potentielle Auftraggeber nur schwerlich davon überzeugen können, ihm einen Auftrag zu erteilen. Das Fehlen einer Bauvorlageberechtigung wird ein Großteil der Auftraggeber dazu veranlassen, sich an einen Architekten zu wenden, der sowohl in der Lage ist, die Planung ihres Bauvorhabens zu betreuen, als auch berechtigt ist, die Baupläne eigenverantwortlich bei der zuständigen Behörde einzureichen. Andernfalls wären sie gezwungen, für das Genehmigungsverfahren einen weiteren bauvorlageberechtigten Berufsträger einzuschalten. Dies erscheint sowohl aus praktischen, als auch aus ökonomischen Gesichtspunkten keine geeignete Lösung. Darüber hinaus stellt sich die Frage, ob sich tatsächlich ein Architekt mit Bauvorlageberechtigung finden lässt, der *„fremde Pläne"* bei der Behörde einreicht und sich insoweit auch Haftungsansprüchen der Auftraggeber aussetzt. Damit bliebe einem Architekten in selbstständiger Stellung nur die Planung kleinerer Bauten (z.B. Garagen), die keine Bauvorlageberechtigung erfordern[950]. Indes wird sich hierdurch der Lebensunterhalt regelmäßig nicht bestreiten lassen, wodurch der Architekt gezwungen ist, seine selbstständige Tätigkeit aufzugeben.

Nach der Löschung aus der Architektenliste verbleibt dem Berufsträger insoweit nur die Möglichkeit, sich eine Anstellung in einem Architekturbüro zu suchen. Diese Möglichkeit wird aber nur einem geringen Teil der Berufsträger offen stehen. Berücksichtigt man die derzeitige Situation auf dem Arbeitsmarkt, so werden nur wenige Arbeitgeber geneigt sein, einem Architekten, der wegen Vermögensverfalls aus der Architektenliste gelöscht wurde, gegenüber anderen Mitbewerbern, die über eine Bauvorlageberechtigung und über geordnete Vermögensverhältnisse verfügen, den Vorzug zu geben. Ein Architekt, der nicht eigenverantwortlich für seine Auftraggeber handeln kann, ist insoweit wenig konkurrenzfähig.

Im Ergebnis handelt es sich bei der Möglichkeit zur selbstständigen oder angestellten Tätigkeit trotz Löschung aus der Architektenliste weitestgehend um eine theoretische Konstruktionen der Rechtsprechung. Letztendlich führt die fehlende Bauvorlageberechtigung dazu, dass eine selbstständige Tätigkeit in der Praxis nicht – bzw. nur durch einen kleinen Teil der Berufsträger – realisiert werden kann. Dass in Einzelfällen Architekten trotz ihrer Löschung aus der Architektenliste die Möglichkeit haben, als Angestellte in einem Architekturbüro zu arbeiten, dürfte nicht die Regel darstellen. Jedenfalls kann die Schwere des Eingriffs in die Berufsfreiheit nach Art. 12 Abs.1 GG nicht mit der lediglich theoretischen Möglichkeit einer angestellten Tätigkeit gerechtfertigt werden. Die Grenze der Zumutbarkeit ist auch hier nicht gewahrt.

950 Vgl. hierzu etwa § 53 Abs. 9 NBauO.

IV. Zwischenergebnis

Der Eingriff in die Berufsfreiheit der Freiberufler gem. Art. 12 Abs. 1 GG stellt, soweit es sich um einen Vermögensverfall des Berufsträgers handelt, einen verhältnismäßigen Eingriff dar. Demgegenüber stellt ein Zulassungswiderruf im Rahmen eines eröffneten Insolvenzverfahrens einen unverhältnismäßigen, weil unangemessenen Eingriff dar.

V. Eingriff durch die Rechtsprechung zum maßgeblichen Zeitpunkt

Verfassungsrechtlichen Bedenken begegnet auch die Rechtsprechung zum Zulassungswiderruf. Hierbei stellt sich im Besonderen die Frage, ob eine Berücksichtigung nachträglicher eintretender Umstände im gerichtlichen Verfahren, die den Widerrufs-, Amtsenthebungs- oder Löschungsgrund entfallen lassen, nicht aufgrund der Berufsfreiheit aus Art. 12 Abs. 1 GG zwingend geboten ist. Mithin die Beurteilung der Rechtmäßigkeit einer berufsrechtlichen Maßnahme bei Rechtsanwälten, Wirtschaftsprüfern und Architekten alleine nach der Sach- und Rechtslage zum Zeitpunkt der letzten Verwaltungsentscheidung einen Verstoß gegen die Berufsfreiheit darstellt.

Das Bundesverfassungsgericht hat in seiner Entscheidung vom 31. Mai 2005 ausgeführt, dass die Berufsfreiheit des Notars es gebiete, einen zweifelsfreien Wegfall des Amtsenthebungsgrundes noch bis zum Zeitpunkt der letzten mündlichen Verhandlung zu berücksichtigen[951]. Das Gericht ließ aber auch erkennen, dass die Intensität des Eingriffs bei Notaren eine andere Bewertung rechtfertige als bei anderen Freiberuflern, die bei einem Wegfall des Widerrufsgrundes lediglich auf ein neues Zulassungsverfahren verwiesen würden[952]. Es gilt also zu klären, ob alleine die Möglichkeit einer erneuten Zulassung, Bestellung oder Eintragung es rechtfertigt, einen zweifelsfreien Wegfall des Widerrufs- oder Löschungsgrundes im laufenden gerichtlichen Verfahren unberücksichtigt zu lassen.

Die Verweisung auf einen Antrag auf erneute Zulassung, Bestellung oder Eintragung stellt unabhängig davon, ob hierauf ein Anspruch besteht, einen Eingriff in die Berufsfreiheit des betroffenen Berufsträgers dar[953]. Zwar reduziert sich hierdurch die Intensität des Eingriffs, dennoch ist es dem Betroffenen vorübergehend nicht möglich, seinen Beruf auszuüben[954]. In dieser Zeit droht ihm nicht nur der Verlust seines Mandantenstamms, sondern auch ein nicht zu unterschätzender Imageschaden. Die Fortführung der Praxis kann hierdurch ernsthaft in Frage gestellt sein. Es

951 *BVerfG*, Beschluss v. 31.08.2005 – 1 BvR 912/04, NJW 2005, 3057 (3058).

952 *BVerfG*, a.a.O., S. 3058.

953 So auch *Bartosch-Koch*, AnwBl. 2008, 737 (739); *Koch*, Die Insolvenz des selbstständigen Rechtsanwalts, S. 259.

954 So auch *Graf/Wunsch*, ZVI 2005, 105 (109); nach *Bartosch-Koch*, AnwBl. 2008, 737 (739) kann sich das Zulassungsverfahren für Anwälte Monate hinziehen.

besteht insoweit die Gefahr eines irreparablen Schadens. Ein solcher Eingriff in die Berufsfreiheit bedarf der Rechtfertigung.

Gerechtfertigt ist ein Eingriff in die Berufsfreiheit nur dann, wenn dieser dem Schutz besonders wichtiger Gemeinschaftsgüter dient[955]. Im konkreten Fall ist dies der Schutz des Vertrauens der Auftraggeber in die Integrität der Freiberufler. Gewährleistet wird dies mittelbar durch den Schutz der Auftraggeber vor den Gefahren die mit einer freiberuflichen Tätigkeit beim Vorliegen ungeordneter Vermögensverhältnissen einhergehen. Für einen Schutz dieser Interessen besteht indes dann kein Bedürfnis mehr, wenn der Widerrufs- oder Löschungsgrund zweifelsfrei entfallen ist. Die Verwaltungsentscheidung der zuständigen Behörde wird hierdurch nachträglich rechtswidrig. Wird dem Freiberufler dennoch die berufsrechtliche Zulassung widerrufen, weil das zuständige Gericht den Eintritt nachträglicher Umstände unberücksichtigt lässt, so liegt ein unzulässiger, weil unverhältnismäßiger Eingriff in die Berufsfreiheit nach Art. 12 Abs. 1 GG vor[956]. Es fehlt bereits am legitimen Zweck für einen Eingriff. Denn faktisch ist zum Zeitpunkt der gerichtlichen Entscheidung über den Widerruf der Vermögensverfall bzw. die Gefährdung der Mandanten längst entfallen. Ein Widerrufsgrund besteht schlechterdings nicht mehr, wodurch ein Eingriff unverhältnismäßig und verfassungsrechtlich nicht gerechtfertigt ist.

Es wäre im Übrigen nicht sinnvoll, dem betroffenen Berufsträger trotz des Wegfalls des Widerrufs- oder Löschungsgrundes erst einmal die Zulassung/Bestellung zu entziehen bzw. seine Eintragung zu löschen, um ihn direkt im Anschluss hieran erneut zuzulassen, zu bestellen oder in die Architektenliste einzutragen[957]. Der Berufsträger müsste letztlich nur aus formalen Gründen seinen Beruf aufgeben, obwohl er tatsächlich einen Anspruch auf erneute Zulassung/Bestellung bzw. Eintragung hat[958]. Berücksichtigt man die Nachteile, die die Berufsträger infolge eines Zulassungswiderrufs oder der Löschung aus der Architektenliste erleiden, so sprechen gute Gründe dafür, auch bei Rechtsanwälten, Wirtschaftsprüfern und Steuerberatern einen nachträglichen Wegfall des Widerrufs- oder Löschungsgrundes im gerichtlichen Verfahren zu berücksichtigen[959]. Die Rechtsprechung der Gerichte zum maßgeblichen Zeitpunkt für die Beurteilung der Rechtmäßigkeit berufsrechtlicher

---

955 Vgl. S. 227.

956 Vgl. *Kleine-Cosack*, NJW 2004, 2473 (2476); *Schildt*, Die Insolvenz des Freiberufler, S. 149; *Runkel/Fliegner*, Kurzkommentar zu BGH, Beschluss v. 22.03.2004 – NotZ 23/03, EWIR 2005, 171 (172); a.A. *BGH*, Beschluss v. 24.10.2012 – AnwZ (Brfg) 47/12, BeckRS 2012, 23750.

957 Vgl. *Graf/Wunsch*, ZVI 2005, 105 (109); *Kleine-Cosack*, NJW 2004, 2473 (2477) spricht davon, dass ein solcher Vorgang „zynisch“ und „inhuman“ sei; *ders.*, Anm. zu OVG Münster, Beschluss v. 29.07.2004 – 4 A 2591/02, AnwBl. 2005, 72 (74), wonach die gesamte Judikatur zum Widerruf freiberuflicher Zulassungen auf den Prüfstand des Verfassungsrechts gehört.

958 *Schildt*, Die Insolvenz des Freiberuflers, S. 149.

959 Im Ergebnis auch *Grau*, Die Insolvenz des selbstständigen Freiberuflers aus der Sicht des Verwalters, S. 105 ff; *Ott/Vuia*, in: MüKo, InsO, § 80 Rn. 14.

Maßnahmen erweist sich vor diesem Hintergrund als Verstoß gegen Art. 12 Abs. 1 GG. Eine Rechtfertigung für diesen Eingriff besteht aufgrund der fehlenden Schutzbedürftigkeit Dritter nicht.

B. Eigentumsgarantie Art. 14 Abs. 1 GG

Ein Widerruf der Zulassung infolge der Eröffnung eines Insolvenzverfahrens hat nicht nur Auswirkungen auf die berufliche Betätigung des Freiberuflers. Es ist ihm gleichzeitig nicht mehr möglich, seine Praxis fortzuführen. Zu klären ist, inwieweit hierdurch die verfassungsrechtlich gewährleistete Eigentumsgarantie des insolventen Freiberuflers und seiner Insolvenzgläubiger berührt wird.

I. Freiberufler

Zunächst ist zu untersuchen, inwieweit die freiberufliche Praxis in den Schutzbereich des Art. 14 Abs. 1 GG fällt, und wenn ja, ein Eingriff in dieses Grundrecht gerechtfertigt ist.

1. Schutzbereich

Die Eigentumsgarantie ist ein *„elementares Grundrecht"*, welches eine *„Wertentscheidung ... von besonderer Bedeutung"* enthält[960]. Art. 14 GG schützt fast alle vermögenswerten Rechtspositionen, wobei der Schutz der Innehabung, Nutzung und Verfügung zugutekommt[961]. Dabei ist als eigentumsfähige Position grundsätzlich jedes vom Gesetzgeber gewährte vermögenswerte Recht einzustufen[962]. Die Praxis eines Freiberuflers als solche wird durch das von Art. 14 GG gewährleistete Recht am eingerichteten und ausgeübten Gewerbebetrieb geschützt[963]. Das Eigentum macht hier im Wesentlichen der Goodwill aus[964]. Der Europäische Gerichtshof für Menschenrechte entschied insoweit, dass der durch die Eröffnung und den Aufbau einer Anwaltskanzlei geschaffene Mandantenstamm ein Vermögensrecht, und damit

960 *BVerfG*, Urteil v. 07.08.1962 – 1 BvL 16/60, BVerfGE 14, 263 (277); Beschluss v. 16.02.2000 – 1 BvR 242/91, 315/99, BVerfGE 102, 1 (15); mit Verweis auf die Entscheidungen des BVerfG auch *Wendt*, in: Sachs, GG, Art. 14 Rn. 4; *Jarass*, in: Jarass/Pieroth, GG, Art. 14 Rn. 1.

961 *Jarass*, in: Jarass/Pieroth, GG, Art. 14 Rn. 6.

962 Vgl. *BVerfG*, Urteil v. 28.02.1980 – 1 BvL 17/77, 7, 9, 14, 15, 16, 37, 64, 74, 78, 100/78, 5, 16/79 und 1 BvR 807/78, BVerfGE 53, 257 (290).

963 *BGH*, Urteil v. 04.06.1981 – III ZR 31/80, BGHZ 81, 21 (33); *Vossebürger*, in: Feuerich/Weyland, BRAO, § 14 Rn. 3; vgl. insoweit auch *Leisner*, NJW 1974, 478 und *Heydt*, NJW 1974, 1230; Vgl. auch *Wendt*, in: Sachs, GG, Art. 14 Rn. 26 wonach das Recht am eingerichteten und ausgeübten Gewerbebetrieb auch den freien Berufen zukommt.

964 *Leisner*, NJW 1974, 478 (480).

Eigentum darstellt[965]. Gleiches gilt für die übrigen Freiberufler. Auch hier besteht der Vermögenswert im Wesentlichen aus dem Stamm der Auftraggeber[966].

2. *Eingriff*

Der Widerruf der Berufszulassung führt unweigerlich zu einem Verlust von Mandanten und Einkünften und damit zu einem Eingriff in das Eigentum der Freiberufler[967]. Bereits eine vorübergehende Stilllegung der Praxis lässt Auftraggeber zu einem anderen Berufsträger wechseln. Der wesentliche Vermögenswert der Praxis wird durch einen Zulassungswiderruf insoweit zerstört. Dabei mindert zwar die Möglichkeit zum Verkauf der Praxis die Folgen des Eingriffs, schließt diesen aber nicht gänzlichst aus[968]. In diesem Zusammenhang ist insbesondere zu beachten, dass aufgrund der zwischen einem Berufsträger und seinem Auftraggeber bestehenden Vertrauensbeziehung die Möglichkeiten für einen Verkauf der Praxis limitiert sind[969].

3. *Verfassungsrechtliche Rechtfertigung*

Die Eigentumsgarantie nach Art. 14 Abs. 1 GG ist nicht vorbehaltslos gewährleistet. Die Gewährleistung des Eigentums unterliegt zugleich Inhalts- und Schrankenbestimmungen i.S.d. § 14 Abs. 1 Satz 2 GG. Der Gesetzgeber ist aufgefordert, *„eine Eigentumsordnung zu schaffen, die sowohl den privaten Interessen des Einzelnen als auch denen der Allgemeinheit gerecht wird“*[970]. Dabei darf in das sozial gebundene Eigentum nur so weit eingegriffen werden, wie es der Schutz des Gemeinwohls unter weitestmöglicher Wahrung der Privatnützigkeit erfordert[971]. Die Gesetze bestimmen den Inhalt der Rechte sowie die Ausübung selbiger in Übereinstimmung mit den Rechten und Interessen Dritter[972]. Der Grundsatz der Verhältnismäßigkeit ist auch hier zu beachten[973].

Bezüglich der Frage, inwieweit ein Eingriff in das Eigentum durch die berufsrechtlichen Regelungen im Fall des Vermögensverfalls bzw. der Insolvenzeröffnung gerechtfertigt ist, kann im Wesentlichen auf die zur Berufsfreiheit gemachten

---

965 *EGMR*, Entscheidung v. 02.11.1999 – 37595/97, AnwBl 2000, 747; Entscheidung v. 22.05.2006 – 6213/03. NJW 2007, 3049.

966 Vgl. S. 140.

967 *EGMR*, Entscheidung v. 02.11.1999 – 37595/97, AnwBl 2000, 747 zu Art. 1 des 1. Zusatzprotokolls zur EMRK; *Vossebürger*, in: Feuerich/Weyland, BRAO, § 14 Rn. 3.

968 *Vossebürger*, in: Feuerich/Weyland, BRAO, § 14 Rn. 3.

969 Vgl. S. 140 f.

970 *BVerfG*, Beschluss v. 15.07.1981 – 1 BvL 77/78, BVerfGE 58, 300 (335); *Wendt*, in: Sachs, GG, Art. 14 Rn. 54.

971 *Wendt*, in: Sachs, GG, Art. 14 Rn. 70.

972 *Wendt*, in: Sachs, GG, Art. 14 Rn. 54.

973 *BVerfG*, Beschluss v. 08.04.1987 – 1 BvR 564, 684, 877, 886, 1134, 1636, 1711/84, BVerfGE 75, 78 (97 f); Beschluss v. 15.07.1987 – 1 BvR 488, 1220, 628, 1278/86; 1 BvL 11/86, BVerfGE 76, 220 (238); Beschluss v. 14.01.2004 – 2 BvR 564/95, BVerfGE 110, 1 (28).

Ausführungen Bezug genommen werden[974]. Der Eingriff ist grundsätzlich zum Schutze der Auftraggeber gerechtfertigt. Eine andere Bewertung ergibt sich aber erneut für die Eröffnung des Insolvenzverfahrens. Aufgrund der nunmehr eingreifenden Sicherungsmechanismen und der hiermit einhergehenden weitgehenden Kompensation vermögensverfallimmanenter Gefahren, fehlt es bei Insolvenzeröffnung an der Angemessenheit des Eingriffs in das Eigentum. Dabei stehen Intensität, Schwere und Tragweite der Eigentumsbeeinträchtigung in keinem angemessen Verhältnis zur tatsächlich bestehenden Gefährdung der Auftraggeber des Freiberuflers. Letztlich ist zu berücksichtigen, dass einem Freiberufler mit dem Widerruf der Berufszulassung nicht nur die Existenzgrundlage in Form der eigenen Praxis – nicht selten *„ein Lebenswerk"* – sondern auch der materielle Wert in Form eines über Jahre erarbeiteten Mandantenstamms genommen wird. Der Zweck, die Auftraggeber davor zu schützen, dass diese in der Insolvenz nicht irrtümlich an den Freiberufler ihre Honorare zahlen oder andere Barleistungen erbringen, steht in keinem angemessenen Verhältnis zur Schwere des Eingriffs für den Berufsträger. Zu berücksichtigen ist insoweit auch, dass bei Rechtsanwälten, Steuerberater, Notaren, Wirtschaftsprüfern und Architekten die Barzahlung weitestgehend nicht vorkommen wird. In den meisten Fällen werden die Auftraggeber bzw. die zuständige Rechtschutzversicherung die Zahlungen – nicht zuletzt aufgrund der Höhe der Forderungen – im Wege der Überweisung vornehmen. Die Verwaltungs- und Verfügungsgewalt über die Konten liegt indes beim Insolvenzverwalter, so dass ein unberechtigter Zugriff des Schuldners ausgeschlossen ist.

4. Zwischenergebnis

Im Ergebnis verstößt der Zulassungswiderruf bei Insolvenzeröffnung aufgrund fehlender Angemessenheit gegen Art. 14 Abs. 1 GG. Gleiches gilt auch, soweit die Rechtsprechung bezüglich der Rechtmäßigkeit des Widerrufs auf den Zeitpunkt der letzten Verwaltungsentscheidung abstellt und das Eintreten nachträglicher Umstände im Gerichtsprozess unberücksichtigt lässt. Der Eingriff in das Eigentum lässt sich auch hier nicht rechtfertigen.

II. Insolvenzgläubiger

Der Widerruf einer Zulassung/Bestellung, eine Amtsenthebung oder Löschung aus der Architektenliste greift nicht nur in die Rechte des betroffenen Berufsträgers ein. Durch eine solche Verfügung werden mittelbar auch die Rechte der Insolvenzgläubiger beeinträchtigt. Denn eine fehlende Fortführbarkeit der schuldnerischen Praxis und hiermit einhergehender Verlust des Goodwills sowie die fehlende Erwerbstätigkeit des Schuldners verringern die Befriedigungsaussichten der Insolvenzgläubiger im Insolvenzverfahren. Die Möglichkeiten einer Sanierung verschlechtern sich auch dann erheblich, wenn der Berufsträger zwischenzeitlich erneut zugelassen

974 Vgl. S. 227 ff.

wird. Eine solche Unterbrechung des Praxisbetriebs führt regelmäßig zu einem langfristigen Imageschaden mit der Konsequenz eines sich schnell verringernden Mandantenstamms. Eine Sanierung der schuldnerischen Praxis bzw. ein Verkauf zu Fortführungswerten wäre vor diesem Hintergrund ausgeschlossen. Die Insolvenzquote verschlechtert sich hierdurch beträchtlich.

In diesem Sinne hat auch das Bundesverfassungsgericht in seiner Entscheidung vom 31. August 2005 ausgeführt, dass nicht nur die Berufsfreiheit gem. Art. 12 GG eine sorgfältige Prüfung gebiete, ob im konkreten Fall die Vermutung eines Vermögensverfalls als widerlegt anzusehen sei[975]. Eine solche Prüfung sei insbesondere vor dem Hintergrund geboten, dass die Amtsenthebung eines Notars, die auf Grund der Eröffnung des Insolvenzverfahrens ausgesprochen werde, einer *„bestmöglichen Gläubigerbefriedigung"* entgegenstehe. Eine effektive Gläubigerbefriedigung sei nur bei Fortführung der Praxis zu gewährleisten. Das Gericht misst damit ausdrücklich auch den Rechten der Insolvenzgläubiger Bedeutung bei der Frage zu, ob die Zulassung eines Freiberuflers widerrufen werden soll.

Im Ergebnis ist eine Beeinträchtigung der Eigentumsgarantie des Art. 14 GG jedoch gleichwohl abzulehnen.

Zwar fallen auch die Insolvenzforderungen der Gläubiger grundsätzlich in den Schutzbereich des Art. 14 Abs. 1 GG[976] und die Eigentumsgewährleistung schützt nicht nur gegen gezielte Eingriffe sondern auch gegen faktische Beeinträchtigungen[977]. Indes ist zu beachten, dass die Eigentumsgarantie des Art. 14 GG nicht das Vermögen als solches,[978] insbesondere keine in der Zukunft liegende Chancen und Gewinnerwartungen schützt[979]. Damit wird auch die bloße Erwartung des Gläubigers bei einer Fortführung der Praxis mit einer höheren Quote befriedigt zu werden, nicht durch Art. 14 GG geschützt.

Insofern führt der Umstand, dass mit Eröffnung des Insolvenzverfahrens ein Eingriff in die Berufsfreiheit und das Eigentum des Freiberuflers nicht mehr gerechtfertigt ist, nicht zugleich auch zu einer ungerechtfertigten Beeinträchtigung des Eigentums der Insolvenzgläubiger.

975 *BVerfG*, Beschluss v. 31.08.2005 – 1 BvR 912/04, NJW 2005, 3057 (3058).

976 Allgemein zu Forderungen *BVerfG*, Beschluss v. 08.06.1977 – 2 BvR 499/74 und 1042/75, BVerfGE 45, 142 (179); *Wendt*, in: Sachs, GG, Art. 14 Rn. 24; *Jarass*, in: Jarass/Pieroth, GG, Art. 14 Rn. 7; nach *Schmidt*, in: Erfurter Kommentar, Arbeitsrecht, zu Art. 14 Rn. 4 fallen ausdrücklich auch Insolvenzforderungen in den Schutzbereich des Art. 14 GG.

977 *Bryde*, in: von Münch/Kunig, GG, Art. 14 Rn. 36 m.w.N.

978 *BVerfG*, Urteil v. 08.04.1997 – 1 BvR 48/94, NJW 1997, 1975; Urteil v. 20.07.1954 – 1 BvR 459, 484, 548, 555, 623, 651, 748, 783, 801/52, 5, 9/53, 96, 114/54, NJW 1954, 1235.

979 *BVerfG*, Beschluss vom 26. 6. 2002 – 1 BvR 558/91 u. a., NJW 2002, 2621; Beschluss v. 31.10.1984 – 1 BvR 35/82, NJW 1985, 1358.

C. Allgemeiner Gleichheitssatz Art. 3 Abs. 1 GG

Zu untersuchen ist, inwieweit die geltende Rechtslage zum Zulassungswiderruf bei Insolvenzeröffnung mit dem Recht auf Gleichbehandlung nach Art. 3 Abs. 1 GG in Einklang steht.

Die thematische Einschlägigkeit des Gleichheitsgrundrechts setzt voraus, dass verfassungsrechtlich relevante Vergleichsfälle herangezogen werden können[980]. Das heißt, es muss zunächst eine Ungleichbehandlung zweier vergleichbarer Sachverhalte vorliegen, die der gleichen Stelle zuzuordnen sind und für den Betroffenen zu einem Nachteil führt[981].

I. Ungleichbehandlung von Rechtsanwälten, Steuerberatern, Notaren, Wirtschaftsprüfern und Architekten gegenüber Ärzten

Wie bereits aufgezeigt, führt die Eröffnung eines Insolvenzverfahrens nicht bei allen Freiberuflern dazu, dass berufsrechtliche Maßnahmen eingeleitet werden. So sieht die Berufsordnung der Ärzte keinen Widerruf der Approbation im Fall der Insolvenz eines Berufsträgers vor[982]. Es stellt sich die Frage, ob diese Ungleichbehandlung der Freiberufler nicht einen Verstoß gegen Art. 3 Abs. 1 GG darstellt.

1. Ungleichbehandlung

Eine Ungleichbehandlung liegt vor, wenn zwei Sachverhalte, Personen oder Vergleichsgruppen unterschiedlich behandelt werden, obwohl sie miteinander vergleichbar sind[983].

Die Berufsgruppe der Ärzte müsste insoweit zunächst einmal mit der Berufsgruppe der Rechtsanwälte, Steuerberater, Notare, Wirtschaftsprüfer und Architekten vergleichbar sein. Dabei ist der Gleichheitssatz als Gebot schematischer Gleichbehandlung aufzufassen[984]. Maßstab ist hier die typusmäßige Einordnung des ausgeübten Berufes bzw. die Vergleichbarkeit der ihn ausmachenden Eigenschaften.

Bei den untersuchten Berufsgruppen handelt es sich um Freiberufler. Gemeinsam ist beiden Vergleichsgruppen insoweit die akademische Qualifikation, die besondere Bedeutung der persönlichen, eigenverantwortlichen und fachlich unabhängigen Erbringung der Arbeit, verbunden mit einem häufig höchstpersönlichen Vertrauensverhältnis zum Auftraggeber, aber auch die spezifisch staatlichen und berufsautonomen Reglementierungen der Berufe insbesondere im Hinblick auf berufsrechtliche

---

980 So *Osterloh/Nußberger*, in: Sachs, GG, Art. 3 Rn. 80.

981 Vgl. insoweit *Jarass*, in: Jarass/Pieroth, GG, Art. 3 Rn. 7 ff.

982 Vgl. S. 137 f.

983 *Boysen*, in: v. Münch/Kunig, GG, Art. 3 Rn. 62; vgl. auch *Jarass*, in: Jarass/Pieroth, GG, Art. 3 Rn. 7; *Osterloh/Nußberger*, in: Sachs, GG, Art. 3 Rn. 83.

984 *Heun*, in: Dreier, GG, Art. 3 Rn. 25.

Pflichten und Honorarbedingungen[985]. Dabei ist der Zugang zum Beruf von der Zulassung durch die zuständige Stelle abhängig. Zulassungskriterium ist bei allen Freiberuflern die persönliche Qualifikation und Zuverlässigkeit. Eine Vergleichbarkeit ist mithin gegeben.

Die Berufsgruppen der Rechtsanwälte, Steuerberater, Notare, Wirtschaftsprüfer und Architekten wird im Vergleich zur Berufsgruppe der Ärzte auch ungleich behandelt. Während die Eröffnung des Insolvenzverfahrens bei Ärzten keine Auswirkungen auf den Bestand der Approbation oder kassenärztlichen Zulassung hat, führt die Insolvenz bei den übrigen zuvor benannten Freiberuflern – aufgrund der gesetzlichen Vermutung eines Vermögensverfalls in den berufsrechtlichen Vorschriften – zu einem Zulassungswiderruf. Eine Ungleichbehandlung i.S.d. Art. 3 Abs. 1 GG liegt somit vor.

2. Gleicher Verantwortungsbereich

Der allgemeine Gleichheitssatz bindet jeden Träger öffentlicher Gewalt nur im Rahmen seines ihm zustehenden Kompetenzbereichs[986]. Eine Ungleichbehandlung i.S.d. Art. 3 Abs. 1 GG liegt insoweit nur dann vor, wenn die Vergleichsfälle der gleichen Stelle bzw. dem gleichen Hoheitsträger zuzurechnen sind[987]. Dabei lässt sich bereits aus der im Grundgesetz geregelten Gesetzgebungskompetenz entnehmen, welche Sachverhalte durch die Verfassung als vereinheitlichungsbedürftig bewertet werden[988].

Die Berufsordnungen der Ärzte, Rechtsanwälte, Steuerberater, Notare und Wirtschaftsprüfer stellen Bundesgesetze dar. Die Gesetze wurden durch den gleichen Hoheitsträger, den Bund, erlassen, fallen mithin in den gleichen Kompetenzbereich. Demgegenüber handelt es sich bei den Berufsordnungen der Architekten um Landesgesetze. Diese hat nicht der Bund, sondern das Land im Rahmen seiner Gesetzgebungskompetenz erlassen. Insofern hat ein anderer Hoheitsträger gehandelt. Die betroffenen Architekten können sich zur Begründung eines Verstoßes gegen Art. 3 Abs. 1 GG nicht auf abweichende bundesgesetzliche Regelungen berufen[989]. Architekten fallen aus der Vergleichsgruppe hinaus. Es liegt keine rechtliche

985 Vgl. insoweit zu den Merkmalen des Freien Berufs: *BVerfG*, Beschluss v. 15.01.2008 – 1 BvL 2/04, DStRE 2008, 1003 (1006).

986 *BVerfG*, Beschluss v. 21.12.1966 – 1 BvR 33/64, BVerfGE 21, 54 (68); Beschluss v. 23.11.1988 – 2 BvR 1619, 1628/83, BVerfGE 79, 127 (158); *Osterloh/Nußberger*, in: Sachs, GG, Art. 3 Rn. 81; *Boysen*, in: v. Münch/Kunig, GG, Art. 3 Rn. 67; *dies.*, Gleichheit im Bundesstaat, S. 102 f.

987 *Boysen*, in: v. Münch/Kunig, GG, Art. 3 Rn. 67; *Jarass*, in: Jarass/Pieroth, GG, Art. 3 Rn. 9.

988 *Puhl*, in: Mellinghoff/Palm, Gleichheit im Verfassungsstaat, S. 67 (71).

989 Vgl. *BVerfG*, Beschluss v. 07.11.2002 – 2 BvR 1053/98, BVerfGE 106, 225 (241); insoweit auch *Heun*, in: Dreier, GG, Art. 3 Rn. 49, wonach der Erlass unterschiedlicher Gesetze durch verschieden Hoheitsträger nicht gleichheitswidrig ist.

Ungleichbehandlung, sondern lediglich eine kompetenzübergreifende unechte Gleichbehandlung vor[990]. Diese ist notwendige Folge der bundesstaatlichen Staatsorganisation, die die Gesetzgebungskompetenz zwischen Bund und Ländern verteilt[991].

3. Benachteiligung

Unabhängig von der Frage, ob es für einen Verstoß gegen den Gleichheitssatz einer Benachteiligung des Grundrechtsberechtigten bedarf[992], ist eine solche Voraussetzung vorliegend erfüllt. Infolge des Umstandes, dass Rechtsanwälte, Steuerberater, Notare und Wirtschaftsprüfer im Gegensatz zu Ärzten bei Insolvenzeröffnung die Zulassung verlieren, ist ihnen die Fortführung der beruflichen Tätigkeit nicht mehr möglich. Dies führt zum Verlust der Existenzgrundlage sowie bei selbstständigen Freiberuflern zum Verlust des Goodwills der Praxis. Ein Nachteil liegt mithin vor.

4. Verfassungsrechtliche Rechtfertigung

Anders als die zuvor behandelten Grundrechte unterliegt der Gleichheitssatz keinem Gesetzesvorbehalt. Indes ist das Grundrecht dadurch nicht etwa vorbehaltlos gewährleistet[993]. Eine Ungleichbehandlung kann durch einen *„hinreichend gewichtigen Grund“* gerechtfertigt werden[994]. Dabei ist es nach ständiger Rechtsprechung des Bundesverfassungsgerichts grundsätzlich *„Sache des Gesetzgebers, diejenigen Sachverhalte auszuwählen, an die er dieselben Rechtsfolge knüpft, die er also im Rechtssinn als gleich ansehen will“*[995]. Die rechtliche Unterscheidung muss in sachlichen Unterschieden aber eine ausreichende Stütze finden[996]. Das Gleichheitsgebot ist demnach dann verletzt, *„wenn eine Gruppe von Normadressaten im Vergleich zu andern Normadressaten anders behandelt wird, obwohl zwischen beiden Gruppen keine Unterschiede von solcher Art und solchem Gewicht bestehen, dass sie die ungleiche Behandlung rechtfertigen könnten“*[997].

---

990 *Boysen*, Gleichheit im Bundesstaat, S. 103 m.w.N.

991 Vgl. *Boysen*, Gleichheit im Bundesstaat, S. 102.

992 Vgl. zum Streit mit weiteren Nachweisen *Kischel*, in: Beck´scher Online-Kommentar, GG, Art. 3 Rn. 19 ff.

993 *Boysen*, in: v. Münch/Kunig, GG, Art. 3 Rn. 101.

994 *BVerfG*, Urteil v. 28.04.1999 – 1 BvL 11/94, 33/95, 1 BvR 1560/97, BVerfGE 100, 138 (174).

995 *BVerfG*, Beschluss v. 09.03.1994 – 2 BvL 43, 51, 63, 64, 70, 80/92, 2 BvR 2031/92, BVerfGE 90, 145 (196); Beschluss v. 12.03.1996 – 1 BvR 609, 692/90, BVerfGE 94, 241 (260); Urteil v. 03.04.2001 – 1 BvR 1629/94, BVerfGE 103, 242 (258).

996 *BVerfG*, Beschluss v. 12.03.1996 – 1 BvR 609, 692/90, BVerfGE 94, 241 (260).

997 *BVerfG*, Beschluss v. 07.10.1980 – 1 BvL 50, 89/79, 1 BvR 240/79, BVerfGE 55, 72 (88); Beschluss v. 16.03.1982 – 1 BvR 938/31, BVerfGE 60, 123 (133 f); *Heun*, in: Dreier, GG, Art. 3 Rn. 22 m.w.N.

a) *Sachlicher Grund für Ungleichbehandlung*

Es bedarf insoweit eines sachlichen Grundes für eine Ungleichbehandlung von Rechtsanwälten, Steuerberatern, Notaren und Wirtschaftsprüfern gegenüber Ärzten.

Nach Ansicht des Bundesfinanzhofs ist eine Ungleichbehandlung bereits aufgrund des Umstandes gerechtfertigt, dass Steuerberater, anders als Ärzte, mit der Wahrnehmung von Vermögensangelegenheiten beauftragt sind[998]. Dem Gesetzgeber stehe es frei, für die unterschiedlichen Berufsgruppen je nach Gefährdungspotenzial unterschiedliche Berufszulassungsregelungen zu erlassen. Zumindest der Bundesfinanzhof vertritt insoweit die Ansicht, das Gefährdungspotenzial insolventer Ärzte sei mit der Gefährdung durch insolvente Steuerberater nicht vergleichbar.

aa) Vergleich des Gefährdungspotenzials

Richtig ist, dass Ärzte – anders als rechts- und wirtschaftsberatenden Freiberufler – nicht mit der Wahrnehmung fremder Vermögensinteressen beauftragt werden. Zwar kann der Arzt insoweit nicht auf ihm anvertraute Vermögenswerte zugreifen, ihm ist jedoch die Möglichkeit eröffnet, sich anderweitig zu bereichern. Es ist nicht ausgeschlossen, dass ein insolventer Arzt aufgrund seiner desolaten Vermögenssituation kostenintensive, nicht notwendige Behandlungen am Patienten durchführt, bzw. notwendige Behandlungen falsch abrechnet, um seine Gläubiger befriedigen zu können[999]. Diese Gefahr besteht insbesondere bei gesetzlich krankenversicherten Patienten. Leistungen, die der Arzt gegenüber diesen Patienten erbringt, werden von ihm selbst erfasst und der zuständigen Krankenversicherung übermittelt. Eine Kontrolle durch den Patienten erfolgt nicht mehr. Im Fall eines Vermögensverfalls besteht insoweit eine erhöhte Gefahr, dass der Arzt Leistungen abrechnet, die er nicht, oder so nicht erbracht hat. Hierdurch würde den Krankenkassen als Kostenträger und mittelbar den Patienten selbst als Beitragszahler ein Schaden entstehen.

Eine vergleichbare Gefahr ergibt sich auch für privat versicherte Patienten. Die Gefahr eines Abrechnungsbetruges ist zwar durch den Umstand, dass diese Patienten die Rechnungen ihres Arztes zunächst selbst bezahlen müssen, reduziert. Gleichwohl vermag dieser Umstand den Patienten nicht davor zu schützen, dass der Arzt Behandlungen vornimmt, die im konkreten Fall nicht angeraten sind. Der durchschnittliche Patient vermag aufgrund fehlender Fachkenntnis regelmäßig nicht zu beurteilen, welche Maßnahmen konkret erforderlich sind, und welche nicht. Letztendlich unterliegen Privatversicherte damit zwar nicht der Gefahr, dass

---

998 So zur Ungleichbehandlung von Steuerberatern und Ärzten der *BFH*, Urteil v. 30.03.2004 – VII R 56/03, BeckRS 2004, 25006760; für Rechtsanwälte lehnt der *BGH* in seinem Beschluss v. 08.12.2014 – AnwZ (Brfg) 45/14, IBRRS 102748 eine Ungleichbehandlung mit anderen selbstständigen Berufen aufgrund der weitreichenden Pflichten und Befugnisse ab. Angesichts dieser Besonderheiten des Rechtsanwaltsberufs sei mit der in § 14 Abs. 2 Nr. 7 BRAO getroffenen Regelung keine gleichheitswidrige Benachteiligung der Rechtsanwälte mit anderen Berufsgruppen verbunden.

999 So auch *Beck*, ZVI 2013, 81 (88).

Ärzte Behandlungen abrechnen, die tatsächlich nicht vorgenommen wurden. Nicht zu schützen vermag die private Krankenversicherung aber vor unnötigen kostenintensiven Behandlungen. Soweit diese nur irgendwie durch das Krankheitsbild des Patienten gedeckt sind, wird auch die Versicherung diese Maßnahmen nicht beanstanden.

Und noch ein weiterer Grund spricht für eine vergleichbare Gefährdung von Patienten insolventer Ärzte und Klienten anderer insolventer Freiberufler. Für Rechtsanwälte, Steuerberater, Notare, Wirtschaftsprüfer und Architekten führt die Rechtsprechung stets an, dass im Fall der Eröffnung des Insolvenzverfahrens die Gefahr bestünde, dass die Mandanten ihre Honorare nicht mehr befreiend an den insolventen Berufsträger zahlen könnten[1000]. Eine eben solche Gefahr besteht aber genauso bei Privatpatienten oder Kassenpatienten, die Leistungen in Anspruch nehmen, die nicht vom Leistungsspektrum ihre Krankenkasse gedeckt sind. In diesen Fällen kommt es genauso zu Barzahlungen der Patienten an den insolventen Berufsträger. Die Gefahr, dass ein insolventer Arzt Honorarzahlungen nicht an den Insolvenzverwalter abführt, womit für den Leistenden ggf. eine Pflicht zur erneuten Zahlung an die Insolvenzmasse bestünde, ist ebenso gegeben wie bei einem anderen Freiberufler.

bb) Vermögensbetreuungsfunktion als sachlicher Grund

Obgleich insoweit vergleichbare Gefahren, die den Gesetzgeber bei anderen Freiberuflern veranlasst haben, berufsbeschränkende Maßnahmen im Rahmen der Berufsordnungen zu regeln, auch bei insolventen Ärzten vorliegen, wird diesen gleichwohl weder Approbation noch kassenärztliche Zulassung entzogen. Dabei ist es grundsätzlich Sache des Gesetzgebers *„diejenigen Sachverhalte auszuwählen, an die er dieselben Rechtsfolge knüpft"*[1001]. Bei der unterschiedlichen Behandlung von Personengruppen unterliegt der Gesetzgeber aber regelmäßig einer strengen Bindung[1002]. Die Anforderungen an die sachlichen Gründe steigen, *„je stärker sich die Ungleichbehandlung von Personen oder Sachverhalten auf die Ausübung grundrechtlich geschützter Freiheiten nachteilig auswirken kann"*[1003]. In diesem Zusammenhang ist zu berücksichtigen, dass sich die Ungleichbehandlung vorliegend in besonderem Maße auf die Berufsfreiheit nach Art. 12 Abs. 1 GG und die Eigentumsgarantie nach Art. 14 Abs. 1 GG auswirkt. Insoweit müssten Gründe von besonderer Art und Güte vorliegen, die eine ungleiche Behandlung rechtfertigen. Die Rechtsprechung

1000 Vgl. hierzu nur *BGH*, Beschluss v. 05.12.2005 – AnwZ (B) 11/05, BeckRS 2006, 00660; Beschluss v. 18.10.2004 – AnwZ (B) 43/03, NJW 2005, 511; Beschluss v. 13.03.2000 – AnwZ (B) 28/99, NZI 2000, 262.

1001 *BVerfG*, Beschluss v. 09.03.1994 – 2 BvL 43, 51, 63, 64, 70, 80/92, 2 BvR 2031/92, BVerfGE 90, 145 (196); Beschluss v. 12.03.1996 – 1 BvR 609, 692/90, BVerfGE 94, 241 (260); Urteil v. 03.04.2001 – 1 BvR 1629/94, BVerfGE 103, 242 (258).

1002 *BVerfG*, Urteil v. 10.01.1995 – 1 BvF 1/90, 1 BvR 342, 348/90, BVerfGE 92, 26 (51).

1003 *BVerfG*, Beschluss v. 26.01.1993 – 1 BvL 38, 40, 43/92, BVerfGE 88, 87 (96).

führt als sachlichen Grund die Vermögensbetreuungsfunktion der rechts- und wirtschaftsberatenden Freiberufler an.

Indes vermag der Umstand, dass Ärzte im Rahmen ihrer Tätigkeit nicht mit der Wahrnehmung fremder Vermögensangelegenheiten beauftragt sind, eine Ungleichbehandlung nicht zu rechtfertigen. Der Zugriff auf Fremdgeld ist in der Insolvenz durch den Übergang der Verwaltungs- und Verfügungsbefugnis auf den Insolvenzverwalter hinreichend ausgeschlossen. Berücksichtigt man zudem die Schwere des Eingriffs in Berufsfreiheit und Eigentum der betroffenen Freiberufler, so ist ein gewichtiger Grund zu verneinen. Andernfalls würden Rechtsanwälte, Steuerberater, Notare und Wirtschaftsprüfer einzig aufgrund ihrer Vermögensbetreuungsfunktion die Zulassung und damit ihre Existenz verlieren. Dabei ist auch zu berücksichtigen, dass ein Teil der rechts- und wirtschaftsberatenden Freiberufler lediglich in beratender Funktion tätig ist. Letztlich wiegt die Gefahr für die Vermögensangelegenheiten der Auftraggeber aber auch nicht so schwer, als dass dieser Umstand eine unterschiedliche Behandlung rechtfertigen könnte. Die Gefahr, die potentiell in der Insolvenz eines Arztes besteht, wiegt jedenfalls ebenso so schwer. Das Vertrauen der Öffentlichkeit in die Redlichkeit der Ärzte wird durch treuwidriges Verhalten der Berufsträger vergleichbar geschädigt. Die Gefährdungslage ist insoweit vergleichbar.

Damit fehlt es an einem hinreichend gewichtigen Grund, der eine Ungleichbehandlung rechtfertigen könnte.

5. Ergebnis

Setzt man die gleiche Vermutung pflichtwidrigen Verhaltens wie bei anderen Freiberuflern auch bei Ärzten an, so wäre die Eröffnung des Insolvenzverfahrens auch hier Anlass für einen Widerruf der Approbation oder kassenärztlichen Zulassung. Ein hinreichend gewichtiger Grund für die Differenzierung besteht nicht. Insbesondere vermag der Umstand, dass rechts- und wirtschaftsberatende Freiberufler zur Wahrnehmung fremder Vermögensangelegenheiten befugt sind – nicht zuletzt vor dem Hintergrund der hinreichenden Kontrolle durch den Insolvenzverwalter – einen sachlichen Grund, nicht zu begründen. Die berufsrechtlichen Regelungen verstoßen insoweit gegen den Gleichheitssatz aus Art. 3 Abs. 1 GG.

II. Ungleichbehandlung der Freiberufler gegenüber Rechtsdienstleistenden nach dem RDG

Unterschiedlich behandelt werden Freiberufler auch im Verhältnis zu Personen, die Rechtsdienstleistungen nach dem Rechtsdienstleistungsgesetz erbringen. Während für den Widerruf der Zulassung bei Rechtsanwälten, Steuerberatern, Notaren, Wirtschaftsprüfern und Architekten eine abstrakte Gefährdung ausreicht, wird die Registrierung nach dem RDG gem. § 14 Nr. 1 i.V.m. § 12 Abs. 2 RDG nur im Falle einer konkreten Gefährdung der Interessen der Rechtsuchenden widerrufen[1004]. Insoweit heißt es in § 12 Abs. 2 RDG:

> *„Die Vermögensverhältnisse einer Person sind in der Regel ungeordnet, wenn über ihr Vermögen das Insolvenzverfahren eröffnet worden […] ist. Ungeordnete Vermögensverhältnisse liegen nicht vor, wenn im Falle der Insolvenzeröffnung die Gläubigerversammlung einer Fortführung des Unternehmens auf der Grundlage eines Insolvenzplans zugestimmt und das Gericht den Plan bestätigt hat, oder wenn die Vermögensverhältnisse der Rechtsuchenden aus anderen Gründen* ***nicht konkret gefährdet*** *sind."*
>
> (Hervorhebung durch den Verfasser)

An einer konkreten Gefährdung fehlt es etwa dann, wenn die Verschuldung des Rechtsdienstleistenden nicht im Zusammenhang mit den beruflich erbrachten Rechtsdienstleistungen steht, und keine Schulden gegenüber Kunden oder Mandanten vorhanden sind[1005]. Nach Ansicht des Gesetzgebers zum RDG soll eine private Überschuldung alleine nicht genügen, um eine berufliche, wirtschaftliche Unzuverlässigkeit zu begründen[1006]. In diesem Zusammenhang verweist die Gesetzesbegründung auf die Judikatur des BGH zum Anwaltsrecht[1007]. Indes lässt sich eine Parallele hier nur bedingt ziehen. Denn während die Registrierung nach dem RDG bereits dann nicht widerrufen wird, wenn die Insolvenzeröffnung auf eine private Verschuldung des Rechtsdienstleistenden zurückzuführen ist, setzt der Erhalt der Anwaltszulassung neben dieser subjektiven Komponente die Eingehung eines Anstellungsverhältnisses mit den bereits ausführlich erörterten Restriktionen voraus. Der Rechtsanwalt kann seine Zulassung insoweit nicht alleine dadurch erhalten, indem er nachweist, dass keine seiner Mandanten zu seinen Insolvenzgläubigern gehören. Nichts anderes gilt für Steuerberater, Notare, Wirtschaftsprüfer oder Architekten.

1004 Vgl. insoweit auch *Kleine-Cosack*, RDG, § 12 Rn. 18, wonach ungeordnete Vermögensverhältnisse nur dann zum Widerruf der Registrierung führen sollen, wenn Vermögensinteressen von Rechtsuchenden konkret gefährdet werden.

1005 BT-Drucks. 16/3655, S. 68; so auch *K. Lamm*, in: Dreyer/Lamm/Müller, RDG, § 12 Rn. 48; *Suppé*, in: Grunewald/Römermann, RDG, § 12 Rn. 85; *Kleine-Cosack*, RDG, § 12 Rn. 18; *K.M. Schmidt*, in: Krenzler, RDG, § 12 Rn. 31.

1006 BT-Drucks. 16/3655, S. 68; so auch *Weth*, in: Henssler/Prütting, BRAO, zu § 12 RDG, Rn. 18. Danach soll etwa einem Rentenberater, der durch Spekulationen an der Börse im privaten Bereich Schulden gemacht hat, nicht die Möglichkeit genommen werden, seine wirtschaftlichen Verhältnisse durch seine berufliche Tätigkeit wieder zu ordnen; a.A. *Dötsch*, in: Deckenbrock/Henssler, RDG, § 12 Rn. 75, wonach die gesetzgeberischen Erwägungen zu weitgehend sind.

1007 Die Gesetzesbegründung verweist diesbezüglich auf *BGH*, Beschluss v. 18.10.2004 – AnwZ (B), NJW 2005, 511.

Vor diesem Hintergrund gilt es zu klären, inwieweit die unterschiedliche Behandlung von Rechtsdienstleistenden nach dem RDG gegenüber den Freiberuflern mit dem Gleichheitssatz nach Art. 3 Abs. 1 GG vereinbar ist[1008].

1. *Ungleichbehandlung*

Die Freiberufler müssten zunächst einmal mit den Rechtsdienstleistenden nach dem RDG vergleichbar sein.

Voraussetzung für die Erbringung von Rechtsdienstleistungen nach dem RDG ist die Registrierung des Rechtsdienstleistenden gem. § 12 RDG. Die Registrierung erhält nur, wer die persönliche Eignung und Zuverlässigkeit nachweist. Insoweit handelt es sich – ebenso wie in den Berufsordnungen der Freiberufler – um eine subjektive Zulassungsbeschränkung. Ziel des Gesetzgebers ist es[1009], dass

> *„Rechtsuchende und andere von den Rechtsdienstleistungen betroffene Dritte oder öffentliche Stellen ... sich darauf verlassen können, dass Rechtsdienstleistungen nur von persönlich zuverlässigen, sachkundigen, erfahrenen und gegen Pflichtverletzungen versicherten Personen erbracht werden."*

Der Gesetzgeber ging in Parallele zu den Freiberuflern davon aus, dass Rechtsdienstleistende zum Schutze der Allgemeinheit ebenso wie Rechtsanwälte, Steuerberater, Notare, Wirtschaftsprüfer und Architekten im Wege des Registrierungsverfahrens auf ihre persönliche Zuverlässigkeit und Eignung überprüft werden sollen. Im Gleichlauf mit den Berufsordnungen der Freiberufler fehlt es gem. § 12 Abs. 1 Nr. 1b RDG an der erforderlichen Zuverlässigkeit, wenn die Vermögensverhältnisse des Rechtsdienstleistenden ungeordnet sind. Dabei bestimmt Abs. 2 – im Wortlaut deckungsgleich zu den Widerrufsvorschriften in BRAO, StBerG, BNotO, WPO und einem Teil der ArchG der Länder –, dass die Vermögensverhältnisse ungeordnet sind, wenn über das Vermögen des Rechtsdienstleistenden das Insolvenzverfahren eröffnet wird. In diesem Fall wird einem Rechtsdienstleistenden die Registrierung auch nachträglich gem. § 14 Abs. 1 Nr. 1 i.V.m. § 12 Abs. 1 Nr. 1b, Abs. 2 RDG widerrufen. Damit üben Rechtsdienstleistende – vergleichbar mit Freiberuflern – eine Tätigkeit aus, deren Zulässigkeit vom Erfordernis geordneter Vermögensverhältnisse abhängt. Insoweit ist der Zugang und Verbleib im Beruf, ebenso wie bei Freiberuflern, von der persönlichen Zuverlässigkeit des Rechtsdienstleistenden abhängig. Die an die Zuverlässigkeit gesetzten Maßstäbe und Anforderungen sind mit den Berufsordnungen der Freiberufler vergleichbar.

Dabei werden die beiden Vergleichsgruppen auch unterschiedlich behandelt. Denn, anders als bei den hier untersuchten Freiberuflern, kann der Widerruf der Registrierung bei Rechtsdienstleistenden nicht auf die private Verschuldung gestützt

---

1008 Offen gelassen durch den *BFH* in seinem Beschluss v. 05.06.2015 – VII B 181/14, da es an einer hinreichenden Darlegung des Verfassungsverstoßes durch den Kläger fehlte.

1009 BT-Drucks. 13/3655, S. 66.

werden. Es muss – im Gegensatz zu den Freiberuflern – eine konkrete Gefahr für die Rechtsuchenden bestehen. Insoweit wird zwischen den Vergleichsgruppen differenziert.

2. Gleicher Verantwortungsbereich

Das RDG wurde, ebenso wie die BRAO, das StBerG, die BNotO oder die WPO, durch den Bund als Gesetzgeber erlassen. Insoweit hat der gleiche Hoheitsträger gehandelt. Etwas anderes gilt erneut für die Berufsordnungen der Architekten. Da diese durch die Länder erlassen wurden, ist ein gleicher Verantwortungsbereich nicht gegeben. Da jeder Hoheitsträger den Gleichheitssatz nur innerhalb seines eigenen Zuständigkeitsbereiches zu beachten hat[1010], fällt die Berufsgruppe der Architekten aus der Vergleichsgruppe hinaus.

3. Benachteiligung

Die Ungleichbehandlung von Rechtsanwälten, Steuerberatern, Notaren und Wirtschaftsprüfern gegenüber den Rechtsdienstleistenden nach dem RDG führt zu einer Benachteiligung der Freiberufler. Denn, anders als Rechtsdienstleistende, verlieren die rechts- und wirtschaftsberatenden Freiberufler ihre Zulassung auch im Falle privater Verschuldung. Während Rechtsdienstleistende ihre Tätigkeit somit trotz der Verschuldung im privaten Bereich fortsetzen können, wird die Zulassung bei Freiberuflern auch dann widerrufen, wenn lediglich Personen aus ihrem privaten Umfeld zu ihren Gläubigern gehören.

4. Verfassungsrechtliche Rechtfertigung

Eine Ungleichbehandlung kann nur durch einen *„hinreichend gewichtigen Grund"* gerechtfertigt werden[1011]. Diesen sieht *Mutschler* – für die Frage der Ungleichbehandlung von Steuerberatern gegenüber Rechtsdienstleisten nach dem RDG – in dem besonderen Vertrauensverhältnisses zwischen Steuerberater und Mandant[1012]. Ein entsprechendes Vertrauensverhältnis zu einem Rechtsdienstleistenden bestehe nicht. Vor diesem Hintergrund und dem Umstand, dass der Steuerberater fremde Vermögensangelegenheiten wahrnehme, sei eine differenzierte Betrachtungsweise notwendig.

Diese Ansicht übersieht unterdessen, dass ein Rechtsdienstleistender, wie etwa der Inkassounternehmer, ebenso wie rechts- und wirtschaftsberatende Freiberufler

---

1010 *BVerfG*, Beschluss v. 21.12.1966 – 1 BvR 33/64, BVerfGE 21, 54 (68); Beschluss v. 23.11.1988 – 2 BvR 1619, 1628/83, BVerfGE 79, 127 (158); *Osterloh/Nußberger*, in: Sachs, GG, Art. 3 Rn. 81; *Boysen*, in: v. Münch/Kunig, GG, Art. 3 Rn. 67; *dies.*, Gleichheit im Bundesstaat, S. 102 f.

1011 *BVerfG*, Urteil v. 28.04.1999 – 1 BvL 11/94, 33/95, 1 BvR 1560/97, BVerfGE 100, 138 (174).

1012 *Mutschler*, KSI 2007, 115 (119).

mit der Wahrnehmung fremder Vermögensangelegenheiten beauftragt ist. Die Auftraggeber vertrauen darauf, dass ihre Forderungen eingetrieben und die erhaltenen Gelder anschließend an sie ausgekehrt werden. Ein Inkassounternehmer kommt insoweit bereits aufgrund seiner ureigenen Tätigkeit bestimmungsgemäß mit Fremdgeld in Verbindung. Die Möglichkeit zur Veruntreuung fremden Vermögens ist insoweit ungleich größer als bei vielen Freiberuflern. Jedenfalls setzt die Beauftragung eines Inkassounternehmers ein vergleichbares Vertrauensverhältnis wie zu Steuerberatern oder anderen Freiberuflern voraus. Insoweit geht auch *Römermann* davon aus, dass § 12 Abs. 2 RDG in einem unübersehbaren Gegensatz zur herrschenden Praxis der Gerichte steht, Rechtsanwälten bereits aufgrund einer abstrakt behauptetet Gefährdung ihre Zulassung zu widerrufen[1013]. Die *„Handhabung der einschlägigen Normen des anwaltlichen Berufsrechts"* müsse daher geändert werden[1014]. Eine unterschiedliche Behandlung ließe sich andernfalls nicht rechtfertigen[1015].

Vor diesem Hintergrund lässt sich schlechterdings nicht belastbar begründen, warum Freiberufler im Falle der Insolvenzeröffnung aufgrund privater Verschuldung ihre Zulassung verlieren. Wenn der Gesetzgeber für Rechtsdienstleistende eine konkrete Gefährdung der Rechtsuchenden zumindest für den Fall ablehnt, dass Insolvenzforderungen ausschließlich aus dem privaten Bereich des Schuldners stammen, so muss gleiches für Freiberufler gelten[1016]. Dabei ist erneut zu berücksichtigen, dass durch die Ungleichbehandlung auch Grundrechte der Betroffenen aus Art. 12 Abs. 1 GG und Art. 14 Abs. 1 GG betroffen werden. Der Eingriff wiegt insoweit besonders schwer. Eine sachliche Rechtfertigung – d.h ein hinreichend gewichtiger Grund – für die Ungleichbehandlung besteht nicht. Die geltende Rechtslage verstößt auch aus diesem Grund gegen den Gleichheitssatz gem. Art. 3 Abs. 1 GG.

III. Zwischenergebnis

Die Ungleichbehandlung von Ärzten mit den hier untersuchten Freiberuflern verstößt gegen den Gleichheitssatz aus Art. 3 Abs. 1 GG. Gleiches gilt für das Verhältnis der Freiberufler zu Rechtsdienstleistenden nach dem RDG.

IV. Ungleichbehandlung von Freiberuflern gegenüber Gewerbetreibenden

Anders als für Gewerbetreibende hat der Gesetzgeber für Freiberufler eine Suspendierung der Widerrufsvorschriften durch die Eröffnung des Insolvenzverfahrens abgelehnt. Freiberufler und Gewerbetreibende werden insoweit unterschiedlich behandelt. Zu untersuchen ist, inwieweit die gesetzgeberische Entscheidung mit dem Gleichheitssatz nach Art. 3 Abs. 1 GG im Einklang steht.

1013 *Römermann*, NJW 2008, 1249 (1253).
1014 *Römermann*, a.a.O., S. 1253.
1015 *Römermann*, a.a.O., S. 1253.
1016 Offen gelassen von *AGH Celle*, Beschluss v. 29.08.2011 – AGH 17/08, juris.

1. Ungleichbehandlung

Die Beeinträchtigung des Gleichheitssatzes gem. Art. 3 Abs. 1 GG setzt zunächst einmal eine Ungleichbehandlung von Gewerbetreibenden und Freiberuflern voraus[1017]. Beide Gruppen bzw. relevanten Sachverhalte müssten insoweit miteinander vergleichbar sein, gleichwohl aber ungleich behandelt werden.

Das Betreiben eines Gewerbes setzt ausweislich § 35 Abs. 1 GewO die Zuverlässigkeit des Gewerbetreibenden voraus. Die Zuverlässigkeit entfällt im Falle wirtschaftlicher Leistungsunfähigkeit bzw. ungeordneter Vermögensverhältnisse[1018]. In diesem Fall wird dem Gewerbetreibenden die Fortführung seines Gewerbes untersagt oder – soweit es sich um ein erlaubnispflichtiges Gewerbe handelt – die entsprechende Erlaubnis widerrufen. Die Zuverlässigkeit, und damit auch die Möglichkeit zur gewerberechtlichen Betätigung, sind damit, ebenso wie die Ausübung der freiberuflichen Tätigkeit, vom Vorliegen geordneter Vermögensverhältnisse abhängig. Der Gesetzgeber hat sich insoweit dafür entschieden, für beide Typen vergleichbare Zugangs- und Widerrufs- respektive Untersagungsvoraussetzungen zu schaffen. Insoweit liegen zwei vergleichbare Sachverhalte vor.

Dabei werden Freiberufler und Gewerbetreibe im Hinblick auf eine Fortführung ihrer Tätigkeit im Rahmen des Insolvenzverfahrens auch ungleich behandelt. Obgleich sowohl für den Betrieb eines Gewerbes, als auch für die Ausübung einer freiberuflichen Tätigkeit grundsätzlich geordnete Vermögensverhältnisse erforderlich, die Voraussetzung zur Ausübung beider Tätigkeiten mithin vergleichbar sind, hat der Gesetzgeber durch § 12 GewO lediglich für Gewerbetreibende eine Regelung zum Erhalt der Gewerbetätigkeit während des Insolvenzverfahrens getroffen. Im Gegensatz hierzu sehen die einschlägigen Berufsordnungen in der Eröffnung des Insolvenzverfahrens eine Vermutung für das Vorliegen eines Vermögensverfalls. Für Freiberufler geht eine Insolvenzeröffnung insoweit mit dem Verlust ihrer Zulassung einher.

2. Gleicher Verantwortungsbereich

Die GewO fällt, ebenso wie die BRAO, das StBerG, die BNotO und die WPO, in die Gesetzgebungskompetenz des Bundes. Damit liegt ein Handeln des gleichen Hoheitsträgers vor, der insoweit an den Gleichheitssatz gem. Art. 3 Abs. 1 GG gebunden ist. Erneut fallen lediglich die Architekten aufgrund des Umstandes, dass ihre Berufsordnungen in den Kompetenzbereich der Länder fallen, aus der Vergleichsgruppe hinaus.

1017 Vgl. *Heun*, in: Dreier, GG, Art. 3 Rn. 24; *Jarass*, in: Jarass/Pieroth, GG, Art. 3 Rn. 7; *Osterloh/Nußberger*, in: Sachs, GG, Art. 3 Rn. 80.

1018 Vgl. S. 12 ff.

3. Benachteiligung

Anders als bei Gewerbetreibenden führt die Eröffnung des Insolvenzverfahrens für Freiberufler dadurch, dass eine mit § 12 GewO vergleichbare Vorschrift fehlt, zu einem Verlust der Zulassung. Da diese letztlich Voraussetzung für die Ausübung des erlernten Berufes ist, bedeutete der Verlust der Zulassung gleichsam einen Verlust der Existenzgrundlage. Die Ungleichbehandlung benachteiligt Freiberufler insoweit empfindlich.

4. Verfassungsrechtliche Rechtfertigung

Die unterschiedliche Behandlung zweier vergleichbarer Sachverhalte führt unterdessen nicht zwangsweise zu einem Verstoß gegen den Gleichheitssatz des Art. 3 Abs. 1 GG. Eine Ungleichbehandlung kann vielmehr durch einen *„hinreichend gewichtigen Grund“* gerechtfertigt sein[1019]. Insoweit gilt es zu untersuchen, ob sachliche Gründe existieren, die es rechtfertigen, Gewerbetreibenden eine Fortführung ihres Gewerbes während des Insolvenzverfahrens zu ermöglichen, Freiberuflern eine solche Möglichkeit hingegen zu versagen.

a) Begründung von Literatur und Rechtsprechung

Die Frage, ob die Ungleichbehandlung von Gewerbetreibenden und Freiberuflern gegen Art. 3 Abs. 1 GG verstößt, wurde in Rechtsprechung und Literatur bisher kaum erörtert. Diejenigen, die sich mit der Problematik auseinandergesetzt haben, vertreten übereinstimmend die Auffassung, dass eine Ungleichbehandlung aufgrund der deutlichen höheren Gefährdung durch insolvente Freiberufler gerechtfertigt sei[1020]. Die unterschiedliche Qualität der Gefährdung resultiere nicht zuletzt aus dem besonderen Vertrauensverhältnis zwischen dem Freiberufler und seinem Auftraggeber[1021]. Hinzu komme, dass gerade rechts-, steuer- und wirtschaftsberatende

1019 *BVerfG*, Urteil v. 28.04.1999 – 1 BvL 11/94, 33/95, 1 BvR 1560/97, BVerfGE 100, 138 (174).

1020 So *BFH*, Beschluss v. 04.03.2004 – VII R 21/02, DStRE 2004, 733 (734); *FG Sachsen-Anhalt*, Urteil v. 26.10.2004 – 6 K 3127/03, DStRE 2006, 890 (891); *Schildt*, Die Insolvenz des Freiberuflers, S. 137; *Harlfinger*, Der Freiberufler in der Insolvenz, S. 72.

1021 *BFH*, Beschluss v. 04.03.2004 – VII R 21/02, DStRE 2004, 733 (734); *FG Sachsen-Anhalt*, Urteil v. 26.10.2004 – 6 K 3127/03, DStRE 2006, 890 (891); vgl. insoweit auch *Cervera*, in: Festschrift für Eberhard Braun, S. 253 (257), wonach an den Freiberufler in seiner Eigenschaft als wichtiges Organ der Gesellschaft überdurchschnittlich hohe Maßstäbe an die Zulassungsvoraussetzungen zu stellen sind. Die freiberufliche Tätigkeit dürfe nicht ausschließlich auf die Ausübung seines Berufes heruntergebrochen werden. Es müsse vielmehr auch das hohe Gut an Vertrauen und damit der vorrangige Schutz des Ratsuchenden berücksichtigt werden.

Freiberufler für ihre Auftraggeber oftmals treuhänderische Tätigkeiten wahrnehmen würden[1022].

b) Beschluss des Bundesverfassungsgerichts vom 8. Oktober 2002

Das Bundesverfassungsgericht hat mit Beschluss vom 8. Oktober 2002 die Verfassungsbeschwerde eines Steuerberaters gegen einen Beschluss des Bundesfinanzhofs und das vorangegangene Urteil des Niedersächsischen Finanzgerichts nicht zur Entscheidung angenommen[1023]. Insoweit heißt es:

> *„Die Verfassungsbeschwerde hat keine grundsätzliche verfassungsrechtliche Bedeutung. Ihre Annahme ist auch nicht zur Durchsetzung der vom Beschwerdeführer als verletzt gerügten Rechte aufgezeigt. Für eine Verletzung von Grundrechten und grundrechtsgleichen Rechten ist nichts ersichtlich."*

In dem der Entscheidung zugrundeliegenden Sachverhalt hatte ein Steuerberater seine Umsatz- und Einkommenssteuererklärungen nicht, oder nur unvollständig abgegeben. Mangels Abgabe von Umsatzsteuervoranmeldungen mussten die Besteuerungsgrundlagen mehrfach geschätzt werden. Die im Rahmen eines Vollstreckungsverfahrens getroffenen Abreden hielt der Kläger nicht ein. Aufgrund weiter gestiegener enormer Steuerrückstände widerrief das Finanzamt die Bestellung als Steuerberater. Hiergegen hat der Steuerberater durch alle Instanzen – zuletzt vor dem Bundesverfassungsgericht – geklagt. Das Finanzgericht Sachsen lehnt mit oben genannter Entscheidung – zumindest im Kontext betrachtet – eine Gleichbehandlung von Gewerbetreibenden und Steuerberatern, und damit einen Verstoß gegen Art. 3 GG, ab[1024]. Demgegenüber befasst sich die Entscheidung des Bundesverfassungsgerichts nicht einmal mit dem Themenkomplex eines Widerrufes aufgrund der Eröffnung des Insolvenzverfahrens. Der Widerruf der Bestellung wurde ausschließlich mit einem Fehlen der Berufshaftpflichtversicherung und einem Vermögensverfall aufgrund von Steuerrückständen begründet. Das Bundesverfassungsgericht hatte über eine Ungleichbehandlung von Gewerbetreibenden und Freiberuflern insoweit gar nicht erst zu befinden. Die Entscheidung hat für die Lösung der hier zu behandelnden Problematik insoweit keine Relevanz.

c) Eigene Bewertung

Entscheidend für die Beantwortung der Frage nach einem sachlichen Grund für die Ungleichbehandlung von Gewerbetreibenden und Freiberuflern ist es festzustellen, inwieweit die Allgemeinheit im Falle der Eröffnung eines Insolvenzverfahrens

---

1022 *Harlfinger*, Der Freiberufler in der Insolvenz, S. 72.

1023 *BVerfG*, Beschluss v. 08.10.2002 – 1 BvR 1428/02, BeckRS 2012, 56034 gegen *BFH*, Beschluss v. 29.05.2002 – VII B 262/01, BeckRS 2002, 25000729 und *FG Niedersachsen*, Urteil v. 03.07.2001 – 6 K 10171/00, BeckRS 2001, 21012953.

1024 *FG Sachsen*, Urteil v. 26.10.2004 – 6 K 3127/03, DStRE 2006, 890 (891).

tatsächlich unterschiedlichen Gefahren ausgesetzt ist. Hierzu ist anhand der für einen Widerruf genannten Gefährdungsmomente ein konkreter Vergleich zur Gefährdung im Rahmen der Insolvenz eines Gewerbetreibenden zu ziehen. Zu berücksichtigen ist hierbei insbesondere die Stellung von Freiberuflern und Gewerbetreibenden im Verhältnis zu ihren Auftraggebern.

aa) Vergleich der Gefährdungssituation

In Literatur und Rechtsprechung werden eine Reihe von Gründen genannt, aufgrund derer dem insolventen Freiberufler die Berufszulassung entzogen wird. Hierzu zählt die Gefahr der nichtbefreienden Zahlung von Honoraren, der Veruntreuung von Mandantengeldern, der Annahme überfordernder Mandate, der Abrechnung überhöhter Gebührenforderungen und die Gefahr, dass sich der Freiberufler im Rahmen seiner Tätigkeit durch Dritte sachwidrig beeinflussen lässt. Zu untersuchen ist, ob die hier genannten Gefahren spezifisch bei Freiberuflern vorliegen und insoweit eine Differenzierung bereits aus diesem Grund gerechtfertigt ist, oder ob vergleichbare potentielle Gefahren auch von insolventen Gewerbetreibenden ausgehen können.

(1) Nichtbefreiende Zahlung von Honoraren

Einer der Gründe, mit denen ein Zulassungswiderruf begründet wird, ist die Gefahr, dass die Mandanten der Freiberufler ihre Honorare nach Eröffnung des Insolvenzverfahrens nicht mehr mit befreiender Wirkung an den Schuldner zahlen können[1025]. Indes ist dies keine insolvenzspezifische Gefahr bei Freiberuflern. Genauso wie es vorkommen kann, dass ein Rechtsanwalt seine Mandanten nicht über die Eröffnung des Insolvenzverfahrens informiert, so dass diese im Falle einer Zahlung an ihn Gefahr laufen, die Leistung ein zweites Mal an den Insolvenzverwalter bewirken zu müssen, besteht die genannte Gefahr auch bei einem Gewerbetreibenden, wie etwa dem Betreiber eines Reisebüros. Auch hier laufen Kunden Gefahr, bei fehlender Kenntnis von der Insolvenzeröffnung die Reisekosten an den Insolvenzschuldner zu bewirken, ohne hierdurch von ihrer Schuld frei zu werden. Der gefährdungsbegründende Umstand beruht damit auf einem konkreten Verhalten des Insolvenzschuldners, mithin auf dem persönlichen Verantwortungsbewusstsein des Freiberuflers oder Gewerbetreibenden gegenüber Dritten und hängt damit nicht von einer konkreten beruflichen Tätigkeit oder typusmäßigen Einordnung ab.

(2) Veruntreuung von Geldern

Neben einer Gefährdung der Mandanten der Freiberufler durch die nichtbefreiende Zahlung von Honoraren wird ein Zulassungswiderruf auch mit der Gefahr begründet, der insolvente Freiberufler könne auf Mandantengelder zugreifen[1026]. Obgleich diese Gefahr durch den Übergang der Verwaltungs- und Verfügungsbefugnis auf

1025 Vgl. S. 121 f.

1026 Vgl. S. 120 f.

den Insolvenzverwalter fast ausnahmslos beseitigt wird[1027], bemessen Rechtsprechung und Literatur einer potentiellen Möglichkeit zur Veruntreuung von Fremdgeld nach wie vor Bedeutung zu[1028].

Allerdings handelt es sich auch hierbei nicht um eine spezifische Gefahr, mit der ausschließlich die Mandanten der Freiberufler konfrontiert sind. Auch bei Gewerbetreibenden besteht grundsätzlich die Möglichkeit, dass diese Gelder ihrer Vertragspartner veruntreuen. Denn auch Gewerbetreibenden, wie etwa Immobilienmakler, Anlageberater oder Bauträger verwalten Gelder ihre Kunden in treuhänderischer Funktion. Darüber hinaus sind Auftraggeber von Gewerbetreibenden nicht selten vorauszahlungspflichtig. So werden etwa bei Internet-System-Verträgen regelmäßig Vorleistungspflichten zugunsten des gewerbetreibenden Webhoster vereinbart. Gleiches gilt für Möbelhersteller, Bau- oder Reiseunternehmer, die oftmals auf einer Vorauszahlung ihrer Kunden bestehen. Zahlen die Auftraggeber die zu leistende Forderung in Bar oder per Scheck an den insolventen Schuldner und nicht an den Insolvenzverwalter, besteht, ebenso wie bei Freiberuflern, die potentielle Gefahr der Veruntreuung fremden Vermögens. Für die Auftraggeber ist insoweit ohne Belang, ob sich die Gelder in treuhänderischer Verwaltung befanden, oder ob diese als Anzahlung oder Vorauszahlung geleistet wurden. Eine spezielle Gefahrenquelle, die ausschließlich durch den Vermögensverfall eines Freiberuflers eröffnet wird, liegt damit nicht vor.

(3) Treuwidriges Verhalten und Annahme überfordernder Aufträge

Neben den bisher genannten Gründen für einen Zulassungswiderruf besteht zumindest teilweise die Ansicht, eine zusätzliche Gefahr drohe auch dadurch, dass der insolvente Berufsträger geneigt sein könne, überhöhte Gebührenforderungen geltend zu machen oder Mandate aufzunehmen, denen er aufgrund des Umfangs oder Schwierigkeitsgrades nicht gewachsen sei[1029]. Auch hierbei handelt es sich, unabhängig von der Frage, ob es sich um eine Gefahr handelt, deren Ursprung in Vermögensverfall und Insolvenz begründet ist, um keine Gefahr, die ausschließlich bei Freiberuflern besteht. Ein Gewerbetreibender vermag, ebenso wie ein Freiberufler, Aufträge anzunehmen, denen er aufgrund ihres Umfangs oder Schwierigkeitsgrades nicht gewachsen ist. Als Beispiel ist hier etwa der Elektriker zu nennen, der einen Auftrag zur Installation einer komplexen Photovoltaikanlage oder der Verlegung von Starkstromleitung annimmt, wohl wissend, dass er hiermit keine Erfahrung hat. Im Ergebnis besteht hier kein Unterschied zu einem auf das Familienrecht

---

1027 Vgl. S. 165 ff.

1028 Widersprüchlich insoweit *Metzler*, KSI 2006, 149, der aufgrund der Treuhandstellung der Freiberufler einen Zulassungswiderruf für zwingend erforderlich hält. Seiner Auffassung nach sind aber auch Kassenärzte Treuhänder (für Krankenkassengeld). Diesen wird hingegen weder Approbation noch kassenärztliche Zulassung entzogen.

1029 Vgl. S. 122.

spezialisierten Rechtsanwalt, der einen Mandanten beim Unternehmenskauf berät und für ihn die Due Diligence durchführt oder den Unternehmenskaufvertrag entwirft. Inwieweit es sich hierbei um eine realistische Gefahr handelt, mag dabei dahinstehen.

Auch bei der Gefahr, dass Arbeitsleistungen nicht korrekt abgerechnet werden, handelt es sich nicht um eine Gefahr, die exklusiv bei Freiberuflern besteht. Ein Dachdecker oder Bauunternehmer vermag, ebenso wie ein Wirtschaftsprüfer oder Steuerberater, überhöhte Rechnungen zu stellen. Die Möglichkeit zu treuwidrigem Verhalten ist Freiberuflern wie auch Gewerbetreibenden in gleichem Maße eröffnet.

(4) Beeinflussung durch Dritte

Zum Teil wird seitens der Rechtsprechung auch vorgetragen, der insolvente Berufsträger könne aufgrund der wirtschaftlichen Schwierigkeiten der sachwidrigen Beeinflussung durch Dritte nicht mit dem erforderlichen Nachdruck entgegengetreten[1030]. Das Bundesverwaltungsgericht vertritt insoweit für Wirtschaftsprüfer die Ansicht, der Vermögensverfall lasse die Befürchtung zu, dass dieser bei der Erfüllung seiner Aufgaben nicht mehr unabhängig handele, sondern vielmehr durch ein gesteigertes Interesse an der Erhaltung und Mehrung seiner Einkünfte gelenkt sei[1031]. Eine vergleichbare Ansicht vertritt die verwaltungsgerichtliche Judikatur für Architekten, wonach zu befürchten ist, dass der Berufsträger aufgrund der fehlenden wirtschaftlichen Unabhängigkeit die *„Einhaltung der Regeln der Baukunst“* vernachlässigt[1032]. Durch die wirtschaftlichen Schwierigkeiten bestehe die potentielle Gefahr, dass er unter dem Druck seiner finanziellen Notlage diese Belange zu Gunsten der Verbesserung seiner wirtschaftlichen Situation zurückstelle oder vernachlässige[1033].

Damit wird den Freiberuflern unterstellt, dass diese zur Verbesserung ihrer finanziellen Situation geneigt sein, gegen Zahlung eines Entgelts oder Gewährung anderer vermögenswerter Leistungen, Anweisungen und berufsrechtlichen Pflichten zu vernachlässigen und so einem Anderen zulasten des eigentlichen Auftraggebers einen Vorteil zu verschaffen. Indes handelt es sich auch hierbei um keine Gefahr, die erstens ausschließlich im Falle eines Vermögensverfalls besteht, und zweitens nicht auch bei einem Gewerbetreibenden vorliegen kann. Gerade bei einem Architekten spielt die Rechtsprechung darauf an, dass dieser sich von einem Bauunternehmer

---

1030 Vgl. etwa für den Wirtschaftsprüfer *BVerwG*, Urteil v. 17.08.2005 – 6 C 15/04, NJW 2005, 3795 (3798); *Hense/Ulrich*, WPO, § 20 Rn. 58.

1031 *BVerwG*, Urteil v. 17.08.2005 – 6 C 15/04, NJW 2005, 3795 (3798).

1032 *VGH Mannheim*, Beschluss v. 21.12.1992 – 9 S 1870/92, NVwZ-RR 1993, 183; *OVG Bautzen*, Urteil v. 18.09.2012 – 4 A 855/11, BeckRS 2013, 46281; vgl. auch *OVG Münster*, Beschluss v. 05.01.2012 – 4 B 1250/11, BeckRS 2012, 45957.

1033 *VGH Kassel*, Beschluss v. 15.06.2004 – 11 TP 1440/04, NJW 2005, 919 (920); so auch *OVG Münster*, Beschluss v. 18.12.2009 – 4 B 995/09, BeckRS 2010, 46084; Beschluss v. 04.07.2007 – 4 E 633/07, BeckRS 2009, 33276.

bestechen lassen könnte, damit z.B. bei einer Bauabnahme Mängel nicht aufgedeckt werden. Nicht ausgeschlossen ist aber, dass bereits der Bauunternehmer selbst bei einem seiner Subunternehmer gegen die Zahlung eines Schweigegeldes über handwerkliche Mängel oder Materialschäden hinweggesehen hat. Eine sachwidrige Beeinflussung durch Dritte droht insoweit ebenso bei einem Gewerbetreibenden. Damit besteht auch hier keine Gefährdungslage, die spezifisch bei Freiberuflern vorliegt.

bb) Zwischenergebnis

Festgehalten werden kann, dass die gleichen Gefahren, die die Rechtsprechung bei Freiberuflern dazu bewogen haben, in der Vergangenheit einen Zulassungswiderruf zu bestätigen, ebenso bei einem wirtschaftlich leistungsunfähigen Gewerbetreibenden vorliegen können[1034]. Eine Ungleichbehandlung kann insoweit nicht damit begründet werden, es existierten Gefahren, die ausschließlich auf den Vermögensverfall eines Freiberuflers zurückzuführen seien.

cc) Die Vertrauensstellung des Freiberuflers

Möglicherweise führt aber das zwischen Mandant und Freiberufler bestehende Vertrauensverhältnis dazu, dass die Wahrscheinlichkeit eines Eintritts zuvor genannter Gefahren im Gegensatz zu Gewerbetreibenden deutlich erhöht ist. Sachlicher Grund für eine Ungleichbehandlung wäre damit ein erhöhtes Gefährdungspotenzial.

(1) Die besondere Vertrauensbeziehung zwischen Freiberufler und Auftraggeber

Schlägt man im Duden unter dem Begriff des Vertrauens nach, steht dort[1035]:

> *„festes Überzeugtsein von der Verlässlichkeit, Zuverlässigkeit einer Person, Sache"*

Die Zuverlässigkeit einer Person spielt auch bei Rechtsbeziehungen eine entscheidende Rolle. So sind Schuldverhältnisse allgemein als Vertrauensverhältnisse anzusehen, wobei hierbei im Wesentlichen – vorbehaltlich des Hinzutretens weiterer Umstände – die Vertragstreue bestimmend ist[1036]. Für das Vertragsverhältnis zu einem Freiberufler ist darüber hinaus ein persönliches Vertrauensverhältnis kennzeichnend. Das persönliche Vertrauensverhältnis wird nach *Eichler*[1037],

1034 So auch *Maier*, Die Insolvenz des Rechtsanwalts, S. 220, wonach auch bei einem Gewerbetreibenden der Anreiz zur Bearbeitung zu schwieriger Fälle oder zur Hintergehung des Kunden gegeben ist.

1035 www.duden.de (abgerufen am 12.11.2013).

1036 Vgl. *Eichler*, Die Rechtslehre vom Vertrauen, S. 9.

1037 *Eichler*, Die Rechtslehre vom Vertrauen, S. 9.

„... besonders durch eine auf Grund der Natur der betreffenden Lebensbeziehungen gebotene Steigerung des Vertrauenserweises gekennzeichnet, dem eine Verstärkung des Vertragsrisikos auf der einen Seite und Erweiterung der Selbstständigkeit auf der anderen Seite entspricht.“

Indes wird ein den obigen Kriterien entsprechendes Vertrauen nicht exklusiv Freiberuflern entgegengebracht. Eine Verstärkung des Vertragsrisikos auf der einen Seite und eine Erweiterung der Selbstständigkeit auf der anderen Seite besteht auch im Rahmen von Vertragsbeziehungen zu einem Gewerbetreibenden. Als Beispiel ist hier der KFZ-Mechaniker zu nennen, der die Reparatur an einem PKW durchführt. Das Vertragsrisiko trägt hier der Auftraggeber, der dem KFZ-Mechaniker den PKW überlässt, wobei Letzterer die anstehenden Arbeiten selbstständig – d.h. ohne Überwachung – durchführt. Insoweit handelt es sich lediglich um das Vertrauen in die Fachkompetenz des Vertragspartners, weil es dem Auftraggeber an eigenen fachlichen Überprüfungskriterien fehlt. Hierbei handelt es sich um eine unverzichtbare Rahmenbedingung für das Funktionieren von Expertensystemen[1038]. Man verlässt sich schlechterdings auf die Rechtschaffenheit und Fachkenntnis seiner Vertragspartner[1039]. Dieses Vertrauen muss Freiberuflern wie auch Gewerbetreibenden gleichsam entgegengebracht werden. Zu klären ist insoweit, was das *„besondere“* Vertrauensverhältnis zwischen Freiberuflern und ihren Auftraggebern ausmacht.

Formalrechtlich spiegelt sich die besondere Vertrauensbeziehung in ihrem Schutz durch den Geheimnisschutz und das Zeugnisverweigerungsrecht nach § 53 StPO wieder[1040]. Gemäß § 53 Abs. 1 Nr. 3 StPO sind Rechtsanwälte, Steuerberater, Notare und Wirtschaftsprüfer zur Verweigerung des Zeugnisses im Rahmen des Strafprozesses berechtigt. Hinzu kommt die gem. § 203 Abs. 1 Nr. 3 StGB strafbewehrte Pflicht dieser Berufsträger zur Verschwiegenheit. Die Vorschriften tragen dem Umstand Rechnung, dass der Auftraggeber sich gegenüber dem Berufsträger offenbart, d.h. seine Verhältnisse privater als auch wirtschaftlicher Natur offenlegt. Derjenige, der auf die Hilfe eines Freiberuflers angewiesen ist, muss ihm einen Einblick in seine Angelegenheiten geben, muss sich ihm insoweit *„anvertrauen“*[1041]. Dies geschieht in der Erwartung, dass alles, was der Berufsträger im Laufe der Konsultation Gewahr wird, geheim bleibt[1042], die Preisgabe von Geheimnissen – insbesondere in den durch

---

1038 *Hommerich*, DStR 2008, 1161 (1162 f); *Kluth*, in: Jahrbuch des Kammer- und Berufsrechts, S. 273 (281 f).

1039 Vgl. insoweit auch *Kluth*, in: Jahrbuch des Kammer- und Berufsrechts, S. 273 (277), wonach auch in anderen Bereichen dem Rat eines Fachmanns – wie etwa beim Kauf hochwertiger Verbrauchsgüter – vertraut wird. Gleichwohl werden seiner Ansicht nach in keinem Bereich für die eigene Lebensführung und Berufspraxis wichtige Entscheidungen so sehr in die Verantwortung eines Berufsträgers gelegt, wie bei den freiberuflichen Dienstleistungen.

1040 So *Kluth*, in: Jahrbuch des Kammer- und Berufsrechts, S. 273 (289).

1041 *Eichler*, Die Rechtslehre vom Vertrauen, S. 50.

1042 *Eichler*, a.a.O., S. 50.

die rechts- und wirtschaftsberatenden Freiberufler betreuten sensiblen Bereichen – mithin keine Nachteile für den Auftraggeber schafft. Dabei ist der Geheimnisschutz kein Selbstzweck, sondern unabdingbare Voraussetzung für das Funktionieren des Freiberufler-Auftraggeber-Verhältnisses[1043]. Denn Freiberufler werden regelmäßig mit Aufgaben betreut, die für ihre Auftraggeber von großer Bedeutung sind. Ohne ein besonders geschütztes Vertrauensverhältnis würden sie die für ihre Tätigkeit erforderlichen Informationen nicht erhalten.

(2) Auswirkungen der besonderen Vertrauensbeziehung auf die Gefährdungssituation

Obgleich ein besonderes Vertrauensverhältnis zwischen Freiberuflern und ihren Auftraggebern besteht[1044], ergeben sich hieraus keine entscheidenden – im Vergleich zu den Gewerbetreibend abweichenden – Auswirkungen auf das Gefährdungspotenzial im Rahmen der Insolvenz.

So wird man, unabhängig davon, ob es sich um einen Gewerbetreibenden oder Freiberufler handelt, seine Honorare ohne nähere Nachforschungen an den Vertragspartner zahlen. In der Regel werden keine Erkundigungen darüber eingeholt, ob über das Vermögen des Gläubigers zwischenzeitlich das Insolvenzverfahren eröffnet wurde. Die Gefahr, dass Auftraggeber durch den Insolvenzverwalter zur zweiten Zahlung aufgefordert werden, besteht insoweit unabhängig davon, ob diese Vertragsbeziehungen zu einem Gewerbetreibenden oder Freiberufler unterhalten.

Ähnlich verhält es sich mit der durch die Eröffnung des Insolvenzverfahrens bereits deutlich reduzierten Gefahr der Veruntreuung von Geldern. Auch hier entsteht eine Gefahr nicht erst durch die besondere Vertrauensstellung zwischen Mandant und Freiberufler. Genauso besteht potentiell die Gefahr, dass Kunden etwa gegenüber einem Schreiner, einem Reise- oder Bauunternehmer eine An- oder Vorauszahlung leisten und diese Gelder zweckwidrig verwandt werden. Die Gefahr hat ihren Ursprung im naturgemäßen Vertrauen in die Redlichkeit des Vertragspartners.

Die Vertrauensbeziehung zwischen einem Freiberufler und einem Gewerbetreibenden hat ferner keine Auswirkungen auf die Gefahr treuwidrigen Verhaltens oder einer Annahme überfordernder Mandate. Ebenso wie ein Freiberufler kann auch ein Gewerbetreibender wie etwa ein KFZ-Mechaniker, Dachdecker oder Fliesenleger eine überhöhte Rechnung stellen. Letztendlich vertraut der Kunde hierbei ebenso wie bei der Tätigkeit eines Freiberuflers auf die Richtigkeit dieser Angaben. Im Ergebnis lässt sich ohne sachverständige Kenntnis nicht nachweisen, welche Arbeiten konkret erforderlich waren, und welche nicht. Die Möglichkeit zum Rechnungsbetrug ist insoweit Freiberuflern wie Gewerbetreibenden gleichsam eröffnet. Entsprechendes gilt für die Annahme den Gewerbetreibenden oder Freiberufler

---

1043 *Kluth*, in: Jahrbuch des Kammer- und Berufsrechts, S. 273 (289).

1044 A.A. *Beck*, ZVI 2013, 81 (88), wonach der These vom „besonderen Vertrauen" oder dem „besonderen Ansehen" der Berufsgruppe der Notare eine vordemokratische, längst überholte ständische Idealvorstellung zugrunde liegt.

überfordernder Aufträge. Das Vertrauen, dass z.B. einem Mechatroniker bei der Reparatur eines komplexen Steuerungsmoduls entgegengebracht wird ist vergleichbar mit dem Vertrauen, dass einem Rechtsanwalt bei der Mandatierung in Steuerangelegenheiten entgegengebracht wird. Im Ergebnis ist dieses Vertrauen dem Umstand geschuldet, dass der Auftraggeber selbst über keine Fachkenntnis verfügt und sich bereits aus diesem Grund an eine entsprechend qualifizierte Person wendet. Damit ist für ihn, unabhängig davon, ob er einen Freiberufler oder Gewerbetreibenden beauftragt, die Gefahr verbunden, dass sich der Vertragspartner im Nachhinein als mit der Aufgabe überfordert erweist.

Auch hinsichtlich einer Beeinflussung durch Dritte wird sowohl Gewerbetreibenden als auch Freiberuflern das gleiche Vertrauen entgegengebracht. So vertrauen die Auftraggeber eines Bauunternehmers darauf, dass dieser entsprechend der Bau- und Tragwerksplanung vorgeht und sich nicht durch Subunternehmer bestechen lässt; wie die Auftraggeber eines Wirtschaftsprüfers darauf vertrauen, dass dieser die Jahresabschlüsse richtig testiert und hierbei nicht gegen eine entsprechende Zahlung über Unregelmäßigkeiten in den Bilanzen hinwegsieht.

Im Ergebnis lässt sich festhalten, dass eine Ungleichbehandlung nicht mit einem erhöhten Gefährdungspotenzial aufgrund der besonderen Vertrauensbeziehung zwischen Freiberuflern und ihren Mandanten gerechtfertigt werden kann. Der das besondere Vertrauensverhältnis begründende Geheimnisschutz hat keinerlei Auswirkungen auf die Gefährdung.

dd) Noch einmal: vergleichbare Kompensation der Gefährdung durch das Insolvenzrecht

Zu berücksichtigen ist auch, dass die mit einem Vermögensverfall einhergehenden Gefahren durch die Eröffnung des Insolvenzverfahrens auf ein Minimum reduziert werden[1045]. Eine darüber hinausgehende Kompensation von Risiken, wie etwa die Gefahr der nichtbefreienden Zahlung von Honoraren an den Insolvenzschuldner, erfolgt auch bei Gewerbetreibenden nicht. Ein hundertprozentiger Schutz der Allgemeinheit kann letztendlich niemals gewährleistet werden. Indes kann ein solcher nicht zur Voraussetzung für den Erhalt der Berufszulassung gemacht werden. Insoweit muss man sich, auch unter der Berücksichtigung der widerstreitenden Interessen, von einem übertriebenden Schutzdenken basierend auf der Befürchtung potenziell kriminellen Verhaltens des insolventen Freiberuflers verabschieden. Der Eingriff in die Rechte des Freiberuflers und seiner Insolvenzgläubiger ist vor dem Hintergrund einer weitestgehenden Kompensation aller Risiken nicht verhältnismäßig und insoweit nicht zu rechtfertigen.

Dass auch die Gerichte – entgegen ihrer ständigen Rechtsprechung – dem Insolvenzverfahren hinsichtlich der Kompensation der mit einem Vermögensverfall einhergehenden Gefahren Bedeutung zumessen, zeigt eine Entscheidung des

1045 Siehe hierzu S. 165 ff.

Oberverwaltungsgerichts Münster zur Löschung eines Architekten aus der Architektenliste. In den Entscheidungsgründen heißt es:

> *„Mit der Freigabe der selbständigen Tätigkeit wird die Gefahr, dass sich ein überschuldeter Architekt bei seinen Handlungen von eigenen finanziellen Interessen und übertriebener Gewinnorientierung leiten lässt und seine Tätigkeit nicht an fachlichen Gesichtspunkten und den Interessen seiner Auftraggeber orientiert, nicht gebannt. Die* ***insolvenzrechtlichen Schutzmechanismen****, insbesondere die Überwachungsmöglichkeiten des Insolvenzverwalters, greifen nach der Freigabe für die freigegeben Tätigkeit nicht mehr ein.“*
>
> (Hervorhebung durch den Verfasser)

Wenn aber die Rechtsprechung einen Gefährdungsausschluss infolge einer Negativerklärung nach § 35 Abs. 2 InsO mit der Begründung ablehnt, dass die selbstständige Tätigkeit des Architekten nunmehr nicht mehr durch den Insolvenzverwalter überwacht werde, muss doch im Umkehrschluss im eröffneten Verfahren, bei dem die insolvenzrechtlichen Schutzmechanismen im vollen Maße eingreifen, eine Löschung aus der Architektenliste unterbleiben. Die Argumentation des Gerichts ist insoweit widersprüchlich und nicht nachzuvollziehen.

Im Ergebnis ist jedenfalls festzuhalten, dass eine Ungleichbehandlung nicht mit dem Argument gerechtfertigt werden kann, die insolvenzrechtlichen Vorschriften würden die von einem insolventen Freiberufler ausgehende Gefährdung, anders als bei einem Gewerbetreibenden, nicht kompensieren.

d) Ergebnis

Ein sachlicher Grund für die Ungleichbehandlung von Gewerbetreibenden und Freiberuflern besteht nicht[1046]. Zwischen beiden Vergleichsgruppen bestehen *„keine Unterschiede von solcher Art und solchem Gewicht“* dass sie die ungleiche Behandlung rechtfertigen könnten[1047]. Die Kompensation insolvenzimmanenter Gefahren erfolgt bei Freiberuflern ebenso weit, wie dies auch bei Gewerbetreibenden der Fall ist. Das vielfach zitierte besondere Vertrauensverhältnis stellt keinen hinreichend gewichtigen Grund für eine Differenzierung dar. Dies insbesondere vor dem Hintergrund, dass durch die Ungleichbehandlung auch in die Berufsfreiheit gem. Art. 12 Abs. 1 GG und die Eigentumsgarantie aus Art. 14 Abs. 1 GG eingegriffen wird. Denn im Gegensatz zu Gewerbetreibenden verlieren die Freiberufler mit der Insolvenzeröffnung die Möglichkeit zur Ausübung ihres Berufes und zur Fortführung der Praxis. Dies hat zur Folge, dass die Existenzgrundlage des Freiberuflers und seiner Familie

---

1046 Vgl. auch *Runkel*, ZVI 2007, 44 (49); *ders.*, in: Runkel, Anwalts-Handbuch Insolvenzrecht, § 17 Rn. 23 ff wonach der Freiberufler nicht schlechter gestellt werden darf als der Freiberufler.

1047 Vgl. insoweit zur Rechtfertigung eines Eingriffs in Art. 3 Abs. 1 GG: *BVerfG*, Beschluss v. 07.10.1980 – 1 BvL 50, 89/79, 1 BvR 240/79, BVerfGE 55, 72 (88); Beschluss v. 16.03.1982 – 1 BvR 938/31, BVerfGE 60, 123 (133 f); *Heun*, in: Dreier, GG, Art. 3 Rn. 22 m.w.N.

zerstört wird und der Wert der eigenen Praxis durch den Verlust des Goodwills in Form von Mandatsbeziehungen verloren geht. Im Hinblick auf die entsprechend weitreichenden Folgen eines Zulassungswiderrufes fehlt es an den gewichtigen sachlichen Unterschieden für eine Ungleichbehandlung.

Die einschlägigen Widerrufsvorschriften in den Berufsordnungen verstoßen, soweit sie – im Gegensatz zur Gewerbeordnung – im Falle der Eröffnung des Insolvenzverfahrens einen Widerruf der Berufszulassung anordnen, gegen Art. 3 Abs. 1 GG.

D. Konsequenz eines Verstoßes gegen die Grundrechte

Im Anschluss an die Feststellung eines Verstoßes gegen die Grundrechte der Freiberufler aus Art. 3 Abs. 1, Art. 12 Abs. 1 und Art. 14 Abs. 1 GG stellt sich die Frage, welche Konsequenzen sich hieraus ergeben bzw. wie zukünftig im Falle der Eröffnung eines Insolvenzverfahrens über das Vermögen eines Freiberuflers zu verfahren ist.

I. Gesetzesübersteigende Rechtsfortbildung

In Betracht kommt zunächst einmal eine gesetzesübersteigende Rechtsfortbildung, dass heißt eine Rechtsfortbildung über den Plan des Gesetzes hinaus[1048]. Indes dürfte es sich im vorliegenden Fall aufgrund des eindeutigen Wortlauts der Widerrufsvorschriften um eine unzulässige Rechtsfindung *contra legem* handeln[1049]. Der Gesetzgeber hat dadurch, dass er in den Widerrufsvorschriften die Eröffnung des Insolvenzverfahrens bewusst als Vermutung für das Vorliegen eines Vermögensverfalls geregelt hat, deutlich zum Ausdruck gebracht, dass er eine dem § 12 GewO entsprechende Rechtsfolge für Freiberufler nicht gewollt hat. Eine gesetzesübersteigende Rechtsfortbildung würde insoweit gegen die richterliche Bindung an das Gesetz nach Art. 20 Abs. 3 GG verstoßen. Dem Richter ist es nach dem Grundsatz der Gewaltenteilung untersagt, die Funktion des Gesetzgebers zu übernehmen[1050]. Unzulässig ist es, eine eindeutige Entscheidung des Gesetzgebers zu korrigieren, sofern nicht eine Änderung der Verhältnisse eine Anpassung der Norm erfordert[1051]. Indes haben sich die Verhältnisse seit Einführung der maßgeblichen Widerrufsvorschriften nicht verändert. Vielmehr wurden die Widerrufsvorschriften gerade aufgrund der Einführung der Insolvenzordnung geändert. Schließt aber der klar erkennbare Sinn des Gesetzes eine richterliche Rechtsfortbildung aus, so verbleibt ausschließlich die Möglichkeit einer konkreten Normenkontrolle durch das Bundesverfassungsgericht gem. Art. 100 Abs. 1 GG[1052].

1048 Hierzu ausführlich *Larenz*, Methodenlehre der Rechtswissenschaft, S. 413.

1049 Zur Rechtsfindung contra legem: *Neuner*, Die Rechtsfindung contra legem; *Bydlinski*, Juristische Methodenlehre und Rechtsbegriff, S. 496 ff.

1050 Vgl. hierzu *Jarass*, in: Jarass/Pieroth, GG, Art. 20 Rn. 65 ff.

1051 *Jarass*, in: Jarass/Pieroth, GG, Art. 20 Rn. 66.

1052 *Zippelius*, Juristische Methodenlehre, S. 54.

Den Gerichten ist ein judizieren contra legem im vorliegenden Fall insoweit nicht erlaubt. Die Widerrufsvorschriften können ausschließlich durch das Bundesverfassungsgericht für verfassungswidrig erklärt werden.

II. Verfassungskonforme Änderung der Widerrufsvorschriften

Im Ergebnis verbleibt letzten Endes nur eine verfassungskonforme Änderung der Widerrufsvorschriften durch den Gesetzgeber. Eine solche könnte wie folgt aussehen:

1. In den jeweiligen Widerrufsvorschriften wird die Eröffnung eines Insolvenzverfahrens als Vermutung für das Vorliegen eines Vermögensverfalls gestrichen. Insoweit heißt es dann nur noch:

> *„ein Vermögensverfall wird vermutet, wenn ~~ein Insolvenzverfahren über das Vermögen des (...) eröffnet oder~~ der (...) in das vom Insolvenzgericht oder vom Vollstreckungsgericht zu führende Verzeichnis (§ 26 Abs. 2 der Insolvenzordnung, § 915 der Zivilprozeßordnung) eingetragen ist.“*

2. Den jeweiligen Widerrufsvorschriften ist ein zusätzlicher Absatz hinzuzufügen. Dieser könnte etwa für Rechtsanwälte wie folgt lauten:

Satz 1:

> *„Abs. 2 Nr. 7 findet keine Anwendung, wenn über das Vermögen des Rechtsanwalts ein Insolvenzverfahren eröffnet oder durch das Insolvenzgericht im Eröffnungsverfahren gem. § 21 der Insolvenzordnung ein vorläufiger Insolvenzverwalter eingesetzt und dem Schuldner ein allgemeines Verfügungsverbot auferlegt wurde. Das gleiche gilt, soweit das Insolvenzgericht einen Insolvenzplan bestätigt oder die Restschuldbefreiung angekündigt hat.“*

Satz 2:

> *„Ein Widerruf der Zulassung wegen Vermögensverfalls kann nicht auf solche Tatsachen gestützt werden, die vor der Negativerklärung des Insolvenzverwalters nach § 35 Abs. 2 S. 1 InsO entstanden sind.“*

Um einem etwaigen Rechtsmissbrauch durch den Freiberufler vorzubeugen, könnte optional über folgende zusätzliche Regelung nachgedacht werden:

Satz 3:

> *„Satz 1 findet keine Anwendung, wenn der Rechtsanwalt sich während der hier genannten Zeiträume gegenüber seinen Mandanten treuwidrig verhält.“*

Mit der Formulierung *„treuwidrig“* als unbestimmtem Rechtsbegriff könnten etwa Fälle erfasst werden, in denen der Freiberufler Honorarzahlungen nicht an den Insolvenzverwalter weiterleitet oder weiterhin über Treugelder verfügt. Eine Fortführung der freiberuflichen Tätigkeit wäre damit zusätzlich von einem korrekten Verhalten des Berufsträgers abhängig. Die zuständigen Kammern hätten insoweit die Befugnis, im Falle eines Fehlverhaltens des Berufsträgers zum Schutze der Auftraggeber einzugreifen.

E. Ergebnisse des vierten Teils

1. Der Eingriff in die Berufsfreiheit der Freiberufler gem. Art. 12 Abs. 1 GG stellt, soweit der Widerruf aufgrund eines Vermögensverfalls erfolgt, einen verhältnismäßigen, weil angemessenen Eingriff dar.
2. Unangemessen und nicht gerechtfertigt ist ein Eingriff in die Berufsfreiheit der Freiberufler, soweit über ihr Vermögen das Insolvenzverfahren eröffnet wurde. Die Schwelle der Zumutbarkeit ist durch den Umstand, dass infolge der insolvenzrechtlichen Sicherungsmechanismen die vermögensverfallimmanenten Gefahren kompensiert werden, überschritten. Eingriffszweck und Eingriffsintensität stehen aufgrund der mit dem Zulassungswiderruf für die Freiberufler einhergehenden Konsequenzen in keinem angemessenen Verhältnis.
3. Der Umstand, dass Architekten auch nach der Löschung aus der Architektenliste zur gestaltenden, technischen und wirtschaftlichen Planung von Bauwerken berechtigt sind, mithin nur die Bauvorlageberechtigung sowie die Berechtigung zum Führen der Berufsbezeichnung „*Architekt*" entfällt, führt nicht zur Angemessenheit des Eingriffs in Art. 12 Abs. 1 GG. Durch den Verlust der Bauvorlageberechtigung und Berufsbezeichnung ist es einer Vielzahl von Berufsträgern weder möglich, ihren Lebensunterhalt im Wege der selbstständigen, noch im Wege der angestellten Tätigkeit zu bestreiten.
4. Unvereinbar mit der Berufsfreiheit der Freiberufler ist auch die Rechtsprechung der Gerichte zum maßgeblichen Zeitpunkt für die Beurteilung der Rechtmäßigkeit des Widerrufs. Soweit die Gerichte ein nachträgliches Eintreten von Tatsachen im Rahmen des Gerichtsverfahrens bei Rechtsanwälten, Wirtschaftsprüfern und Architekten nicht berücksichtigen, verstößt dies gegen Art. 12 Abs. 1 GG. Im Falle einer Konsolidierung der Vermögensverhältnisse oder dem Nachweis eines Gefährdungsausschlusses entfällt bereits der den Widerruf rechtfertigende Zweck. Diesen Umstand müssen die Gerichte auch nach dem Zeitpunkt der letzten Verwaltungsentscheidung beachten.
5. Der Widerruf der Zulassung im Falle der Eröffnung des Insolvenzverfahrens verstößt gegen die Eigentumsgarantie gem. Art. 14 Abs. 1 GG. Durch den Verlust der Zulassung wird dem Berufsträger die Möglichkeit zur Fortführung seiner Praxis genommen mit der Konsequenz, dass sich der über Jahre erarbeitete Goodwill in Form von Mandatsbeziehungen verringert. Da ein Verkauf der Praxis aufgrund der besonderen Vertrauensbeziehung gegenüber dem Berufsträger nicht bzw. vielfach nur eingeschränkt möglich ist, wird das Eigentum geschädigt. Dabei fehlt es an der Angemessenheit des Eingriffs, wenn durch den Insolvenzverwalter eine Gefährdung bereits hinreichend ausgeschlossen ist.
6. Der Widerruf der Zulassung beeinträchtigt nicht nur das Eigentum der Freiberufler, sondern auch die Befriedigungsaussichten der Insolvenzgläubiger.

Eine fehlende Fortführbarkeit der schuldnerischen Praxis und hiermit einhergehender Verlust des Goodwills sowie die fehlende Erwerbstätigkeit des Schuldners verringern die Insolvenzquote der Insolvenzgläubiger im Insolvenzverfahren. Dabei fallen auch die Insolvenzforderungen der Insolvenzgläubiger grundsätzlich in den Schutzbereich der Eigentumsgarantie. Indes schützt die Eigentumsgarantie des Art. 14 GG weder das Vemögen als solches noch die bloße Erwartung der Insolvenzgläubiger mit einer höheren Quote befriedigt zu werden. Die berufsrechtlichen Regelungen verstoßen insoweit nicht gegen Art. 14 Abs. 1 GG.

7. Die berufsrechtlichen Vorschriften zum Widerruf der Zulassung im Fall der Eröffnung des Insolvenzverfahrens verstoßen weiterhin gegen den Gleichheitssatz gem. Art. 3 Abs. 1 GG.
8. Ungerechtfertigt ist zunächst einmal eine Ungleichbehandlung von Rechtsanwälten, Steuerberatern, Notaren und Wirtschaftsprüfern gegenüber Ärzten. Obgleich auch bei Ärzten ein entsprechendes Gefährdungspotenzial besteht, führt die Eröffnung des Insolvenzverfahrens bei dieser Berufsgruppe weder zum Widerruf der Approbation noch zum Verlust der kassenärztlichen Zulassung. Dabei stellt die Vermögensbetreuungsfunktion der rechts- und wirtschaftsberatenden Freiberufler insbesondere unter Berücksichtigung der Schwere des Eingriffs sowie der Auswirkung der Ungleichbehandlungen auf die Grundrechte der Betroffenen aus Art. 12 Abs. 1 GG und Art. 14 Abs. 1 GG keinen hinreichenden Grund für einen Eingriff in den Gleichheitssatz dar.
9. Einen ungerechtfertigten Eingriff in den Gleichheitssatz stellt zudem die Ungleichbehandlung von Rechtsanwälten, Steuerberatern, Notaren und Wirtschaftsprüfern gegenüber den Rechtsdienstleistenden nach dem RDG dar. Während die Registrierung nach dem RDG nicht widerrufen wird, wenn die Insolvenzeröffnung lediglich aufgrund einer Überschuldung im privaten Bereich erfolgt, wird die freiberufliche Zulassung auch dann widerrufen, wenn keine Mandanten bzw. Auftraggeber zu den Insolvenzgläubigern gehören. Auch hier fehlt es im Hinblick auf Art und Schwere des Eingriffs an einem hinreichend gewichtigen Grund für den Eingriff in Art. 3 Abs. 1 GG.
10. Eine ungerechtfertigte Ungleichbehandlung liegt auch insoweit vor, als die gewerberechtlichen Untersagungs- und Widerrufsvorschriften während des Insolvenzverfahrens suspendiert werden, während die berufsrechtlichen Vorschriften in diesem Fall den Widerruf der Zulassung anordnen. Eine Differenzierung zwischen den Berufsgruppen lässt sich nicht mit dem Argument rechtfertigen, bei Freiberuflern liege ein höheres Gefährdungspotenzial vor als bei Gewerbetreibenden.
11. Die Gefahren, die von einem Gewerbetreibenden und einem Freiberufler bei ungeordneten Vermögensverhältnissen ausgehen, sind vergleichbar. Ein Gewerbetreibender vermag – ebenso wie ein Freiberufler – Honorare nicht an den Insolvenzverwalter weiterzugeben, Gelder seiner Kunden zu veruntreuen, überfordernde Aufträge anzunehmen oder sich von Dritten bestechen zu lassen. Dabei vermag auch das besondere Vertrauensverhältnis zwischen einem

Freiberufler und seinem Mandaten ein erhöhtes Gefährdungspotenzial nicht zu begründen. Ein sachlicher Grund für eine Ungleichbehandlung ist mithin nicht gegeben.

12. Schlussendlich ist zu berücksichtigen, dass die von einem Vermögensverfall des Freiberuflers ausgehenden Gefahren durch die Eröffnung des Insolvenzverfahrens und den Übergang der Verwaltungs- und Verfügungsbefugnis auf den Insolvenzverwalter – vergleichbar wie bei Gewerbetreibenden – auf ein Minimum reduziert werden.
13. Die Gerichte sind trotz des bestehenden Verstöße gegen die Grundrechte der Betroffenen aus Art. 3 Abs. 1, 12 Abs. 1 und 14 Abs. 1 GG nicht dazu berechtigt, sich im Wege der gesetzesübersteigenden Rechtsfortbildung über den Willen des Gesetzgebers hinwegzusetzen.
14. Der Gesetzgeber ist aufgrund der bestehenden Verstöße der Widerrufsvorschriften gegen die verfassungsrechtlich gewährten Grundrechte verpflichtet, die Widerrufsvorschriften in den Berufsordnungen zu ändern.

Fünfter Teil
Gesamtergebnis

A. Bewertung des § 12 GewO

Der Gesetzgeber hat mit der Einführung des § 12 GewO den notwendigen Schritt zur Harmonisierung des Gewerbe- und Insolvenzrechts gemacht. Die Regelung schafft – eine ordnungsgemäße Anwendung vorausgesetzt – einen Ausgleich zwischen den Interessen der Insolvenzgläubiger und der durch die Fortführung des Gewerbebetriebs betroffenen Allgemeinheit. Die Norm bezweckt hingegen keineswegs primär den Schutz des Insolvenzschuldners. Eine Privilegierung seiner Interessen kann damit nur ein Nebeneffekt der Sperrwirkung sein.

Die Vorschrift darf nicht entgegen des gesetzgeberischen Willens zu weit ausgelegt werden. Vorrangig ist und bleibt der Schutz der Allgemeinheit. Dieser ist immer nur dann gewährleistet, wenn der ursprünglich zur Gewerbeuntersagung führende Unzuverlässigkeitsgrund durch das Insolvenzverfahren kompensiert wird. Eine von diesem Grundsatz abweichende Anwendung des § 12 GewO verbietet sich. Zum Teil besteht hierfür, wie z.B. im Falle der Treuhandperiode, auch gar kein Bedarf. Eine sachgerechte Lösung ist hier bereits durch das bestehende Recht gewährleistet. Alleine über das Merkmal der Zuverlässigkeit und der von der Behörde zu berücksichtigenden Zukunftsprognose lässt sich der von Teilen der Literatur angeführte Konflikt mit den Zielen der Restschuldbefreiung lösen. Die zuständigen Behörden tun nach wie vor gut daran, die Zulässigkeit einer Gewerbeuntersagung nicht nur anhand der Regelung des § 12 GewO zu beurteilen, sondern wie gewohnt zu hinterfragen, ob der Gewerbetreibende in der konkreten Situation tatsächlich als unzuverlässig anzusehen ist.

Im Falle nicht vom Wortlaut erfasster Sachverhalte empfiehlt sich eine Auslegung des § 12 GewO nach seinem Sinn und Zweck. Ausweislich dessen soll Gewerbetreibenden trotz ungeordneter Vermögensverhältnisse eine Fortführung des Gewerbebetriebs möglich sein, wenn die Allgemeinheit durch insolvenzrechtliche Sicherungsmechanismen ausreichend geschützt ist. Eine Auslegung anhand des Wortlauts hat sich während der Bearbeitung als wenig zielführend erwiesen. Im Ergebnis ist § 12 GewO immer dann anwendbar, wenn ein Schutz der Allgemeinheit gewährleistet ist, insolvenzrechtliche Interessen eine Fortführung des Gewerbebetriebs erfordern und die Fortführung nicht dazu führt, dass entgegen der Rechtsordnung unerlaubt ausgeübte Betriebe weiterbetrieben werden dürfen.

Zusammenfassend lässt sich sagen, dass mit Einführung des § 12 GewO der Konflikt zwischen dem Gewerbe- und Insolvenzrecht weitestgehend beseitigt wurde. Die noch bestehenden Schutzlücken können durch die Rechtsprechung oder im Wege der teleologischen Reduktion, wie etwa im Falle der Sicherungsmaßnahmen, geschlossen werden. Für eine von Teilen der Literatur geforderte grundlegende Überarbeitung der Norm besteht insoweit kein Bedarf. Die Vorschrift sollte einzig – in Parallele zum RDG und der Rechtsprechung zum Widerruf freiberuflicher

Zulassungen – dahingehend klarstellend geändert werden, dass bereits mit der Bestätigung des Insolvenzplans durch das Insolvenzgericht – und nicht unter der Voraussetzungen einer Planüberwachung durch den Insolvenzverwalter – die gewerberechtlichen Untersagungs- und Widerrufsvorschriften suspendiert werden.

B. Plädoyer für eine Änderung der Rechtslage bei Freiberuflern

Freiberufler sind keine Gewerbetreibenden. An diesem Grundsatz bzw. dieser typusmäßigen Unterscheidung hat sich trotz einer Annäherung der Freiberufler an das Gewerbe nichts geändert. Indes folgt hieraus nicht automatisch, dass jede Ungleichbehandlung bereits aufgrund dieser rechtlich sowie soziologisch unterschiedlichen Einordnung gerechtfertigt ist. So bestehen durchaus Parallelen zwischen Gewerbetreibenden und Freiberuflern, die es bisweilen vom Gesetzgeber verlangen näher hinzusehen, inwieweit dieser Umstand nicht eine rechtliche Gleichbehandlung erfordert.

Dabei hat der Gesetzgeber im Rahmen der Einführung der Insolvenzordnung verkannt, dass sich für Freiberufler und Gewerbetreibende im Fall der Insolvenz eine vergleichbare Situation ergibt, die letztendlich eine Gleichbehandlung beider Berufsgruppen verlangt. Die Gefährdungen, die von einem insolventen Freiberufler oder Gewerbetreibenden ausgehen, sind weitestgehend identisch. Wenn aber nach Ansicht des Gesetzgebers die Unzuverlässigkeit des Gewerbetreibenden durch die Eröffnung des Insolvenzverfahrens kompensiert wird, dann sollte gleiches doch auch für den Freiberufler gelten. Wie schwer sich eine Ungleichbehandlung rechtfertigen lässt, zeigen die wenig überzeugenden Argumente der Rechtsprechung. Hier wird ohne eine nähere Begründung pauschal das *„besondere Vertrauensverhältnis"* zwischen Auftraggeber und Freiberufler[1053] oder dessen *„herausgehobene Tätigkeit"*[1054] als sachliche Rechtfertigung für eine Ungleichbehandlung angegeben. Eine nähere Begründung, inwieweit sich hieraus im Gegensatz zu Gewerbetreibenden eine erhöhte Gefährdung der Allgemeinheit ergibt, folgt indes in keiner der Entscheidungen. Letztendlich geht die Rechtsprechung fälschlicherweise davon aus, der Freiberufler könne aufgrund seiner desolaten Vermögenssituation zu vermögensveruntreuendem Verhalten veranlasst werden. So wird einem Rechtsanwalt, der als Organ der Rechtspflege seiner Tätigkeit bisher ohne jedwede Beanstandung nachgegangen ist, alleine aufgrund der Eröffnung des Insolvenzverfahrens unterstellt, dass dieser der Versuchung auf Fremdgeld zuzugreifen erliegen könnte. Seine Zuverlässigkeit soll sich insoweit von einem Tag auf den anderen geändert haben. Eine solche Vermutung steht in krassem Widerspruch zu dem Vertrauen, dass diesen Berufsträgern grundsätzlich entgegengebracht wird und insoweit auch den Vorschriften der Berufsordnungen zu Grunde liegt. In diesem Sinne vertrat auch

---

1053 *BFH*, Beschluss v. 04.03.2004 – VII R 21/02, DStRE 2004, 733 (734).
1054 *BVerwG*, Urteil v. 17.08.2005 – 6 C 15/04, NJW 2005, 3795 (3797).

das Bundesverfassungsgericht in seiner „*Ravensburg-Entscheidung*" die Auffassung, dass Rechtsanwälten und Notaren nicht der Hang zu rechtswidrigem Tun einfach unterstellt werden dürfe[1055]. Dabei ist auch zu berücksichtigen, dass die Gefahr eines treuwidrigen Verhaltens des Freiberuflers durch die Eröffnung des Insolvenzverfahrens auf ein Minimum reduziert wird. Somit ist nicht nur ein Eingriff in den Gleichheitssatz gem. Art. 3 Abs. 1 GG, sondern auch ein Eingriff in die Berufsfreiheit gem. Art. 12 Abs. 1 GG und in die die Eigentumsgarantie gem. Art. 14 Abs. 1 GG nicht gerechtfertigt. Aufgrund der das Risiko für die Allgemeinheit hinreichend reduzierenden Sicherungsmechanismen des Insolvenzrechts fehlt es schlechterdings an der Verhältnismäßigkeit eines Eingriffs in die grundrechtlich geschützten Rechtspositionen der Freiberufler. Der Eingriffszweck steht in keinem angemessen Verhältnis zu den schwerwiegenden Folgen eines Zulassungswiderrufes.

In die Erwägungen bezüglich der Änderung der Rechtslage ist weiterhin der Umstand mit einzubeziehen, dass – obgleich ein insolventer Rechtsanwalt, Steuerberater, Notar, Wirtschaftsprüfer oder Architekt vielleicht nicht in das Berufsbild der Stände passt – die Finanzkrise längst auch diese Berufsgruppe erreicht hat[1056]. Die Eröffnung des Insolvenzverfahrens über das Vermögen eines Freiberuflers ist damit ebenso Realität wie bei anderen Berufszweigen. Alt-ständische Berufsvorstellungen müssen sich insoweit dem Wandel der Zeit unterziehen. Insoweit bedarf es auch für Freiberuflerinsolvenzen einer sachgerechten Umsetzung der Insolvenzziele. Die bisherigen Versuche der Rechtsprechung zur Harmonisierung von Berufs- und Insolvenzrecht müssen als fehlgeschlagen angesehen werden. Der Gesetzgeber kann dem bestehenden Konflikt zwischen Insolvenz- und Berufsrecht nicht weiter sehenden

---

1055 *BVerfG*, Beschluss v. 03.07.2003 – 1 BvR 238/01, BVerfGE 108, 150; so auch *Römermann*, Kurzkommentar zu BVerfG, Beschluss v. 28.04.2004 – 1 BvR 912/04, EWiR 2004, 799 (800); kritisch diesbezüglich auch *Kleine-Cosack*, BRAO, § 14 Rn. 49 f; *Grau*, Die Insolvenz des selbstständigen Freiberuflers aus der Sicht des Verwalters, S. 108; *Maier*, Die Insolvenz des Rechtsanwalts, S. 225; *AGH Niedersachsen*, Beschluss v. 29.08.2011 – AGH 17/08, BeckRS 2012, 02036, wonach nicht stets davon ausgegangen werden kann, der Rechtsanwalt werde sich pflichtwidrig verhalten. Eine solche Grundannahme verbiete sich.

1056 Vgl. insoweit auch *Smid*, Anm. zu BGH, Beschluss v. 22.05.2004 – NotZ 23/03, ZNotP 2004, 316, wonach auch die rechtsberatenden Berufe von den allgemein zerrütteten wirtschaftlichen Verhältnissen Deutschlands nicht ausgesperrt bleiben; *Schmittmann/Theurich/Brune*, Das insolvenzrechtliche Mandat, § 7 Rn. 1, wonach die Insolvenz einer Freiberuflerpraxis kein Einzelfall mehr ist; *Schmittmann*, Anm. zu AGH München, Urteil v. 06.06.2014 – I-5/14, VIA 2015, 15; wonach sich die Entscheidungen der Gerichte zum Widerruf der Rechtsanwaltszulassung nach Eröffnung des Insolvenzverfahrens über das Vermögen des Berufsträgers in der jüngeren Vergangenheit häufen; *Vallender*, in: Festschrift für Gero Fischer, S. 535 zur Insolvenz und ihren Ursachen bei Notaren; *Mutschler*, KSI 2006, 177 zur Insolvenz und ihren Ursachen bei Steuerberatern.

Auges aus dem Weg gehen[1057]. Er übersieht zudem, dass der zwangsläufige Widerruf der Zulassung bei Insolvenzeröffnung dem präventiven Zweck – das Vertrauen der Bevölkerung in die Stände zu sichern – entgegensteht. Gerade Freiberufler wie Rechtsanwälte, Wirtschaftsprüfer und Architekten, denen die geltende Rechtsprechung weitestgehend jede Möglichkeit zum Erhalt der Zulassung genommen hat, werden es sich zukünftig *„dreimal überlegen"*, ob sie einen Insolvenzantrag stellen und hierdurch ihre berufliche und damit auch private Existenz aufgegeben. Es besteht die Gefahr, dass diese Gruppe von Freiberuflern versuchen wird, die Insolvenz mit *„allen Mitteln"*, ob zulässig oder unzulässig, abzuwehren. Hinzu kommt, dass durch den *„sicheren"* Verlust der Zulassung infolge der Eröffnung des Insolvenzverfahrens für die Freiberufler kein Anreiz zur Stellung eines eigenen Insolvenzantrags besteht[1058]. Eine rechtzeitige Insolvenzeröffnung wird hierdurch hinausgezögert.

Den Gesetzgeber trifft insoweit nicht nur aus verfassungsrechtlichen Gründen die Verpflichtung, die bestehende Rechtslage zu ändern. Hiervon würden letztendlich nicht nur der Freiberufler und seine Insolvenzgläubiger profitieren. Auch die Allgemeinheit würde hierdurch besser geschützt. Ein Freiberufler, der eine Perspektive zur Sicherung seiner Existenz und eine Möglichkeit zur Konsolidierung seiner Vermögensverhältnisse erhält, wird naturgemäß wesentlich weniger dazu neigen, sich durch treuwidriges Verhalten auf Kosten seiner Mandanten zu bereichern als derjenige, dem durch die Eröffnung des Insolvenzverfahrens unabwendbar seine Zulassung und finanzielle Existenz entzogen wird. Insoweit sprechen überzeugende Gründe für eine zeitnahe Änderung der Berufsordnungen durch den Gesetzgeber.

1057 Vgl. auch *Henckel*, in: Jaeger, InsO, § 35 Rn. 17, wonach die berufsregelenden Gesetze unzureichend mit der Insolvenzordnung abgestimmt sind; *Beck*, ZVI 2013, 81 (91) plädiert daher für eine Harmonisierung von Insolvenz- und Standesrecht.

1058 Vgl. auch *Maier*, Die Insolvenz des Rechtsanwalts, S. 221.

Literaturverzeichnis

Adjemian, Artin/Dening, Walter/Klopp, Heide/Kürn, Thomas/Morath, Mona/Neuhäuser, Eva Julia, Versicherungsvermittler: Erlaubnis und Registrierung nach § 34 d GewO, GewArch 2009, S. 137–143

Ahrens, Hans-Jürgen, Deregulierung für rechtsberatende freie Berufe? – Zur Sonderstellung des Freiberuflers gegenüber den Gewerbetreibenden –, AnwBl 1992, S. 247–253

Ahrens, Martin, Negativerklärung zur selbstständigen Tätigkeit gem. § 35 II InsO, NZI 2007, S. 622–626

—, Selbstständige Tätigkeit im Insolvenzverfahren, KSzW 2012, S. 303–309

—/Gehrlein, Markus/Ringstmeier, Andreas, Fachanwaltskommentar Insolvenzrecht, 2. Auflage Köln 2014 (zit.: *Bearbeiter*, in: A/G/R)

Andres, Dirk/Leithaus, Rolf/Dahl, Michael, Insolvenzordnung (InsO) Kommentar, 3. Auflage, München 2014 (zit.: *Bearbeiter*, in: Andres/Leithaus, InsO)

Antoni, Peter, Gewerbeuntersagung und Insolvenzverfahren – Offene Fragen zu § 12 GewO –, NZI 2003, S. 246–252

—; Keine Unterbrechung des gerichtlichen Gewerbeuntersagungsverfahrens durch Eröffnung des Insolvenzverfahrens, NZI 2015, S. 1015–1016

Arndt, Herbert/Lerch, Klaus/Sandkühler, Gerd, Bundesnotarordnung Kommentar, 8. Auflage, Köln 2016 (zit.: *Bearbeiter*, in: Arndt/Lerch/Sandkühler, BNotO)

Ballerstedt, Kurt, Zur Haftung für culpa in contrahendo bei Geschäftsabschluß durch Stellvertreter, AcP 151, S. 501–531

Bartosch-Koch, Jana, Versagung, Rücknahme und Widerruf der Zulassung zur Rechtsanwaltschaft wegen Vermögensverfalls, Hamburg 2007

—, Widerruf der Zulassung zur Rechtsanwaltschaft wegen Vermögensverfalls, AnwBl. 2008, S. 737–742

Batzlaff, Gerd, Automatische Streichung aus der Architektenliste bei Insolvenz?, in: Jacobs, Rainer/Loschelder, Michael, Berufung als Beruf, Festschrift für Sigmar-Jürgen Samwer zum 70. Geburtstag, München 2008, S. 247–250 (zit.: *Batzlaff*, in: Festschrift für Sigmar-Jürgen Samwer, S.)

Baumbach, Adolf/Lauterbach, Wolfgang/Albers, Jan/Hartmann, Peter, Zivilprozessordnung mit FamFG, GVG und anderen Nebengesetzen, 74. Auflage, München 2016 (zit.: *Baumbach/Lauterbach*, ZPO)

Baumbach, Adolf/Hopt, Klaus J., Handelsgesetzbuch mit GmbH & Co., Handelsklauseln, Bank- und Börsenrecht, Transportrecht (ohne Seerecht), 36. Auflage, München 2014 (zit.: *Bearbeiter*, in: Baumbach/Hopt, HGB)

Beaucamp, Guy/Seifert, Jens, Verwaltungsprozess und Insolvenz, NVwZ 2006, S. 258–264

Beck, Frank, Insolvenz von Anwälten und Notaren – grundrechtskonforme Gefahrenabwehr oder Pflege vordemokratischer Standesdünkel?, ZVI 2013, S. 81–91

Beck, Siegfried/Depré, Peter, Praxis der Insolvenz, 2. Auflage, München 2010 (zit.: *Bearbeiter*, in: Beck/Depré)

Berger, Christian, Die unternehmerische Tätigkeit des Insolvenzschuldners im Rahmen der Haftungserklärung nach § 35 Abs. 2 InsO, ZInsO 2008, S. 1101–1108

Bernhardt, Wolfgang, Buchbesprechung: Kommentar zur Konkursordnung. Von Senatspräs. beim RG Franz Menzel, 7. neubearb. Aufl. von Bundesrichter Dr. Georg Kuhn – Berlin-Frankfurt/M. Verlag Franz Vahlen GmbH 1962, NJW 1962, S. 2194–2194

Bitter, Georg, Konkurs und Gewerberecht, BayVBL 1972, S. 202–206

Blank, Michael, Kurzkommentar zu VGH Kassel, Urteil v. 21.11.2002–8 UE 3195/01, EWiR 2003, S. 1033–1034

–, Kurzkommentar zu VG Darmstadt, Beschluss v. 07.02.2011–7 L 1768/10, EWiR 2011, S. 597–598

Blersch, Jürgen/Goetsch, Hans-W./Haas, Ulrich, Berliner Kommentar Insolvenzrecht, Band I und Band II, 45. Ergänzungslieferung, Köln 2013 (zit.: *Bearbeiter*, in: BK-InsO)

Bley, Erich, Die Haftung des Gemeinschuldners für Masseansprüche, ZZP 62, S. 111–122

Bötticher, Eduard, Besprechung: Jaeger Konkursordnung mit Einführungsgesetzen. Kommentar begründet von Ernst Jaeger, 8. Auflage. Erster Band bearbeitet von Friedrich Weber. Erster Band §§ 1–70 KO. Berlin: de Gruyter & Co. 1958, ZZP 71, S. 314–320

Boysen, Sigrid, Gleichheit im Bundesstaat, Tübingen 2005

Braun, Eberhardt, Insolvenzordnung Kommentar, 6. Auflage, München 2014 (zit.: *Bearbeiter*, in: Braun, InsO)

Bydlinski, Franz, Juristische Methodenlehre und Rechtsbegriff, Wien/New York 1982

Canaris, Claus-Wilhelm, Die Feststellung von Lücken im Gesetz, Berlin 1964

Canaris, Claus-Wilhelm/Habersack, Matthias/Schäfer, Carsten, Staub Handelsgesetzbuch Großkommentar, Zweiter Band §§ 105–237, 5. Auflage, Berlin 2009 (zit.: *Bearbeiter*, in: Staub, HGB)

Cervera, Carsten, Die Insolvenz des Freiberuflers – Operation gelungen, Patient tot?, in: Kind, Thomas/Kießner, Ferdinand/ Frank, Achim, Unternehmenskrisen Der Jurist als Notarzt, Festschrift für Eberhard Braun zum 60. Geburtstag, München 2007, S. 253–269 (zit.: *Cervera*, in: Festschrift für Eberhard Braun, S.)

Custodis, Hans, Neues Verfahrensrecht für die Notarsenate in verwaltungsrechtlichen Notarsachen – Zur Änderung des § 111 BNotO, DNotZ 2009, S. 895–913

Dahl, Michael/ Schindler, Dennys, Auswirkungen der Negativerklärung gem. § 35 II 1 InsO auf bestehende Dauerschuldverhältnisse, VIA 2011, S. 1–3

Deckenbrock, Christian/Henssler, Martin, Rechtsdienstleistungsgesetz Rechtsdienstleistungsverordnung und Einführungsgesetz zum RDG, 4. Auflage, München 2015, (zit.: *Bearbeiter,* in: Deckenbrock/Henssler, RDG)

Deiseroth, Dieter, Anm. zu BVerwG, Urteil v. 15.04.2015–8 C 6/14, jurisPR-BVerwG 20/2015 Anm. 4

Dickersbach, Alfred, Die Gewerbeuntersagung wegen Unzuverlässigkeit, WiVerw. 1982, S. 65–81

Dietz, Andreas, Abwägungslinien bei sofort vollziehbaren Gewerbeuntersagungen, GewArch 2014, S. 225–232

Dreier, Horst, Grundgesetz Kommentar, Band I Artikel 1–19, 3. Auflage, Tübingen 2013 (zit.: *Bearbeiter,* in: Dreier, GG)

Dreyer, Heinrich/Lamm, Christian-Peter/Müller, Thomas, Rechtsdienstleistungsgesetz mit Einführungsgesetz und Rechtsdienstleistungsverordnung Praxiskommentar, Berlin 2009 (zit.: *Bearbeiter,* in: Dreyer/Lamm/Müller, RDG)

Ehlers, Harald, Vermeidung des Widerrufs der Zulassung als kammergebundener Freiberufler wegen Vermögensverfalls, NJW 2008, S. 1480–1485

—/Schmid-Sperber, Musterinsolvenzplan für Freiberufler bei Vermögensverfall, ZInsO 2008, S. 879–888

Eichler, Hermann, Die Rechtslehre vom Vertrauen, Privatrechtliche Untersuchung über den Schutz des Vertrauens, Tübingen 1950

Engisch, Karl, Einführung in das juristische Denken, 11. Auflage, Köln 2010

Epping, Volker/Hillgruber, Christian, Beck´scher Online-Kommentar GG, Stand 01.12.2015, (zit.: *Bearbeiter,* in: Beck´scher Online-Kommentar, GG)

Erbs, Georg/Kohlhaas, Max/Ambs, Friedrich, Strafrechtliche Nebengesetze, 206. Ergänzungslieferung, München 2016 (zit.: *Bearbeiter,* in: Erbs/Kohlhaas, Strafrechtliche Nebengesetze)

Erdmann, Diethelm, Praktische Konsequenzen der Behandlung des Konkursverwalters als Organ der Konkursmasse, KTS 1967, S. 87–132

Eylmann, Horst/Vaasen, Hans-Dieter, Bundesnotarordnung, Beurkundungsgesetz, 3. Auflage, München 2011 (zit.: *Bearbeiter,* in: Eylmann/Vaasen, BNotO)

Feuerich, Wilhelm/Weyland, Dag, Bundesrechtsanwaltsordnung, Berufsordnung, Fachanwaltsordnung, Partnerschaftsgesellschaftsgesetz, Recht für Anwälte aus dem Gebiet der Europäischen Union, Patentanwaltsordnung, Kommentar, 9. Auflage, München 2016 (zit.: *Bearbeiter,* in: Feuerich/Weyland, BRAO)

Flöther, Lukas/Wehner, André, Wettlauf zwischen berufsrechtlichem Verfahren und Insolvenz(plan), Anmerkung zu FG Hannover, Urteil v. 29.05.2008–6 K 433/07, jurisPR-InsR 25/2008, Anm. 5

Foerste, Ulrich, Insolvenzrecht, 6. Auflage, München 2010

Fölsing, Philipp, Der Widerruf der Bestellung des Wirtschaftsprüfers wegen nicht geordneter wirtschaftlicher Verhältnisse, DStR 2006, S. 1427–1429

–, Insolvenz: Gefahr für die WP-Bestellung?, DStR 2009, S. 2386–2390

Forkel, Hans-Walter, § 35 Abs. 1 GewO: Zur Unzuverlässigkeit insbesondere wegen Steuerrückständen, GewArch 2004, S. 53–54

Frege, Michael/Keller, Ulrich/Riedel, Ernst, Handbuch der Rechtspraxis, Band 3, Insolvenzrecht, 8. Auflage, München 2015

Friauf, Karl-Heinrich, Kommentar zur Gewerbeordnung, Gewerberechtlicher Teil nebst Ausführungsverordnungen, Band I und II, 290. Ergänzungslieferung, Köln 2016 (zit.: *Bearbeiter*, in: Friauf, GewO)

Frotscher ,Werner, Grundfälle zum Wirtschaftsverfassungs- und Wirtschaftsverwaltungsrecht 5. Teil, JuS 1982, S. 828–834

Fröhler, Ludwig/Kormann, Joachim, Kommentar zur Gewerbeordnung, Heidelberg 1978 (zit.: *Fröhler/Kormann*, GewO)

Fuchs, Bärbel, Sitzung des Bund-Länder-Ausschusses „Gewerberecht“, GewArch 1999, S. 102–107

–, Sitzung des Bund-Länder-Ausschusses „Gewerberecht“, GewArch 1999, S. 369–372

Gehre, Horst/ Koslowski, Günter, Kommentar Steuerberatungsgesetz mit Durchführungsverordnungen, 7. Auflage, München 2015 (zit.: *Koslowski/Gehre*, StBerG)

Gesellensetter, Catrin, Die Annäherung des Freien Arztberufes an das Gewerbe, Eine verfassungs-, sozial- und berufsrechtliche Untersuchung, Berlin 2010

Glanegger, Peter/Güroff, Georg, Gewerbesteuergesetz, 8. Auflage, München 2014 (zit.: *Bearbeiter*, in: Glanegger/Güroff, GewStG)

Gottwald, Peter, Insolvenzrechts-Handbuch, 5. Auflage, München 2015 (zit.: *Bearbeiter*, in: Gottwald, Insolvenzrechts-Handbuch)

Graf-Schlicker, Marie-Luise, Kommentar zur Insolvenzordnung, 4. Auflage, Köln 2014 (zit.: *Bearbeiter*, in: Graf-Schlicker, InsO)

Graf, Ulrich/Wunsch, Irene, Eigenverwaltung und Insolvenzplan – gangbarer Weg in der Insolvenz von Freiberuflern und Handwerkern, ZIP 2001, S. 1029–1040

–, Nochmals: Insolvenzplan und Eigenverwaltung – Ein gangbarer Weg auch in der Insolvenz von Rechtsanwälten, Notaren und Steuerberatern?, ZVI 2005, S. 105–111

Grau, Janet, Die Insolvenz des selbstständigen Freiberuflers aus der Sicht des Verwalters, Frankfurt am Main 2010

Gundlach, Ulf/Schmidt, Nikolaus, Kurzkommentar zu BVerwG, Beschluss v. 18.01.2006–6 C 21.05, EWiR 2006, S. 277–278

Gundlach Ulf/Frenzel, Volkhard/Jahn, Andreas, Blick ins Insolvenzrecht, DStR 2010, S. 1343–1346

Grunewald, Barbara/Römermann, Volker, Rechtsdienstleistungsgesetz, Köln 2008 (zit.: *Bearbeiter*, in: Grunewald/Römermann, RDG)

Haarmeyer, Hans, Die „Freigabe" selbstständiger Tätigkeit des Schuldners und die Erklärungspflichten des Insolvenzverwalters. Zur praktischen Umsetzung der Neuregelung des § 35 Abs. 2 und 3, ZInsO 2007, S. 696–698

Hackländer, Philipp, Der Freiberufler in der Insolvenz, Chancen statt Bedrohung im Insolvenzverfahren, KSI 2006, S. 149–150

Hahn, Dittmar, Ausgewählte Rechtsprechung des Bundesverwaltungsgerichts der Jahre 1992 bis 1994 zur Gewerbeordnung und zum Gaststättengesetz, GewArch 1995, S. 89–96

—, Aktuelle Rechtsprechung des Bundesverwaltungsgerichts zum Gewerberecht und zum Gaststättenrecht , GewArch 1999, S. 355–368

—, Einige Rechtsprobleme des § 12 GewO, GewArch 2000, S. 361–366

—, Das Wirtschaftsverwaltungsrecht in der Rechtsprechung des Bundesverwaltungsgerichts von 2002 bis 2003, GewArch 2003, S. 441–453

—, Das Wirtschaftsverwaltungsrecht in der Rechtsprechung des Bundesverwaltungsgerichts ab August 2005, GewArch 2007, S. 1–10

—, Das Wirtschaftsverwaltungsrecht in der Rechtsprechung des Bundesverwaltungsgerichts ab Dezember 2006, GewArch 2008, S. 265–272

Harder, Sebastian, Anwendbarkeit des § 12 GewO bei freigegebenem Geschäftsbetrieb, NJW-Spezial 2011, S. 469–470

Harlfinger, Wolf, Der Freiberufler in der Insolvenz, Frankfurt am Main 2005

Hattwig, Stefan, Gewerbeausübung und Insolvenzverfahren natürlicher Personen – Weshalb § 12 GewO ergänzt werden sollte –, ZInsO 2003, S. 646–649

Heinze, Harald, Die neue Freigabe des Unternehmens aus der Insolvenzmasse, ZVI 2007, S. 349–357

Henckel, Wolfram, Buchbesprechung: Wege zum Insolvenzrecht der Unternehmen. Befunde, Kritik, Perspektiven (Beiträge zum Insolvenzrecht Bd. 7). Von Karsten Schmidt, Köln 1990, ZIP 1991, S. 133–135

Hense, Burkhard/Ulrich, Dieter, WPO Kommentar, 2. Auflage, Düsseldorf 2013 (zit.: *Hense/Ulrich*, WPO)

Henssler, Martin/Prütting, Hans, Bundesrechtsanwaltsordnung mit EuRAG, Eignungsprüfungsverordnung, Berufs- und Fachanwaltsordnung, Rechtsdienstleistungsgesetz, Partnerschaftsgesellschaftsgesetz und CCBE-Berufsregeln Kommentar, 4. Auflage, München 2014 (zit.: *Bearbeiter*, in: Henssler/Prütting, BRAO)

Hess, Harald/Röpke, Andreas, Die Insolvenz der kammerabhängigen Berufsangehörigen, NZI 2003, S. 233–238

Heydt, Volker, Zum Eigentumsschutz der Anwaltspraxis gegenüber Wettbewerbsverschärfungen, NJW 1974, S. 1229–1230

Holzer, Johannes, Erklärungen des Insolvenzverwalters bei Ausübung einer selbstständigen Erwerbstätigkeit des Schuldners, ZVI 2007, S. 289–294

Hommerich, Christoph, Ethik des steuerberatenden Berufs als Freier Beruf, DStR 2008, S. 1161–1167

Hommerich, Christoph/Killian, Matthias, Strukturwandel und wirtschaftliche Situation der Anwaltschaft, AnwBl 2010, S. 277–278

Hummes, Wolfgang, Die rechtliche Sonderstellung der freien Berufe im Vergleich zum Gewerbe, Göttingen 1979

Jaeger, Ernst/Henkel, Wolfram, Insolvenzordnung Großkommentar, Erster Band §§ 1–55, Berlin 2004 (zit.: *Bearbeiter*, in: Jaeger, InsO)

—, Insolvenzordnung Großkommentar, Zweiter Band §§ 56–102, Berlin 2007 (zit.: *Bearbeiter*, in: Jaeger, InsO)

Jäger, Adelheid, Eröffnung eines Insolvenzverfahrens während eines Finanzgerichtsverfahrens, DStR 2008, S. 1272–1274

Janca, Marcus, „Endlich Rechtsanwalt bleiben“, Zugleich eine Anmerkung zu BGH, Beschluss v. 18.10.2004 - AnwZ (B) 43/03, ZInsO 2005, S. 242–244

Jarass, Hans/Pieroth, Bodo, Grundgesetz für die Bundesrepublik Deutschland, 14. Auflage, München 2016 (zit.: *Bearbeiter*, in: Jarass/Pieroth, GG)

Jatzke, Harald, Die Rechtsprechung des VII. BFH-Senats in Steuerberater- und Steuerbevollmächtigtensachen in den Jahren 2008 und 2009, DStR 2010, S. 243–247

Jessnitzer, Kurt/Blumberg, Hanno, Bundesrechtsanwaltsordnung Kommentar, 9. Auflage, Köln/Berlin/Bonn/München 2000 (zit.: *Jessnitzer/Blumberg*, BRAO)

Johnigk, Frank, Vermögensverfall und Insolvenzverfahren, www.rak-berlin.de/site/DE/int/PDF_Mitglieder/Vermoegensverfall_04-2005_Johnigk.pdf (abgerufen 16.01.2013)

Kanther, Wilhelm, Gewerbeuntersagung bei Freiberufler-GmbH?, GewArch 2002, S. 362–365

Kayser, Godehard/Thole Christoph, Heidelberger Kommentar zur Insolvenzordnung, 8. Auflage, Heidelberg 2016 (zit.: *Bearbeiter*, in: HK-InsO)

Keller, Christoph, Zur Insolvenz der zweigliedrigen Personengesellschaft, NZI 2009, S. 29–31

Kesseler, Christian, Die Insolvenz des Bauträgers, RNotZ 2004, S. 177–227

Kienzle, Werner, Zwischenbilanz zu § 35 Gewerbeordnung, GewArch 1968, S. 145–156

Killian, Matthias, Die Zukunft der freien Berufe – ein kritischer Blick auf die Anwaltschaft, Gedanken zum Gegenstand des 68. Deutschen Juristentages 2010, AnwBl 2010, S. 544 – 550

Kirchhof, Hans Peter/Lwowski, Hans-Jürgen/Stürner, Rolf, Münchener Kommentar zur Insolvenzordnung, Band 1, §§ 1–79 InsO, insolvenzrechtliche Vergütungsverordnung (InsVV), 3. Auflage, München 2013 (zit.: *Bearbeiter*, in: MüKo, InsO)

—, Münchener Kommentar zur Insolvenzordnung, Band 2, §§ 80–216, 3. Auflage, München 2013 (zit.: *Bearbeiter*, in: MüKo, InsO)

—, Münchener Kommentar zur Insolvenzordnung, Band 2, §§ 103–269, 2. Auflage, München 2008 (zit.: *Bearbeiter*, in: MüKo, InsO)

—, Münchener Kommentar zur Insolvenzordnung, Band 3, §§ 270–359, Internationales Insolvenzrecht, Insolvenzsteuerrecht, 2. Auflage, München 2008 (zit.: *Bearbeiter*, in: MüKo, InsO)

Klein, Franz, Abgabenordnung – einschließlich Steuerstrafrecht –, 12. Auflage, München 2014 (zit.: *Bearbeiter*, in: Klein, AO)

Klein, Karl Heinz, Zum maßgebenden Zeitpunkt für die Sach- und Rechtslage im Verwaltungsprozess, NVwZ 1990, S. 633–637

Kleine-Cosack, Michael, Verschärfte Voraussetzungen beim Widerruf freiberuflicher Zulassungen Zuverlässigkeitsprüfung und Gefahrenprognose, NJW 2004, S. 2473–2480

—, Anmerkung zu OVG Münster, Beschluss v. 29.07.2004–4 A 2591/02, AnwBl 2005, S. 72–74

—, Abschied vom freiberuflichen Anwaltsideal, Neue Möglichkeiten zur Vermeidung eines Zulassungswiderrufs, AnwBl. 2005, S. 442–446

—, Rechtsdienstleistungsgesetz – RDG – Kommentar, 3. Auflage, Heidelberg 2014 (zit.: *Kleine-Cosack*, RDG)

—, Bundesrechtsanwaltsordnung mit Berufs- und Fachanwaltsordnung Kommentar, 7. Auflage, München 2015 (zit.: *Kleine-Cosack*, BRAO)

Klement, Henrik, Anmerkung zum Urteil des VG Gießen 04.10.2005–8 E 2110/04, KTS 2006, S. 449–465

Klose, Andreas, Der Widerruf der Anwaltszulassung in der Insolvenz des Rechtsanwalts, BRAK-Mitt. 1/2010, S. 6–14

Kluth, Thomas, Die freiberufliche Praxis „als solche" in der Insolvenz – „viel Lärm um nichts"?, NJW 2002, S. 186–188

Kluth, Winfried, Persönliche Leistungserbringung als Merkmal des Freien Berufs, in: Winfried Kluth (Hrsg.) Jahrbuch des Kammer- und Berufsrechts 2011, Halle an der Saale 2012, S. 273–290

Knack, Joachim/Henneke, Hans-Günter, Verwaltungsverfahrensgesetz Kommentar, 10. Auflage, Köln 2014 (zit.: *Bearbeiter*, in: Knack/Henneke, VwVfG)

Koch, Christine Maria, Die Insolvenz des selbstständigen Rechtsanwalts, Baden-Baden 2008

Koch, Ludwig/Killian, Matthias, Anwaltliches Berufsrecht, München 2007 (zit.: *Bearbeiter*, in: Koch/Killian, Anwaltliches Berufsrecht, S.)

Koller, Ingo/Kindler, Peter/Roth, Wulf-Henning/Morck, Winfried, Handelsgesetzbuch Kommentar, 8. Auflage, München 2015 (zit.: *Bearbeiter*, in: Koller/Roth/Morck, HGB)

Kopp, Ferdinand/Ramsauer, Ulrich, Verwaltungsverfahrensgesetz Kommentar, 16. Auflage, München 2015 (zit.: *Bearbeiter*, in: Kopp/Ramsauer, VwVfG)

Korn, Klaus, Probleme bei der ertragssteuerrechtlichen Abgrenzung zwischen freier Berufstätigkeit und Gewerbe, DStR 1995, S. 1249–1256

Kramer, Michael, Problematik der Wiedergestattung eines Gewerbes nach erfolgter Gewerbeuntersagung, GewArch 2010, S. 273–280

Krenzler, Michael, Rechtsdienstleistungsgesetz Handkommentar, Baden-Baden 2010 (zit.: *Bearbeiter*, in: Krenzler, RDG)

Krings, Hannah/Otte, Daniel, Die Insolvenz der Komplementär-GmbH, NZG 2012, S. 761–765

Krumm, Marcel, Die Auslegung des § 12 GewO zwischen Sonderinteresse und gemeinwohlorientierter Gefahrenabwehr, GewArch 2010, S. 465–473

Krüger, Wolfgang/Rauscher, Thomas, Münchener Kommentar zur Zivilprozessordnung mit Gerichtsverfassungsgesetz und Nebengesetzen, Band 1 §§ 1–354 ZPO, 4. Auflage, München 2013 (zit.: *Bearbeiter*, in: MüKo, ZPO)

Kruth, Claus-Peter, Insolvenzrechtliche Folgeprobleme bei Ausscheiden eines Gesellschafters aus der zweigliedrigen Personengesellschaft, NZI 2011, S. 844–849

Kuhls, Clemens, Steuerberatungsgesetz, Praktikerkommentar mit Schwerpunkten zum Berufsrecht der Steuerberater, 3. Auflage, Herne 2012 (zit.: *Bearbeiter*, in: Kuhls, StBerG)

Kübler, Bruno M./Prütting, Hanns/Bork, Reinhard, Kommentar zur Insolvenzordnung, Band I, II und III, 66. Ergänzungslieferung, Köln 2016 (zit.: *Bearbeiter*, in: Kübler/Prütting/Bork, InsO)

Landmann, Robert von/Rohmer, Gustav, Kommentar zur Gewerbeordnung, 70. Ergänzungslieferung, München 2015 (zit.: *Bearbeiter*, in: Landmann/Rohmer, GewO)

Langheim, A.W. Heinrich, Das Prinzip der Analogie als juristische Methode, Ein Beitrag zur Geschichte der methodologischen Grundlagenforschung vom ausgehenden 18. bis zum 20. Jahrhundert, Berlin 1992

Laubinger, Hans-Werner, Die gewerberechtliche Unzuverlässigkeit und ihre Folgen (Teil 1), VerwArch 1998, S. 145–188

—/Repkewitz, Ulrich, Die gewerberechtliche Unzuverlässigkeit und ihre Folgen (Teil 2), VerwArch 1998, S. 337–362

Laufhütte, Heinrich, Aus der Rechtsprechung des Anwaltssenats beim Bundesgerichtshof, DRiZ 1990, S. 431–436

Larenz, Karl, Methodenlehre der Rechtswissenschaft, 6. Auflage, Berlin 1991

Leibner, Wolfgang, Das Verhältnis des § 295 Abs. 2 InsO zu § 35 GewO, ZInsO 2002, S. 61 –63

Leisner, Walter, Verfassungsrechtlicher Eigentumsschutz der Anwaltspraxis, NJW 1974, S. 478–483

Lenger, Norman/Bauchowitz, Anja, Bei Risiken und Nebenwirkungen... Widerruf der Apothekenzulassung?!, NZI 2015, S. 494–499

Mager, Ute, Der maßgebliche Zeitpunkt für die Beurteilung der Rechtswidrigkeit einer Gewerbeuntersagung, NVwZ 1996, S. 134–135

Mai, Vera, Die Insolvenz des Freiberuflers – Lösungsansätze zu ausgewählten Problemkreisen, Frankfurt am Main 2009

Maier, Daniel, Die Insolvenz des Rechtsanwalts, Zugleich ein Beitrag zur Insolvenz des Selbstständigen, Baden-Baden 2008

Mann, Thomas, Gibt es eine allgemeine Ethik der Freien Berufe?, in: Berufsrechtstagung des Deutschen wissenschaftlichen Instituts der Steuerberater e.V (Hrsg.) 2007, Berufsethik der Steuerberater, Berlin 2008, S. 54–61 (zit.: *Mann*, in: Berufsethik der Steuerberater)

—, Der Berufsbetreuer – ein Freier Beruf?, NJW 2008, S. 121–124

—, Was bleibt heute vom Freien Beruf? Die Zukunft der Freien Berufe zwischen Deregulierung und Neuordnung, AnwBl 2010, S. 551–555

Martini, Torsten, Keine Ausdehnung der Schutzwirkung des § 12 GewO auf den nicht insolventen Komplementär der insolventen KG, Anmerkung zu OVG Berlin-Brandenburg, Beschluss v. 12.08.2010–1 S 188.09, jurisPR-InsR 19/2010 Anm. 4

—, Gewerbeuntersagung nach Unzuverlässigkeit im freigegeben Betrieb, Anmerkung zu VG Darmstadt, Beschluss v. 07.02.2011–7 L 1768/10, jurisPR-InsR 17/2011 Anm. 6

Menn, Florian, Rechtsfolgen der Negativerklärung nach § 35 Abs. 2 Satz 1 InsO im Insolvenzverfahren, ZVI 2011, S. 197–203

Metzler, Arno, Freiberufler mit Treuhandfunktion: Keine Jedermann-Insolvenz, Replik zum Beitrag von Hackländer, Freiberufler in der Insolvenz – Chancen statt Bedrohungen im Insolvenzverfahren, KSI 2006, S. 232–232

Metzner Richard, Gaststättengesetz Kommentar, 6. Auflage, München 2002 (zit.: *Metzner*, GastG)

Michel, Elmar/Kienzle, Werner/Pauly, Renate, Das Gaststättengesetz Kommentar, 14. Auflage, Köln/Berlin/Bonn/München 2002 (zit.: *Michel/Kienzle/Pauly*, GastG)

Mühlmann, Thomas, Insolvenzverfahren und Gewerbeuntersagung – Probleme bei Freigabe eines Gewerbebetriebs, ZInsO 2010, S. 2080–2082

—, Neues aus dem Bereich Insolvenzverfahren und Gewerbeuntersagung bei „Freigabe eines Gewerbebetriebs“, ZInsO 2011, S. 2023–2025

Müller, Hans-Friedrich, Der Verband in der Insolvenz, Köln Berlin Bonn München 2002

Müller-Glöge, Rudi/Preis, Ulrich/ Schmidt, Ingrid, Erfurter Kommentar zum Arbeitsrecht, 16. Auflage, München 2016 (zit.: *Bearbeiter,* in: Erfurter Kommentar, Arbeitsrecht)

Münch, Ingo von/Kunig, Philip, Grundgesetz Kommentar, Band 1: Präambel bis Art. 69, 6. Auflage, München 2012 (zit.: *Bearbeiter,* in: v. Münch/Kunig, GG, Art. Rn.)

Musielak, Hans-Joachim/Detterbeck, Steffen, Das Recht des Handwerks, 3. Auflage, München 1994 (zit.: *Musielak/Detterbeck,* Das Recht des Handwerks)

Mutschler, Helge, Steuerberater in der Insolvenz, Berufsrechtliche Konsequenzen und Chancen, KSI 2006, S. 177–180

—, Steuerberater in der Insolvenz, Widerruf der Bestellung im Kontext des GG, der GewO und des RDG, KSI 2007, S. 115–119

—, Widerruf der Bestellung als Rechtsanwalt/Steuerberater und die Frage der Nichtgefährdung von Auftraggeberinteressen, Anmerkung zu BGH, Beschluss v. 26.06.2007 – AnwZ (B) 101/05, DStR 2007, S. 2183–2184

—, Kein Widerruf der Anwaltszulassung wegen Vermögensverfalls bei Kanzleifreigabe und unverschuldeter Verzögerung des Insolvenzverfahrens, Anmerkung zu BGH, Beschluss vom 09.11.2009 –AnwZ (B) 89/06, DStR 2010, S. 1307–1308

Neuner, Jörg, Die Rechtsfindung contra legem, München 1992

Nerlich, Jörg/Römermann, Volker, Kommentar InsO, 29. Ergänzungslieferung, München 2016 (zit.: *Bearbeiter,* in: Nerlich/Römermann, InsO)

Niesert, Burkhard/ Yuliyan, Georgiev, Der automatische Widerruf der Berufszulassung bei Vermögensverfall im Lichte von § 35 InsO und Art. 12 GG – Unter Berücksichtigung der Entscheidung des BVerfG zur Freiheit der Berufswahl von Steuerberatern, NZI 2013, S. 1007–1010

Pahlke, Armin/Koenig, Ulrich, Abgabenordnung §§ 1 bis 368, 3. Auflage, München 2014 (zit.: *Bearbeiter,* in: Pahlke/Koenig, AO)

Pape, Gerhard, Änderungen im eröffneten Verfahren durch das Gesetz zur Vereinfachung des Insolvenzverfahrens, NZI 2007, S. 481–486

—, Die Betriebsfortführung in der Insolvenz natürlicher Personen, WM 2013, S. 1145 –1154

Pape, Gerhard/Uhlenbruck, Wilhelm/Voigt-Salus, Joachim, Insolvenzrecht, 2. Auflage, München 2010

Pawlowski, Hans-Martin, Methodenlehre für Juristen, 2. Auflage, Heidelberg 1991

—, Einführung in die juristische Methodenlehre, Heidelberg 1986

Peitscher, Stefan, Anwaltsrecht, Baden-Baden 2013

Peres, Holger/Senft, Klaus, Sozietätsrecht Handbuch für rechts- und wirtschaftsberatende Gesellschaften, 3. Auflage, München 2015 (zit.: *Bearbeiter*, in: Peres/Senft, Sozietätsrecht)

Peters, Bernd, Freigabe in der Insolvenz des Selbstständigen (§ 35 Abs. 2, 3 InsO), WM 2012, S. 1067–1072

Pfordten, Dietmar von der, Status und ethische Bindung der Freien Berufe, in: Berufsrechtstagung des Deutschen wissenschaftlichen Instituts der Steuerberater e.V (Hrsg.) 2007, Berufsethik der Steuerberater, Berlin 2008, S. 25–37 (zit.: *Pfordten*, in: Berufsethik der Steuerberater)

Pielow, Johann-Christian, Beck´scher Online-Kommentar GewO, Stand 15.02.2016 (zit.: *Bearbeiter*, in: Beck´scher Online-Kommentar, GewO)

Pinegger, Michael, Aktuelle Fragen des Gewerberechts, GewArch 2001, S. 24–35

Prütting, Hanns/Gehrlein, Markus, ZPO Kommentar, 7. Auflage, Köln 2015 (zit.: *Bearbeiter*, in: Prütting/Gehrlein, ZPO)

Puhl, Thomas, Gleichheit und parlamentarisches System – Bindung des Gesetzgebers, der Regierung, der Verwaltung, der Rechtsprechung, in: Mellinghoff, Rudolf/Palm, Ulrich, Gleichheit im Verfassungsstaat, Symposium aus Anlass des 65. Geburtstages von Paul Kirchhof, Heidelberg, München, Landsberg, Frechen, Hamburg 2008, S. 67–112 (zit.: *Puhl*, in: Mellinghoff/Palm, Gleichheit im Verfassungsstaat)

Putzo, Hans/Thomas, Heinz, Zivilprozessordnung FamFG Verfahren in Familiensachen GVG, Einführungsgesetze, EU-Zivilverfahrensrecht, 36. Auflage, München 2015 (zit.: *Bearbeiter*, in: Putzo/Thomas, ZPO)

Quaas, Michael/Zuck, Rüdiger, Medizinrecht, 2. Auflage, München 2008 (zit.: *Quaas/Zuck*, Medizinrecht)

Rechner, Sonja, Widerruf der Anwaltszulassung wegen Vermögensverfalls und Gefährdung der Interessen der Rechtsuchenden – Gesamtwürdigung aller Umstände, Anmerkung zu BGH, Beschluss v. 08.02.2010 – AnwZ (B) 67/08, DStR 2010, S. 1499–1500

Ries, Stephan, Die Insolvenz des Freiberuflers, Bericht über einen Workshop des Arbeitskreises der Insolvenzverwalter Deutschland e.V. am 1. April 2004, ZVI 2004, S. 221–231

Robinski, Severin, Gewerberecht, 2. Auflage, München 2002 (zit.: *Bearbeiter*, in: Robinski, Gewerberecht)

Roggenbuck, Ellen, Aus der Rechtsprechung des Anwaltssenats beim Bundesgerichtshof, NJ 1991, S. 206–209

Röhl, Klaus F./Röhl Hans Christian, Allgemeine Rechtslehre, 3. Auflage, Köln/München 2008.

Römermann, Volker, Kurzkommentar zu BGH, Beschluss v. 13.03.2000 – AnwZ (B) 25/99, EWiR 2000, S. 857–858

–, Kurzkommentar zu BVerfG, Beschluss v. 28.04.2004–1 BvR 912/04, EWiR 2004, S. 799–800

–, Anwaltszulassung trotz Vermögensverfalls, AnwBl. 2005, S. 178–184

–, Keine Hoffnung (mehr) für insolvente Rechtsanwälte?, AnwBl. 2006, S. 237–238

–, Kurswechsel – ohne den Kurs zu ändern?, Anmerkung zu BGH, Beschluss v. 25.06.2007 – AnwZ (B) 101/05, AnwBl. 2007, S. 715–716

–, RDG – zwei Schritte vor, einen zurück, NJW 2008, S. 1249–1254

Runkel, Hans-P., Anwalts-Handbuch Insolvenzrecht, 3. Auflage, Köln 2015 (zit.: *Bearbeiter*, in: Runkel, Anwalts-Handbuch Insolvenzrecht)

–, Der Freiberufler in der Insolvenz, ZVI 2007, S. 45–54

–/Fliegner, Robert, Kurzkommentar zu BGH, Beschluss v. 22.03.2004 – NotZ 23/03, EWiR 2005, S. 171–172

Rückert, Susann, Einwirkung des Insolvenzverfahrens auf schwebende Prozesse, Köln 2007

Sachs, Michael, Grundgesetz Kommentar, 7. Auflage, München 2014 (zit.: *Bearbeiter*, in: Sachs, GG)

Sauer, Wilhelm, Juristische Methodenlehre, Stuttgart 1940, Neudruck Aalen 1970

Scheidler, Alfred, Die Wiedergestattung der Gewerbeausübung nach § 35 Abs. 6 GewO aus der Sicht eines Praktikers, GewArch 2007, S. 135–140

Schick, Walter, Der Konkurs des Freiberuflers – Berufsrechtliche, konkursrechtliche und steuerrechtliche Aspekte, NJW 1990, S. 2359–2363

Schildt, Charlotte, Die Insolvenz des Freiberuflers, Baden-Baden 2006

Schippel, Helmut/Bracker, Ulrich, Bundesnotarordnung Kommentar, 9. Auflage, München 2011 (zit.: *Bearbeiter*, in: Schippel/Bracker, BNotO)

Schlick, Wolfgang, Neues Verfahrensrecht für Anwalts- und Notarsenate, in: Berger, Christian/Kayser, Godehard/Pannen, Klaus, Sanierung, Insolvenz, Berufsrecht der Rechtsanwälte und Notare, Festschrift für Hans Gerhard Ganter zum 65. Geburtstag, München 2010, S. 537–554 (zit.: *Schlick*, in: Festschrift für Hans Gerhard Ganter, S.)

Schmerbach, Ulrich, Gewerbeuntersagung bei freigegebenem Geschäftsbetrieb, Urteilsanmerkung zu VG Darmstadt, Beschluss v. 07.02.2011–7 L 1768/10, VIA 2011, S. 56 – 56

Schmidt, Helmut, Die Sperrwirkung des § 12 GewO in Insolvenzverfahren von Personengesellschaften ohne eigene Rechtspersönlichkeit, GewArch 2003, S. 326–328

Schmidt, Andreas, Hamburger Kommentar zum Insolvenzrecht, InsO – EuInsVO – EGInsO (Auszug) – InsVV – VbRInsVV – InsOBekV – Insolvenzstrafrecht, 5. Auflage, Köln 2015 (zit.: *Bearbeiter*, in: Hmb-Komm, InsO)

Schmidt, Karsten, Münchener Kommentar zum Handelsgesetzbuch, Band 2 Zweites Buch. Handelsgesellschaften und stille Gesellschaft, Erster Abschnitt. Offene

Handelsgesellschaft §§ 105–160, 3. Auflage, München 2011 (zit.: *Bearbeiter*, in: MüKo, HGB)

–, Insolvenzordnung InsO mit EuInsVO, 19. Auflage, München 2016 (zit.: *Bearbeiter*, in: Karsten Schmidt, InsO)

Schmittmann, Jens, Vermögensverfall und Widerruf der Bestellung bei freien kammergebundenen rechts- und steuerberatenden Berufen, NJW 2002, S. 182–185

–, Freie Kammerberufe und Insolvenzplanverfahren, ZInsO 2004, S. 725–728

–, Vermögensverfall, Insolvenzplan und Notaramt, ZInsO 2006, S. 419–423

–/*Theurich, Holger/Brune, Tim*, Das insolvenzrechtliche Mandat, 4. Auflage, Bonn 2012

–, Widerruf der Anwaltszulassung nach Insolvenzeröffnung, Anm. zu AnwGH Frankfurt a.M., Urteil v. 04.03.2013–2 AGH 7/12, VIA 2014, S. 15–16

–, Widerruf der Anwaltszulassung wegen Eröffnung des Insolvenzverfahrens, Anm. zu AGH München, Urteil v. 06.06.2014 – I-5/14, VIA 2015, S. 15–16

Schmuck, Markus/Huber, Dominik, Berufs- und vertragsarztrechtliche Konsequenzen nach dem Strafverfahren – Ein Überblick, NJOZ 2011, S. 1793–1796

Schönleiter, Ulrich, Herbstsitzung 2004 des Bund-Länder-Ausschusses „Gewerberecht", GewArch 2005, S. 236–239

Schulz, Gewerberechtliche Fragen bei der Fortführung des Gewerbebetriebes des Gemeinschuldners durch den Konkursverwalter, GewArch 1959, S. 73–81

Schulze-Fielitz, Helmuth, Entwicklungstendenzen des allgemeinen Gewerberechts im Spiegel der Rechtsprechung 1991/92, NVwZ 1993, S. 1157–1163

Schultzenstein, Maximilian, Über die Befugnis des Zwangsverwalters und des Konkursverwalters zum Gewerbebetrieb statt des Schuldners, ZZP 33, S. 447–510

Schwentek, Karin, Löschung aus der Architektenliste wegen Überschuldung, Anm. zu OVG Nordrhein-Westfalen, Beschluss v. 18.12.2009–4 B 995/09, IBR 2010, S. 405–405

Sello, Ruth, Die Gastwirtschaft im Konkurse, JR 1951, S. 618–623

Smid, Stefan, Kommentar Insolvenzordnung mit Insolvenzrechtlicher Vergütungsverordnung (InsVV), 2.Auflage, Stuttgart 2002, (zit.: *Bearbeiter*, in: Smid, InsO)

–, Abwehr der Amtsenthebung durch Insolvenzplan des verschuldeten Notars?, Anm. zum Beschl. des BGH v. 22.05.2004 – NotZ 23/03, in dieser Ausgabe, S. 324 ff, ZNotP 2004, S. 316–319

–, Freigabeerklärung des Insolvenzverwalters/Treuhänders bei selbstständiger Tätigkeit des Insolvenzschuldners? – Zugleich Bemerkungen zu den Änderungsvorschlägen zu § 35 InsO im Referentenentwurf eines Gesetzes zur Änderung der InsO –, WM 2005, S. 625–633

Sodan, Helge, Freie Berufe als Leistungserbringer im Recht der gesetzlichen Krankenversicherung, Tübingen 1998

Spieß, Ulrich, Gewerbeuntersagung, Insolvenz und verwaltungsprozessuale Vertretung der GmbH, in: Gornig, Gilbert H./Kramer, Urs/Volkmann, Uwe, Staat – Wirtschaft – Gemeinde, Festschrift für Werner Frotscher zum 70. Geburtstag, Berlin 2007, S. 467–495 (zit.: *Spieß*, in: Festschrift für Werner Frotscher, S.)

Staudinger, Julius von, Kommentar zum Bürgerlichen Gesetzbuch mit Einführungsgesetz und Nebengesetzen, Buch 1 Allgemeiner Teil §§ 164–240 (Allgemeiner Teil 5), Neubearbeitung, Berlin 2014 (zit.: *Bearbeiter*, in: Staudinger, BGB)

Steiner, Udo, Besonderes Verwaltungsrecht, 8. Auflage, Heidelberg 2006

Stelkens, Paul/Bonk, Joachim/Sachs, Michael, Verwaltungsverfahrensgesetz Kommentar, 8. Auflage, München 2014 (zit.: *Bearbeiter*, in: Stelkens/Bonk/Sachs, VwVfG)

Sternal, Werner, Das Gesetz zur Vereinfachung des Insolvenzverfahrens, NJW 2007, S. 1909–1914

Stiller, Jörn U., Wirkung der Negativerklärung gem. § 35 Abs. 2 Satz 1 InsO auf bei Insolvenzeröffnung bestehende Arbeitsverhältnisse, Zugleich Anmerkung zu ArbG Berlin, Urt. v. 3.6.2010–53 Ca 2104/10, ZInsO 2010, S. 1374–1376

Stober, Rolf, Grundsätze des Gewerberechts, JA 1981, S. 216–226

—, Wirtschaftsverwaltungsrecht II, Einzelne Zweige des Wirtschaftsverwaltungsrechts, 5. Auflage, Stuttgart/ Berlin/ Köln/ Mainz/ 1987

—, Handbuch des Wirtschaftsverwaltungs- und Umweltrechts, Stuttgart 1989

—, Wirtschaftsverwaltungsrecht, Berlin 2008

Sußner, Christian, Widerruf der Anwaltszulassung wegen Vermögensverfalls bei Eigenverwaltung, Urteilsanmerkung zu BGH, Beschluss v. 18.07.2011 – AnwZ (B) 28/10, VIA 2011, S. 76–77

Taupitz, Jochen, Die Standesordnung der Freien Berufe, Berlin 1991

Tettinger, Peter/Wank, Rolf/Ennuschat, Jörg, Gewerbeordnung Kommentar, 8. Auflage, München 2011 (zit.: *Bearbeiter*, in: Tettinger/Wank/Ennuschat, GewO)

Tetzlaff, Christian, Rechtliche Probleme in der Insolvenz des Selbstständigen, ZInsO 2005, S. 393–403

—, Widerruf der Bestellung als Steuerberater wegen Vermögensverfalls, Anmerkung zu BFH, Beschluss v. 12.09.2005 – VII B 240/04, jurisPR-InsR 7/2006 Anm. 5

—, Sofort vollziehbare Streichung aus der Architektenliste wegen Abgabe der eidesstattlichen Versicherung nach § 807 ZPO, Anmerkung zu OVG Lüneburg, Beschluss v. 23.11.2006–8 ME 146/06, jurisPR-InsR 3 /2007 Anm. 6

Uhlenbruck, Wilhelm/Hirte, Heribert/Vallender, Heinz, Insolvenzordnung Kommentar, 14. Auflage, München 2015 (zit.: *Bearbeiter*, in: Uhlenbruck, InsO)

—, Insolvenzordnung Kommentar, 13. Auflage, München 2010 (zit.: *Bearbeiter*, in: Uhlenbruck, InsO)

Uhlenbruck, Wilhelm, Die Verwertung der freiberuflichen Praxis durch den Insolvenzverwalter, in: Gerhardt, Walter/Diederichsen, Uwe/Bruno, Rimmelspacher/

Costede, Jürgen, Festschrift für Wolfram Henckel zum 70. Geburtstag am 21. April 1995, Berlin/New York 1995, S. 877–894 (zit.: *Uhlenbruck*, in: Festschrift für Wolfram Henckel, S.)

Vallender, Heinz, Der Notar in der Insolvenz – Berufliches Aus oder Chance für einen Neubeginn, in: Schröder, Notarielle Gestaltungspraxis im Insolvenzrecht - aktuelle Fragen, S. 81–100, Berlin 2008

–, Die Insolvenz des Notars, in: Ganter, Hans Gerhard/Gottwald, Peter/Lwowski, Hans-Jürgen, Haftung und Insolvenz, Festschrift für Gero Fischer zum 65. Geburtstag, München 2008, S. 535–546 (zit.: *Vallender*, in: Festschrift für Gero Fischer, S.)

–, Gewerbeuntersagung während des Insolvenzverfahrens, Urteilsanmerkung zu VG Trier, Urteil v. 14.04.2010–5 K 11/10, VIA 2010, S. 55–56

Voigt, Daniel, Fortsetzung der KG unter Einschluss des insolventen Kommanditisten?, NZG 2007, S. 695–698

Wank, Rolf, Grenzen richterlicher Rechtsfortbildung, Berlin 1978

Wimmer, Klaus, Frankfurter Kommentar zur Insolvenzordnung, 8. Auflage, Köln 2015 (zit.: *Bearbeiter*, in: FK-InsO)

Wischemeyer, Markus, Freigabe einer selbstständigen Tätigkeit nach § 35 Abs. 2 InsO – Praxisfragen und Lösungswege, ZInsO 2009, S. 2121–2131

Zippelius, Juristische Methodenlehre, 11. Auflage, München 2012

Zöller, Richard, Zivilprozessordnung mit FamFG (§§ 1–185, 200–270, 433–484) und Gerichtsverfassungsgesetz, den Einführungsgesetzen, mit internationalem Zivilprozessrecht, EG-Verordnungen, Kostenanmerkungen Kommentar, 31. Auflage, Köln 2016 (zit.: *Bearbeiter*, in: Zöller, ZPO)

Zwoll, Christiane van/Mai, Vera/Eckardt, Bernd/Rehborn, Martin, Die Arztpraxis in Krise und Insolvenz – Ein Praktischer Ratgeber –, Köln 2007

Entscheidungsverzeichnis

Gericht	Datum	Aktenzeichen	Fundstelle
EGMR	02.11.1999	Nr. 37595/97	AnwBl 2000, 747
	22.05.2006	Nr. 6213/03	NJW 2007, 3049
BVerfG	20.07.1954	1 BvR 459/52	NJW 1954, 1235
	11.06.1958	1 BvR 596/56	BVerfGE 7, 377
	25.02.1960	1 BvR 239/52	NJW 1960, 619
	07.08.1962	1 BvL 16/60	BVerfGE 14, 263
	21.12.1966	1 BvR 33/64	BVerfGE 21, 54
	16.03.1971	1 BvR 52/66	BVerfGE 30, 292
	18.07.1973	1 BvR 155/73	BVerfGE 35, 383
	08.10.1974	2 BvR 747/73	BVerfGE 38, 106
	02.03.1977	1 BvR 124/76	BVerfGE 44, 105
	08.06.1977	2 BvR 499/74	BVerfGE 45, 142
	01.03.1979	1 BvR 532, 533/77	BVerfGE 50, 290
	28.02.1980	1 BvL 17/77	BVerfGE 53, 257
	18.06.1980	1 BvR 697/77	BVerfGE 54, 301
	07.10.1980	1 BvL 50, 89/79	BVerfGE 55, 72
	15.07.1981	1 BvL 77/78	BVerfGE 58, 300
	16.03.1982	1 BvR 938/81	BVerfGE 60, 123
	08.03.1983	1 BvR 1078/80	NJW 1983, 1535
	04.04.1984	1 BvR 1287/83	NJW 1984, 2341
	12.03.1985	1 BvL 25, 45, 52/83	BVerfGE 69, 209
	01.07.1986	1 BvL 26/83	BVerfGE 73, 301
	15.07.1987	1 BvR 488/86	BVerfGE 76, 220
	18.05.1988	2 BvR 579/84	NJW 1988, 2593
	23.11.1988	2 BvR 1619/83	BVerfGE 79, 127
	11.02.1992	1 BvR 1531/90	BVerfGE 85, 248
	26.01.1993	1 BvL 38, 40, 43/92	BVerfGE 88, 87
	09.03.1994	2 BvL 43/92	BVerfGE 90, 145
	10.01.1995	1 BvF 1/90	BVerfGE 92, 26
	09.08.1995	1 BvR 2263/94	BVerfGE 93, 213
	12.03.1996	1 BvR 609, 692/90	BVerfGE 94, 241
	22.01.1997	2 BvR 1915/91	NJW 1997, 2871
	08.04.1997	1 BvR 48/94	NJW 1997, 1975
	29.10.1997	1 BvR 780/87	BVerfGE 97, 12
	28.04.1999	1 BvL 11/94, 33/95	BVerfGE 100, 138
	16.02.2000	1 BvR 242/91	BVerfGE 102, 1
	19.07.2000	1 BvR 539/96	BVerfGE 102, 197
	03.04.2001	1 BvR 1629/94	BVerfGE 103, 242

Gericht	Datum	Aktenzeichen	Fundstelle
BVerfG	16.01.2002	1 BvR 1236/99	BVerfGE 104, 357
	26.06.2002	1 BvR 558, 1428/91	BVerfGE 105, 252
	08.10.2002	1 BvR 1428/02	BeckRS 2012, 56034
	07.11.2002	2 BvR 1053/98	BVerfGE 106, 225
	03.07.2003	1 BvR 238/01	BVerfGE 108, 150
	14.01.2004	2 BvR 564/95	BVerfGE 110, 1
	20.04.2004	1 BvR 838/01	BVerfGE 110, 304
	28.04.2004	1 BvR 912/04	AnwBl. 2005, 525
	31.08.2005	1 BvR 912/04	NJW 2005, 3057
	28.06.2006	1 BvR 1054/01	BVerfGE 115, 276
	03.07.2007	1 BvR 2186/06	BVerfGE 119, 59
	15.01.2008	1 BvL 2/04	DStRE 2008, 1003
BVerwG	18.07.1960	VII CB 60.59	VerwRspr. 1961, 111
	27.06.1961	I C 34.60	GewArch 1961, 166
	21.07.1964	I C. 102.61	GewArch 1965, 7
	05.08.1965	I C 69.62	GewArch 1966, 9
	24.02.1966	I C 37.65	GewArch 1966, 202
	09.02.1967	I C 2.66	GewArch 1967, 166
	15.11.1967	I C 43.67	GewArch 1968, 53
	04.07.1969	VII C 52.68	BVerwGE 32, 316
	15.01.1970	I C 17.68	GewArch 1970, 125
	19.03.1970	I C 6.69	GewArch 1971, 200
	17.01.1972	I C 33.68	GewArch 1972, 189
	16.09.1975	I C 44.74	GewArch 1975, 385
	24.06.1976	I C 56.74	NJW 1977, 772
	30.09.1976	I C 32.74	GewArch 1977, 14
	03.05.1977	1 C 43.74	NJW 1977, 2178
	02.02.1982	1 C 1.78	GewArch 1982, 302
	02.02.1982	1 C 52.78	GewArch 1982, 233
	02.02.1982	1 C 146.80	GewArch 1982, 294
	16.03.1982	1 C 124.80	GewArch 1982, 303
	01.07.1987	1 C 25.85	NVwZ 1988, 56
	29.01.1988	1 B 164.87	GewArch 1988, 162
	23.11.1990	1 B 155.90	NVwZ 1991, 372
	06.09.1991	1 B 97.91	GewArch 1992, 24
	16.12.1992	1 B 162.92	GewArch 1993, 156
	19.02.1993	1 B 20.93	GewArch 1995, 117
	19.01.1994	1 B 5.49	BeckRS 1994, 312
	16.02.1995	1 B 205.93	GewArch 1995, 152
	19.12.1995	1 C 3.93	GewArch 1996, 241
	11.11.1996	1 B 226.96	GewArch 1997, 68

Gericht	Datum	Aktenzeichen	Fundstelle
BVerwG	11.12.1996	1 B 250.96	GewArch 1999, 72
	14.05.1997	1 B 93.97	GewArch 1997, 478
	16.09.1997	3 C 12–95	NJW 1998, 2756
	14.07.2003	6 C 10.03	GewArch 2003, 482
	13.04.2005	6 C 4.04	NJW-RR 2005, 1207
	17.08.2005	6 C 15.04	NJW 2005, 3795
	30.09.2005	6 B 51.05	GewArch 2006, 77
	18.01.2006	6 C 21.05	GewArch 2006, 387
	11.03.2008	6 B 2.08	GewArch 2008, 301
	17.03.2008	6 B 7.08	BeckRS 2008, 34007
	15.04.2015	8 C 6/14	NVwZ 2015, 1544
BGH	10.03.1960	II ZR 56/59	NJW 1960, 1006
	29.05.1963	Ib ZR 155/61	GewArch 1964, 55
	30.10.1967	VIII ZR 176/65	NJW 1968, 300
	21.03.1977	NotZ 15/76	DNotZ 1977, 567
	12.11.1979	AnwZ (B) 16/79	NJW 1980, 841
	04.06.1981	III ZR 31/80	BGHZ 81, 21 (33)
	27.10.1983	I ARZ 334/83	NJW 1984, 739
	25.06.1984	AnwZ (B) 7/84	BRAK-Mitt. 1984, 194
	02.07.1984	NotZ 4/84	DNotZ 1985, 487
	02.07.1984	NotSt (B) 1/84	DNotZ 1985, 489
	14.10.1985	NotSt (B) 3/85	DNotZ 1986, 310
	23.02.1987	AnwZ (B) 52/86	BRAK-Mitt. 1987, 208
	21.09.1987	AnwZ (B) 20/87	BeckRS 1987, 31182408
	13.02.1989	AnwZ (B) 56/88	unveröffentlicht
	12.10.1990	NotZ 21/89	DNotZ 1991, 94
	24.01.1991	IX ZR 250/89	NJW 1991, 982
	27.05.1991	AnwZ (B) 9/91	BeckRS 1991, 31173027
	05.10.1994	XII 53/93	NJW 1994, 3232
	13.03.2000	AnwZ (B) 28/99	NZI 2000, 262
	20.03.2000	NotZ 19/99	NJW 2000, 2359
	20.11.2000	NotZ 19/00	DNotZ 2001, 571
	20.11.2000	NotZ 17/00	NJW-RR 2001, 1212
	12.02.2001	AnwZ (B) 7/00	BeckRS 2001, 02411
	24.09.2001	AnwZ (B) 34/01	NJW-RR 2002, 1718
	27.05.2002	AnwZ (B) 39/01	BeckRS 2002, 30261615
	08.07.2002	NotZ 1/02	NJW 2002, 2791
	18.07.2002	IX ZR 195/01	ZInsO 2002, 819
	13.03.2003	IX ZR 64/02	BGHZ 154, 190
	03.11.2003	NotZ 15/03	NJW-RR 2004, 710
	22.03.2004	NotZ 23/03	NJW 2004, 2018
	22.06.2004	X ZB 40/02	MDR 2004, 1251
	18.10.2004	AnwZ (B) 43/03	NJW 2005, 511
	07.12.2004	AnwZ (B) 40/04	NJW 2005, 1271

Gericht	Datum	Aktenzeichen	Fundstelle
BGH	07.03.2005	AnwZ (B) 7/04	NJW 2005, 1944
	05.12.2005	AnwZ (B) 13/05	NJW-RR 2006, 559
	05.12.2005	AnwZ (B) 11/05	BeckRS 2006, 00660
	05.12.2005	AnwZ (B) 14/05	AnwBl. 2006, 281
	20.11.2006	NotZ 26/06	NJW 2007, 1287
	20.11.2006	NotZ 31/06	BeckRS 2006, 15328
	20.11.2006	NotZ 34/06	BeckRS 2006, 15198
	04.12.2006	AnwZ (B) 94/05	BeckRS 2007, 00966
	11.01.2007	IX ZB 271/04	ZInsO 2007, 267
	16.04.2007	AnwZ (B) 6/06	BeckRS 2007, 08696
	25.06.2007	AnwZ (B) 101/05	NJW 2007, 2924
	26.11.2007	AnwZ (B) 96/06	BeckRS 2007, 65237
	26.11.2007	NotZ 89/07	juris
	07.07.2008	II ZR 37/07	NZI 2008, 612
	31.08.2008	AnwZ (B) 33/07	BeckRS 2008, 07474
	15.09.2008	AnwZ (B) 97/06	BeckRS 2008, 21845
	03.11.2008	AnwZ (B) 64/07	BeckRS 2008, 24707
	17.11.2008	NotZ 130/07	NJW-RR 2009, 783
	20.04.2009	NotZ 12/08	BeckRS 2009, 11475
	26.10.2009	NotZ 14/08	BeckRS 2009, 29969
	09.11.2009	AnwZ (B) 89/06	BeckRS 2009, 87758
	07.01.2010	AnwZ (B) 79/09	BeckRS 2010, 02734
	08.02.2010	AnwZ (B) 67/08	DStRE 2010, 1222
	25.02.2010	AnwZ (B) 81/07	BeckRS 2010, 06202
	22.03.2010	AnwZ (B) 28/09	BeckRS 2010, 08907
	31.05.2010	AnwZ (B) 27/09	ZInsO 2010, 1380
	03.08.2010	AnwZ (B) 100/09	NJW 2011, 457
	19.10.2010	AnwZ (B) 53/09	BeckRS 2010, 28650
	15.11.2010	NotZ 6/10	DNotZ 2011, 394
	21.03.2011	AnwZ (B) 37/10	NZI 2011, 464
	23.03.2011	AnwZ (Brfg) 9/10	NJOZ 2012, 852
	29.06.2011	AnwZ (Brfg) 11/10	NJW 2011, 3234
	18.07.2011	AnwZ (B) 28/10	VIA 2011, 76
	28.09.2011	AnwZ (Brfg) 29/11	ZInsO 2012, 140
	28.10.2011	AnwZ (Brfg) 20/11	NZI 2012, 106
	23.01.2012	AnwZ (Brfg) 11/11	BeckRS 2012, 04154
	06.02.2012	AnwZ (Brfg) 42/11	BeckRS 2012, 05867
	15.03.2012	AnwZ (Brfg) 4/12	BeckRS 2012, 08738
	02.04.2012	AnwZ (Brfg) 9/12	BeckRS 2012, 09565
	04.04.2012	AnwZ (Brfg) 1/12	BeckRS 2012, 10261
	02.07.2012	AnwZ (Brfg) 57/11	BeckRS 2012, 16289
	05.09.2012	AnwZ (Brfg) 26/12	NJW-RR 2013, 175
	24.10.2012	AnwZ (Brfg) 36/12	BeckRS 2012, 23749

Gericht	Datum	Aktenzeichen	Fundstelle
BGH	24.10.2012	AnwZ (Brfg) 43/12	BeckRS 2012, 23583
	24.10.2012	AnwZ (Brfg) 47/12	BeckRS 2012, 23750
	19.11.2012	AnwZ (Brfg) 41/12	BeckRS 2012, 25043
	21.03.2013	AnwZ (Brfg) 71/12	BeckRS 2013, 07090
	22.05.2013	AnwZ (Brfg) 73/12	BeckRS 2013, 10825
	05.11.2013	AnwZ (Brfg) 36/13	BeckRS 2013, 20764
	08.12.2014	AnwZ (Brfg) 45/14	IBRRS 102784
	16.03.2015	AnwZ (Brfg) 47/14	BeckRS 2015, 07398
	03.06.2015	AnwZ (Brfg) 11/15	NJOZ 2015, 1341
	17.09.2015	AnwZ (Brfg) 29/15	juris
	17.03.2016	AnwZ (Brfg) 6/16	juris
BFH	01.07.1981	VII R 84/80	BeckRS 1981, 2005794
	22.03.1994	VII R 58/93	ZIP 1994, 1283
	22.08.1995	VII R 63/94	NJW 1996, 2598
	08.02.2000	VII B 245/99	DStRE 2000, 670
	06.06.2000	VII R 68/99	BeckRS 2000, 30115903
	04.07.2000	VII R 103/99	BeckRS 2000, 25004939
	29.05.2002	VII B 262/01	BeckRS 2002, 25000729
	05.02.2003	VII B 143/02	ZInsO 2003, 375
	28.08.2003	VII B 79/02	DStR 2004, 974
	04.03.2004	VII R 21/02	DStRE 2004, 733
	30.03.2004	VII R 56/03	DStRE 2004, 1188
	01.04.2004	VII R 24/03	DStR 2004, 951
	04.04.2005	VII B 304/04	BeckRS 2005, 25008165
	19.05.2005	VII B 194/04	BeckRS 2005, 25008391
	18.08.2005	VII B 20/05	BeckRS 2005, 25008729
	16.11.2005	VII B 67/05	DStRE 2006, 252
	24.01.2006	VII B 141/05	juris
	27.08.2008	VII B 16/08	BeckRS 2008, 25013998
	13.01.2009	VII B 108/08	BeckRS 2009, 25014628
	30.04.2009	VII R 32/08	BeckRS 2009, 25015209
	20.04.2010	VII B 235/09	BeckRS 2010, 25016216
	05.06.2015	VII B 181/14	juris
OVG Münster	29.10.1991	4 E 670/91	NVwZ-RR 1993, 55
	14.10.1992	4 A 938/91	GewArch 1993, 161
	25.05.1993	5 A 2679/91	MedR 1994, 72
	07.12.1999	4 A 4559/99	GewArch 2000, 387
	10.04.2001	4 A 5159/00	ZInsO 2001, 478
	13.02.2002	4 B 1611/01	juris
	12.11.2002	13 A 683/00	BeckRS 2003, 20312
	20.05.2003	4 A 1673/02	BeckRS 2003, 22620
	02.10.2003	13 A 3696/02	GewArch 2004, 73

Gericht	Datum	Aktenzeichen	Fundstelle
	29.07.2004	4 A 2591/02	GewArch 2004, 497
	04.07.2007	4 E 633/07	BeckRS 2009, 33276
	03.04.2009	4 A 830/07	BeckRS 2009, 33242
	23.11.2009	4 A 3724/06	BeckRS 2010, 45058
	18.12.2009	4 B 995/09	BeckRS 2010, 46084
	12.04.2011	4 A 1449/08	NVwZ-RR 2011, 533
	04.05.2011	4 A 697/10	juris
	19.05.2011	4 B 1707/10	GewArch 2011, 314
	08.12.2011	4 A 1115/10	GewArch 2012, 499
	20.12.2011	4 A 812/09	GewArch 2012, 209
	05.01.2012	4 B 1250/11	BeckRS 2012, 45957
	16.09.2015	4 B 333/15	BeckRS 2015, 52897
	30.11.2015	4 B 511/15	BeckRS 2015, 55817
OVG Lüneburg	05.11.1975	VII OVG A 9/74	GewArch 1976, 89
	15.09.1993	7 L 5832/92	NVwZ 1995, 185
	13.05.2003	7 LA 140/02	GewArch 2003, 383
	23.11.2006	8 ME 146/06	BeckRS 2006, 27155
	29.08.2007	7 LC 125/06	GewArch 2008, 301
	29.11.2007	7 LC 229/06	BeckRS 2007, 28159
	08.12.2008	7 ME 144/08	GewArch 2009, 162
	11.08.2009	7 LA 232/07	NVwZ-RR 2009, 922
	04.12.2009	8 LA 197/09	BeckRS 2009, 42273
	29.07.2011	8 ME 36/11	BeckRS 2011, 52987
	26.05.2014	7 PA 39/14	BeckRS 2014, 57532
	25.09.2014	7 PA 29/14	NJW 2014, 3529
	04.02.2016	7 LB 81/14	BeckRS 2016, 42207
OVG Koblenz	25.01.1978	2 B 319/77	GewArch 1978, 194
	09.05.1989	6 A 124/88	NJW 1990, 1553
	03.11.2010	6 A 10676/10	NVwZ-RR 2011, 229
OVG Berlin Brandenburg	27.05.2004	1 N 8.04	juris
	02.03.2009	OVG 12 N 65.08	BeckRS 2010, 54779
	03.11.2009	1 S 19.09	BeckRS 2009, 41240
	12.08.2010	1 S 188/09	NZI 2011, 76
	11.07.2014	OVG 1 L 38.14	BeckRS 2014, 53934
OVG Schleswig	19.11.1993	3 L 91/92	GewArch 1994, 167
OVG Bremen	08.12.2003	1 B 402/03	GewArch 2004, 163
OVG Weimar	04.08.2006	2 EO 1159/05	GewArch 2006, 472

Gericht	Datum	Aktenzeichen	Fundstelle
OVG Bautzen	24.05.2005 18.09.2012 29.08.2012 18.09.2012 13.01.2015	4 B 987/04 4 A 855/11 4 A 158/12 4 A 855/11 3 D 69/14	BeckRS 2005, 28612 BeckRS 2013, 46281 BeckRS 2013, 46280 BeckRS 2013, 46281 juris
OVG Saarlouis	28.11.2007	1 A 177/07	ZInsO 2009, 146
OVG Magdeburg	18.03.2011	1 L 17/11	BeckRS 2011, 49604
OLG Celle	19.01.2004	Not 29/03	BeckRS 2004, 05882
OLG Frankfurt a.M.	15.05.2007 05.06.2008	2 Not 11/06 2 Not 2/08	BeckRS 2008, 13843 BeckRS 2009, 86010
OLG München	25.08.2008	VA-Not 2/08	BeckRS 2009, 29916
OLG Schleswig	26.04.2007	Not 6/06	BeckRS 2007, 10607
BayObLG	04.09.2001	4 Z BR 18/01	NZI 2001, 656
VGH Kassel	07.10.1975 04.03.1985 28.09.1992 26.11.1996 21.11.2002 15.06.2004 11.01.2010 01.11.2011	II OE 29/75 11 TH 2782/84 8 UE 916/90 8 UE 2858/96 8 UE 3195/01 11 TP 1440/04 7 A 568/09 8 A 1660/11	GewArch 1976, 92 NJW 1986, 2390 GewArch 1993, 159 GewArch 1997, 151 GewArch 2004, 162 NJW 2005, 919 BeckRS 2010, 46067 NZG 2012, 183
VGH München	12.01.2007 05.05.2009 14.02.2011 20.10.2011 01.02.2012 09.07.2012 12.07.2012 16.08.2012 27.01.2014	22 ZB 06.3139 22 BV 07.2776 22 CS 11.34 22 ZB 11.1473 22 C 11.2679 22 ZB 12.164 22 ZB 11.2633 22 ZB 12.949 22 BV 13.260	GewArch 2007, 163 GewArch 2009, 311 NZI 2011, 339 juris BeckRS 2012, 52954 juris juris BeckRS 2012, 56520 juris
VGH Mannheim	21.12.1992 25.02.1993 09.08.1994 17.05.2006	9 S 1870/92 14 S 2577/92 14 S 1954/94 9 S 2538/05	NVwZ-RR 1993, 183 GewArch 1994, 373 GewArch 1994, 420 GewArch 2006, 381
AGH Nordrhein-Westfalen	03.07.1998 20.04.2009 09.07.2010 30.09.2011 13.06.2014	1 ZU 26/97 1 AGH 27/09 1 AGH 33/10 1 AGH 25/11 1 AGH 34/13	AnwBl. 1999, 698 BeckRS 2011, 21076 BeckRS 2011, 16958 BeckRS 2012, 11324 BeckRS 2015, 01449

Gericht	Datum	Aktenzeichen	Fundstelle
AGH Niedersachsen	29.08.2011 20.11.2012	AGH 17/08 AGH 34/11	BeckRS 2012, 02036 BeckRS 2013, 10864
AGH München	11.05.2011	BayAGH I -1/11	BeckRS 2011, 23070
AGH Brandenburg	28.07.2014	AGH I 8/12	BeckRS 2014, 22239
LG Fulda	10.04.2012	5 T 65/12	BeckRS 2013, 04327
FG Niedersachsen	03.07.2001 17.06.2004 11.11.2005 16.11.2006 11.01.2007 17.01.2007 29.05.2008 12.05.2011 01.11.2012 07.03.2013	6 K 10171/00 6 K 632/02 6 K 179/05 6 K 107/06 6 K 344/06 6 V 519/06 6 K 433/07 6 K 466/10 6 K 240/12 6 K 344/12	BeckRS 2001, 21012953 BeckRS 2004, 26016327 DStRE 2007, 455 DStRE 2008, 61 BeckRS 26022578 DStRE 2007, 933 DStRE 2009, 829 BeckRS 2011, 95939 BeckRS 2013, 94068 BeckRS 2013, 94765
FG Sachsen-Anhalt	25.03.2002 26.10.2004	1 K 231/01 6 K 3127/03	BeckRS 2002, 21010914 DStRE 2006, 890
FG Rheinland-Pfalz	11.02.2003 16.12.2008	2 K 2424/02 2 K 2084/08	DStRE 2003, 1254 BeckRS 2008, 26026468
FG Hamburg	30.06.2014	1 K 149/13	juris
FG Münster	26.02.2003	7 K 2451/02	juris
FG Kiel	16.06.2004	2 K 86/03	ZVI 2004, 535
FG Hessen	15.02.2005	13 K 1698/04	BeckRS 2005, 26018009
FG Düsseldorf	05.05.2011	1 K 1029/08	BeckRS 2011, 96948
VG Gelsenkirchen	13.12.2006 12.06.2009 31.03.2010 15.11.2010 16.09.2015	7 K 6895/04 9 L 386/09 9 L 284/10 7 L 1045/10 7 K 3343/14	BeckRS 2008, 39112 BeckRS 2009, 37868 BeckRS 2010, 48025 BeckRS 2010, 56233 BeckRS 2015, 55504
VG Ansbach	04.09.2007 11.02.2011 27.03.2012	AN 4 K 06.02519 AN 4 K 10.02206 AN 4 K 11.02130	ZInsO 2009, 1349 juris BeckRS 2012, 49612
VG Gießen	08.04.2003 04.10.2005 06.07.2011	8 G 508/03 8 E 2110/04 8 K 1342/10	GewArch 2003, 253 KTS 2006, 449 NJOZ 2012, 479

Gericht	Datum	Aktenzeichen	Fundstelle
VG München	31.08.2006 12.05.2009 12.09.2011 04.06.2014 27.01.2015	M 16 K 05.6153 M 16 K 09.923 M 16 K 11.1391 M 16 K 13.4868 M 16 K 14.4825	juris GewArch 2010, 491 juris BeckRS 2014, 53585 BeckRS 2015, 42723
VG Berlin	27.05.2005 30.08.2007 15.01.2009 01.06.2012	10 A 98.05 13 A 50.07 VG 16 K 32/09 VG 4 K 23.11	juris juris BeckRS 2009, 36718 BeckRS 2012, 57272
VG Saarlouis	14.06.2011 11.07.2011	1 K 259/10 1 K 303/10	BeckRS 2011, 51782 BeckRS 2011, 52449
VG Chemnitz	12.08.1996 27.08.2003	4 K 1934/95 8 K 510/02	NVwZ-RR 1998, 309 GewArch 2003, 484
VG Regensburg	22.11.2012 20.03.2014 26.11.2015	RN 5 K 12.26 RN 5 K 13.1858 RN 5 K 14.2148	BeckRS 2013, 45572 BeckRS 2014, 52110 BeckRS 2016, 40820
VG Neustadt a.d. Weinstraße	15.01.2013	4 L 1076/12.NW	BeckRS 2013, 45973
VG Hamburg	12.02.2015	11 K 1977/14	BeckRS 2015, 42063
VG Würzburg	04.03.2015	W 6 K 14.1304	BeckRS 2015, 44456
VG Lüneburg	29.04.2002	5 A 79/00	unveröffentlicht
VG Braunschweig	18.09.2006	6 B 176/06	GewArch 2007, 203
VG Dessau	23.07.1997	2 A 50/59	BeckRS 1997, 31369262
VG Oldenburg	14.07.2008	12 B 1781/08	ZInsO 2009, 1354
VG Düsseldorf	20.04.2009	7 K 17/08	BeckRS 2010, 49838
VG Köln	26.02.2010	1 K 4559/08	BeckRS 2011, 50839
VG Potsdam	26.08.2009	VG 3 L 260/09	BeckRS 2009, 40440
VG Münster	14.04.2010	9 K 320/09	BeckRS 2010, 52590
VG Trier	14.04.2010	5 K 11/10	GewArch 2010, 453
VG Darmstadt	07.02.2011	7 L 1768/10	NJW-Spezial 2011, 407
VG Augsburg	16.08.2012	Au 5 K 12.579	BeckRS 2012, 58560
AG Darmstadt	20.02.1999	9 IN 1/99	ZIP 1999, 1494

Schriften zum Zivilverfahrensrecht und Insolvenzrecht

Herausgegeben von Martin Ahrens

Band 1 Christoph Renger: Wege zur Restschuldbefreiung nach dem Insolvency Act 1986. Mit Bezügen zum deutschen Recht und unter Berücksichtigung anerkennungsrechtlicher Probleme nach der EuInsVO. 2012.

Band 2 Alexander Dietzel: Der Pfändungsschutz der privaten Altersvorsorge nach den §§ 851c und 851d ZPO. 2014.

Band 3 Gabriele Janlewing: Familienrechtliche Ansprüche gegen den Selbständigen in der Insolvenz. 2014.

Band 4 Sven Schulze: Die Beweislastregel des § 22 AGG. 2014.

Band 5 Steffen Gotter: Die selbstständige Tätigkeit im Insolvenzverfahren und die Negativerklärung gemäß § 35 II 1 InsO. 2015.

Band 6 Markus Johannes Huber: Die Anfechtung vertraglich vereinbarter Aufrechnungen innerhalb und außerhalb der Insolvenz. 2016.

Band 7 Christoph Buchholz: Personenversicherungen in der Insolvenz des Versicherungsnehmers. Schwerpunkt Lebensversicherung. 2016.

Band 8 Hanno Koerfer: Gewerbe- und Berufsrecht im Spannungsfeld zum Insolvenzverfahren. 2016.

www.peterlang.com

www.ingramcontent.com/pod-product-compliance
Ingram Content Group UK Ltd.
Pitfield, Milton Keynes, MK11 3LW, UK
UKHW021836290926
8980IPUK00004B/484

9 783631 672907